Der Ansatz: Coaching-Kompetenzen jederzeit verfügbar machen

A

Coaching bietet jeder Führungskraft effiziente Unterstützung

Führen bedeutet Ziele setzen, Feedback geben, Projekte voranbringen, Aufgaben delegieren, Informationen weitergeben und, und, und. Jeder benötigt dabei ab und an Unterstützung – besonders Führungskräfte, die allzu oft als einsame Wölfe ohne ehrliches Feedback arbeiten (müssen).

Coaching bietet sich Ihnen als Führungskraft hier als eine zeitgemäße und effiziente Methode an. **Coaching ist in vielen Situationen sinnvoll.** Immer wieder stehen Sie – gerade als Führungskraft oder wenn Sie es werden möchten – vor neuen Herausforderungen, oder Sie benötigen Zeit für eine Standortbestimmung.

Beispielhafte Situationen können sein:

- Sie wollen sich beruflich neu orientieren.
- Sie übernehmen eine neue Fach- oder Führungsaufgabe und fühlen sich unsicher.
- Sie haben Konflikte mit Ihren Chefs, Kollegen, Mitarbeitern oder in der Familie und wollen diese lösen.
- Sie suchen mehr Balance zwischen Beruf und Familie.
- Sie wollen Ihre Frustration und Demotivation durch neue Energie ersetzen.
- Sie wollen Ihren Alltagsstress reduzieren.
- Sie wollen sich besser in dem sich ständig wandelnden Umfeld zurechtfinden.
- Sie haben konkrete Fragen aus Ihrem Führungsalltag.
- Sie befinden sich in einer Krise und wissen nicht weiter.

So muss Coaching sein: schnell, praxisnah und kommunikativ

Selbstverständlich können Karteikarten keinen realen Coach ersetzen. Allzu oft bleibt im Führungsalltag jedoch keine Zeit, bei einem Berater oder Coach nachzufragen. Und selbst das Nachschlagen in Büchern oder eigenen Aufzeichnungen erfordert viel Zeit, die einer Führungskraft im Alltag nur selten zur Verfügung steht.
So geht es unserer Erfahrung nach, wenn eine Führungskraft im Alltag Unterstützung braucht, vor allem um vier Anforderungen:
1. **Die Unterstützung benötigen Sie meist sofort** – das heißt, sie muss ohne langes Blättern und Umblättern auf einen Blick verfügbar sein.
2. Die Unterstützung muss **konkret und praxisnah** auf die anstehende Aufgabe zugeschnitten sein – denn als Führungskraft haben Sie keine Zeit für lange Abhandlungen.
3. Die Unterstützung sollte Ihnen **Denkanstöße geben** und neue Perspektiven eröffnen – um über Fragestellungen reflektieren zu können.
4. Die Unterstützung muss Ihnen beim **Kommunizieren helfen**, schließlich geht es darum, Informationen, Gedanken und Anforderungen an Mitarbeiter, Vorgesetzte, Kunden und Partner weiterzugeben. Erst so machen sie ziel- und lösungsorientiertes Handeln möglich. Das macht die Kommunikation zu einer Königsdisziplin von Führungskräften.

Alles für den Führungsalltag griffbereit

Der **ExpressoCoach für Führungskräfte** bietet alles, was Sie als Führungskraft – ob in Wirtschaft, Verwaltung oder sozialem Bereich – in Ihrem Berufsalltag brauchen, und zwar schnell, effizient und zielgerichtet. Und wenn er auf dem Schreibtisch steht, ist sein Wissen jederzeit für Sie verfügbar. Er bietet Ihnen auf den Punkt die Information, die Sie in einer Situation benötigen – als **»coachender« Ratgeber**. In diesem Punkt unterscheidet sich der **ExpressoCoach für Führungskräfte** auch am deutlichsten von einem klassischen Coaching, bei dem es weniger um das Ratgeben geht, sondern darum, im Dialog gemeinsam Lösungen zu entwickeln.

Denkanstöße im Karteikartenformat

Von einem persönlichen Coach erwarten Sie, dass er Ihren Entwicklungsprozess begleitet. Dass er Sie führt und unterstützt mit individuellen Fragen, Übungen und Methoden. Dass er immer wieder Denkanstöße gibt und neue Perspektiven eröffnet. Denn jedes Coaching ist einzigartig und auf die individuellen Bedürfnisse des Coachees abgestimmt. Zu einem guten Stück haben wir versucht, dies mit unserem **ExpressoCoach für Führungskräfte** ins Karteikartenformat zu transferieren. So finden Sie immer wieder Anmerkungen, Fragen, Tipps und Anregungen, die Sie ein Stück über den Tellerrand einer konkreten Fragestellung hinausführen sollen.

Auf gleicher Augenhöhe

Wenn Sie diesen Wegweisern folgen, etwa in den Abschnitten **ExpressoTipp**, **ExpressoFokus** und **ExpressoBalance**, kommen Sie zu einer präzisen Standortbestimmung, können versteckte Ressourcen entdecken und wecken, blinde Flecken erkennen und diese verkleinern, Ihre Wahrnehmung verfeinern und die Anzahl Ihrer Möglichkeiten vergrößern. Wann immer möglich wechseln wir von der Position des Ratgebers in Wissensfragen hin zu einer Beraterposition auf gleicher Augenhöhe. Wir wollen Sie – so weit dies die „Entfernung" zulässt, die ein Buch nun einmal darstellt – als Führungskraft befähigen, Ihre Mitarbeiter zu führen. Wir möchten Ihre Lösungs- und Sozialkompetenz fördern und Ihnen helfen, sich die Mittel und Methoden anzueignen, die es Ihnen ermöglichen, sich selbst immer wieder neuen Perspektiven zuzuwenden und den eigenen Weg zu erschließen. Nicht zuletzt lernen Sie – über Ihr Führungs-Know-how hinaus – Führungsintuition aufzubauen und ihr zu folgen.

Unsere Basis: Ihre Ressourcen und Ihre Werte

B

So verstehen wir Coaching

- Der Coach geht von den Ressourcen des Kunden und von einem positiven Menschenbild aus.
- Er arbeitet systemisch, das heißt, er bezieht immer den ganzen Menschen, das ganze Umfeld bzw. die gesamte Organisation ein.
- Der Coach geht nicht von defizitorientiertem Denken aus, sondern im Gegenteil: Es geht darum, Potenziale zu erkennen und zu erschließen.
- Er geht immer von konkreten Fragen und der Praxis aus.
- Er beantwortet die Fragen, die im Moment anstehen, und zwar schnell und nachvollziehbar.
- Er denkt und unterstützt lösungsorientiert.
- Er sieht Situationen aus verschiedenen Perspektiven.
- Er versucht, mit möglichst wenig Theorie auszukommen.
- Und er beachtet alle Aspekte unseres Lebens: Gesundheit, Arbeit, Familie und Sinnfragen.

Anders gesagt: Lernen lohnt und funktioniert immer, und hin und wieder müssen wir auch »verlernen«, um Neues zu lernen.

Im Fokus: Sie und Ihre Werte

Der **ExpressoCoach für Führungskräfte** ist **»personenzentriert«**, das heißt, uns interessieren immer zuerst Sie als Führungskraft und Mensch sowie Ihre Mitarbeiter, Partner, Kollegen und Kunden. Sicher können Sie bei den Inhalten, etwa zum Thema Wissensmanagement, auch Tipps für „große" Lösungen ableiten, die die gesamte Organisation betreffen. Vor allem geht es uns aber um ganz »nahe Liegendes«:

- Was bietet Ihnen eine Situation oder Aufgabe?
- Was fordert eine Situation oder Aufgabe von Ihnen?

Deshalb tauchen – ob ausgesprochen oder zwischen den Zeilen – auch immer wieder Aspekte und Fragen auf, die Ihre Loyalität und Sie als Menschen in Ihren Grundfesten und Werten ausmachen. Für uns gilt das Wort von Heinz von Förster, »... **dass man über Ethik nicht sprechen kann, dass Ethik immer implizit ist**. Das heißt, sie sitzt zwischen den Zeilen, sie sitzt zwischen den Worten. Sie ist eben nicht artikuliert, sie schwebt; sie fließt dahin«.

Ganz unterschiedliche Landkarten

Wir alle nehmen unsere Umgebung verschieden wahr. Wir sehen und erleben Dinge bisweilen sehr unterschiedlich. Der eine entspannt beim Anblick einer Berglandschaft, der andere langweilt sich nur. Abhängig von unseren persönlichen Erfahrungen und unserer Erziehung messen wir verschiedenen Situationen ganz unterschiedliche Bedeutungen bei. Jeder entwickelt im Laufe seines Lebens seine ganz persönliche Sicht der Welt.

Die grundlegenden Informationen, die wir mit unserer Sichtweise erlangen, fassen wir in einer Art »Landkarte« zusammen: Sie bildet ab, wie wir ganz individuell unsere Umgebung und die Dinge darin wahrnehmen. Und wir orientieren uns mit unserer Landkarte. Sie zeigt uns, woher wir kommen, wo wir stehen und wohin Wege führen (können).

Natürlich ist eine Landkarte immer nur ein Modell, ein Konstrukt – und immer nur eine ganz spezielle Möglichkeit, die Welt abzubilden.

Der respektvolle Umgang miteinander

Es gibt so viele verschiedene Landkarten und Arten, die Welt zu beschreiben, wie es Menschen gibt. Dies zu akzeptieren ist eine der Grundvoraussetzungen für einen respektvollen Umgang miteinander. Und somit einer der Grundpfeiler jeder Führungsarbeit. Denn Ihre Sicht der Dinge – Ihre Landkarte – kann und wird sich erheblich von der Sicht und den Landkarten zum Beispiel Ihrer Mitarbeiter unterscheiden. Sie wird sich auch im Laufe Ihres Berufslebens verändern.

Immer wieder wundern wir uns über die Landkarten anderer, vielleicht sind wir irritiert oder verärgert, verständnislos, hilflos oder auch ganz einfach neugierig. Wenn Sie einen anderen Menschen kennen lernen und verstehen möchten, ist es hilfreich, wenn Sie versuchen, seine Sicht der Welt zu verstehen, sie zu respektieren und nicht mit ihm über Berechtigung und Sinn seiner Sicht zu streiten. Denn hier gibt es kein »richtig« oder »falsch«.

Den Blick schärfen – und weiten

Unser Ziel ist es, Sie immer wieder auf das Erkunden – und Erweitern – Ihrer Landkarte und der Ihrer Mitarbeiter und Partner zu lenken. Sie also mit Anregungen und Fragen zu coachen – auch wenn wir Ihnen nicht gegenübersitzen.

Unser Credo: die Konzentration auf das Wesentliche

Ihren Prozess begleiten

Nicht immer ist jedoch ein persönliches Gespräch möglich – sei es aus Zeit-, Kosten- oder Organisationsgründen. Doch das braucht es nach unserer festen Überzeugung und nach unserer Erfahrung auch nicht immer. Hier kann der **ExpressoCoach für Führungskräfte** einspringen. Er kann vieles (außer zum Beispiel das persönliche Gespräch), was ein »richtiger« Coach kann:

Der ExpressoCoach passt sich individuellen Anforderungen an: von – vermeintlich – trivial bis ganz speziell.
Er hilft blinde Flecken abzudecken – beim Blättern durch die Lösungskarten gibt es auch für »alte Hasen« immer wieder Aha-Erlebnisse.
Bei diesem Prozess möchten wir Sie begleiten.

Das Wissensnetz

Der **ExpressoCoach für Führungskräfte** führt Sie sowohl durch Fragen als auch durch konkrete Tipps, durch Stichwortgeben – immer als Anregung und als Erinnerung. Das Meiste wissen Sie als Führungskraft bereits, haben es im Moment vielleicht aber nicht griffbereit. Wir haben hierzu oft gestellte Fragen und oft beobachtete Probleme zusammengestellt und aufbereitet.

Der **ExpressoCoach für Führungskräfte** schafft ein »Wissensnetz« aus miteinander vernetzten Karten. Themenfelder (siehe auch »112. Zur schnellen Orientierung elf Themenfelder«) werden mit Farben in der Überschrift und Illustrationen gekennzeichnet. Das Beispiel zeigt das Themenfeld »Von Coaching profitieren«.

Und der ExpressoCoach deckt alle Situationen ab:

- er coacht die Führungskraft
- und er hilft Führungskräften, Mitarbeiter zu coachen.

Den Pareto-Hebel ansetzen

Genauso wichtig ist uns die Erkenntnis, dass es keine – oder nur sehr, sehr selten – 100-Prozent-Lösungen gibt und geben muss. Mit dem so genannten Pareto-Prinzip – wir haben dazu eine eigene Lösungskarte geschrieben – erreichen Sie mit 20 Prozent des Einsatzes bereits 80 Prozent des Erfolges – und das ist eine Menge, auf jeden Fall überdurchschnittlich. Mithilfe des Pareto-Prinzips haben wir einen starken Hebel zur Hand.
Zur Zielgruppe des **ExpressoCoach für Führungskräfte** gehören also auch alle, die effizient arbeiten, führen und kommunizieren möchten – und sich eben nicht in zeitraubendem und wenig effizientem Perfektionismus verstricken möchten.

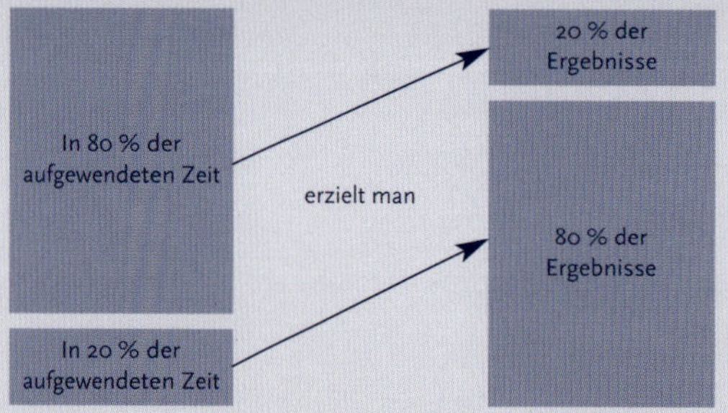

Das Pareto-Prinzip: 80 Prozent der Ergebnisse in 20 Prozent der Zeit erzielen

Wofür expresso steht

Unser Coaching-Ansatz gepaart mit Praxis-Know-how und die Lehren aus dem Pareto-Prinzip bilden die Grundlage für den **ExpressoCoach für Führungskräfte**: Er simuliert nicht Lehrsituationen, sondern beantwortet genau die Fragen, mit denen Sie sich als Führungskraft im Moment konfrontiert sehen.
Der ExpressoCoach für Führungskräfte bietet alles, was Sie in Ihrem Führungsalltag brauchen, und zwar schnell, effizient und zielgerichtet. Denn Expresso steht für

- **»ex«:** Wir helfen Führungskräften, sich vom unproduktiven Glauben an 100-Prozent-Lösungen zu verabschieden. Dabei setzen wir konsequent auf das Pareto-Prinzip: mit 20 Prozent Einsatz 80 Prozent der Aufgaben lösen.
- **express:** Alle Informationen sind griffbereit aufbereitet – »just in time« und unkompliziert.
- **expressiv:** Alle Informationen werden auf den Punkt gebracht – ohne überflüssiges, zeitaufwändiges Beiwerk.

Und ganz nebenbei kann man Expresso – leicht abgewandelt – auch als **Espresso** lesen: Denn oft braucht es nicht viel mehr Zeit, sich mit Hilfe der ExpressoCoach-Inhalte für eine konkrete Aufgabe zu orientieren, als das Zubereiten und Trinken eines Espresso. Um anschließend erfrischt und hoch konzentriert die anstehende Herausforderung anzupacken.

Das Prinzip: den Pareto-Hebel ansetzen

Die Köpfe hinter dem ExpressoCoach

Die Autoren verfügen über langjährige Erfahrung in Management und Führung, in Ausbildung und Coaching von Führungskräften sowie in Marketing, Vertrieb und Lektorat, und zwar aus der Wirtschaft genauso wie im öffentlichen Dienst. Der **ExpressoCoach für Führungskräfte** »übersetzt« dieses breite, ganzheitliche und praxisorientierte Wissen in ein handliches, »schnelles« Format.

Maja Härri

Die Schweizerin ist diplomierte Ingenieurin mit breiter Erfahrung in der Industrie. Sie verfügt über eine langjährige Managementerfahrung als Geschäftsführerin und im Vertrieb. Sie ist systemische Beraterin und Coach mit Schwerpunkt in systemischer Organisations- und Personalentwicklung, systemischem Coaching sowie Struktur- und Organisationsaufstellungen.

© Eugen Sommer

Iris Schwarz

Die Diplom-Sozialpädagogin und Supervisorin DGSv. hat Führungserfahrung in der öffentlichen Verwaltung und bildet seit Jahren Supervisoren und Führungskräfte aus, auch im Rahmen eines Master-Studiengangs an der Katholischen Fachhochschule Freiburg. Sie verfügt über eine systemische Organisations- und Personalentwicklungsausbildung und coacht Führungskräfte. Seit neuestem bildet sie auch Coaches aus. Sie lebt mit ihrem Mann und ihren zwei Kindern in Frankfurt/Main.

© Eugen Sommer

Manfred Schwarz

Der Buchautor, Lektor und Kommunikations-Coach lebt in Hamburg. Zu seinen Kunden zählt unter anderem die Microsoft GmbH und die deutsche Leasing AG. In Buchform sind im Eichborn Verlag »Die Sehnsucht nach dem Meer wecken – Marketing-Basics für Praktiker« und »Drive – die Golf-Strategie für Manager« erschienen, die er zusammen mit Jürgen Wulfestieg geschrieben hat.

© Johannes Groht

Noch mehr Coaching: www.expressocoach.de

Die Basis des **ExpressoCoach für Führungskräfte** ist ein umfassender Ansatz, aus dem lösungsorientierte Interventionen und Techniken abgeleitet werden.
Auf der Homepage **www.expressocoach.de** der drei Autoren finden Sie neben »realen« Coaching-Angebote auch diverse Checklisten etc. zum Herunterladen. Zudem bietet die Homepage eine einfache Kontaktaufnahme zu den Autoren via Mausklick.

ExpressoCoach

Fragen? Anregungen? Feedback?

Wenn Sie Fragen oder Anregungen haben oder Kritik äußern möchten – wir freuen uns auf Ihr Feedback. Schreiben Sie einfach eine E-Mail an

- maja.haerri@expressocoach.de
- iris.schwarz@expressocoach.de
- manfred.schwarz@expressocoach.de.

Weitere Kontaktdaten finden Sie auf unserer Homepage www.expressocoach.de.

Ein Hinweis zum Schluss: Aus Gründen der **besseren Lesbarkeit** haben wir **ausschließlich die maskuline Form gewählt. Genauso meinen wir jedoch immer auch deren feminine Pendants.** Und wenn wir von Führungskräften sprechen, meinen wir stets Männer und Frauen aus allen Bereichen der Wirtschaft sowie öffentlichen Verwaltungen oder dem Non-profit- und sozialen Bereich.

Der ExpressoCoach: in fünf Minuten Orientierung gewinnen

E

Der ExpressoCoach für Führungskräfte ist mehr als ein Buch, er ist ein Karteikartenkasten mit Lösungskarten zu 111 typischen Fragestellungen aus dem Führungsalltag. Der Karteikasten ist so gestaltet und verarbeitet, dass er sich gut auf dem Schreibtisch einer jeden Führungskraft macht. Und die Karten sind in einer Sprache verfasst, die es Ihnen leicht macht, die Inhalte an andere zu kommunizieren.

Die Navigationskarten am Ende des Stapels bieten Ihnen die Möglichkeit, sich Schritt für Schritt Hintergrund- und ergänzende Informationen zu einem Themenfeld zu erschließen.

Struktur und Aufbau

- Die Umsetzung: übersichtlich, schnell und praxisorientiert.
- Die Lösungskarten: Sie präsentieren – jeweils auf Vorder- und Rückseite – eine Situation oder Aufgabe aus dem Führungsalltag samt Lösungen und Tipps.
- Sie sind alphabetisch geordnet nach den jeweiligen Schlüsselbegriffen.
- Das Layout folgt einem einheitlichen Muster, die Abschnittüberschriften sind angepasst an das Thema.

Der ExpressoCoach für Führungskräfte ist

- eine konkrete Hilfe im Führungsalltag,
- eine Fundgrube für alle, die sich mit einem Thema beschäftigen möchten – auch beim siebten Durchblättern
- sowie eine Anleitung und Unterstützung, um als Führungskraft Coaching-Know-how selbst einzusetzen.

Wiederkehrende Elemente

Jede Karte enthält auf Vorder- und Rückseite folgende Rubriken

- »Für Ihre Zeitplanung«: damit Sie rechtzeitig genug Zeit für anstehende Aufgaben einplanen.
- »Wissensnetz, Weblinks und Literatur«. Wenn Sie in ein Thema tiefer eindringen möchten, erhalten Sie hier Tipps: verwandte und ergänzende Inhalte zu einer Karte innerhalb des ExpressoCoach, im Web und schließlich in anderen Büchern.
- Ein treffendes Zitat richtet einen pointierten Blick auf das Thema.
- »ExpressoTipp«: Worauf Sie besonders achten sollten.
- »ExpressoFokus«: Ergänzende Tipps, die das Thema in einem weiter gefassten Blickfeld wahrnehmen.
- »ExpressoBalance«: Coaching bedeutet für uns auch, bei aller Fokussierung auf ein Thema nie alle anderen wichtigen Themen etwa im Rahmen des Work-Life-Balancing außer Acht zu lassen.

Für Ihre Zeitplanung

- Führung ist immer auch eine Frage des richtigen Timings. Deshalb finden Sie auf jeder Karte zeitliche Orientierungspunkte für die jeweils spezielle Anforderung aus Ihrem Führungsalltag.

- Eine Faustregel gilt für fast alle Inhalte: Für das Überfliegen einer Karte benötigen Sie im Schnitt rund fünf Minuten.

Wissensnetz, Weblinks und Literatur

Die generelle Suche nach Inhalten erleichtern Ihnen:

112. Zur schnellen Orientierung: elf Themenfelder
114. Stichwortverzeichnis

Wenn Sie tiefer in ein Thema einsteigen möchten, finden Sie in dieser Rubrik immer wieder erprobte Buchtipps und Internetseiten, zum Beispiel: www.expressocoach.de.

»Eine Führungspersönlichkeit ist ein Mann, der genau weiß, was er nicht kann, und der sich dafür die richtigen Leute – zum Beispiel den richtigen Coach – sucht.« FREI NACH PHILIP ROSENTHAL

Zur Orientierung: Farbkodierung und Illustrationen

Alle Karten sind entsprechend den elf Themenfeldern (siehe »112. Zur schnellen Orientierung: elf Themenfelder«) farbkodiert.
Dies soll Ihnen das Navigieren erleichtern.
Auf den Karten selbst werden wichtige Inhalte hervorgehoben.
Zu jedem Themenfeld gehört auch eine Illustration:

- Mit dem ExpressoCoach arbeiten
- Unternehmen und Organisationen führen
- Mitarbeiter führen
- Von Coaching profitieren
- Mit Ideen und Innovationen gewinnen
- Sich selbst führen
- Effizient arbeiten
- Krisen und Probleme meistern
- Zielgerichtet kommunizieren
- Sicher und überzeugend auftreten
- Miteinander arbeiten

Über den Tellerrand

In der Rubrik »ExpressoBalance« (siehe unten) blicken wir jeweils über den Tellerrand des Kartenthemas hinaus, und zwar entsprechend dem umfassenden Ansatz des Work-Life-Balancing (siehe Karte »103. Work-Life-Balance: alle Lebensbereiche in Einklang bringen«). Die Illustrationen geben Ihnen dabei eine Orientierung, aus welchem Lebensbereich der Hinweis stammt:

- **Gesundheit und Erholung**
- **Leistung und Arbeit**
- **Familie und Kontakt**
- **Sinn und Werte**

ExpressoTipp

Wenn Sie Ihr Führungswissen assoziativ und spielerisch auffrischen möchten, empfehlen wir Ihnen, sich regelmäßig ein wenig Zeit zu nehmen, um in den Karten der Box zu »surfen«. Sie finden viele hilfreiche Fragen. Und Sie können en passant Wissenslücken füllen bzw. vergessenes Wissen auffrischen.

ExpressoFokus

Wichtige Karten können Sie einfach aus der Box und mit in Meetings und dergleichen nehmen – oder auch Ihren Mitarbeitern an die Hand geben, zum Beispiel über heikle Themen wie Knigge und Stilfragen.

ExpressoBalance

Kurz Luft holen, sich ein wenig schütteln, einen Espresso trinken – und erste Karte lesen.

Abläufe und Projekte planen und beschleunigen

Immer wieder gilt es in Ihrer Führungspraxis komplexe Abläufe und Aufgaben sowie ganze Projekte zu planen, zu beschleunigen und zum Erfolg zu führen.
Im Folgenden geht es nicht darum, alle Werkzeuge des Projektmanagements zu erläutern, sondern darum, Ihnen im Stenostil grundlegende Eckpfeiler einer effizienten Ablauf- und Projektplanung an die Hand zu geben. Damit können Sie ein Projekt planen, zum Laufen bringen und am Laufen halten – ob als Auftraggeber oder als Projektleiter.

Grundlegende Fragen

Generell:
Was ist das Besondere an diesem Projekt? Was ist das **Motto**, das **Leitmotiv**? Warum gibt es das Projekt? Was ist der **Hauptzweck**/**Nutzen**? Verfolgen alle damit wirklich dasselbe Ziel?
Für Auftraggeber:
Welches **Ziel** ist bei diesem speziellen Projekt besonders wichtig? Was muss dieses Projekt unbedingt leisten? Woran erkenne ich im Nachhinein, dass das Projekt erfolgreich war?
Für Projektleiter:
Worauf kommt es am meisten an? Was ist die **Substanz**, die das Projekt am Laufen hält? – Etwa Kreativität, Zusammenhalt im Team, Zeitplan einhalten, Innovation schaffen, kostengünstig produzieren, Kundenorientierung oder Auftrag für das Folgeprojekt erhalten.

Im Mittelpunkt: der Projektleiter

Der Projektleiter sorgt für zielgerichtete Zusammenarbeit und

- stellt – idealerweise, in der Praxis aber eher selten – sein Team zusammen
- trifft klare, geregelte Absprachen bezüglich Zielen und Zielabweichungen
- erfüllt dem Auftrag gemäß Zielsetzung und vorgegebenem Zeit- und Kostenrahmen
- plant und überwacht die Ressourcen und stellt Arbeitspakete auf
- koordiniert die Projektarbeit und legt die Projektinfrastruktur fest
- ist Bindeglied zwischen Team und Auftraggeber
- dokumentiert die Projektarbeit und informiert Mitarbeiter und Auftraggeber.

Wichtig ist eine Kommunikationsstruktur, die auf **echte Kommunikation** setzt. Es geht nicht um Kontrolle, sondern darum, gemeinsam an einem Strang zu ziehen. Die **Vertrauensbasis** muss von Beginn an da sein.

Für Ihre Zeitplanung

Eine gute Planung ist das A und O jeder Projektarbeit: Nehmen Sie sich dafür genug Zeit bzw. sorgen Sie dafür, dass Ihre Projektleiter sich dafür ausreichend Zeit nehmen.
Achten Sie auf regelmäßige Rückmeldungen zum Stand der Dinge, etwa zu Meilensteinen.
Feiern Sie auch das Erreichen von Teilzielen.

Wissensnetz, Weblinks und Literatur

5. Besprechungen moderieren
92. Teams bilden
93. Teams führen
108. Mitarbeiter mit Zielen führen
21. Events organisieren und nutzen

- www.projektmagazin.de: nützliche Informationen zum Thema
- www.gpm-ipma.de : Weiterbildung und Zertifizierung im Projektmanagement
- Wolfgang Lessel: Projektmanagement. Berlin

Ein Projekt planen ...

- Das Projekt beschreiben: Hintergründe und Situation darstellen
- Ziel und Zeitplanung vorgeben: **Was** (Objekt und Resultat) soll **wo wann** (Zeitraum und Endtermin) **womit** (Mittel) und von wem erreicht werden?
- **Haltepunkte und Projekt-Reviews einplanen**, wo Teilnehmer den Stand besprechen und Fragen stellen
- Die Organisation bestimmen (Projektleiter benennen und Team organisieren)
- Das Projekt initiieren: bei einem Kick-off-Meeting wird ein gemeinsames Verständnis des Projektteams erzielt sowie eine transparente Projektabwicklung vereinbart. Informationen über Organisation, Kommunikationswege, Ziele, Erfolgsfaktoren und nächste Schritte.

... zum Laufen bringen ...

- **Aktivitäten sammeln:** Hier ist ein Blick auf Karte 33 »Ideen entwickeln« hilfreich.
- **Aktivitätenfolge und Zeitbedarf bestimmen:** Diese Aufgabe erfolgt mittels der Projektplanung nach dem Schema: Planung von Aktivitäten, Abläufen und Terminen, Ressourcen und Kosten.
  Alle Aspekte werden nach Sachzusammenhängen bzw. zeitlichen Abhängigkeiten in der richtigen Reihenfolge zusammengestellt. Bewährt haben sich Balkendiagramm und Netzplantechnik. Letztere ermöglicht das Darstellen von zeitlichen und funktionalen Abhängigkeiten.
- **Abläufe und Termine planen:** Diese Ergebnisse werden zum Beispiel in einem Balkendiagramm übersichtlich zusammengefasst und visualisiert.

... und im Griff behalten

- **Erledigen alle Mitarbeiter die definierten Aufgaben korrekt und termingerecht?** Gibt es eigenmächtige Abweichungen, lassen Sie dies nur nach Rücksprache zu.
- **Kommen neue, zusätzliche Anforderungen hinzu, die den Projektumfang erweitern?** Handeln Sie mit Ihren Auftraggebern eine neue Projektplanung besonders hinsichtlich Zeitplan und Kosten aus.
- **Sind neue externe Einflüsse aufgetreten, welche die Zielerreichung verhindern?** Markteinflüsse, neue Vorschriften oder Gesetze können eine neue Zielplanung erfordern.
- **Identifizieren sich alle Teammitglieder mit Ihrem Projekt?** Achten Sie darauf, dass das Feuer nie erlischt. Gerade in Krisen brauchen Sie Engagement, Ideen und Improvisationstalent Ihrer Mitarbeiter.

ExpressoTipp

Ein Projekt wird oft dann ins Leben gerufen, wenn die klassische Organisationsform versagt. Damit steht es organisatorisch im Widerspruch zur Hierarchie und ihrer Kontrolle. Denn ein Projekt braucht zum kreativen Arbeiten vor allem Freiräume. Es ist Ihre Aufgabe, diese den Teammitgliedern zu ermöglichen.

ExpressoFokus

Freiräume erfordern eine offene Kommunikation zwischen Führung und Team. Ohne sie ist es nicht möglich, den tatsächlichen Projektstatus zu erfahren. Nur die Projektmitarbeiter wissen rechtzeitig, was los ist. Dies bedeutet jedoch nicht, dass der Projektleiter jemals sein Team aus den Augen verlieren darf!

ExpressoBalance

Arbeiten Sie mit und nicht gegen Ihren persönlichen Rhythmus. Viele sind morgens am leistungsfähigsten. Hier haben sie die besten Ideen. Morgenmuffel legen hingegen wichtige Termine besser auf den späten Nachmittag oder frühen Abend.

Arbeitszeiten individuell und sinnvoll gestalten

Die Serviceorientierung in Europa ist im Vergleich zu Amerika nach wie vor ein Entwicklungsthema. Rund um die Uhr einkaufen – vorläufig Träume von anspruchsvollen Kunden?
Wie können die Interessen der Arbeitnehmer und des Unternehmens zu beiderseitigem Wohl zusammenkommen? Welche Randbedingungen setze ich für die Arbeitszeit meiner Mitarbeiter? Welche gesetzlichen, vertraglichen und betrieblichen Regeln müssen berücksichtigt werden? Es gibt kein Konzept, das für alle passt.

Gesetze und Regeln zur Arbeitszeit

Der Gesetzgeber regelt viele Punkte der Arbeitszeitgestaltung. Dies dient der Gesundheit und der Sicherheit der Arbeitnehmer.
Innerhalb des gesetzlichen Rahmens bewegen sich die betrieblichen Regeln, welche in Tarifverträgen und/oder Betriebsvereinbarungen festgelegt sind. Der Arbeitsvertrag enthält ebenfalls Klauseln über die Arbeitszeit. Somit ist der Spielraum des Vorgesetzten beschränkt, die Arbeitszeiten der Mitarbeiter zu bestimmen.
Achten Sie bei Veränderungen darauf, ob diese keine Betriebsvereinbarungen verletzen oder mit dem Betriebsrat abgestimmt werden müssen. **Legen Sie besonderes Augenmerk auf die Pausen und Nachtruhezeitregeln. Diese müssen unbedingt eingehalten werden.**
Was nützt sowohl dem Unternehmen wie dem Mitarbeiter? Jegliche flexible Ideen innerhalb der Eingangs genannten Regeln sind denkbar.

Flexible Arbeitszeitmodelle

Es gibt eine Vielzahl von Arbeitszeitmodellen, die sich an den Bedürfnissen von Unternehmen und Arbeitnehmer ausrichten. Bedingt durch die sich ändernden Bedürfnisse werden laufend neue entwickelt. Ideen und Mut sind gefragt – probieren Sie aus, was sich in Ihrem Unternehmen bewährt. Basis für viele Modelle ist das Arbeitszeitkonto:

- Jahresarbeitszeitkonten
- Langzeitarbeitskonten
- Lebensarbeitszeitkonten
- geld- oder zeitgeführte Konten

Verschiedene Lebensphasen bedingen unterschiedliche Bedürfnisse der Arbeitszeitgestaltung. Firmen, die diesen Themen Rechnung tragen und entsprechende Möglichkeiten aufzeigen, werden eindeutig bevorzugt.

Für Ihre Zeitplanung

- Es ist Ihre Aufgabe als Führungskraft, darauf zu achten, wie Ihre Mitarbeiter mit ihrer Arbeitszeit umgehen. Halten sie die Pausen ein? Wird auf eine angemessene und mitarbeiterfreundliche Arbeitszeitgestaltung geachtet?
- Wie sieht es mit Überstunden aus? Können Überstunden flexibel abgefeiert werden?

Wissensnetz, Weblinks und Literatur

7. Den Betriebsrat als Partner verstehen
61. Mitarbeiter binden

Flexible Arbeitszeiten

- **Kapazitätsorientierte variable Arbeitszeit:** Je nach Auftragslage wird die Arbeitszeit für einen gewissen Zeitraum in gewissen Grenzen festgelegt. Meist in der Produktion für eher niedrig qualifizierte Arbeitnehmer. Hoher Nutzen für das Unternehmen, geringe Flexibilität für den Arbeitnehmer.
- **Gleitzeit:** Beginn und Ende sowie Dauer der Arbeitszeit können vom Arbeitnehmer meist innerhalb gewisser Grenzen (Kernarbeitszeit) frei gewählt werden.
- **Servicezeiten:** Eine Gruppe von Mitarbeitern stellt die Ansprechbarkeit innerhalb einer definierten Servicezeit eigenverantwortlich sicher. Kundenbedürfnisse und Interessen der Mitarbeiter werden berücksichtigt und es entsteht eine hohe Motivation.

Möglichkeiten für Teilzeitarbeit

- **Klassische Teilzeit:** Die Arbeitszeit beträgt eine fixe Anzahl Stunden pro Tag oder Tage pro Woche.
- **Sabbatjahr** (Sabbatical): Die unsichtbare Teilzeit. Gearbeitet wird unverändert Vollzeit – bezahlt wird Teilzeit. Die Differenz wird als Zeit- oder Geldguthaben auf einem Langzeitkonto angespart. Möglich werden so mehrmonatige Urlaubsphasen oder der vorgezogene Ruhestand.
- **Teilzeit von Zuhause:** Eine definierte Stundenzahl wird mit oder ohne freie Zeiteinteilung von Zuhause aus gearbeitet. Insbesondere geeignet für Elternteilzeit.

Eigenverantwortliches Zeitmanagement erhöht das Engagement der Mitarbeiter und ist ein wichtiger Produktionsfaktor. Teilzeitmitarbeiter arbeiten sehr effektiv und der Verwaltungsmehraufwand lohnt sich.

Weitere Gestaltungsmodelle

- **Job-Sharing:** Zwei Mitarbeiter teilen sich einen Arbeitsplatz und die Verantwortung für die Aufgaben.
- **Job-Splitting:** Aufteilen eines Arbeitsplatzes unter mehreren Arbeitnehmern.
- **Job-Pairing:** Zusammenlegen von Arbeitsplatzinhalten unter gleichzeitiger Übertragung der Verantwortung für die Erledigung des Arbeitspensums unter den betroffenen Mitarbeitern.
- **Split-Level-Sharing:** Arbeitsplatzteilung, bei der die Arbeit nach den Arbeitsinhalten aufgeteilt wird.
- **Vertrauensarbeitszeit:** Der Arbeitnehmer handelt ganz eigenverantwortlich und orientiert sich nur an dem Ergebnis seiner Arbeit – die Zeit ist nicht mehr maßgeblicher Faktor. Dies ist eine Form, die sehr hohe Anforderungen an die Mitarbeiter und die Vertrauenskultur des Unternehmens stellt.

ExpressoTipp

Ihre Arbeitszeitmodelle müssen zu Ihrer Unternehmenskultur passen. Es ist nicht sinnvoll, von einem patriarchalischen Kontrollmodell übergangslos zur Vertrauensarbeitszeit zu wechseln!

ExpressoFokus

Die Praxis zeigt, dass mit eigenverantwortlichem und ergebnisorientiertem Arbeiten häufig die Produktionsmittel besser genutzt werden können. Zudem steigt die Motivation, und der Krankenstand sinkt.

ExpressoBalance

Das Nach-Hause-Kommen-Ritual: Tun Sie etwas – wie Tee machen, Lieblings-CD einlegen, Umziehen –, um einen wirklichen Schlussstrich unter den Arbeitstag zu ziehen.

Das Potenzial einer Assistentin optimal nutzen

Der Trend geht immer öfter Richtung Selbstmanagement. Doch eine Sekretärin oder eine Assistentin (da im Berufsalltag diese Position bis heute in erster Linie von Frauen besetzt wird, haben wir auf dieser Karte die weibliche Form gewählt) kann Ihnen und Ihrem Team außerordentlich nützliche Dienste leisten. Je nach Qualifikation und Erfahrung übernimmt sie Administrationsaufgaben und spezifische Fachaufgaben entweder selbstständig oder auf Anweisung. Die Berufsbezeichnung Assistentin ist nicht eindeutig belegt. Unser Fokus liegt dabei auf drei Berufsbildern – und wie diese Ihre Arbeit wirksam unterstützen können.

Im Fokus: die Office Managerin

Aufgaben und Kompetenzen der Office Managerin orientieren sich wesentlich an Struktur und Organisation des Unternehmens und des Teams.
Die Office Managerin bearbeitet einen Großteil der anfallenden Aufgaben ganzheitlich, **selbstständig und eigenverantwortlich**.
Sie besitzt exzellente Kenntnisse in den Bereichen Marketing, Informatik, Organisation und Kommunikation.

- Sie arbeitet projektorientiert, wobei ihre Schwerpunkte in den Bereichen Planung, Organisation und Kommunikation liegen.
- Sie erledigt Administrationsaufgaben, Kundenbetreuung, die Unterstützung etwa der Vertriebsorganisation sowie Ablauforganisation des Büros/Verwaltung.

Im Fokus: die Teamassistentin

Sie erledigt **routinemäßige Administrationsaufgaben** selbstständig, koordiniert die organisatorischen und administrativen Rahmenbedingungen nach Anweisung oder Vereinbarung.

- Aufgabenbeispiele sind Korrespondenz, Postbearbeitung, selbstständige Ablage, Gleitzeitabrechnung, Reiseplanung und -abrechnung, Urlaubskoordination, Terminkoordination, Büromaterialbeschaffung, -abrechnung, qualifizierte Telefonvermittlung, Besucherempfang, Projektüberwachung, Konferenzen
- Weitere Schwerpunkte liegen bei Organisations- und Koordinationsaufgaben für das Team sowie in der Text- und Datenverarbeitung.
- Personalaufgaben und Fragen zu internem Budget und Weiterbildung erledigt sie auf Anweisung.

Legen Sie für alle verbindliche Abläufe und Zuständigkeiten fest. Wichtig: eine von allen gleich gelebte Kultur der Vertraulichkeit.

Für Ihre Zeitplanung

- Damit Sie und Ihre Assistentin ein richtiges Team werden, ist eine regelmäßige Abstimmung absolut nötig. Planen Sie hierfür feste Zeiten ein, etwa am Beginn eines jeden Arbeitstages.
- Geben Sie nie die komplette Kontrolle über Ihre Zeitplanung aus den Händen: Ein bisschen Zeit brauchen Sie immer auch für sich oder für kleine Pausen.

Wissensnetz, Weblinks und Literatur

12. Delegieren – aber richtig!
38. Mitarbeiter zielgerichtet und angemessen informieren
49. Kontrollieren – aber richtig!
89. Sich selbst managen
105. »Dringend« vs. »wichtig«: sinnvolles Zeitmanagement

Im Fokus: die Chefsekretärin

Die Chefsekretärin **leitet das Sekretariat** der Geschäftsleitung oder des Vorstandes und übernimmt neben den üblichen – auch vertraulichen – Schreibtätigkeiten vielfältige Organisationsaufgaben wie Termine, Reiseplanung, Konferenzvorbereitung und Empfang. Sie übernimmt auch Sonderaufgaben wie Statistiken oder Dokumentationen.

- Die Chefsekretärin koordiniert Ihr Büro. Sie gestaltet und überprüft die organisatorischen Abläufe.
- Sie ist für die Erledigung von nicht routinemäßigen Arbeiten mit hohem Schwierigkeitsgrad verantwortlich.
- Sie erledigt anspruchsvolle Kommunikationsaufgaben, auch in der externen Kommunikation.
- Dazu kommen Kontrollaufgaben und Ihre Vertretung nach Vereinbarung sowie Führungsaufgaben in Hinblick auf jene Mitarbeiter an, denen die Chefsekretärin Anweisungen geben kann.
- Die Chefsekretärin arbeitet in ihrem vereinbarten Aufgabengebiet selbstständig. Teamarbeit kann für bestimmte Bereiche vereinbart werden.
- Planung, Koordination und Vorbereitung Ihrer Termine sind ein großer Bestandteil ihres Aufgabenbereiches.
- Sie erhält Anweisungen über Aufgabenkomplexe und entscheidet über deren Durchführung sowie über deren Aufteilung auf die Mitarbeiter.

Die interne Kommunikationskultur

- Die Chefsekretärin trifft in Ihrer Abwesenheit – in Übereinstimmung mit Ihnen – weitgehend weisungsfreie Entscheidungen, die sicherstellen, dass das operative Tagesgeschehen in Ihrem Team erledigt wird.
- Insbesondere das Arbeiten mit einer Chefsekretärin erfordert ein Feingefühl für den Umgang mit sensiblen Informationen, etwa hinsichtlich Personalfragen oder bei Krisen im Unternehmen.
- Hier gilt es, dass Sie und Ihre Chefsekretärin gemeinsam lernen, wann welche Information wie diskret zu behandeln ist.
- Dabei hilft nur eines: Über die interne »Informationskultur« immer wieder reden!

ExpressoTipp

Lernen Sie, eine Assistentin richtig einzusetzen. Delegieren Sie an sie alle nötigen und möglichen Aufgaben! **Vertrauen Sie auf die Kompetenz Ihrer Assistentin!** Nehmen Sie sich immer wieder Zeit, mit Ihrer Assistentin Ihre beiderseitige Kommunikation und Arbeitsweise zu optimieren.

ExpressoFokus

Das Potenzial einer Assistentin können Sie nur dann wirklich ausschöpfen, wenn Sie lernen, Sachaufgaben und damit Verantwortung zu delegieren, insbesondere um frei für Führungsaufgaben zu sein. Lassen Sie sich von ihr managen: Nur so kann sie Ihre Leistung vervielfachen.

ExpressoBalance

Wenn Sie eine unangenehme Nachricht entgegennehmen, versuchen Sie ruhig und tief zu atmen und sich zu entspannen. Gönnen Sie sich eine Pause, und bewegen Sie sich dabei. Gehen Sie zum Getränkeautomaten, oder laufen Sie eine Treppe hinauf und wieder hinunter.

Beschwerden sind Chancen!

4

Beschwerden und Reklamationen sind wie ungeschliffene Diamanten – freuen Sie sich darüber und »bearbeiten Sie den Stein«, bis alles rund und glatt und glänzend ist.
Der kompetente Umgang mit Beschwerden bietet große Chancen, sich in Kundenorientierung und Servicebereitschaft positiv vom Wettbewerb abzuheben. Es gilt, die in Beschwerden enthaltenen Hinweise auf betriebliche Schwächen und Marktchancen zu identifizieren und zur Verbesserung der Produkte und Dienstleistungen sowie der Abläufe und Prozesse zu nutzen.

Beschwerden »managen«

Unabhängig davon, ob es um Beschwerden von Kunden, Mitarbeitern, Lieferanten oder Aktionären geht, sind folgende Elemente im Beschwerde-Management sinnvoll:

- **Beschwerde-Stimulierung:** Kultur und Atmosphäre schaffen, die es erlaubt, die Beschwerde überhaupt zu formulieren.
- **Beschwerde-Annahme:** Gut ausgebildete Mitarbeiter, die Beschwerden professionell entgegennehmen.
- **Beschwerde-Bearbeitung und -Reaktion:** Kompetente und mit Kompetenzen ausgestattete Mitarbeiter, die die Beschwerden in nützlicher Frist behandeln.
- **Beschwerde-Auswertung:** Hinweise auf systematische Fehler erkennen und Qualität verbessern.

Behalten Sie im Auge, dass Beschwerden meist als Kritik verstanden werden und es Geduld und Ruhe braucht, um sie ohne allzu viel Ärger entgegenzunehmen. Gehen Sie mit gutem Beispiel voran.

Stimulierung statt Minimierung

Studien haben ergeben, dass je nach Produkt und Art des Problems 50 bis 80 Prozent der Kunden keine Beschwerde an das Unternehmen richten, sondern andere Reaktionsformen finden. Sie wechseln den Anbieter und/oder reden mit anderen über ihre schlechten Erfahrungen. Wie können Sie möglichst viele Unzufriedene dazu bewegen, ihre Beschwerde vorzubringen?

- **Machen Sie es dem Beschwerdeführer leicht** – reduzieren Sie den Aufwand (Zeit, Kosten) für die Beschwerde. Beispiele dafür sind: Servicenummern, Meinungskarten, Kundenbefragungen etc.
- Bewährt haben sich auch direkte Fragen im persönlichen Kontakt: Wie waren Sie mit der Leistung zufrieden?
- **Sorgen Sie für eine gute Kommunikation der Beschwerdewege.**
- Signalisieren Sie, dass Ihnen die Meinung Ihrer Kunden wichtig ist.

Für Ihre Zeitplanung

- Reaktionen auf Beschwerden müssen unmittelbar erfolgen, zumindest eine Zwischenmitteilung über den Stand und die Dauer der Bearbeitung.

Wissensnetz, Weblinks und Literatur

26. Führen durch Fragen
53. Durch Kundenbindung Multiplikatoren schaffen
78. Projekte im Griff behalten: Qualitätssicherung
110. Durch aktives Zuhören mehr verstehen

- Udo Haeske: Beschwerden und Reklamationen managen. Weinheim/Basel/Berlin

Beschwerden professionell annehmen

- Verstehen Sie Beschwerden als einen normalen Teil Ihrer Arbeit und als Chance, Unzufriedenheit abzubauen und die Unternehmensbindung zu sichern.
- Sorgen Sie für eine ruhige Atmosphäre, signalisieren Sie Gesprächsbereitschaft, und hören Sie gut zu.
- Sprechen Sie den Beschwerdeführer mit Namen an.
- **Stellen Sie so lange inhaltliche Fragen, bis Sie die Situation verstanden haben.**
- Vermeiden Sie Sofortdiagnosen. Beschuldigen Sie keine Mitarbeiter. Leiten Sie sofort die Bearbeitung der Beschwerden ein.
- Bieten Sie eine faire Lösung an. Erkundigen Sie sich, ob der Beschwerdeführer damit einverstanden ist.

Auf Beschwerden reagieren

- Begegnen Sie dem Ärger mit Gelassenheit, und beziehen Sie diesen nicht auf Ihre Person. Nutzen Sie Ihre Fähigkeiten zum aktiven Zuhören.
- Wählen Sie eine ruhige und höfliche Gesprächsart. (Den Streit mit einem Kunden hat noch immer der Kunde gewonnen.)
- Ist eine unverzügliche Problemlösung nicht möglich, sagen Sie dem Beschwerdeführer eine genaue Prüfung zu, und geben Sie an, wie lange es dauern wird.
- Sind Sie nicht zuständig oder können Sie nichts tun, leiten Sie die Beschwerde eigenhändig weiter.
- Beenden Sie das Gespräch mit einer positiven Formulierung.

Nützliche Fragen und Tipps

- Was kann ich tun, um Sie für Ihren Ärger zu entschädigen?
- Welche Möglichkeiten sehen Sie, um das Problem in Zukunft zu vermeiden?
- Was würde Ihnen helfen, die Zeit zu überbrücken, bis ich das Problem gelöst habe?
- Wie müsste die Lösung aussehen, damit Sie Ihren Ärger vergessen könnten?
- Sorgen Sie dafür, dass die Beschwerde so schnell wie möglich behandelt wird. Geben Sie einen Zwischenbericht, wenn es länger als ein bis zwei Tage dauert.
- Versprechen Sie nur, was Sie sicher einhalten können.
- **Versuchen Sie den Kunden mit einer kleinen Aufmerksamkeit für den Ärger zu entschädigen.**

ExpressoTipp

Ein Kunde, der die Erfahrung gemacht hat, dass Sie Probleme professionell und schnell lösen, kommt wieder. Zeigen Sie sich als Vorbild in Ihrer konstruktiven Haltung gegenüber Beschwerden. Bieten Sie eine Lösungsmöglichkeit an, die mindestens die bisherige Leistung umfasst oder diese sogar leicht übersteigt.

ExpressoFokus

Es lohnt sich, die Beschwerden auszuwerten und so Schwachstellen in der Organisation und bei Produkten zu erkennen und zu beseitigen. Verankern Sie diese Haltung auch bei Ihren Mitarbeitern. Jeder Mitarbeiter muss sich verantwortlich fühlen für die Zufriedenheit der Kunden.

ExpressoBalance

Was ist Ihnen in dieser Woche im Job besonders gut gelungen?

Besprechungen moderieren

Das Abstimmen von Tätigkeiten, Entscheidungen und Zielfindungen nimmt in Ihrem Führungsalltag eine wichtige Stellung ein. Nicht selten geht viel Zeit in Arbeitssitzungen dadurch verloren, dass viel geredet wird, ohne dass genaue Vereinbarungen getroffen werden, die das **Was**, **Wie**, **Wer** und **Wann** genau klären.

Durch eine gute Moderation können Sitzungen zielgerichtet gesteuert und gute Teamleistungen erzielt werden. Dies gilt auch für regelmäßige Besprechungen, etwa um alle Teammitglieder über ein Projekt auf dem Laufenden zu halten.

Die Phasen einer Arbeitssitzung

- **Einstieg:** Eröffnung, Abstimmen des Zeitplans, Abklärung der Erwartungen, Formulierung der Zielsetzung, Klärung der Protokollfrage.
- **Themen sammeln:** Festlegung der Themen, die bearbeitet werden sollen.
- **Thema auswählen,** das heißt die Prioritäten: Welche Themen sollen in welcher Reihenfolge bearbeitet werden?
- **Thema bearbeiten:** Bearbeitung der Themen in der festgelegten Rangordnung.
- **Maßnahmen planen:** Maßnahmenplan visualisieren, für jede Maßnahme Verantwortlichkeiten und Termine festlegen.
- **Abschluss finden:** Eventuelle Reflexion des Gruppenprozesses, positiv abschließen und für Mitwirkung danken.

Mit Fragen moderieren

- Die **Zuruffrage** dient der schnellen Informationssammlung: »Was sollte unser nächster Schritt sein?«
- Die **Kartenabfrage** eignet sich zur gründlichen Informationssammlung, besonders gut in der Informationsphase: »Welchen Aspekt haben wir bisher noch nicht berücksichtigt?«
- Die **Einpunktabfrage** wird in einem zweidimensionalen Raster mit einem Klebepunkt durch Teilnehmer beantwortet (z. B. ein Strahl, mit 0 am Anfangspunkt und 10 als Endpunkt): »Wie hoch schätzen Sie die Zufriedenheit in unserer Abteilung ein?«
- Bei der **3-Punkte-Abfrage** erhalten Teilnehmer jeweils drei Klebepunkte und legen damit ihre Prioritäten fest: »Welche Themen sollten wir Ihrer Meinung nach in nächster Zeit dringend bearbeiten?«
- Die **handlungsplanorientierte Frage** wird zum Abschluss der Arbeitsphase gestellt: »Wer macht was bis wann, und woran erkennen wir den Erfolg?«

Für Ihre Zeitplanung

- Halten Sie geplante Pausenzeiten ein.
- Beschränken Sie die Gesprächsdauer einzelner Beiträge auf zum Beispiel drei Minuten.
- Planen Sie ausreichend Zeit zur Erstellung des Maßnahmenkatalogs ein.
- Nehmen Sie sich genügend Zeit, um einen positiven Abschluss zu finden.

Wissensnetz, Weblinks und Literatur

6. Besprechungen planen und vorbereiten
32. Ideen auswählen
43. Die Körpersprache im Auge behalten
44. Grundlegende Kommunikationsregeln für Teams

- Stephanie Kreuzhage (Hrsg.): Praxishandbuch Sozialmanagement. Bonn
- Michèle Neuland: Neuland-Moderation. Bonn
- Josef W. Seifert: Visualisieren, Präsentieren, Moderieren. Offenbach

Handwerkszeug: Positiv starten und ...

- Begrüßen Sie alle Teilnehmer.
- Beginnen Sie positiv!
- Legen Sie gleich zu Beginn das Ziel fest.
- Erläutern Sie Ihre Vorgehensweise.
- **Visualisieren Sie möglichst viele Inhalte und Ergebnisse und jede Meinung und jeden Einwand.**
- Lassen Sie während des Sammelns, Auswählens, Bewertens protokollieren – etwa auf dem Flipchart.
- Bleiben Sie beim Thema: Dulden Sie kein Abschweifen.
- Sprechen Sie die Teilnehmer mit Namen an.
- Führen Sie durch Fragen, um Blockaden aufzulösen, Dinge zu konkretisieren, Missverständnisse aufzulösen und implizite Annahmen aufzudecken.
- **Stellen Sie möglichst einfache, zielgerichtete, konstruktive Fragen.** Siehe auch 26. Durch Fragen führen.
- Wenn Sie eine Frage stellen, sagen Sie, warum Sie dies fragen.
- Hören Sie aktiv zu!
- Erstellen Sie am Ende einen konkreten Maßnahmenplan: Wer macht wann was und gibt wem wie Rückmeldung?
- Achten Sie auf konkrete Vereinbarungen, die auch messbar sind.
- Schließen Sie immer positiv ab, und danken Sie für die Mitarbeit.

Hilfreiche Spielregeln

- Für alle Teilnehmer gilt gleiches Stimmrecht.
- Meinungen und Fragen werden nur kurz und knapp begründet.
- **Aussagen werden in der Ich-Form und nicht in der Man-Form gemacht.**
- Ergebnisse, auch Zwischenschritte, werden im Konsens erarbeitet.
- Einwände werden gekennzeichnet. (Kritik wird bei der Visualisierung mit einem Blitz als Zeichen für Einwand versehen).
- Jede Spielregel wird im Konsens mit allen Beteiligten vereinbart und visualisiert.
- Seien Sie immer neutral: Behandeln Sie alle Teilnehmer und deren Beiträge gleichrangig.

ExpressoTipp

Sorgen Sie für eine gute Lesbarkeit. Verwenden Sie mehrere Farben, aber einheitlich (zum Beispiel Überschriften in Schwarz, Informationen und Meinungen in Blau, Einwände in Rot). Nutzen Sie Medien zur Visualisierung (Flipchart, Moderationswand oder Beamer).

ExpressoFokus

Störungen (Konflikte) haben Vorrang und sollten in der Gruppe bearbeitet werden, wenn dadurch die Zusammenarbeit behindert wird. Mehr zu diesen Fragen lesen Sie in 47. Konflikte erkennen und lösen sowie 48. Konflikte im Team: Bedürfnisse und Interessen ausgleichen.

ExpressoBalance

Wie bemerken Sie das Bedürfnis, eine Pause einzulegen? Wann haben Sie das Bedürfnis, etwas zu trinken und/oder zu essen? Was machen Sie damit?

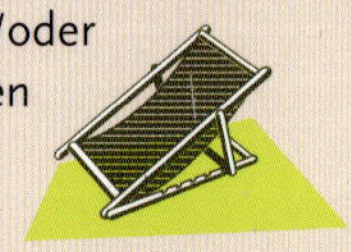

Besprechungen planen und vorbereiten

Besprechungen (Meetings, Sitzungen oder Konferenzen) sind nötig, keine Frage. Nur hier können Gruppen sich treffen und Informationen austauschen, Probleme lösen und nicht zuletzt ein Gemeinschaftsgefühl entwickeln.
Jede Besprechung braucht eine zielgerichtete Vorbereitung. Dafür ist nicht nur der Leiter verantwortlich, sondern auch jeder Teilnehmer. Im Folgenden ein paar Tipps zu Besprechungen zur zielgerichteten Planung und Vorbereitung. Mehr zu Besprechungen lesen Sie in »5. Besprechungen moderieren«.

Anwendungsfelder und Modelle

Für Besprechungen gibt es im Wesentlichen vier Anwendungsfelder:

- **Informationsvermittlung**
- **Entscheidungsvorbereitung und -besprechung**
- **Problemlösung**
- **Ideen kreativ entwickeln und sammeln**

Dafür bieten sich wiederum zwei Modelle in der Durchführung an:

- **Besprechung** zu zweit oder zu mehreren, etwa am runden Tisch
  Dieses Modell lässt sich zum Beispiel auch bei einem gemeinsamen, informellen Essen umsetzen
- **Moderation** zum Beispiel im Halbkreis vor Flipchart für Workshops – dies macht dieses Modell zwangsläufig »offizieller«

Zwei Modelle im Überblick

Besprechung	**Moderation**
Vorteile: • geringer Platzbedarf • spontan herstellbar • man kann mitschreiben und Material einsehen	Vorteile: • jeder kann jeden sehen • offene Atmosphäre • Medieneinsatz, auch zum Visualisieren
Nachteile • begrenzter Medieneinsatz	Nachteile • hoher Platzbedarf • Moderator muss Medieneinsatz beherrschen

Für Ihre Zeitplanung

- Laden Sie rechtzeitig alle Beteiligten ein, und informieren Sie über die Agenda.
- Reservieren Sie Raum und Präsentationstechnik.
- Senden Sie Protokoll und Aktivitätenplan spätestens drei Tage nach der Besprechung an alle Teilnehmer.

Wissensnetz, Weblinks und Literatur

3. Das Potenzial einer Assistentin optimal nutzen
76. Die Basis aller Projekte: Projektauftrag und Briefing
99. Das kleine Einmaleins des Visualisierens
105. »Dringend« vs. »wichtig«: sinnvolles Zeitmanagement

- Josef W. Seifert: Besprechungsmoderation. Offenbach
- Michèle Neuland: Neuland-Moderation. Bonn

Die Vorbereitung im Vorfeld

- **Legen Sie ein klares, realistisches, positives und messbares Ziel fest.**
- Handelt es sich um Informationen, Problemlösungen oder Entscheidungen?
- Bestimmen Sie, wer alles teilnehmen soll (nur wer einen wesentlichen Beitrag leisten kann und will).
- Was muss vorbereitet werden? – Raum, Technik, Getränke, Medien etc.
- Setzen Sie einen festen Zeitrahmen: maximal 90 Minuten, eventuell mit Pausen.
- Teilnehmer einladen: Ziel nennen, Agenda, Zeit und um Teilnahmebestätigung bitten.
- Planen Sie den Ablauf der Sitzung konkret, indem Sie sich Gedanken über die Einleitung, die einzelnen Arbeitsphasen und über einen gelungenen Abschluss machen.

Direkt vor der Besprechung

- Sorgen Sie für einen ausreichend großen, möglichst freundlichen Raum.
- Der Raum sollte eine Sitzordnung ermöglichen, die den gegenseitigen Blickkontakt der Teilnehmer ermöglicht (Sitzkreis, Besprechungsrunde).
- Halten Sie ausreichendes Präsentationsmaterial bereit (verschiedenfarbige Moderationskarten, Flipchart, Beamer).
- Bereiten Sie die notwendigen Besprechungsunterlagen (Tischvorlagen, Zahlenmaterial) vor, und fertigen Sie von Handouts ein paar Reserveexemplare an, falls diese benötigt werden.
- Sorgen Sie für Getränke wie Mineralwasser, Kaffee und Tee.

Dos & Don'ts

- Überfrachten Sie nicht Ihre Agenda.
- **Trennen Sie klar Informationsvermittlung von Entscheidungsvorbereitung und -besprechung und Problemlösung.**
- Entscheidungen, die nur mitgeteilt werden und nicht zur Diskussion stehen, müssen auch so vermittelt werden. Hier sind viele Führungskräfte oft selbst ambivalent und erzeugen dadurch Konflikte.
- **Laden Sie nur ein, wer auch wirklich gebraucht wird.** Sie sollten immer dabei sein: die fachlich Kompetenten und Erfahrenen, die Entscheider, die Betroffenen und – falls nötig – die »politisch« Unverzichtbaren.

ExpressoTipp

Wenn Sie Sitzungen in **»Stehungen«** umwandeln, tut dies nicht nur der Muskulatur aller Teilnehmer gut, meist kommen alle auch schneller auf den Punkt.

ExpressoFokus

Legen Sie für sich und Ihr Team fest, ob es in Ordnung ist, dass direkt während der Besprechung Ergebnisse etwa in einen Notebook-PC eingetippt werden. Manche stört es, andere wiederum möchten den Effizienzzuwachs nutzen.

ExpressoBalance

Gehen Sie in einer Buchhandlung in eine Abteilung, in die Sie sonst nie gehen, und kaufen sich ein Buch über ein für Sie völlig neues Thema. Lesen Sie es.

Den Betriebsrat als Partner verstehen

Der Betriebsrat vertritt die Interessen der Arbeitnehmer gegenüber dem Arbeitgeber. Er soll Beschäftigte bei Einstellungen in Lohn und Gehaltsfragen sowie bei Kündigungen und vielen weiteren Themenbereichen vor der Willkür des Arbeitgebers schützen. In Deutschland und Österreich regelt die Interessensvertretung das Betriebsverfassungsgesetz. In öffentlichen Betrieben hat ein Personalrat eine ähnliche Funktion, bei kirchlichen Organisationen die Mitarbeitervertretung. **Lernen Sie Arbeitnehmervertretungen als Partner zu sehen: Letztlich sollten alle zum Wohle des Unternehmens an einem Strang ziehen.**

Das Betriebsverfassungsgesetz

- Der Arbeitgeber ist verpflichtet, den Betriebsrat über alle Angelegenheiten (Sachverhalte, Ereignisse, Planungen, Vorhaben usw.) rechtzeitig und umfassend zu informieren, die die Interessen der Arbeitnehmer – negativ oder positiv – berühren.
- Dem Betriebsrat werden in bestimmten Fällen Mitwirkungs- und Mitbestimmungsrechte eingeräumt.
- Sollte es zwischen Betriebsrat und Arbeitgeber zu keiner Einigung kommen oder der Arbeitgeber die Beteiligungsrechte des Betriebsrats missachten oder verletzen, kann der Betriebsrat »Rechtswege« beschreiten. Dazu zählen Einigungsstellenverfahren, Arbeitsgerichtsverfahren, Strafverfahren und Ordnungswidrigkeitenverfahren.
- In der Schweiz sind die Mitbestimmungsrechte der Arbeitnehmer wesentlich geringer als in der EU. Arbeitnehmervertretungen haben lediglich Informations-, Anhörungs- und Mitberatungsrechte.

Die Betriebsvereinbarung

- Die Betriebsvereinbarung ist ein unternehmensspezifischer Vertrag, der zwischen dem Arbeitgeber und dem Betriebsrat ausgehandelt wird. Er kann Themen wie Arbeitszeitenregelungen, Zeiterfassung, Zugangskontrollen, Teilzeitregelungen, Geschäftsauto, Reisekostenregelungen etc. umfassen
- Die Regelungen in der Betriebsvereinbarung wirken unmittelbar zwingend. Von ihnen darf nicht zum Nachteil der Arbeitnehmer abgewichen werden.
- Die Betriebsvereinbarung muss an geeigneter Stelle im Betrieb ausgelegt werden.
- Für Führungskräfte ist es wichtig, die Betriebsvereinbarung zu kennen, da viele Details für den Umgang mit den Arbeitnehmern darin geregelt sind. Priorität genießen allerdings gesetzliche Vorgaben und ein etwaiger Tarifvertrag.

Für Ihre Zeitplanung

- Informieren Sie sich bei kritischen Fragen rechtzeitig, inwieweit der Betriebsrat involviert werden muss.
- Berücksichtigen Sie bei Veränderungsprojekten genügend Zeit für die Gespräche mit dem Betriebsrat.
- Überlegen Sie, wann der richtige Zeitpunkt für die erste Information ist.

Wissensnetz, Weblinks und Literatur

62. Ein Mitarbeiter geht
80. Geschäftsprozesse radikal umgestalten: Reengineering
96. Erfolgreich Veränderungsprozesse gestalten
110. Durch aktives Zuhören mehr verstehen

- www.betriebsrat.com: Hilfe für Betriebsräte
- www.juracity.betriebsverfassung.de: Informationen zum Thema Betriebsverfassungsgesetz
- Michael T. Sobik: ArbeitGeberRechte Betriebsrat. Bonn

Rechte und Pflichten des Betriebsrats

- Ein Betriebsrat kann in jedem Betrieb mit mindestens fünf Beschäftigten (einschließlich Auszubildende, Aushilfen usw.) gewählt werden.
- Die Betriebsratswahl darf vom Arbeitgeber nicht behindert oder verboten werden.
- Betriebsräte werden von der Belegschaft gewählt. Sie genießen Kündigungsschutz.
- Das Unternehmen muss die Kosten für alle Betriebsratsaktivitäten tragen.
- Betriebsratsmitglieder dürfen in der Ausübung ihrer Tätigkeit nicht gestört oder behindert noch wegen ihrer Tätigkeit benachteiligt oder begünstigt werden.
- Betriebsratsmitglieder sind zur Geheimhaltung von Betriebs- und Geschäftsgeheimnissen verpflichtet.

Hinweise zur Mitbestimmungspflicht

- **Weiche Mitbestimmung:** Der Arbeitgeber muss den Betriebsrat rechtzeitig und umfassend informieren, seine Stellungnahme anhören und/oder sich mit ihm beraten, kann aber anschließend selbst entscheiden.
- **Harte Mitbestimmung:** Vor einer Umsetzung muss eine Übereinkunft mit dem Betriebsrat erzielt werden, oder, falls das scheitert, wird eine Einigung durch den Spruch der Einigungsstelle erzielt.
- Mitbestimmungspflichtige Themen sind: Restrukturierungen, Ablaufoptimierungen, Lohngestaltung, Arbeitszeitveränderungen, Personalbeurteilungen, Personalauswahl, Personalabbau, Qualifizierungsmaßnahmen, Übernahmen etc.

Feind oder kritischer Partner?

- Anerkennen und wertschätzen Sie den Betriebsrat, indem Sie diesen frühzeitig mit einbeziehen. So vermeiden Sie unnütze Zeitverluste.
- Informieren Sie sich gründlich, welche Themen mitbestimmungspflichtig sind. Bei Grenzfällen suchen Sie auf jeden Fall das Gespräch.
- Nutzen Sie die Perspektive des Betriebsrates – es ist eine andere wirkliche Sicht der Dinge. Glauben Sie daran, dass der Betriebsrat konstruktive Kritik übt, und verhalten Sie sich entsprechend. Wie man in den Wald ruft, so schallt es zurück!
- **Bei schwierigen Konflikten kann der Einsatz eines neutralen Mediators hilfreich sein.**

ExpressoTipp

Verhandeln bedeutet **Geben und Nehmen**. Wenn Sie nehmen wollen, überlegen Sie, wo Sie etwas zu geben haben. Achten Sie auf einen ausgeglichenen Nutzen für Arbeitgeber und Arbeitnehmer. Da fällt es dem Betriebsrat leichter zuzustimmen.

ExpressoFokus

Setzen Sie sich gedanklich auf den Stuhl des Betriebsrates und überlegen Sie, wie Sie gerne von der Arbeitgeberseite behandelt werden möchten. Verhalten Sie sich entsprechend. Hören Sie genau zu – nur so werden Sie die Bedürfnisse und Sichtweisen der Arbeitnehmer besser verstehen.

ExpressoBalance

Wie können Sie die Besprechung so planen, dass sie für alle Teilnehmer sinnvoll ist? Was können Sie tun, damit jeder Teilnehmer es nützlich findet, dabei zu sein?

Einen persönlichen Coach finden

Coaching-Bedarf ergibt sich häufig in vier Bereichen: **Kritische Konflikte und Situationen in der Zusammenarbeit** (Kommunikationsprobleme im Team, Konflikte zwischen Führungskräften), **Rollen- und Wertekonflikte im Zusammenhang mit äußeren Veränderungen** (Beförderung, Umstrukturierung, neue Produktionsverfahren) und **Fragen der persönlichen Entwicklung** (berufliche Umorientierung, Überarbeitung) **Überprüfung des eigenen Führungsverhaltens** (Standortbestimmung, Zielüberprüfung).

Anforderungen

Kompetenz und Qualifikation des Coachs sind entscheidende Kriterien für einen erfolgreichen und gelungenen Coaching-Prozess. Folgende Anforderungen sind nach einer Befragung von deutschen, österreichischen und Schweizer Führungskräften und Personalentwicklern (Vogelauer 1998) erforderlich:

- **kommunikative Kompetenz**
- **Einfühlungsvermögen, menschliche Wärme**
- **professionelle Distanz**
- **Ziel- und Leistungsorientierung**
- **offene Entwicklung und Freiraum, Eigenverantwortung und eigene Erfahrung**
- **Verschwiegenheit**
- **breites Spektrum an Kenntnissen und Methoden**

Persönliche Qualifikation

- Die Persönlichkeit des Coachs, seine »menschliche Qualifikation«: Welche Grundhaltungen, welches Menschenbild stehen hinter seinen Aussagen? Welche Werte leiten ihn?
- Auch die Sympathie zwischen Coach und Coachee ist entscheidend für die erfolgreiche Zusammenarbeit.
- Die fachspezifische Qualifikation ist eher zweitrangig, da die Problematik meistens nicht im fachlichen Know-how zu finden ist.
- Dennoch muss der Coach wissen, welchen Gesetzmäßigkeiten Organisationen oder Verwaltungen unterliegen, welche Kommunikationswege für den betrieblichen Ablauf notwendig sind und wie die jeweilige Branche »tickt«.
- Fragen Sie einfach nach seinen beruflichen Erfahrungen.

Für Ihre Zeitplanung

- Besonders dann, wenn Sie das Gefühl haben, keine Zeit für einen Coaching-Prozess zu haben, wäre ein Coaching sinnvoll. Es kann Ihnen helfen, **aus dem Reagieren** wieder **ins Agieren** zu **kommen**.
- Je nach Ziel werden 5 bis 15 Sitzungen vereinbart, manchmal auch weniger.
- Um flexibel zu bleiben, vereinbaren Sie den nächsten Termin sinnvoll .

Wissensnetz, Weblinks und Literatur

25. Überfordert? Unterfordert? – Zurück in den Flow-Kanal!
27. Wer bin ich? – Fremdbild und Selbstbild
46. Eigene Kompetenzen, Talente und Fähigkeiten fördern
72. Kleiner Workshop zu Ihrer persönlichen Entwicklung

- www.expressocoach.de: Informationen, Links
- Maren Fischer-Epe: Coaching: Miteinander Ziele erreichen. Reinbek

Rollen des Coachs

Coaching ist eine Aufgabe, die vom Coach ein flexibles Umgehen mit seinen Rollen verlangt:

- Der **Begleiter** unterstützt und gestaltet Entwicklung.
- Der **Problembearbeiter** bearbeitet Konflikte durch hilfreiche Fragestellungen.
- Der **Berater** gibt Wissen und Erfahrung weiter und unterstützt bei inhaltlichen Fragen auf der Suche nach Handlungsalternativen und Entscheidungen.
- Der **Beobachter** gibt konstruktive Rückmeldungen.
- Der **Trainer** vermittelt neue Kompetenzen, Fähigkeiten und hilft beim Transfer in die Praxis.
- Der **Herausforderer** fördert durch Fordern.

Den richtigen Coach finden

- Baut der Coach einen schnellen und intensiven Kontakt auf?
- Arbeitet er ziel- und ressourcenorientiert?
- Wie werden im Coaching meine Erfahrungen genutzt?
- Bekomme ich im Coaching Zugang zu Ansichten und Ideen, die mir neue Perspektiven eröffnen?
- Bietet der Coach langfristig in seiner Person ein Modell für mich?
- Gibt es eine klare Zielvereinbarung, die sich auf eine von mir zu erfüllende Rolle bezieht?
- **Bin ich nach dem Coaching motiviert, mein Thema anzupacken?**
- Werden meine Energien geweckt?

Was ein Coach nicht tun sollte

- Viele eigene Erfolgsgeschichten erzählen
- Ihnen das Gefühl geben: »Sie sind zwar nicht O. K., aber ich sorge dafür, dass Sie es schaffen werden.«
- Sie zu einem bestimmten Verhalten drängen.
- Ihnen eine »Immer-richtig-Lösung« präsentieren.
- Mehr erzählen als Fragen zu stellen. (Im Coaching sollen Sie arbeiten. Der Gesprächsanteil des Coachs sollte unter 40 Prozent liegen.)
- Sie von oben herab behandeln oder sich mit Ihnen streiten.
- Sie am Anfang mit einem unflexiblen Vertrag »knechten«.

ExpressoTipp

Coaching ist häufig nur eine Ergänzung zu weiteren Maßnahmen der Personal- und Organisationsentwicklung und sollte mit diesen abgestimmt sein.

ExpressoFokus

Verlassen Sie sich bei der Auswahl des Coachs auf Ihre Intuition: Spricht der Coach Ihre Sprache? Fühlen Sie sich angesprochen? Versteht er, wovon Sie reden? Fragen Sie nach, wie der Coach sich selbst regelmäßig weiterbildet und ob er seine Kompetenzen durch Kontrollsupervisionen überprüft.

ExpressoBalance

Wir sind nicht so oder so, sondern wir verhalten uns so oder so – je nach dem Umfeld, in dem wir uns bewegen. Gehen wir in ein anderes Umfeld, können wir ein völlig neues, ungewohntes Verhalten zeigen. Probieren Sie es aus: Gehen Sie in ein ungewohntes Umfeld, und beobachten Sie Ihr Verhalten.

Als Führungskraft coachen – die Grundhaltung

Coaching ist der Teil der Führungsarbeit, bei dem die Entwicklung der Mitarbeiter im Zentrum steht. Hierbei geht es darum, die Mitarbeiter zu begleiten, um innerhalb festgesetzter Rahmenbedingungen möglichst optimale Leistungen zu erzielen. Coaching setzt die Fähigkeit eines Mitarbeiters frei, seine eigene Leistung selbststeuernd zu steigern. Das Mitarbeiter-Coaching kann ein in unregelmäßigen Abständen sich wiederholender Prozess sein oder in regelmäßigen Abständen und auf eine Sitzungsanzahl beschränkt. Überlegen Sie auch, was Sie im System ändern könnten, statt Änderungen vom Mitarbeiter zu verlangen.

Merkmale von Coaching

Führungscoaching zeichnet sich durch folgende Merkmale aus:

- Es ist ein Instrument der Personalentwicklung durch die Führungskraft am Arbeitsplatz.
- Coaching soll eine dauerhafte Verbesserung der Arbeitsresultate erzielen: Im Mittelpunkt steht das **Noch-besser-Werden**.
- Coaching ist ein vertraulicher Prozess zwischen Führungskraft und Mitarbeiter.
- Coaching erfordert von der Führungskraft Sozialkompetenz, Selbstkompetenz, Kenntnisse über die effiziente Führung eines Coaching-Gesprächs und ein gewisses Maß an Aufgabenkompetenz.
- Behalten Sie im Hinterkopf, dass es den Hierarchieunterschied gibt und der Mitarbeiter in seinem Verhalten dadurch geprägt ist.

Grundannahmen im Coaching

- Menschen sind autonome und soziale Wesen.
- Jeder trägt ein lebenslanges Entwicklungspotenzial in sich.
- Wir verfügen über alle Ressourcen, die wir brauchen, um unsere Probleme in Angriff zu nehmen.
- Jeder Mensch trägt eine eigene individuelle »Landkarte« der Wirklichkeit in sich, seine ganz persönliche Wahrheit und Sichtweise.
- Deshalb gibt es kein absolutes »wahr« oder »falsch«, sondern ein »in meiner Landkarte richtig« oder ein »in der Landkarte des anderen richtig«.
- Wir treffen stets die beste Entscheidung, die wir zu einer gegeben Zeit treffen können.
- Wir können nur uns selbst verändern.
- Menschen sind nur zu Verhaltensänderungen bereit, wenn sie einen Sinn darin sehen.

Für Ihre Zeitplanung

- Zur Einarbeitung von neuen Mitarbeitern ist das Mitarbeiter-Coaching ein wichtiges Instrument. Halten Sie sich zeitlich ausreichende Ressourcen frei. Nehmen Sie sich immer Zeit zur Vor- und Nachbereitung.
- Coaching sollte als laufender Prozess in die Führungsaufgabe integriert sein, der in Abhängigkeit vom Reifegrad des Mitarbeiters intensiver oder weniger intensiv ist.

Wissensnetz, Weblinks und Literatur

26. Führen durch Fragen
27. Wer bin ich? – Fremdbild und Selbstbild
72. Kleiner Workshop zu Ihrer persönlichen Entwicklung
88. Die ExpressoAnleitung zum Selbstcoaching

- www.expressocoach.de: Informationen und Angebote zum Thema

- Roland Jäger: Praxisbuch Coaching. Offenbach
- Elisabeth Haberleitner, Elisabeth Deistler, Robert Ungvari: Führen, Fördern, Coachen.

Grundhaltungen im Coaching

- **Empathie:** Der Coach versucht die Welt aus der Sicht des anderen zu erfassen und das Verstandene mit eigenen Worten ohne zu werten wiederzugeben.
- **Akzeptanz:** Der Mitarbeiter wird wertschätzend als eigene Person betrachtet, seine Individualität wird respektiert. Wertschätzung heißt also, die Enttäuschung, Wut, Freude des Gegenübers zuzulassen und sie ernst zu nehmen, nicht die Verantwortung für den anderen zu übernehmen und dem anderen Zeit zu lassen. Wertschätzung heißt nicht, mit jedem Verhalten einverstanden zu sein, allem zuzustimmen und dabei seine eigene Meinung zu unterdrücken.
- **Zutrauen:** Voraussetzung für das Coaching eines Mitarbeiters ist, dass Sie ihm zutrauen, sich zu entwickeln. Mit dieser Haltung unterstützten Sie ihn, Fähigkeiten auszubauen und die Grenzen nach oben zu verschieben. Denn Menschen verhalten sich gemäß den Erwartungen anderer.
- **Kongruenz** (Stimmigkeit, Echtheit, Authentizität): Hier geht es um die Fähigkeit, eigene Gefühle, Gedanken, Eindrücke wahrzunehmen und sie mitzuteilen.
- **Neugier:** Wenn Sie davon ausgehen, dass jeder Mensch eine eigene Sicht der Dinge hat und Sie an dieser Art, die Welt zu betrachten, echtes Interesse haben, wird es Ihnen leicht fallen, eine tragende Basis für den Coaching-Prozess aufzubauen.

Was Grundhaltungen bewirken

- Nimmt der Mitarbeiter im Verhalten der Führungskraft Wertschätzung, Empathie und Kongruenz wahr, fällt es ihm leichter, auch kritische Punkte anzusprechen und offen über seine Probleme zu reflektieren.
- In diesem angstarmen Klima ist es dem Mitarbeiter möglich, sich auch Erfahrungen zu öffnen, die seinem bisherigen Selbstbild widersprechen.
- Er bekommt so ein klares Bild von sich selbst, kann typische Verhaltensweisen und seine persönlichen Anteile an einer Situation besser erkennen und sie wenn notwendig auch verändern.
- So wird sein Selbstvertrauen gestärkt und die Eigenverantwortlichkeit gefördert.

ExpressoTipp

Je mehr Sie Ihre Stärken und Schwächen akzeptieren, desto mehr sind Sie in der Lage, Ihrem Mitarbeiter eine wertschätzende Haltung entgegenzubringen.

ExpressoFokus

Grundhaltungen lassen sich nicht vortäuschen! Denken Sie daran: **Sie müssen nicht alles sagen, aber was Sie sagen, sollte wahr sein.**

ExpressoBalance

Suchen Sie bewusst Situationen, in denen Sie eine »echte« Rückmeldung über Ihr Verhalten und Ihre Wirkung bekommen. Familie und gute Freunde können dabei sehr hilfreich sein.

Einen Mitarbeiter coachen – der Einstieg

Ziehen Sie ein Coaching für einen Mitarbeiter in Betracht, gilt es, eine gute Basis für einen konstruktiven Coaching-Prozess zu gestalten. Im Erstgespräch werden wichtige Weichen für den weiteren Verlauf gestellt.
Neben der Organisation und den Rahmenbedingungen (Setting) ist auch die mentale Vorbereitung des Coachens auf das Coaching von großer Wichtigkeit.
Bedenken Sie, dass das Coaching die Hierarchieunterschiede nicht aufhebt und Ihr Mitarbeiter dies stets im Hinterkopf hat.

Die Beziehungsklärung

Nur wenn Ihr Mitarbeiter spürt, dass Sie ihn als Mensch schätzen und sich für seine Landkarte (subjektive Wahrnehmung, inneren Bilder) interessieren, wird er bereit sein, sich auf einen gemeinsamen Prozess einzulassen.
Die Klärung folgender Fragen kann dabei hilfreich sein:

- Was ist das Ziel dieses Coachings?
- Welche Erwartungen hat der Mitarbeiter? Welche Erwartungen hat die Führungskraft?
- Wie wirkt sich das Ganze auf die Beurteilung aus?
- Was sollte im Coaching auf keinen Fall passieren?
- Welchen Gewinn hat der Mitarbeiter, wenn er sich auf das Coaching einlässt?
- Wie sorge ich dafür, dass ich maximal 40 Prozent der Zeit selbst spreche?

Gute Rahmenbedingungen schaffen

- Im Laufe der Zeit kann es sinnvoll sein, die eine oder andere Methode in einem Seminar zu vertiefen, um den Methodenkoffer (siehe Rückseite) zu erweitern.
- Fragen Sie sich selbst, was Sie benötigen, um sich in einem Gespräch wohl zu fühlen.
- Überlegen Sie sich, ob ein neutraler Raum für das Coaching besser geeignet erscheint als Ihr Büro.
- Sorgen Sie für ein gut gelüftetes Zimmer.
- Wählen Sie eine Sitzposition, die Partnerschaftlichkeit ausdrückt. Idealerweise im 90-Grad-Winkel.
- Stellen Sie Getränke bereit.
- Lassen Sie Störungen außen vor (Telefon umstellen, Handy ausschalten).
- Legen Sie Papier und Stift für sich und Ihren Mitarbeiter bereit (auch ein Flipchart kann hilfreich sein).
- Nehmen Sie sich mindestens zehn Minuten Zeit, um sich auf den Termin vorzubereiten.

Für Ihre Zeitplanung

- Ein Coaching kann zwischen ein und zwei Stunden dauern.
- Der Abstand zwischen den Terminen liegt idealerweise zwischen zwei und vier Wochen.
- Je nach Zielformulierung sind 3 bis 15 Sitzungen sinnvoll. Manchmal reichen auch weniger Gespräche.

Wissensnetz, Weblinks und Literatur

14. Nervenzerrende »Dramen« in der Teamarbeit auflösen
26. Führen durch Fragen
27. Wer bin ich? – Fremdbild und Selbstbild
108. Mitarbeiter mit Zielen führen

- Elisabeth Haberleitner, Elisabeth Deistler, Robert Ungvari: Führen, Fördern, Coachen. München
- Maren Fischer-Epe: Coaching: Miteinander Ziele erreichen. Hamburg

> *»Probleme kann man niemals mit derselben Denkweise lösen, durch die sie entstanden sind.«*
> ALBERT EINSTEIN

Einladung zur Selbstreflexion

- Wie stehe ich zu dem Mitarbeiter? Was halte ich von ihm?
- Wie ist unsere Beziehung?
- Wo sehe ich seine Stärken und Entwicklungspotenziale?
- Welche Vorgeschichte gibt es?
- Welchen Anlass gibt es für das Coaching?
- Welche Gefühle sind damit bei mir verbunden?
- Welche Ziele verfolge ich? Welche Erwartungen habe ich künftig an meinen Mitarbeiter?
- Was brauche ich für mich noch, um mich gut vorbereitet zu fühlen?

Ihr »Methodenkoffer«

Unerlässlich für jedes Coaching ist ein Satz an Werkzeugen und Methoden, eben Ihr Methodenkoffer (Erklärungsmodelle, Interventionstechniken, Beratungsmethoden). Diese Werkzeuge sollte er enthalten:

- **aktives Zuhören**
- systemische Fragestellungen
- lösungsorientiert vorgehen
- nervenzerrende Dramen erkennen und auflösen
- Feedback geben und eventuell gemeinsam Lösungen entwickeln
- Konflikte und Krisen konstruktiv bearbeiten

Das Coaching-Gespräch

Jedes Gespräch und jeder Prozess findet in der Regel in **vier Phasen** statt.

- Die Kontakt-Phase hilft **Beziehung aufzubauen**, Orientierung zu schaffen und umfasst eine Ist-Analyse.
- Dann werden **Fragen und Ziele** herausgearbeitet und Soll-Phantasien entwickelt.
- Die dritte Phase dient der **Entwicklung von Lösungen**.
- In der vierten Phase liegt der Fokus auf dem **Transfer in die Praxis**. Wie können die erarbeiteten Lösungen in machbare Schritte umgesetzt werden?

Nutzen Sie die letzten zehn Minuten, um Ergebnisse zusammenzufassen, über den Prozess zu reflektieren und um Vereinbarungen für den nächsten Termin zu treffen.

ExpressoTipp

Bereits in der Kontakt-Phase werden die Weichen für ein gutes Gelingen gelegt. Wenn Sie sich unsicher sind, ob Sie Ihr Gegenüber richtig verstehen, dann fragen Sie nach: »Ich habe verstanden, dass Sie Ihren Kollegen hinsichtlich dieses Projekts eigentlich nicht für kompetent halten. Ist das richtig?«

ExpressoFokus

Falls keine Lösung in Sicht scheint, fragen Sie, was Ihr Mitarbeiter tun müsste, um das Problem noch schlimmer zu machen. Oder versuchen Sie es mit einer anderen Fragestellung. (Siehe 26. Führen durch Fragen.)

ExpressoBalance

Zu welcher Tageszeit fühlen Sie sich am wohlsten am Arbeitsplatz? Wann fühlen Sie sich besonders lebendig? Wie würden Sie sich Ihre Arbeitszeit einteilen, wenn Sie freie Hand hätten? Besprechen Sie die Möglichkeiten im Team und bitten Sie Ihren Vorgesetzten um eine »Probezeit« von einem Monat.

Corporate Culture für die eigene Kommunikation nutzen

Viele Ressourcen werden in den einheitlichen Auftritt eines Unternehmens investiert. Mit Recht, denn das Erscheinungsbild, etwa durch Korrespondenz oder Veröffentlichungen intern und extern, ist Ihre Visitenkarte. Sie ermöglichen Ihren Kunden, Partnern und der gesamten Öffentlichkeit das Wiedererkennen Ihres Unternehmens.

Basis ist die Corporate Culture, aus der Corporate Design und Corporate Identity abgeleitet werden. Alles, was im oder über das Unternehmen kommuniziert wird, soll dazu passen. Auf der anderen Seite können Sie und Ihr Team den einheitlichen Auftritt nutzen, um sich klar zu positionieren.

Grundlegende Begriffe: CC, CD und CI

- **Corporate Culture (CC):** Damit ist die Kultur eines Unternehmens, einer Organisation oder Institution gemeint, das heißt der Rahmen grundlegender Anschauungen und Einstellungen, die kulturellen Vorstellungen und das darauf abgestimmte Verhalten. Dazu gehören etwa Führungsstil, Mitarbeiterverhalten und Wertvorstellungen. Siehe auch 56. Leitbilder als Ausdruck der Identität.
- **Corporate Design (CD):** Alle Elemente des externen und internen visuellen Erscheinungsbildes (Schrift-, Zeichen- und Farbgebung), die konsequent in jedem Einsatzbereich verwirklicht werden: Publikationen, Schilder, Fahnen, Mitarbeiterkleidung oder Architektur.
- **Corporate Identity (CI):** Selbstverständnis, dessen strategische Elemente (Leitbild, Mission und Vision) operativ sowohl intern als auch gegenüber Öffentlichkeit und Zielgruppen umgesetzt werden. Siehe auch 98. Mit Vision und Mission führen.

Der Kommunikationsleitfaden

- Auf alle Fälle empfehlen sich das Erstellen und der – konsequente – Einsatz eines Kommunikationsleitfadens. Er sollte – über reine Styleguides oder CI-Manuale hinaus – alle Aspekte der einheitlichen, deutlichen und sympathischen Darstellung nach außen und innen abdecken.
- Dazu zählen unter anderem die Beschreibung der Geschäftsausstattung und einzelner Elemente wie Brief- und Präsentationslayout, Festlegungen zu Webdesign, Typografie und Farben.
- Die Praxis zeigt, dass es am besten ist, zwei Versionen zu erstellen: die Kurzfassung mit allen absoluten Dos & Don'ts, etwa CI-Farben und Schreibweisen, sowie eine Langfassung, die alle Details beschreibt, etwa das Logo auf Freistemplern.
- **Falls Sie es noch nicht getan haben: Werfen Sie einen Blick in den Kommunikationsleitfaden Ihres Unternehmens. Falls es keinen gibt, regen Sie ihn umgehend und nachdrücklich an.**

Für Ihre Zeitplanung

- Bevor Sie eine neue Kommunikationsmaßnahme in Angriff nehmen oder als Auftrag an einen externen Dienstleister geben, sollten Sie Ihre Anforderungen immer mit dem Kommunikationsleitfaden abstimmen.

Wissensnetz, Weblinks und Literatur

15. Mit Eigenmarketing weiter nach vorne
45. Effizient kommunizieren per Brief und E-Mail
68. Die Öffentlichkeitsarbeit wirkungsvoll nutzen
77. Zielgerichtet und erfolgreich präsentieren

- www.expressocoach.de: Tipps und Hilfestellung rund um die Themen Kommunikationsleitfaden, Corporate Design, Styleguides oder CI-Manuale

CD und CI: die Tonalität einhalten

- Die Tonalität Ihrer gesamten Kommunikation signalisiert nach außen und innen, wofür Ihr Unternehmen steht.
- Am besten lässt sich die **Tonalität – die Grundmelodie der Kommunikation** – in wenigen Schlagworten umreißen, zum Beispiel modern, optimistisch, emotional, transparent, weltoffen, kundenorientiert.
- Jedes Schlagwort sollte für alle Mitarbeiter mit anschaulichen Beispielen aus der Unternehmenspraxis »aufgeladen« werden.
- Zur CI gehören auch **einheitliche Schreibweisen**, insbesondere von Firmen- und Produktnamen, und der geregelte Umgang mit Abkürzungen, Anglizismen, Fachbegriffen und Fremdwörtern.

CD und CI: die Form wahren

Wie die Sprache ist das äußere Erscheinungsbild Teil der CI: das Corporate Design.

- Nutzen Sie konsequent Firmen-Logos, **Hausschriften**, Farben und andere festgelegte visuelle Elemente.
- Klären Sie mit Ihrer Marketing- und/oder PR-Abteilung, wo es möglich ist, für Ihre wichtigsten Projekte ein eigenes Logo oder eine eigene Farbkodierung zu entwickeln.
- Hilfreich ist es, eigene Symbole und Illustrationen entwickeln zu lassen, die Sie und Ihr Team immer wieder, zum Beispiel in Präsentationen, verwenden können. Dies fördert auch das Wir-Gefühl im Team.
- Meist reicht ein überschaubarer Satz an Illustrationen aus, um Ihr Themengebiet einheitlich abzubilden.

CD und CI: mit Vorlagen arbeiten

- Wenn Sie einmal unterschiedliche Präsentationen aus ein und demselben Unternehmen gesehen haben, bekommen Sie schnell einen Eindruck, wie man mit wenigen Mausklicks die CI unterlaufen oder gar zerstören kann.
- Alle aktuellen Software-Programme für das Erstellen von Texten und Präsentationen bieten die Möglichkeit, Vorlagen anzulegen. Darin lassen sich grundlegende Einstellungen fixieren, etwa zu Schrift, Zeilenabstand, Seitenrändern und Logo-Platzierung.
- Wo es keine Word-Vorlagen für die tägliche Korrespondenz gibt, ist die Wahrung des einheitlichen Erscheinungsbildes ein großes Problem oder unterbleibt sogar.

ExpressoTipp

Damit keine Doppelarbeit gemacht oder ein falscher Weg eingeschlagen wird, sprechen Sie mit Ihrer Marketing- oder PR-Abteilung, ob und welche verbindlichen Regelungen zum CI-Konzept bestehen.
Ein Firmenintranet bietet die Möglichkeiten, um Vorlagen, Logos, Schriften und dergleichen zu verteilen.

ExpressoFokus

Wenn Sie eigene Symbole und Slogans entwickeln: so wenig Werbeklischees, Superlative, Alleinstellungsmerkmale und Slang wie möglich. Schreiben und gestalten Sie nie gegen die CI, das führt nur zur Verwirrung beim Leser und Gesprächspartner.

ExpressoBalance

Die meisten Menschen haben zwischen 13 Uhr und 15 Uhr ein Leistungstief: Halten Sie es doch – wenn möglich – wie die Südländer, und machen Sie ein Mini-Siesta von zehn bis maximal 35 Minuten Dauer. Chronobiologen haben erforscht, dass dies fast so wertvoll ist wie eine Stunde des nächtlichen Schlafs.

Delegieren – aber richtig!

Delegieren bedeutet Aufgaben, Kompetenzen und Verantwortlichkeiten auf andere zu übertragen. Als Führungskraft sind Sie dafür da, dass die Aufgaben gelöst werden, aber nicht dazu, dass Sie sie alle alleine lösen. Eine gute »Delegationskultur« ist nicht nur für den Erfolg entscheidend, sondern auch für die Motivation Ihrer Mitarbeiter.

Delegieren bedeutet aber auch loslassen können – um sich selbst auf die Führungsaufgaben zu konzentrieren und nicht etwa in Sachaufgaben zu flüchten oder zu verheddern.
Gekonnt delegieren bedeutet, Ihre Wirksamkeit zu vervielfachen!

Warum delegieren

- **Zeit für das Wesentliche gewinnen und Stress reduzieren:**
  Welche Aufgaben gehören zu meinen wichtigsten 20 Prozent? Wo bin ich wirklich als Führungskraft gefordert? Behalten Sie das Pareto-Prinzip im Blick (siehe 70. Mehr Effizienz mit dem Pareto-Prinzip).
- **Effektivere Arbeitsergebnisse:**
  Wer kann diese Aufgabe besser und/oder schneller lösen als ich?
- **Mitarbeiter motivieren durch fordern und fördern:**
  Wie erhöhe ich Wissen, Erfahrung und Verantwortung in meinem Team?
- **Nachhaltigkeit und Produktivität sichern:**
  Bei welchen Aufgaben muss ich loslassen und Verantwortung übertragen (lernen)? Es geht darum, dass ein Projekt auch dann nicht aus dem Ruder läuft, wenn ich nicht jede Kleinigkeit im Blick habe.

Was ist delegierbar und an wen?

Teilen Sie Ihre Aufgaben nach folgendem Schema ein:

Aufgabentyp	Was tun?
Routineaufgaben mit geringem Beitrag zu meinem Erfolg	Unbedingt delegieren
Einfache Einmalaufgaben mit geringem Beitrag zu meinem Erfolg	Delegieren
Komplexe Einmalaufgaben mit mittlerem Beitrag zu meinem Erfolg	Delegieren oder selber machen
Komplexe Kernaufgaben mit hohem Beitrag zu meinem Erfolg	Selber machen

Werden Aufgaben auf der Funktionsstufe erledigt, auf welcher noch eine weitere Entwicklung stattfinden kann? Welche Mitarbeiter haben das Potenzial und den Willen, weitere Aufgaben zu übernehmen? Was kann entfallen oder effizienter gestaltet werden, um neue Kapazitäten zu schaffen?

Für Ihre Zeitplanung

- Delegieren Sie die Aufgaben am Anfang, sodass der Mitarbeiter genügend Zeit hat, diese gut zu lösen.
- Je nach Reifegrad des Mitarbeiters gilt es, in der Ausführungsphase Haltepunkte zu vereinbaren.
- Haben Sie Geduld, wenn etwas nicht von Beginn an klappt. Es ist noch kein Meister vom Himmel gefallen!

Wissensnetz, Weblinks und Literatur

49. Kontrollieren – aber richtig!
70. Mehr Effizienz mit dem Pareto-Prinzip
89. Sich selbst managen
103. Work-Life-Balance: alle Lebensbereiche in Einklang bringen

- www.expressocoach.de: Checkliste
- Jürgen W. Goldfuss: Erfolg durch professionelles Delegieren. Frankfurt/Main
- Hans-Jürgen Kratz: Delegieren, aber wie? Offenbach

»Ich arbeite nach dem Prinzip, dass man niemals etwas selbst tun soll, was jemand anderes für einen erledigen kann.«

JOHN DAVISON ROCKEFELLER

Delegationsstile

- **Geringe Fähigkeiten:** Detaillierte Anweisungen geben und die Ausführung regelmäßig überwachen.
- **Mittlere Fähigkeiten:** Allgemeine Anweisungen geben und den Fortschritt gelegentlich überprüfen.
- **Hohe Fähigkeiten:** Die Zielsetzung festlegen, Hintergründe und Zusammenhänge erläutern und die Durchführung besprechen. Der Mitarbeiter entscheidet selbst über das Wie der Zielerreichung. Haltepunkte vereinbaren.
- **Sehr hohe Fähigkeiten:** Das gewünschte Ergebnis wird mit Hintergrundinformationen erklärt. Der Mitarbeiter bekommt die Kompetenzen und Verantwortung für die gesamte Ausführung.

Wichtige Voraussetzungen

- **Vertrauen und Zutrauen:** Mit dem Zutrauen in seine Fähigkeiten unterstützen Sie den Mitarbeiter, seine Kompetenzen auszubauen.
- **Transparenz:** Sorgen Sie dafür, dass jeder die delegierte Aufgabe im unternehmerischen Zusammenhang versteht. Machen Sie die Gründe transparent, warum gerade dieser Mitarbeiter diese Aufgabe macht.
- **Kommunikation:** Sprechen Sie Ihre Erwartung bezüglich Vorgehen, Ressourcen, Termin und Ergebnis klar aus. Fragen Sie, welche Art von Controlling sinnvoll ist.
- **Feedback:** Halten Sie die vereinbarten Haltepunkte unbedingt ein. Sagen Sie auf einen kritischen Punkt mindestens zwei positive Aspekte.

Mögliche Stolpersteine

- **Gefühl, dass ich es selber machen muss:** Gründe können sein: Angst vor Fehlern, Konkurrenz, Verlust von Ansehen oder Ehrgeiz und Machtgelüste. Lösungsmöglichkeiten: Einen Moment innehalten und sich den Grund bewusst machen.
- **Eindruck, dass die Mitarbeiter keine Zeit haben:** Fragen Sie, was weggelassen oder vereinfacht werden könnte. Überlassen Sie es dem Mitarbeiter, den Endtermin – so weit möglich – zu bestimmen.
- **Sie haben schon mehrmals schlechte Erfahrungen gemacht:** Wie sind Sie vorgegangen? Haben Sie ehrlich alle Punkte auf dieser Karte berücksichtigt? Wenn nein, üben Sie erneut. Wenn ja, suchen Sie sich Coaching-Unterstützung.

ExpressoTipp

Nützliche Fragen an die Mitarbeiter: Worauf soll ich besonders achten, wenn ich etwas an sie delegiere? Bei welchen von meinen Aufgaben wäre es sinnvoll, diese zu delegieren? Wer wäre dazu am besten geeignet?

ExpressoFokus

Überlegen Sie, wie es Ihnen geht, wenn jemand etwas an Sie delegiert. Delegieren Sie selbst so, wie Sie es umgekehrt auch gerne hätten. Führen Sie auch die Überwachung entsprechend durch.

ExpressoBalance

Überlegen Sie, was für Sie totale Zeitverschwendung wäre? Dann tun Sie es!

Bewusstsein für Diversity Management entwickeln

Diversity steht für die Vielfalt von Lebens- und Berufserfahrung, Sichtweisen und Werten, die als Kapital in den Arbeitsbereich eingebracht werden könnten. Diversity Management bedeutet die **gezielte Wahrnehmung, das aufrichtige Wertschätzen und das bewusste Nutzen dieser Unterschiede** wie Alter, Geschlecht, Rasse, ethnische Herkunft, körperliche Behinderung, sexuelle Orientierung, Religion etc.
Diversity richtet sich nicht nur nach innen, sie richtet sich auch nach außen auf das gesamte Umfeld des Unternehmens wie Kunden, Lieferanten, Gesellschaft etc.

Diversity bedeutet Vielfalt

Ist Diversity Management nur ein Frauenthema oder eines für Homosexuelle? **Diversity ist immer dann ein Thema, wenn die Unterschiedlichkeit oder die Vielfalt kein Thema sein darf.** Überall finden Bipolaritäten im Leben statt: alt/jung, reich/arm, Frau/Mann etc. Der Begriff steht für den ganzheitlichen Ansatz, die Unterschiedlichkeit von Menschen als Chance und Potenzial für das Unternehmen zu nutzen und diese Vielfalt auch auf die Beziehungen im Umfeld des Unternehmens zu übertragen. Langfristig bedeutet dies eine Kulturveränderung im Unternehmen. Diversity bedeutet:

- Fördern des Verständnisses unterschiedlicher Perspektiven
- Aushalten von Widersprüchen
- Erziehung zu Respekt vor anderen Menschen
- Abbau von Vorurteilen

Vielfalt bedeutet Stärke

Diversity verlangt innere Stärke, ein Umfeld von Toleranz und gegenseitigem Respekt. Darin können Menschen Persönlichkeit entwickeln und Außergewöhnliches leisten.
Unternehmen, die die Vielfalt als Stärke integrieren, sind auf die mannigfaltigen zukünftigen Marktveränderungen gut vorbereitet.
Auch die Märkte passen sich zunehmend der Vielfalt an – sie bieten immer individuellere Produkte und Dienstleistungen an. Denken Sie nur einmal, wie viele Sorten Cornflakes heute zu kaufen sind. Kunden wollen in ihrer Vielfalt wahrgenommen werden. Die Marktsegmentierung wird immer feiner und die Kundengruppen ständig kleiner.
Unternehmen, die den Umgang mit dieser Vielfalt und den sich daraus entwickelnden Herausforderungen fördern, werden sich einfacher auf den zunehmend globaler Märkten behaupten können.

Für Ihre Zeitplanung

- Diversity ist eine grundsätzliche Einstellung und Haltung. Sie kann nicht von heute auf morgen in einem Unternehmen umgesetzt werden. Diversity benötigt einen langfristigen Wertewandel.

Wissensnetz, Weblinks und Literatur

2. Arbeitszeiten individuell und sinnvoll gestalten
24. Durch eine fehlerfreundliche Kultur alle Chancen nutzen
92. Teams bilden

- www.diversity-gesellschaft.de: Literatur, Links und weitere Informationen
- Thomas R. Roosevelt: Management of Diversity. Wiesbaden

Diversity ist Einstellungssache

Diversity ist eine Frage der Unternehmenskultur. Bestehen die obersten Managementebenen aus Männern einer Nationalität und Altersgruppe, ist dies kein gutes Vorbild. Diversity soll sich auf allen Organisationsebenen und in allen Bereichen abbilden. **Diversity beginnt im Kopf:**

- Die Fähigkeit und den Willen haben, sich in andere Kulturen hineinzudenken.
- Die Bereitschaft haben, voneinander zu lernen.
- Daran glauben, dass die Vielzahl der Perspektiven die Möglichkeiten erweitert und damit bessere Lösungen ermöglicht.
- Die Bereitschaft haben, Ausbildung und Förderung der Vielfalt gezielt zu unterstützen.

Unterschiede fruchtbar machen

Welchen Nutzen kann das Unternehmen aus der Vielfalt ziehen?

- stärkere Mitarbeiterbindung und Identifikation mit dem Unternehmen
- höhere Produktivität und Zielerreichung
- erhöhte Attraktivität als Arbeitgeber
- Stärkung des Selbstwertgefühls der Mitarbeiter und mehr Motivation und Freude an der Arbeit
- breitere Kundenbasis wird angesprochen
- verbesserte Kundennähe durch feineres Bewusstsein für die Unterschiede der Kunden
- Einbeziehung unterschiedlicher Perspektiven und damit mehr Teamerfolg

Zwei Handlungsebenen

Auf der **Personenebene** die Mitarbeiter im Umgang mit Unterschiedlichkeit stärken durch:

- Integration von Diversity-Themen in alle Schulungsmaßnahmen.
- Awareness Trainings: Kompetenz im interkulturellen Umgang schulen.
- Unterstützung der Konfliktbereitschaft und Entwicklung von Konflikt-Lösungsfähigkeiten.

Auf der **Organisationsebene** und in Teams Strukturen und Bedingungen schaffen, die die Kultur der Vielfalt unterstützen:

- Interkulturelle Projektteams schaffen und Multikulturelle Netzwerke fördern.
- Kommunikationskultur von gegenseitiger Wertschätzung und Respekt pflegen.

ExpressoTipp

Integrieren Sie Diversity in die Zielvereinbarungen der Führungskräfte und in das Leitbild. Und beziehen Sie das Thema Diversity in Kundenveranstaltungen ein.

ExpressoFokus

Flexible Arbeitsmodelle und Job-Rotation im In- und Ausland unterstützen die Vielfalt der Mitarbeiter im Unternehmen.

ExpressoBalance

Lesen Sie Märchen aus anderen Kulturkreisen.

Nervenzerrende »Dramen« in der Teamarbeit auflösen

Jeder geht gerne zur Arbeit und die Beziehungen am Arbeitsplatz sind harmonisch – ein Traum? Die Realität sieht häufig anders aus: Es gibt Ärger, wir regen uns auf und sind frustriert und demotiviert. Es gibt Aussagen wie: »Ich habe keine Lust mehr auf diesen ›Kindergarten‹«. »Ich möchte diese Art von Spielchen nicht mehr mitmachen.« usw.

Was machen Menschen, wenn sie ihre Energie nicht für Lösungen einsetzen?
Wie kann ich die »Spielchen« erkennen und ausweichen? Wie kann ich verhindern, selbst zu »spielen«?

Das Drama-Dreieck

Stephen Karpman fand bei der Analyse von Märchen drei wiederkehrende Rollen: Verfolger, Opfer und Retter.

- Der **Verfolger** stellt dem Opfer aktiv nach, er will es strafen oder zur Rechenschaft ziehen. Seine »Lösung« will er mit Härte durchsetzen.
- Der **Retter** hilft aktiv und übernimmt oft gleich die gesamte Verantwortung für die Situation und deren »Lösung«. Je nach Überzeugungskraft beherrscht er für eine Weile die Situation und (ver)führt die anderen auf seine Lösungs-Wege.
- Dem **Opfer** wird etwas vorgeworfen, für das es verantwortlich gemacht werden soll. Das Opfer übernimmt selbst diese Rolle: Die anderen sind verantwortlich dafür, dass es mir so schlecht geht. Ich selbst kann an meiner Situation nichts ändern.

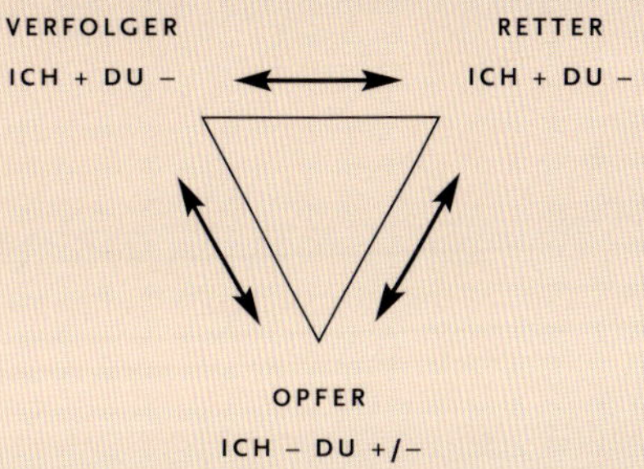

Entsprechend ist das »Setting« in »Job-Dramen«. Zudem wechseln die Beteiligten während des »Spiels« ihre Rollen. Häufig ist in diesem Rollenwechsel nicht mehr klar, wer eigentlich für was verantwortlich ist und womit es angefangen hat. Sachlichkeit, Ziel und Aufgabe – alles verschwindet in diesem dramatischen Dreieck. Zurück bleibt das dynamische und verwirrende Hin- und Herschieben von Verantwortung, Schuld, Ärger, Enttäuschung und Ohnmacht.

Für Ihre Zeitplanung

- Sobald Sie Anzeichen von »Spielchen« in Ihrem Team wahrnehmen, müssen Sie umgehend eine Auszeit nehmen, um den Ursachen auf den Grund zu gehen und den Ausstieg zu finden.

Wissensnetz, Weblinks und Literatur

5. Besprechungen moderieren
28. Wie Sie eigenen Frust bewältigen
47. Konflikte erkennen und lösen
48. Konflikte im Team: Bedürfnisse und Interessen ausgleichen

- Ulrich Dehner: Die alltäglichen Spielchen im Büro. Frankfurt/Main

»Es hat alles zwei Seiten. Aber erst wenn man erkennt, dass es drei sind, erfasst man die Sache.«

Heimito von Doderer

Eine Rolle erkennen

Meist sind die Rollen nichts anderes als Strategien, um Beziehung herzustellen. Die Beteiligten holen sich (negative) Zuwendung.
Verfolger: Schieben die Schuld auf andere, klagen über andere, greifen an, versuchen Macht auszuüben. Entwicklungspotenzial: Empathie für Bedürfnisse von anderen.
Retter: Ist begierig nach Anerkennung, er vermeidet Auseinandersetzungen mit eigenen Themen. Entwicklungspotenzial: Grenzen setzen und herausfinden, was die eigenen Themen sind.
Opfer: Drücken sich vor Verantwortung, haben ein gering entwickeltes Selbstvertrauen und Selbstwertgefühl. Entwicklungspotenzial: Verantwortung übernehmen und Selbstwert entwickeln.

Fragen, um dem Drama zu entgehen

- Ist die Aufgabe klar definiert (oder wird »Karussell« gespielt)? Bezieht sich mein (Rollen-)Verhalten auf die Aufgabe?
- Was soll passieren, sobald die Aufgabe erfüllt ist? Gibt es etwa nur Köder? Habe ich die Mittel in der Hand, die Aufgabe zu lösen? Fühle ich mich gleichwertig, minderwertig oder besser als die anderen? Womit hat dies zu tun? Ist mir klar, was zur Aufgabenebene und was zur Beziehungsebene gehört?
- Wofür übernehme ich wie viel Verantwortung? Konzentriere ich mich auf meine Aufgabe und fordere ich den anderen auf, seine Aufgaben zu erfüllen? Habe ich die nötigen Mittel und Kompetenzen, die Aufgabe zu erfüllen?

Weitere Möglichkeiten

- **Haltung:** Nehmen Sie die Haltung »Du bist o.k., ich bin o.k.« ein. Damit sind die ungleichen Ebenen (siehe Vorderseite) ausgeschaltet.
- **Bevorzugte Rolle** bewusst machen: Welche Rolle habe ich häufig als Kind »gespielt«? Welche Haltung hilft mir, stabil zu bleiben und die angebotenen Rollen zu verweigern?
- **Metaebene:** Gehen Sie auf eine unbeteiligte Beobachterposition (Metaebene) und machen Sie das Vorgehen transparent.
- **Themenwechsel:** Wechseln Sie ganz einfach das Thema und machen Sie nicht mit.
- **Konfrontieren** Sie Ihren Gesprächspartner mit der angebotenen Rolle und verweigern Sie diese.

ExpressoTipp

Achtung: Dem Vorgesetzten wird oft die Richterrolle zugeschoben (Gefühl, im Kindergarten zu sein), wenn zwei Mitarbeiter in einem Konflikt nicht mehr weiterkommen. Lehnen Sie die Richterrolle ab, und moderieren Sie stattdessen Lösungsmöglichkeiten. Holen Sie sich gegebenenfalls Hilfe von außen.

ExpressoFokus

Denken Sie ständig daran, was Sie noch hätten sagen oder einwenden können? Tauchen Rachegelüste auf oder wird mit dem Richter gedroht? Dann ist es höchste Zeit für den Ausstieg aus dem Drama-Dreieck.

ExpressoBalance

Lassen Sie sich ab und an von einem fremden Gedanken gefangen nehmen. Zum Beispiel: »Die vier Jahreszeiten sind vier regelmäßige Gedanken der ERDE; es sind vielleicht die einzigen, die wir bisher verstanden haben.« Spüren Sie ihm nach.
Wer hat's gesagt? Diskutieren Sie mit Freunden darüber.

Mit Eigenmarketing weiter nach vorne 15

Heute gibt es kaum noch Arbeitsplätze auf Lebenszeit. Deshalb nehmen die Kämpfe um gute Jobs und Projekte zu. Für alle gilt es, die eigene Position – sei es am Arbeitsplatz oder gegenüber Kunden und Geschäftspartnern – zu verteidigen und auszubauen.

Eigenmarketing fußt dabei immer auf Vertrauen und zielt darauf ab, eine mittelfristige Bindung aufzubauen. Gehen Sie dabei strategisch vor: Betrachten Sie alle Faktoren, bleiben Sie im Gespräch und betreiben Sie konsequent Imagepflege.

Kernfragen des Eigenmarketing

Sie sollten nicht darauf vertrauen, dass andere Ihre gute Leistung von alleine bemerken und würdigen. Betreiben Sie Eigenmarketing, das aber nichts mit dem eitlen Verhalten eines Pfaus zu tun hat oder mit der charmanten Kollegin, die ihren Chef einwickelt. Fragen Sie sich immer wieder: Welchen Nutzen haben meine Firma, meine Kunden oder meine Geschäftspartner von mir und meinen Fähigkeiten in den vier Kompetenzbereichen?

Fachkompetenzen (zum Beispiel kaufmännische Kenntnisse)	**Methodenkompetenz** (zum Beispiel PC-Anwendungen)
Sozialkompetenz (zum Beispiel Team- und Konfliktfähigkeit und Kommunikationsfähigkeiten)	**Persönlichkeitskompetenz** (zum Beispiel Lern- und Veränderungsbereitschaft)

Ihre persönlichen Kernelemente

Betrachten Sie Ihr persönliches Marketing stets als Ganzes. Das heißt, Sie orientieren sich nicht an einem starren Ursache-Wirkung-Denken, sondern betrachten alle Eigenmarketing-Kernelemente.

- Ihre Produktleistung sind Ihr Know-how, Ihre Fähigkeiten und Ihre Erfahrung.
- Ihre Verpackung ist die Art, wie Sie sich kleiden, verhalten und geben.
- Ihre Kommunikation ist zum Beispiel Ihr persönlicher Stil bei Präsentationen.
- Ihr Preis ist Ihr Gehalt oder Honorar.
- Und schließlich entspricht die Distribution Ihrer Bewerbung oder Akquise.
- Und vergessen Sie nie: Wenn Sie Ihre eigenen Ziele von der Unternehmensstrategie Ihres Arbeitgebers oder Geschäftspartners ableiten, machen Sie es Ihrem Chef einfacher, eine Beförderung zu bewilligen, oder Ihrem Partner leichter, neue Aufträge zu erteilen (Win-win-Situation).

Für Ihre Zeitplanung

- Allzeit bereit!

Wissensnetz, Weblinks und Literatur

36. Das richtige Image: Kleidungs- und Stilfragen
40. Auf der Karriereleiter nach oben
46. Eigene Kompetenzen, Talente und Fähigkeiten fördern
73. Zwei Persönlichkeitstypologien: DISG und Insights

- Jürgen Hesse, Hans Christian Schrader: Marketing in eigener Sache. Ihr Erfolgsweg zum neuen Job. Frankfurt/Main

Im Gespräch bleiben

- Versuchen Sie, **Überbringer guter Nachrichten** zu sein: »Frau Dr. Fritsche, ich wollte, dass Sie die Erste sind, die es erfährt: Heute hat mir die ExpressoLogistics zugesagt, dass wir den Auftrag bekommen.« Stellen Sie Ihren Anteil am Erfolg heraus: »Hat sich doch gelohnt, dass ich drangeblieben bin.«
- Erleichtern Sie es anderen, Sie kennen zu lernen und sich an Sie zu erinnern. Wenn Sie etwa merken, dass Ihr Gesprächspartner Ihren Namen einmal nicht parat hat, bauen Sie ihn in das Gespräch ein.
- **Seien Sie** nicht interessant, sondern **interessiert**. Stecken Sie Ihren Esprit also nicht nur in kluge Antworten, sondern auch in zielgerichtete Fragen: Wer fragt, der führt.

Imagepflege

- Feilen Sie ständig an Ihrem Image. Analysieren Sie Stärken, Schwächen, Verhalten und Wirkung.
- Finden Sie Ihre Positionierung, das heißt Ihre Kernkompetenzen, um Ihr Markenimage zu fördern. Es setzt sich meist aus einigen Kerneigenschaften aus den vier Bereichen zusammen (siehe Vorderseite).
- Ihre äußere Erscheinung sollte den Erwartungen Ihres Gesprächspartners entgegenkommen. Dazu gehören aber nicht nur die Kleidung, sondern auch Körperhaltung und Äußerlichkeiten wie Frisur etc.

Werden Sie unverwechselbar: Zeigen Sie Mut zu einem kleinen Spleen. So hat die gelben Pullunder von Hans-Dietrich Genscher bis heute wohl niemand vergessen.

Die fünf häufigsten Fehler

- **Mund halten:** Melden Sie sich stets zu Wort, wenn Sie etwas zu sagen haben.
- Die falschen Worte einsetzen: Begriffe wie **»eigentlich«** oder »ein bisschen« relativieren den Inhalt Ihrer Aussagen – auch wenn Sie dies gar nicht beabsichtigen.
- **Lob abwiegeln:** Wenn Sie gelobt werden, sollten Sie das auch akzeptieren. Sonst vermitteln Sie anderen das Gefühl, alles, was Sie tun, sei selbstverständlich.
- **Chancen verpassen:** Wenn eine Aufgabe ansteht, mit der Sie sich profilieren können, sollten Sie annehmen.
- **Kontaktmöglichkeiten nicht nutzen:** Suchen Sie den Kontakt zu Vorgesetzten und Personalern – auch in Pausen, bei Feiern oder nach Feierabend.

ExpressoTipp

Versuchen Sie, Ihre Ideen Ihrem Chef so zu verkaufen, als wäre er der Urheber. Bauen Sie dazu in Ihre Gesprächsführung Sätze ein wie »Wenn ich Sie richtig verstehe, ...?« Ihr Gesprächspartner wird so Ihre Idee eher zu seiner eigenen Sache machen, für sie kämpfen und gemeinsam mit Ihnen von ihr profitieren.

ExpressoFokus

Entdecken Sie Ihre wichtigsten Qualitäten, Ihren **USP** (Unique Selling Proposition)! Meist lässt sich im Werdegang ein Muster Ihrer **Kernkompetenzen** erkennen (zum Beispiel als Sanierer oder Innovator). Testen Sie einmal im Jahr Ihren Marktwert, etwa über einen Headhunter oder durch Vorstellungsgespräche.

ExpressoBalance

Nehmen Sie bei Ihren Besorgungen nicht immer den kürzesten Weg – gehen Sie lieber der Reihe nach zum Bäcker, zum Metzger und zum italienischen Feinkosthändler als immer nur in den Supermarkt um die Ecke. Zweitnutzen: Es schmeckt oft genug auch besser.

Emotionale Intelligenz – eine Kernkompetenz

Emotionale Intelligenz steht für eine große Zahl menschlicher Fähigkeiten wie Charakter, Takt, Feingefühl, Höflichkeit, Einfühlungsvermögen, Menschlichkeit, Kommunikationsfähigkeit, aber auch für Selbstbewusstsein und Kontrolle der Gefühle. All dies deckt der klassische Intelligenzbegriff mit seinem Intelligenzquotienten (IQ) nicht ab.

Doch gerade für Sie als Führungskraft ist der Emotionale Quotient (EQ) genauso wichtig, da Sie für andere Menschen Verantwortung tragen und nicht zuletzt auch für sich selbst – als Führungskraft und als Persönlichkeit.

Der Umgang mit sich und anderen

- Emotionale Intelligenz bezieht sich nicht auf sachliche Fragen und Aufgaben, sondern dreht sich um den Menschen, und zwar sowohl um den Umgang mit sich selbst als auch mit anderen Menschen.
- Emotionale Intelligenz beschreibt also auf der persönlichen Seite Aspekte wie Selbsterfahrung und Lebensführung und auf der anderen Seite unsere Kompetenzen und Fähigkeiten im Umgang mit anderen Menschen.
- Das macht emotionale Intelligenz so entscheidend für den persönlichen und beruflichen Erfolg. Gerade Führungskräfte benötigen deshalb ein großes EQ-Potenzial, um Menschen zu führen – oft weit mehr als Sach- und Fachwissen.

Eine Übung dazu: Holen Sie sich regelmäßig Feedback über Ihre Wirkung ein, um zu überprüfen, wie weit Ihr Selbstbild und das Fremdbild übereinstimmen.

Wichtige Elemente

- **Selbstbewusstheit:** die realistische Einschätzung der eigenen Persönlichkeit, der eigenen Gefühle, Bedürfnisse, Motive und Ziele sowie der persönlichen Stärken und Schwächen.
- **Selbststeuerung:** die eigenen Gefühle und Stimmungen selbst beeinflussen.
- **Motivation:** Kraft zum Weitermachen und das Vermögen, Frust auszuhalten und weiterzumachen.
- **Empathie:** sich in Gefühle und Sichtweisen anderer hineinversetzen und angemessen reagieren können.
- **Soziale Kompetenz:** Kontakte und Beziehungen zu anderen Menschen knüpfen und solche Beziehungen auch dauerhaft aufrechterhalten können.
- **Kommunikationsfähigkeit:** sich klar und verständlich ausdrücken sowie anderen aktiv zuhören.

Eine Übung hierzu: Überlegen Sie sich, wo Sie in diesen EQ-Disziplinen stehen.

Für Ihre Zeitplanung

- Nehmen Sie sich ein wenig Zeit, um mit Freunden und vertrauten Kollegen und Partnern, über das Thema und vor allem Ihren persönlichen EQ zu sprechen.
- Eine gute Hilfe bietet auch die Arbeit mit einem Coach – vereinbaren Sie ein paar Sitzungen zu diesem für Führungskräfte außerordentlich wichtigen Thema.

Wissensnetz, Weblinks und Literatur

27. Wer bin ich? – Fremdbild und Selbstbild
29. Führung und eigene Werte in Einklang bringen
74. Potenzialanalysen für Personalauswahl und Entwicklung
110. Durch aktives Zuhören mehr verstehen

- www.expressocoach.de: Arbeitsmaterial
- Daniel Goleman: Emotionale Intelligenz. München/Wien

Was nutzt emotionale Intelligenz?

- Personen mit hoher emotionaler Intelligenz pflegen **tiefgehende Beziehungen und Freundschaften** und sind oft erfolgreich, da sie gut mit Menschen umgehen können und über Führungsqualitäten verfügen.
- Emotionale Intelligenz ermöglicht es Ihnen, gut mit sich selbst und anderen Menschen zusammen zu leben und **Konflikte konstruktiv zu meistern**.
- Emotional intelligente Menschen akzeptieren, dass andere die Welt anders sehen als sie selbst und können deren Standpunkt anerkennen. **Sie nehmen Kritik** an, ohne sich verunsichern zu lassen.
- Emotional intelligente Menschen sind oft zufriedener und ausgeglichener als andere.

Emotionale Intelligenz erkennen

Dieser kleine Test will nicht mehr als einen ersten Anhaltspunkt geben:

- Wie gut weiß ich, wie ich in bestimmten Situationen reagiere und warum das so ist?
- Kann ich meine Emotionen selbst beeinflussen oder bin ich ihnen ausgeliefert?
- Kann ich gut mit Gefühlen wie Aggression oder Zuneigung umgehen?
- Kann ich mich klar und verständlich ausdrücken? Kann ich anderen Menschen aufmerksam zuhören?
- Kann ich gut mit anderen umgehen? Sind andere gerne mit mir zusammen?
- Macht es mir Spaß, mit anderen Menschen zu arbeiten?
- Kann ich anderen Menschen Orientierung geben? Suchen sie Rat bei mir?

Zwei wichtige Disziplinen

- **Finden Sie heraus, wer Sie sind, was Sie ausmacht:**
  Wer und was haben mich geprägt? – Welche Rollen fülle ich aus? – Was treibt mich an? – Was sind meine Ziele? – Was ist mir wichtig? – Was sind meine Schwächen und Stärken? – Was mag ich nicht, was macht mir Spaß? – Woran glaube ich? – Wofür schlägt mein Herz wirklich?
- **Lernen Sie mit Gefühlen umzugehen:**
  Je weniger Angst wir vor unseren Gefühlen (und den Gefühlen anderer Menschen haben), desto angemessener werden wir uns verhalten: Wie fühle ich mich und wo genau in meinem Körper spüre ich dieses Gefühl? – Was löst das Gefühl in mir aus? – Wie gehe ich damit um?

ExpressoTipp

Erweitern Sie ständig Ihre Ausdrucksmöglichkeiten – sowohl verbal als auch nonverbal. Versuchen Sie, immer klar und präzise zu kommunizieren und Ihr Gegenüber wirklich zu verstehen.

ExpressoFokus

Verheddern Sie sich nie in Sach- und Fachfragen, beschäftigen Sie sich – so oft es irgend geht – mit Menschen. So sollten Sie andere Menschen suchen und etwas mit ihnen unternehmen.

ExpressoBalance

Machen Sie jedes Jahr eine Reise in ein unbekanntes Land.

Entscheidungen klug treffen

Ständig treffen wir kleine und große Entscheidungen. Manche fallen uns ganz leicht, andere können Bauchschmerzen verursachen. Halten Sie sich vor Augen: Grosse Entscheidungen bestehen aus vielen kleinen Entscheidungen. Wie können wir dafür sorgen, dass wir die richtigen Entscheidungen fällen? Welche Art der Entscheidungsfindung bevorzugen Sie? Eher die systematische sachliche oder die intuitive?
Versuchen Sie, **beide Ebenen zusammenzubringen**. Eine Entscheidung ist dann gut, wenn beide Ebenen zum gleichen Resultat kommen.

Auf zwei Beinen

Vernunft und Verstand: Gerade wissenschaftlich ausgebildete Menschen haben gelernt, ständig ihre Vernunft (u. a. die Fähigkeit, Prinzipien zu reflektieren) und ihren Verstand (das begriffliche, methodische Denken) einzusetzen. Dieses Denken ist in der abendländischen Gesellschaft sehr verbreitet.
Intuition und (Bauch-)Gefühl: Unser Unterbewusstsein hat weit mehr Erfahrungen, Eindrücke und Erlebnisse gespeichert, als wir bewusst abrufen können. **So »weiß« unser Unterbewusstsein mehr als wir selbst.** Das zugehörige intuitive Denken klärt »schlagartig« Sachverhalte auf oder deckt Zusammenhänge auf und zeigt Lösungswege. Denn diese Informationen sind für unser Unterbewusstsein immer präsent und können von ihm in Beziehung gesetzt werden. Viele Entscheidungen fällen wir automatisch. Diese intuitiven Entscheidungen ersparen uns viel Kopfzerbrechen. Müssten wir ständig abwägen, würden wir zu nichts mehr kommen.

CAF und PMI

- **CAF (Consider all facts):** Zweck dieser Methode ist, möglichst viele Informationen und Einflussfaktoren zu sammeln, die mit Ihrer Entscheidung zu tun haben. Schreiben Sie alle Faktoren auf, die mit dem Thema in Bezug sind. Nicht alle Einflussfaktoren haben die gleiche Bedeutung: Sortieren Sie Ihre Liste nach Wichtigkeit der Einflussfaktoren, wichtige nach oben und unwichtige nach unten.
- **PMI (Plus minus interesting):** Sie überlegen alle positiven und alle negativen Folgen einer Entscheidung, um ein besseres Gefühl für die Entscheidung zu bekommen. Richten Sie Ihre Aufmerksamkeit zuerst auf die positiven Folgen Ihrer Entscheidung und schreiben Sie sie auf. Danach schreiben Sie alle negativen Folgen auf. Für Aspekte, die weder der einen noch der anderen Seite zuzuordnen sind, machen Sie eine weitere Kategorie: interessant. Meist besteht gerade hier noch Informationsbedarf.

Für Ihre Zeitplanung

- Lassen Sie sich für wichtige Entscheidungen Zeit. Schlafen Sie mindestens eine Nacht darüber. Damit nutzen Sie auch die intuitive Seite.
- Denken Sie stets an die zwei Standbeine.

Wissensnetz, Weblinks und Literatur

32. Ideen auswählen
34. Ideen auf dem Prüfstand: der ExpressoTest

- Ursula Mattheus, Hellena-Maria Gabriel: Entscheiden mit Engeln. Saarbrücken 2000
  Ros Jay: Entscheiden. Top-Tools für Führungskräfte. München

»Wer absolute Klarheit will, bevor er einen Entschluss fasst, wird sich nie entscheiden.« Henri Frédéric Amiel

Simulation: Was wäre, wenn .... ?

Sie versetzen sich gedanklich und gefühlsmäßig in eine Lösung und überlegen, wie sich die Situation von der Entscheidung an weiterentwickelt? Was werden Sie tun? Wie werden Sie sich fühlen? In welchem Körperteil sitzt das Gefühl? Welches Bild haben Sie dazu? Wie wird das Umfeld auf Ihr Verhalten reagieren? Welche Entscheidungen stehen dann als Nächstes an? Wie würde es in einer Woche, einem Monat, einem Jahr, in fünf Jahren und in zehn Jahren aussehen? **Idealerweise erzählen Sie jemandem, was Ihnen dabei durch den Kopf geht.** Der Zuhörer kann ergänzende Fragen stellen. Machen Sie dasselbe Prozedere mit anderen Lösungen. Lassen Sie sich ein Feedback von Ihrem Zuhörer geben.

Die Nutzwertanalyse

Überlegen Sie die wesentlichen, klar voneinander abgegrenzten Lösungsmöglichkeiten und alle relevanten Kriterien, sowohl sachliche wie gefühlsmäßige.
Tragen Sie Ihre Alternativen in eine Tabelle oben waagrecht ein. In die linke senkrechte Spalte kommen die Kriterien, denen Sie eine persönliche Gewichtung (maximal 100 Prozent) zuordnen. Mit dem entsprechenden Gewichtungsfaktor (G) multiplizieren Sie dann Ihre jeweilige Bewertung.
Nun bewerten (B) Sie alle Kriterien der verschiedenen Lösungen von 1 bis 10, 1 steht für unwichtig, 10 für sehr wichtig. Multiplizieren Sie die Gewichtung mit der Bewertung. Zählen Sie jeweils alle Produkte zusammen: Die höchste Punktzahl ergibt Ihre Lösung.

Beispiel einer Nutzwertanalyse

Kriterien	**Gewichtung (G)**
Freude und Lust	50 %
Karrieremöglichkeiten	30 %
Verdienst	20 %
Total	100 %

Lösung 1: Job in anderer Stadt		**Lösung 2: Da bleiben**	
Bewertung	B x G	Bewertung	B x G
10	5	7	3,5
6	1,8	1	0,3
3	0,6	5	1,0
	7,4		4,8

ExpressoTipp

Nichtgefällte Entscheidungen begegnen uns so lange wieder, bis wir uns ihrer annehmen. Lassen Sie die Menschen die Entscheidung fällen, die am meisten Informationen haben, unabhängig von der Hierarchie.

ExpressoFokus

Wie folgenschwer ist Ihre Entscheidung? Wie reversibel? Richten Sie die Vorbereitung danach aus! Was wäre, wenn Sie gar nichts tun? Welche Informationen könnten Ihre Entscheidung ins Gegenteil umdrehen? Welchen Anforderungen sollte Ihre Entscheidung genügen?

ExpressoBalance

Organisieren Sie Ihre Arbeit so, dass Sie gelegentlich Unterlagen selbst abholen, wegbringen oder kopieren. Bringen Sie Bewegung in Ihren Alltag!

Drei Minuten zum Entspannen

Fehlende Bewegung, falsche Sitzhaltung, Stress und psychischer Druck – kein Wunder, dass viele Menschen über Verspannungen klagen, die sich während der Arbeitszeit im Büro aufbauen. Und eigentlich weiß jeder, dass dagegen nur eines hilft: kurze Pausen, Entspannung und Bewegung. Doch wer hält sich wirklich daran? Dabei genügen fürs Erste drei Minuten: zum Lesen dieser Karte. Fürs Zweite reichen ebenfalls drei Minuten: zum Ausführen einer der Beispielübungen.

Der Rhythmus ist entscheidend

- Jeder hat seinen persönlichen Rhythmus – mit Leistungshochs, mit Tiefs, mit dem Bedürfnis nach Ruhephasen.
- **Arbeiten Sie mit** und nicht gegen Ihren **persönlichen Rhythmus**.
- Als Führungskraft müssen Sie lernen zu unterscheiden, wann für eine Aufgabe das volle Leistungspotenzial abzurufen ist. Legen Sie diese Aktivitäten in Ihr persönliches Hoch.
- Lernen Sie auch, den Rhythmus Ihrer Mitarbeiter zu akzeptieren.
- Und lehren Sie Ihre Mitarbeiter, so weit möglich ihrem persönlichen Rhythmus gemäß zu arbeiten.
- Wichtig: Nicht alles muss (und kann) perfekt gemacht werden: Erliegen Sie nie dem Perfektionismus.
- Orientieren Sie sich vielmehr am Pareto-Prinzip, das heißt, bereits mit 20 Prozent Ihrer Kraft können Sie 80 Prozent erledigen.

In der Pause liegt die Kraft

Pausen helfen Ihrem Körper, sich von Aktivitäten zu erholen sowie Muskel- und Skelettstörungen zu vermeiden.

- Die Anzahl und Länge der Pausen sind individuell: Sie hängen ganz davon ab, was Sie machen und was Sie brauchen.
- **Pause machen** kann bedeuten, dass Sie Ihre Arbeit für ein paar Momente unterbrechen und sich einfach nur entspannen.
- Oder Sie ändern die Art der Aktivität, etwa indem Sie beim Telefonieren hin und her gehen. So belasten und entspannen Sie immer wieder andere Muskeln.
- **Finden Sie Ihren eigenen Pausen-Rhythmus:** Etwa nach zwei, spätestens aber nach vier Stunden ist Zeit für eine kleine Erholungsphase.

Für Ihre Zeitplanung

- Planen Sie über den Tag verteilt immer wieder drei Minuten fürs Entspannen ein – im Terminplaner!
- Gehen Sie den Tag entspannt an, also keine Hektik beim Frühstücken und auf dem Weg zur Arbeit.
- Schaffen Sie sich für zwischendurch immer wieder kleine Zeitpuffer: Damit Sie sich nicht unnötig unter Druck setzen.

Wissensnetz, Weblinks und Literatur

65. Drei Minuten zum Munterbleiben und -werden
70. Mehr Effizienz mit dem Pareto-Prinzip
91. Der clevere Umgang mit Stress
103. Work-Life-Balance: alle Lebensbereiche in Einklang bringen

- www.eichborn.de/buero-fitness: Anleitungen für Entspannungsübungen zum Ausdrucken
- www.personalfitness.de: für die Suche eines Personal Fitness Trainers

Einfache Entspannungsübungen

- **Vor die Tür gehen und abschalten:** Sie haben Sich gedanklich festgefressen und kommen nicht weiter? Oder Sie arbeiten ununterbrochen im Büro? Gehen Sie einfach für einige Minuten vor die Tür, auf die Dachterrasse oder den Balkon. Gestatten Sie sich, Ihren gewohnten Arbeitsablauf und Ihre kreisenden Gedanken kurz zu unterbrechen. Schauen Sie sich die Wolken an, ihre Form oder wie der Wind mit den Blättern spielt. Schon nach wenigen Minuten fühlen Sie sich erfrischt.
- **In die Ferne schweifen:** Hin und wieder ein gezielter Blick in die Weite ist »Ausgleichssport« für die Augen: die Muskeln zur Scharfeinstellung werden so zur Abwechslung einmal anders beansprucht.

Es geht noch einfacher

- **Tief durchatmen:** Nehmen Sie sich ein paar Atemzüge Zeit, um besonders tief bis in den Unterbauch hineinzuatmen.
- **Das Blinzel-Blitz-Programm:** Durch eine absichtliche Erhöhung der Lidschlag-Frequenz wird die Versorgung des Augapfels mit Nährflüssigkeit verbessert und einem Augenbrennen vorgebeugt.
- **Kopf hängen lassen:** Eine ganz einfache, aber wirksame Übung zur Lockerung der Rückenmuskulatur.
  1. Sitz auf der Stuhlkante und Arme nach oben strecken und einatmen.
  2. Oberkörper zwischen die gegrätschten Beine sinken lassen und ausatmen.
  3. Kopf locker hängen lassen und alles noch zweimal wiederholen.

Das beugt Verspannungen vor

- **Aktiver Weg zum (und vom) Job:** Vielleicht kommen Sie statt mit dem Auto auch mit Ihrem Fahrrad ans Ziel? Oder Sie machen einen kleinen, schnellen Spaziergang zur nächsten – oder besser noch übernächsten – Bushaltestelle.
- **Stehpult statt Stuhl:** Eine prima Ergänzung zum Sitzen ist das Stehpult. Wenn Sie zwischen beiden Arbeitsplätzen immer wieder wechseln, werden regelmäßig andere Muskeln und Sehnen bewegt.
- **Richtiges Arbeiten am Monitor:** Wenn Ihr Bildschirm nicht zentriert vor Ihnen steht oder Sie – besonders am Notebook – ständig den Nacken nach unten dehnen müssen, kann das ebenfalls zu Kopfschmerzen und Verspannungen führen.

ExpressoTipp

Überfordern Sie sich nicht bei Ihren Zielen. Machen Sie kleine Schritte. Denn jedes große Ziel kann man in viele kleine zerlegen, die deutlich erreichbarer aussehen. Das ist im Beruf so und beim Sport nicht anders. Auf diese Weise kommen Sie tatsächlich voran, statt frustriert innezuhalten.

ExpressoFokus

Holen Sie sich professionelle Hilfe, zum Beispiel ein paar Stunden bei einem Personal Fitness Trainer. Er hilft Ihnen, ein individuelles Plus an Bewegung und Entspannung in Ihren Alltag zu integrieren. Achten Sie auch darauf, dass Ihre Mitarbeiter lernen, sich zu entspannen. Ihr gutes Vorbild zählt.

ExpressoBalance

Lesen Sie ein Gedicht.

Ernährungstipps für den Führungsalltag 19

Wie kann man sich trotz Hektik und Stress gesund ernähren? In manchen Jobs ist die Ernährung nahezu unkalkulierbar. An einem Tag haben Sie so viel Termine und Hektik, dass Ihnen höchstens Zeit für einen Imbiss bleibt. An einem anderen Tag findet abends ein großes Geschäftsessen statt. Ein mehrgängiges Menü oder ein opulentes Büffet lockt. Oder gehören Sie auch zu den geplagten Leuten, die morgens aus dem Haus gehen und keine Ahnung haben, wann sie wieder etwas zu essen bekommen? Doch es gibt immer Möglichkeiten, sich selbst unter schwierigen Umständen gesund zu ernähren.

Rechtzeitig und ausreichend trinken!

Wer viel trinkt, bringt den Stoffwechsel auf Touren. Wenn Sie mit dem Trinken warten, bis Sie Durst haben, ist es eigentlich schon zu spät: Dann fehlt Ihrem Körper bereits jede Menge Flüssigkeit. Ein Nebeneffekt von Durst sind Heißhungerattacken: Der Körper weiß intuitiv, dass in Nahrung Flüssigkeit steckt, und will seinen Durst über das Essen stillen.

- Am besten, Sie trinken vorbeugend und **regelmäßig Wasser**. Wenn Ihnen Wasser zu fade schmeckt, versuchen Sie es mit einer Saftschorle im Verhältnis 3:1 (Wasser: Saft) oder mit Kräutertees.
- Limonaden – und viele Fruchtsäfte – sollten hingegen tabu sein. Sie enthalten oft Unmengen von Zucker und liefern so ungewollte Kalorienmengen.
- Trinken Sie Kaffee und Tee nur in Maßen (zwei bis drei Tassen pro Tag): In Italien gibt es zu jedem Espresso gleich ein Glas Wasser mit dazu.

Frühstück und Zwischendurch

- Frühstücken Sie am besten in zwei Etappen: Wer frühmorgens nicht viel zu sich nehmen kann, sollte dies nach zwei bis drei Stunden nachholen. Essen Sie einmal großzügiger, etwa Müsli oder Vollkornbrot, und einmal leichter, beispielsweise Obst oder Joghurt.
- Wenn Sie wissen, dass der Tag chaotisch wird, **frühstücken Sie ausgiebig und gesund** – mit Müsli, Quark, Früchten, Vollkornbrot, einem Obstsaft und gelegentlich einem Ei.
- Zwischenmahlzeiten vermeiden Leistungstiefs und sinnlose Völlerei: Verteilen Sie kleine Mahlzeiten aus frischem Obst oder Gemüse (etwa eine Handvoll), fettarmen Milchprodukten oder dünn belegten Broten über den Tag. Das belastet Kreislauf und Verdauungsorgane weniger, erhält die Konzentrationsfähigkeit und vermeidet Heißhungerattacken.
- Auch beim kleinen Hunger gilt: **Nehmen Sie sich Zeit, genießen Sie Ihr Essen.**

Für Ihre Zeitplanung

- Nehmen Sie sich ausreichend Zeit fürs Frühstücken. Machen Sie ein Ritual daraus.
- Versuchen Sie Geschäftsessen in die Mittagszeit zu legen, dann ist die Gefahr überlanger, kalorienreicher »Sitzungen« geringer als am Abend.
- Planen Sie ausreichend Zeit für ausgleichende Bewegung ein.

Wissensnetz, Weblinks und Literatur

91. Der clevere Umgang mit Stress
103. Work-Life-Balance: alle Lebensbereiche in Einklang bringen
105. »Dringend« vs. »wichtig«: sinnvolles Zeitmanagement

- www.bzga.de (Bundeszentrale für gesundheitliche Aufklärung)
- www.dge.de (Deutsche Gesellschaft für Ernährung e. V., Referat Gemeinschaftsverpflegung.

Essen in der Kantine – eine Checkliste

- Können Sie zwischen verschiedenen Komponenten für Vor-, Haupt- und Nachspeisen wählen?
- Gibt es mindestens einmal pro Woche mageres Fleisch und Fisch und öfter fleischlose Gerichte, und werden täglich frisches Gemüse und frische Salate angeboten?
- Achtet die Küche darauf, fettarm zu kochen und mit Salz sparsam umzugehen? Gibt es überwiegend Pell-, Salz- und Folienkartoffeln oder nur Pommes frites?
- Gibt es etwas für Zwischenmahlzeiten – etwa frisches Obst und Milchprodukte?

Wenn Sie Verbesserungsmöglichkeiten sehen, sollten Sie Ihre Wünsche notieren und in den Kummerkasten Ihrer Kantine werfen, den es sicher irgendwo gibt.

Das Geschäftsessen

- Tappen Sie nicht in die »Büffet-Falle«: Gehen Sie ruhig öfter zum Büffet und nehmen Sie sich jeweils nur kleine Gourmetportionen.
- Beim Essen à la carte sollten Sie möglichst **wenige und möglichst leichte Gänge essen**. Verzichten Sie im Gegenzug auf alles, was fett ist oder mit fetten Saucen angemacht wurde.
- Brauchen Sie immer ein Dessert? Oder wie wäre es mit Ananas statt Tiramisu?
- **Essen Sie langsam.** Und wenn Sie die Essenszeit für anregende Gespräche nutzen, wird niemandem auffallen, dass Sie nicht so viel gegessen haben.
- Stellen Sie neben Ihren Wein oder Ihr Bier immer auch ein Glas Wasser.

Unterwegs

- Managen Sie Ihre eigene Food-Logistik: Deponieren Sie im Auto, im Reisegepäck und im Aktenkoffer eine Flasche Wasser. Dazu einige fettarme und ballaststoffreiche Früchteriegel. Ein Apfel, zwei Bananen und zwei Vollkornbrötchen mit fettarmem Käse oder Geflügel eignen sich bestens als »Dinner on the road«.
- Aber nicht vergessen: Zum Essen kleine Pausen einlegen.
- **Im Flugzeug ist das Trinken besonders wichtig.** Lassen Sie sich immer ein Glas Wasser extra geben, wenn Sie bedient werden. Meiden Sie Alkohol und Kaffee, denn beides entzieht dem Körper Flüssigkeit.

ExpressoTipp

Rund zwei Liter Flüssigkeitsaufnahme pro Tag sind edle Trinkpflicht, mehr ist besser. Stellen Sie ein kleines Glas (0,2 Liter) auf Ihren Tisch, das Sie jede Stunde einmal austrinken und wieder füllen. Oder alternativ zwei bis drei Wasserflaschen. Bis abends müssen diese leer getrunken sein.

ExpressoFokus

Essen Sie nicht nebenbei, etwa beim Tippen oder Archivieren: Bei einer kleinen Pause können Sie Ihr Essen genießen und der Körper verarbeitet es besser. Sie fühlen sich wohler und verlieren nicht so schnell den Überblick darüber, wie viel Sie gegessen haben. Das hilft, das Körpergewicht zu halten.

ExpressoBalance

Beobachten Sie andere Menschen, und lernen Sie möglichst viel über das menschliche Verhalten und die menschliche Psyche. Interessieren Sie sich auch für Themen, die andere bewegen.

Die ersten 100 Tage als Führungskraft

Führungswechsel gehören zum Alltag von Unternehmen und Organisationen. Sie sind für den neuen Stelleninhaber eine große Herausforderung.
Vorsichtigen Schätzungen zufolge scheitert rund ein Drittel der Neubesetzungen innerhalb des ersten Jahres. So stellt sich zwangsläufig die Frage, was die erfolgreiche Führungskraft von der weniger erfolgreichen unterscheidet. Zuerst ein Blick darauf, was laut Harvard Business School für die Positionsübernahme auf hohen Führungsebenen eher hinderlich ist.

Kaum erfolgreiche Führungswechsler

- Sind Sie **branchenfremd**, bedeutet dies, dass Sie sich als Führungskraft viel Zeit für die Orientierung nehmen müssen.
- **Aufgabenbezogenheit** verleitet dazu, sich zu sehr auf die Bewältigung der Aufgaben zu konzentrieren und dabei die Entwicklung von vertrauensvollen Arbeitsbeziehungen zu vernachlässigen.
- Erwartungen der Vorgesetzten an Sie als neue Führungskraft werden nicht genau abgeklärt, so dass **undifferenzierte Erwartungshaltungen** zum Stolperstein werden können.
- Das Anfangen **ohne überzeugende Strategie** verführt dazu, viele Ansätze gleichzeitig zu verfolgen und den Fokus nur auf die Beseitigung von Schwachstellen zu legen.
- Zudem **setzen** Sie **verstärkt auf Veränderung** und vernachlässigen dabei das Bedürfnis der Mitarbeiter nach Sicherheit und Stabilität.

Erfolgreiche Führungswechsler

- Erfolgreiche Wechsler haben **Brachenkenntnisse** und können schnell Wichtiges von Unwichtigem unterscheiden. Sie verhindern damit unnötige Fehleinschätzungen und Fehlentscheidungen.
- Die **Fähigkeit zu Vernetzen und Teamorientierung** wirken sich ebenso positiv aus. Geschickter Umgang mit Vorgängern und heimlichen Mitbewerbern erhöhen die Handlungsoptionen.
- **Regelmäßiger Kontakt zum Vorgesetzten** hilft Strategie und Führungsstil angemessen zu entwickeln.
- Die Fähigkeit, eine **adäquate Vision** zu **entwickeln**, hilft Mitarbeiter zu motivieren.
- Das **Wissen um die Dynamik von Veränderung** hilft eine Balance zwischen dem Bewahren von »alten Dingen« und dem Einführen von Neuerungen zu halten.
- Und: Erfolgreiche Wechsler nehmen sich die **Zeit**, sich ein Bild von der Gesamtsituation zu machen. Und sie geben allen die Möglichkeit, sie kennen zu lernen.

Für Ihre Zeitplanung

- Nehmen Sie sich die Zeit, die **ausgesprochenen und unausgesprochenen Erwartungen** (diese sind meist in der Mehrzahl) an sich selbst aufzuschreiben. Notieren Sie auch die Ihres Vorgesetzten, Ihrer Mitarbeiter, Ihrer Kollegen, Ihrer Kunden, Ihres Vorgängers und Ihrer Familie.

Wissensnetz, Weblinks und Literatur

26. Führen durch Fragen
29. Führung und eigene Werte in Einklang bringen
30. Den eigenen Führungsstil kultivieren
110. Durch aktives Zuhören mehr verstehen

- Peter Fischer: Neu auf dem Chefsessel. Landsberg/Lech
- Jürgen W. Goldfuss: Trouble-Shooting für den ersten Führungsjob. Frankfurt/Main

Den Wechsel gestalten

- **Umgang mit Erwartungen:** Hören Sie nicht nur auf offene Erwartungen von Mitarbeitern, Vorgesetzten, Kunden und Ihrer Familie, sondern auch auf die zwischen den Zeilen.
- **Beziehungsnetze und Schlüsselpersonen achten:** Erkundigen Sie sich nach dem Verbleib Ihres Vorgängers und nach Mitbewerbern. Gehen Sie auf emotional betroffene Mitarbeiter oder Kollegen zu. Sie bringen so Wertschätzung entgegen und erfahren wichtige Dinge.
- **Ausgangslage analysieren:** Fragen Sie nach Regeln, Themen und Selbstverständnissen im Unternehmen. Lernen Sie die Schnittstellen Ihrer Abteilung, die Ziele der Kunden und anderen Abteilungen kennen.

Drei weitere Orientierungspunkte

- **Konstruktive Ziele entwerfen:** Entwickeln Sie ein motivierendes, realistisches Ziel. Es sollte in einem guten Verhältnis zwischen Stabilität und Wandel stehen.
- **Veränderungsbereitschaft fördern:** Begegnen Sie Ihren Mitarbeitern mit Respekt für erbrachte Leistungen. Sehen Sie in skeptischem Verhalten einen Hinweis auf mögliche Stolpersteine.
- **Veränderungen konstruktiv initiieren:** Ihre Organisation muss hinter der Veränderung stehen, und Sie müssen für den kontinuierlichen Fortgang der Veränderung sorgen. Vergessen Sie dabei nicht, auch kleine Erfolge zu feiern. Legen Sie Ihren Fokus nicht auf die Schwächen der Mitarbeiter, sondern auf deren Ressourcen.

Klare und positive Signale

- **Handeln Sie unbürokratisch:** Handschriftliche Notizen reichen oft aus. Sprechen Sie Mitarbeiter an deren Arbeitsplatz an.
- **Seien Sie offen:** Nehmen Sie das Telefon selbst ab. Beantworten Sie Anfragen schnell.
- **Zeigen Sie, dass für Sie die Mitarbeiter die wichtigste Kraft im Unternehmen sind:** Grüßen Sie Ihre Mitarbeiter mit Namen. Legen Sie selbst Hand an, etwa bei gemeinsamen Besprechungen.
- **Zeigen Sie, dass Ihnen Ihr Team wichtig ist:** Lassen Sie Besprechungen von Mitarbeitern gestalten. Tauschen Sie Ergebnisse im Team offen aus.
- **Seien Sie flexibel:** Wechseln Sie, wenn nötig, Ihre Lösungsstrategien.

ExpressoTipp

Gehen Sie mit den Erwartungen an Sie respektvoll um. Achten Sie die bisherigen Leistungen Ihrer Mitarbeiter. Wenn es Ihr Ziel ist, flexible Mitarbeiter zu haben, achten Sie darauf, dass Sie auch in Ihren eigenen Gewohnheiten flexibel sind.

ExpressoFokus

Konzentrieren Sie sich nicht nur auf Ihre Aufgabe, sondern investieren Sie auch in die Beziehungsebene. Um die Eigenverantwortung Ihrer Mitarbeiter zu stärken, fragen Sie zuerst nach deren Meinung, bevor Sie eine Antwort geben.

ExpressoBalance

Kleine Fluchten: Eine gute Idee ist hier der Kurzaufenthalt in einem guten Wellness-Hotel. Hier können Sie komplett abschalten. Nutzen Sie doch mal ein Schnupperwochenende, um Entspannungstechniken kennen zu lernen.

Events organisieren und nutzen

Bei internen und externen Unternehmensveranstaltungen treffen sich Mitarbeiter – bisweilen auch Partner, Lieferanten etc. – verschiedener Funktionen und Hierarchien. Nur gezielt eingesetzte Events mit Programmen, die zur Unternehmenskultur passen, sind wirkungsvoll. Welche Art von Veranstaltungen sind wann wozu sinnvoll? Was ist beim eigenen Verhalten zu beachten? Wie können Sie Veranstaltungen auch zur Mitarbeiterbindung einsetzen?
Übrigens freuen sich auch die Familien Ihrer Mitarbeiter, wenn sie zu Events mit eingeladen werden.

Veranstaltungstypen

Informationsveranstaltungen: Hier wird in erster Linie Information gegeben, manchmal auch ausgetauscht. Ein gemeinsames Verständnis einer Sache steht im Vordergrund. Beispiele dafür sind: Einführungsveranstaltungen, Kundenveranstaltungen, Kick-off-Meetings etc.
Feiern: Bei dieser Gelegenheit geht es darum, durch ungezwungenes geselliges Beisammensein den Zusammenhalt zu festigen und durch gemeinsames Feiern das Wir-Gefühl zu stärken. Im Hintergrund dienen aber auch diese Anlässe der Kommunikation und Motivation. Beispiele dafür sind: Weihnachtsfeier, Betriebsausflug, Jubiläumsfeiern, Einweihungen, Geburtstagsfeiern etc.
Arbeitstreffen: Im Zentrum steht die gute und effiziente Zusammenarbeit und die Abstimmung von Aktivitäten: Beispiele dafür sind: Führungsmeetings, Verkaufsmeetings, Projektveranstaltungen, Ausbildungen, Teamsitzungen, Entwicklungsworkshops etc.

Zeitverschwendung oder Nutzen?

- Die Erfahrung zeigt: **90 Prozent der Schwierigkeiten in Projekten haben ihre Ursache in der Kommunikation, und nur zehn Prozent haben mit Know-how oder Technik zu tun**! Also gilt es etwa durch geeignete Events in die formale und informelle Kommunikation zu investieren und ideale Randbedingungen dafür zu schaffen.
- Veranstaltungen über Hierarchien und Abteilungen hinweg helfen, die Kommunikation im Unternehmen oder in der Organisation durchlässiger zu machen.
- Ermöglichen Sie den Mitarbeitern, das Unternehmen im Ganzen zu sehen und **unternehmerische Zusammenhänge zu erkennen**. Nur so können sie im Sinne des Unternehmens denken und handeln.
- Zu den Grundbedürfnissen der Menschen gehören **Wertschätzung und Anerkennung**. Feiern sind gute Möglichkeiten, Wertschätzung und Anerkennung auch an Gruppen von Mitarbeitern zu geben.

Für Ihre Zeitplanung

- Achten Sie darauf, dass die verschiedenen Veranstaltungen gut auf das Jahr verteilt werden. Damit sorgen Sie dafür, dass die Mitarbeiter sich regelmäßig sehen, aber dieser Art von Veranstaltungen nicht überdrüssig werden.

Wissensnetz, Weblinks und Literatur

42. Ein kurzer Knigge fürs Geschäftsleben
64. Schlüsselfragen zur Identifikation und Motivation
79. Mit Reden überzeugen und gewinnen
92. Teams bilden

»Ein Leben ohne Feste ist wie eine Reise ohne Gasthaus.« DEMOKRIT

Verhalten auf Veranstaltungen

Behalten Sie im Hinterkopf: **Wir wirken immer!**

- Alle Veranstaltungen sind Selbstmarketing-Möglichkeiten. Sie entscheiden, wie Sie Ihren Auftritt gestalten wollen.
- Hilfsbereite, zuvorkommende und sympathische Menschen haben beste Chancen, auch als solche erkannt und geschätzt zu werden – in jedem Fall weit bessere als überhebliche und besserwisserische Menschen.
- Feiern und lustig sein gehören zusammen – verlassen Sie aber niemals die Regeln des guten Geschmacks, auch wenn der Alkohol schon in Strömen geflossen ist.

Zugehörigkeit und Sinnhaftigkeit

Die meisten Menschen haben ein hohes Bedürfnis nach Zugehörigkeit zu einem System wie Familie, Arbeitsgruppe, Abteilung, Unternehmen etc. Damit diese Systeme harmonisch gelingen, sind die systemischen Bedingungen von **Zugehörigkeit**, **Ordnung** sowie der **Ausgleich von Geben und Nehmen** eine Voraussetzung. Diese drei stellen eine Art **inneres Gesetz für soziale Systeme** dar. Wird gegen diese Gesetze verstoßen, gerät das System in eine Schieflage. Die Folge sind typische Störungen, die sich auf der Kommunikations- und Verhaltensebene zeigen und zu teilweise gravierenden Konflikten führen. Geben Sie Ihren Mitarbeitern die Möglichkeit, die Sinnhaftigkeit ihres Handelns zu erkennen.

Rituale als Brücken für Übergänge

Rituale sind Brücken, um bei Lebensübergängen von einer Lebenssituation zur nächsten zu kommen. Beispiele sind Taufe, Diplomfeier, Hochzeit etc. Sie helfen, unwesentlich Gewordenes zu verabschieden und sich mit dem noch unbekannten Neuen anzufreunden. Persönlich abgestimmte Rituale sind Kraft spendend, wirken ausgleichend und verbindend.
Beispiele: Jubiläumsfeiern, Blumenstrauß für neue Mitarbeiter (und zum Geburtstag), Feiern eines großen Auftrages mit Champagner, Kamingespräche, Mitarbeiter am Morgen mit Handschlag begrüßen etc.
Entwickeln Sie eigene Rituale, die zu Ihrer Kultur und Ihrem Führungsstil passen.

ExpressoTipp

Event-Agenturen übernehmen die professionelle Organisation von Veranstaltungen. Manchmal ist aber gerade das Gegenteil wirkungsvoller: Eine Feier, bei der jeder etwas mitbringt, was er besonders gut selbst machen kann – alle werden Überraschungen erleben und neue Perspektiven erkennen!

ExpressoFokus

Prüfen Sie bei allen Veranstaltungen, ob diese mit dem Leitbild konform sind. Dies gilt sowohl für die Art der Organisation, den Kreis der Teilnehmer als auch für die Inhalte. Gibt es eklatante Widersprüche, überlegen Sie, ob die Veranstaltung wirklich mehr nützt als schadet.

ExpressoBalance

Tun Sie etwas, was Sie noch nie oder schon lange nicht mehr getan haben, und beobachten Sie, wie Sie sich fühlen. Etwa am Mittwochnachmittag im Café ein Stück Kuchen essen und Klatschzeitschriften lesen, mit einer Blume im Knopfloch zur Arbeit kommen, zwischen zwei Sitzungen betont langsam gehen etc.

Beruf, Familie & Co. – Interessenkonflikte austarieren

22

Laut einer Studie des Managementzentrums in St. Gallen ist die Ausgewogenheit von Beruf und Privatleben das wichtigste Ziel von Führungskräften. Die Realität sieht häufig anders aus. Immer mehr Führungskräfte tun sich schwer, Job, Familie, Freunde und eigene Bedürfnisse unter einen Hut zu bringen. Sie bemerken, dass nicht nur der berufliche Erfolg ihre Zufriedenheit dauerhaft sichern kann. Helfen kann nur eine gute Work-Life-Balance, also das Gleichgewicht zwischen Arbeit und persönlichem Leben. Dies zu erreichen ist nicht leicht und erfordert eine große Portion Organisationstalent und ein Gefühl für die eigenen Bedürfnisse.

Die Standortbestimmung

- **Innehalten:** Wie leben Sie zurzeit? Wie geht es Ihnen dabei? Was kommt zu kurz? Was möchten Sie ändern?
- **Ziele:** Werte und Ziele wirken wie ein innerer Kompass. Sie ordnen Handeln und Zeit. Welche Vorstellungen und Ideen möchten Sie in Ihrem Leben konkret verwirklichen?
- **Selbstwert:** Führungskräfte, von denen viel verlangt wird, lassen sich vielmals von dem Glaubenssatz leiten: »Ich bin das, was ich leiste.« Lernen Sie darüber hinaus wertzuschätzen, wer und was Sie sind. Erleben Sie sich bewusst in Ihren Rollen als Mutter, Vater, Freund, Bruder usw.
- **Zeitmanagement:** Durchforsten Sie Ihren Terminkalender kritisch, und überprüfen Sie, wohin Ihre Lebenszeit fließt. Entlarven Sie dabei Ihre Zeitfresser, und tragen Sie künftig regelmäßig Zeit für sich selbst in Ihren Kalender ein.

Fokus Familie

Wenn eine Familie intakt ist, ist sie eine starke Kraftquelle. Allerdings erfordert sie Aufmerksamkeit und Zeit. Nehmen Sie deshalb die Termine mit Ihren Kindern oder Ihrem Lebenspartner genauso wichtig wie Ihre beruflichen Verabredungen.

Eine Familie ist wie ein Mobile. Sobald ein neues Element, ein neuer Faktor hinzukommt, muss es neu ausbalanciert werden. Besprechen Sie deshalb berufliche Veränderungen zeitnah mit Ihrer Familie. Machen Sie die Urlaubsplanung gemeinsam. Beziehen Sie Ihre Familie so weit wie möglich in Ihren beruflichen Alltag mit ein. Nehmen Sie Ihre Kinder ab und zu mit an Ihren Arbeitsplatz, erzählen Sie von Ihrem Unternehmen und regen Sie in Ihrer Organisation einen Familientag an. Je mehr Ihre Familie miteinbezogen ist, umso eher kann sie auch Verständnis für Ihre Arbeitssituation aufbringen. So kann sich beispielsweise die Enttäuschung Ihre Tochter in Grenzen halten, wenn Sie verspätet zur Ballettaufführung erscheinen.

Für Ihre Zeitplanung

- Nehmen Sie sich regelmäßig für eine Standortbestimmung (siehe oben) Zeit.
- Ein Abend pro Woche gehört ausschließlich Ihrem Partner. Planen Sie diesen Termin gemeinsam fest ein.

Wissensnetz, Weblinks und Literatur

28. Wie Sie eigenen Frust bewältigen
54. Wo stehen Sie? – Lebensphasen verstehen
72. Kleiner Workshop zu Ihrer persönlichen Entwicklung
89. Sich selbst managen
103. Work-Life-Balance: alle Lebensbereiche in Einklang bringen

- Hans Jellouschek: Die Kunst, als Paar zu leben. Stuttgart

Fokus Lebenspartner

Die Beziehung zum Lebenspartner kann schwierig sein, wenn die beruflichen Anforderungen viel abverlangen. Setzen Sie dann bewusst Ihre Beziehung auf Ihrer Prioritätenliste ganz nach oben. **Sehen Sie Ihre Beziehung nicht als Selbstverständlichkeit.** Überlegen Sie in größeren Zeitabständen immer wieder gemeinsam, ob die bestehende Arbeitsverteilung, die gemeinsam verbrachte Zeit und Ihre Ziele noch den gegenseitigen Erwartungen entsprechen. Besonders wenn Veränderungen anstehen, beispielsweise ein Partner möchte auf der Karriereleiter nach oben steigen oder die Kinder gehen aus dem Haus. **Achten Sie darauf, dass sich gegenseitiges Geben und Nehmen die Waagschale hält.**

Fokus Freunde

Netzwerke sind wichtig – aber Freunde sind wichtiger. Freunde machen das Leben schöner. Sie stärken das Selbstbewusstsein, geben Geborgenheit und unterstützen sogar das Immunsystem. **Pflegen Sie den Kontakt zu guten Freunden.** Halten Sie sich möglichst einen Termin in der Woche frei, um sich mit Freunden zu treffen, oder legen Sie einen Tag im Monat fest, an dem Sie gezielt Gäste einladen.

Falls Sie Ihre Freunde in letzter Zeit vernachlässigt haben, scheuen Sie sich nicht, den Kontakt wieder aufzunehmen. Teilen Sie gemeinsam freudige sowie traurige Ereignisse. Schon Marie von Ebner-Eschenbach wusste: »Die Menschen, denen wir eine Stütze sind, die geben uns Halt.«

Hobbys und Co.

Vielleicht sind Sie früher einem Hobby nachgegangen, das Ihnen viel Freude bereitet hat. Überlegen Sie, ob Sie es wieder aktivieren können. Sinnvoll ist es, wenn Sie Ihr Hobby mit einer sportlichen Betätigung in Verbindung bringen. Dann tun Sie gleichzeitig etwas für Ihr körperliches Wohlbefinden. **Versuchen Sie die sportlichen Unternehmungen mit Ihrer Familie oder Ihrem Lebenspartner gemeinsam zu machen.** Integrieren Sie körperliche Betätigungen in Ihren Alltag.

Lernen Sie Krankheiten nicht als Störfall zu verstehen, sondern als gesundes Alarmsignal Ihren Körpers. Werden Sie spirituell: Lernen Sie Stille, Meditation und Entspannungstechniken, und zwar jetzt – und nicht erst, wenn Sie im Ruhestand sind.

ExpressoTipp

Bringen Sie ab und zu Ihrer Familie oder Ihrem Lebenspartner eine kleine Aufmerksamkeit mit, oder überraschen Sie sie mit einer gemeinsamen Unternehmung.

ExpressoFokus

Wenn Sie als Führungskraft Seminare besuchen, die Ihre Persönlichkeitsentwicklung betreffen, berichten Sie Ihrem Lebenspartner ausführlich davon. Nur so kann er eventuelle Entwicklungsschritte Ihrerseits einordnen und vielleicht selbst von den neuen Erkenntnissen profitieren.

ExpressoBalance

Belohnen Sie sich mit dem Gegenteil: Sind Sie ein intellektueller Typ, dann schenken Sie sich schlichte Vergnügungen, bei denen Sie Ihre geistige Kontrolle einmal aufgeben können. Gehören Sie zu den bescheidenen Menschen, dann veranstalten Sie eine Prahlrunde mit einem guten Freund.

Feedback geben – die richtige Grundhaltung entwickeln

Feedback geben gehört zu den Steuerungsaufgaben eines jeden Managers. Feedback stellt ein Fremdbild neben das Selbstbild des Mitarbeiters und erweitert damit idealerweise die Handlungs- und Verhaltensmöglichkeiten. Feedback ist somit ganz wichtig für die Weiterentwicklung der Mitarbeiter. Kritisches Feedback ist nur dann nützlich, wenn es auf Einsicht stößt. Diese Karte soll Ihnen als Grundlage und Kompass zum Thema Feedback mit all seine Facetten – Kritik, Lob und Mitarbeitergespräch – dienen. Details zu diesen Themen finden Sie auf den Karten 52, 57 und 63 (siehe Wissensnetz).

Eine Standortbestimmung

Ziel von Feedback, ob als Kritik oder Lob, sind Standortbestimmung und Weiterentwicklung. Zwei Bereiche stehen im Fokus:

- **Leistung:** Arbeiten Sie mit transparenten und klaren Zielen. Definieren Sie gemeinsam, welches die Kriterien sind, wann etwas gut gelöst ist: »Das Ziel ist 100 Prozent erfüllt, wenn …« – »Das Ziel ist mehr als erfüllt, wenn …« – »Das Ziel ist nur teilweise erfüllt, wenn …«
  Stimmen Sie mit Ihrem Mitarbeiter ab, zu welchem Zeitpunkt eine Standortbestimmung sinnvoll ist.
- **Verhalten:** In manchen Unternehmen gibt es auch für die Verhaltensebene Hinweise oder Regeln. Sorgen Sie dafür, dass diese bekannt sind und auch von Ihnen gelebt werden.
  Falls es sie noch nicht gibt, erarbeiten Sie mit Ihrem Team einen Verhaltenskodex oder Regeln für die Zusammenarbeit.

Der Ton macht die Musik

- **Sachbezogen:** Trennen Sie Kritik an der Sache von Kritik am Verhalten. Konkretisieren Sie, was Sie genau meinen.
- **Respektvoll:** Kritisieren Sie unter vier Augen. Stellen Sie Positives ebenso heraus. Ermöglichen Sie dem Mitarbeiter, seine Sichtweise darzustellen.
- **Zielführend:** Geben Sie Ihrem Mitarbeiter Raum für Selbsterkenntnis. Analysieren Sie gemeinsam Fehlerquellen. Machen Sie deutlich, woran Sie die Leistung oder das Verhalten messen.
- **Ermutigend:** Schenken Sie Vertrauen. Vereinbaren Sie die nächsten Schritte. Gehen Sie positiv auseinander. Sorgen Sie dafür, dass die Mehrheit Ihrer Gespräche positive Inhalte hat.

Wir empfehlen Ihnen einen Blick auf die Karte 44. Grundlegende Kommunikationsregeln für Teams zu entwerfen. Dort finden Sie neben Regeln auch Informationen zu den vier Botschaften von Informationen.

Für Ihre Zeitplanung

- Vorsicht, wenn Sie viele Punkte gleichzeitig kritisieren wollen. Dies wird vermutlich als Angriff auf die Person verstanden. Konzentrieren Sie sich auf möglichst wenige wichtige Punkte. (Sollte dies häufiger vorkommen, stellt sich die Frage, ob die Person am richtigen Ort eingesetzt ist?)
- Regelmäßige Standortbestimmungen verhindern, dass sich zu viel Kritik aufhäuft.

Wissensnetz, Weblinks und Literatur

9. Als Führungskraft coachen – die Grundhaltung
27. Wer bin ich? – Fremdbild und Selbstbild
43. Die Körpersprache im Auge behalten
44. Grundlegende Kommunikationsregeln für Teams
52. Die leidige Pflicht des Kritisierens
57. Die hohe Kunst des Lobens
63. Das Mitarbeitergespräch als Chance verstehen
110. Durch aktives Zuhören mehr verstehen

Gekonnt Feedback geben

1. **Positiver Gesprächseinstieg:** Sorgen Sie für eine ruhige und positive Gesprächsatmosphäre, damit der Mitarbeiter die Kritik besser annehmen kann.
2. **Wahrnehmung, Wirkung, Wunsch:** Beginnen Sie mit der genauen Beschreibung Ihrer Wahrnehmung des Sachverhaltes. Beschreiben Sie dann die Wirkung auf das Ergebnis oder andere Personen. Dann formulieren Sie Ihren klaren Wunsch, welches Verhalten Sie in der Zukunft möchten.
3. Geben Sie dem Mitarbeiter die Möglichkeit, **seine Sicht der Dinge darzustellen**. Hören Sie aktiv zu, fragen Sie nach, um dessen Perspektive verstehen zu können.
4. **Vereinbaren Sie das weitere Vorgehen.**

Die wertschätzende Haltung

Folgende Grundhaltungen helfen ein konstruktives Feedback-Gespräch – ob zur Kritik oder als Lob – zu führen:

- **Empathie:** Dem Mitarbeiter zeigen, dass Sie ihn verstehen wollen.
- **Akzeptanz:** Die Individualität des Mitarbeiters ernst nehmen.
- **Zutrauen:** Dem Mitarbeiter zutrauen, seine Fähigkeiten auszubauen.
- **Kongruenz:** Sich ehrlich verhalten: Ihre Worte und Ihr Verhalten stimmen überein.
- **Neugierde:** Interesse für die »Landkarte« des anderen zeigen.

Die wertschätzende Haltung hilft dem Mitarbeiter, Gefühle von Angst und Bedrohung abzubauen.

Ein Beispiel

- **Problem:** Ein zurückhaltender und fleißiger Mitarbeiter gibt sich ungehalten und schimpft vor sich hin. Er ist demotiviert und beeinflusst das Arbeitsklima negativ.
- **Gesprächseinstieg** und Wahrnehmung: »Mir ist aufgefallen, dass Sie in letzter Zeit sehr gereizt auf Kollegen reagieren. Wo fehlt es?«
- **Weiteres Vorgehen:** »Was würde Ihnen helfen?« – »Kollege X müsste nicht nur 30, sondern 50 Prozent für das Projekt mitarbeiten.« – »Was machen Sie dann anders?« – »Ich glaube, dann fühle ich mich nicht mehr so unter Druck und reagiere gelassener.« – »Einverstanden, wann schauen wir uns die Situation nochmals an? In zwei Wochen?«

ExpressoTipp

80 Prozent des Erfolges liegen in einer guten **Gesprächsvorbereitung**. Eventuell sollten Sie es in einem Rollenspiel üben. Brücksichtigen Sie Ihre Beziehung zum Mitarbeiter. Wie reagieren Sie auf ihn? Was löst er in Ihnen aus? Welche Gefühle kann die Kritik beim Mitarbeiter auslösen?

ExpressoFokus

Beobachten Sie sorgfältig, wie Ihre Worte wirken. Wie verändert sich die Körperhaltung? Wie verändert sich der Gesichtsausdruck? Lassen Sie sich ein Feedback geben über die Wirkung. Das gibt Ihnen die Gelegenheit, sofern nötig, die Wirkung zu korrigieren.

ExpressoBalance

Was würden Sie beobachten und hören, wenn Sie ein Bild an Ihrer Wand wären? Schauen Sie sich regelmäßig selbst von außen an. Übrigens geben Kinder ein ganz ungefiltertes Feedback.

Durch eine fehlerfreundliche Kultur alle Chancen nutzen

Thomas Alva Edison hielt 1.093 Patente. Er produzierte ständig, ohne Rücksicht auf viele Bedenkenträger. Seine Erfindungen waren bei weitem nicht immer sinnvoll und nützlich, aber er entwickelte auch die Glühbirne, das Diktiergerät und den Kleinbildfilm. Wenn ein Versuch fehlschlägt, tendieren viele Führungskräfte dazu, aufzugeben und etwas Neues zu beginnen. **Sehen Sie Fehlschläge als »kreative Unfälle.«** Fehler können äußerst hilfreich sein, wenn Sie für Unerwartetes offen bleiben. So führte ein Betriebsunfall in einem Labor des Chemiekonzerns DuPont 1938 zur Entdeckung des Teflons.

Vorteile

In Fehlern liegen Chancen für eine realistische Sicht der Dinge. Pannen gibt es immer, selbst wenn sich alle noch so sehr bemühen, sie zu vermeiden. Der entscheidende Punkt: Ändern Sie Ihre Einstellung zur Unvollkommenheit. Wer Fehler macht, gewinnt Erfahrung. Wer Fehler zudem berichtet, hilft anderen, nicht dieselben schwierigen Erfahrungen machen zu müssen: **Der berichtete Fehler verhindert den zukünftigen, der verschwiegene hingegen begünstigt ihn.**
Fehlerfreundlichkeit bedeutet nicht, Könnerschaft für unwichtig zu erachten, sondern nicht vorverurteilend auf den zu blicken, dem Fehler passieren, und dankbar zu sein für dessen Fehlermeldung. Entwickeln Sie in Ihrer Abteilung eine Kultur, in der das schnelle Melden von Fehlern selbstverständlich ist. So verhindern Sie, dass sich kleine Fehler durch Vertuschen zu großen Problemen entwickeln. Dies ist die Basis einer funktionierenden Qualitätskontrolle, die hilft, Fehler schnell und unkompliziert zu beheben.

Eine gute Fehlerkultur entwickeln

- Konstruktives Denken und Handeln sind zentrale Managementfähigkeiten. Dazu gehört, in jedem Problem oder Fehler eine Chance zu entdecken – und für alle Seiten damit möglichst angstfrei und ohne Schuldzuweisungen umzugehen.
- Gehen Sie bei Fehlern auf die Gefühle der Kritiker ein, zeigen Sie Verständnis für deren Aufregung.
- Haben Sie stets ein offenes Ohr, dann fällt es Ihren Mitarbeitern leichter, Fehler zu berichten.
- **Spielen Sie nichts herunter.** Bei allen größeren Skandalen in jüngster Zeit regte sich die Öffentlichkeit nicht so sehr über den Fehler auf, sondern über das Verhalten der Übeltäter danach. Seien Sie ein Vorbild für Ihre Mitarbeiter, und stehen Sie zu einem gemachten Fehler. Bekennen Sie sich dazu klar und mit allen notwendigen Fakten. Schieben Sie niemanden vor, und vertrauen Sie nicht darauf, dass nur der Teil bekannt wird, den Sie gerade berichten.

Für Ihre Zeitplanung

- Planen Sie bei Projekten einen Zeitpuffer ein. So bringen Fehlermeldungen Sie nicht gänzlich aus dem Plan.
- Besprechen Sie monatlich mit Ihrem Team alle Ideen aus den »Optimierungschancen« (siehe ExpressoFokus), und entscheiden Sie, was wie umgesetzt wird.

Wissensnetz, Weblinks und Literatur

4. Beschwerden sind Chancen!
16. Emotionale Intelligenz – eine Kernkompetenz
27. Wer bin ich? – Fremdbild und Selbstbild
39. Den Erfolgsfaktor Innovation im Blick behalten
56. Leitbilder als Ausdruck der Identität

- www.zeitzuleben.de: Informationen zu allen Work-Life-Balance-Themen
- Stefan Klein: Die Glücksformel. Reinbek

Konstruktiver Umgang mit Fehlern

- Gewöhnen Sie sich an, bei Fehlern nicht von Fehlern zu sprechen, sondern von falschen Entscheidungen. Schließlich macht niemand bewusst Fehler.
- Suchen Sie auch nicht nach einem oder den Schuldigen, sondern nach Lösungen. Damit richten Sie Ihre Aufmerksamkeit in eine positive Richtung.
- **Holen Sie alle Betroffenen an einen Tisch,** und suchen Sie gemeinsam nach Lösungen. Beziehen Sie Mitarbeiter und Kollegen unterschiedlicher Hierarchieebenen mit ein. So gewinnen Sie Erkenntnisse aus unterschiedlichen Perspektiven, die über den Fehler hinausgehen.
- Verbünden Sie sich mit dem Unvermeidlichen.

Tun Sie mehr als nur positiv denken

Laut dem Glücksforscher Stefan Klein beschreibt der manchmal auch umstrittene Begriff des positiven Denkens nicht den ganzen Sachverhalt. **Unser Gehirn denkt ständig beides: positiv und negativ.** Wenn Sie nur versuchen, die negativen Emotionen wegzudrücken, können Sie sich dauerhaft Schaden zufügen. Deshalb ist es sinnvoll, eine gesunde Doppelstrategie zu wählen. Schaffen Sie positive Emotionen, in dem Sie beispielsweise lächeln oder sich bewegen, und nehmen Sie gleichzeitig das Unangenehme wahr. Dann wachsen in Ihrem Gehirn neue, glücksfördernde Verbindungen. Das hat zur Folge, dass Sie bei der nächsten Begegnung mit vergleichbaren Stresssituationen zunehmend gelassener reagieren.

Vom Problem zur Lösung

Ein wichtiger Schritt des Problemlösungsprozesses ist die **Kontrolle**. Hierbei geht es darum, ob Sie mit der Maßnahme, die Sie eingeleitet haben, tatsächlich Ihren Fehler beheben. Kontrolle ist eine prozessbegleitende Maßnahme. Das bedeutet, dass Sie über die gesamte Dauer des Prozesses hinweg immer wieder überprüfen sollten, ob Sie sich in die richtige Richtung bewegen. So können Sie schneller neue Fehler erkennen und Korrekturen vornehmen. Bedenken Sie dabei, dass nicht alles glatt läuft. Üben Sie sich in der Fähigkeit, mit Rückschlägen und Misserfolgen konstruktiv umzugehen. Erhöhen Sie also Ihre Frustrationstoleranz, und geben Sie nicht gleich auf. Machen Sie die Erfolgskontrolle zu einem Teil Ihrer Planung.

ExpressoTipp

Unternehmen brauchen Lösungsfinder. Sehen Sie die Hindernisse und Probleme, und nehmen Sie sie ernst. Gehen Sie dann konstruktiv und kreativ damit um.

ExpressoFokus

Führen Sie das Prinzip »Optimierungschancen« ein. Dies ist eine Aufforderung an alle, was immer jeder feststellt und nicht gleich selber beheben kann, kurz schriftlich festzuhalten (Optimierungsideen) und an die verantwortliche Person für den Prozess oder das Produkt weiterzuleiten. Monatlich wird ausgewertet.

ExpressoBalance

Nehmen Sie sich für die nächste Woche bewusst vor, an einen Ort in Ihrer Stadt oder Ihrer Umgebung zu gehen, an dem Sie noch nie waren.

Überfordert? Unterfordert? – Zurück in den Flow-Kanal!

Ihnen – oder einem Ihrer Mitarbeiter – will nichts mehr gelingen? Sie fragen sich, worin überhaupt der Sinn Ihrer Arbeit liegen soll? Sie fühlen sich ständig überfordert? Oder unterfordert? Wer sich diese Fragen stellt, bei dem geht es letztlich um die Frage: Wie erreiche ich das Gefühl, dass ich in diesem Moment am richtigen Ort mit dem richtigen Tun beschäftigt bin. Der Psychologe Mihalyi Csikszentmihalyi beschreibt dieses Gefühl als Flow, als das völlige Aufgehen in einer Tätigkeit. Etwa beim Arbeiten, beim Musizieren, beim Sport oder bei Tätigkeiten, die in einen höheren Sinn eingebettet sind.

Voraussetzungen für Flow-Erleben

Während reines Vergnügen vergeht, kann Freude – als Basis für Flow – ein weitaus beständigeres Gefühl sein. Es umfasst laut Csikszentmihalyi ein breites Spektrum an Bestandteilen:

- eine den Fähigkeiten angepasste, erfüllbare Aufgabe
- Konzentrationsfähigkeit
- klare Ziele in der Aufgabe
- unmittelbare Rückmeldung durch die Aufgabe
- **Hingabe, die alltägliche Frustration verdrängt**
- Gefühl von Kontrolle
- Verlust und Stärkung des Selbstgefühls
- Veränderung des Zeitempfindens

Wie Sie Freude erkennen

Für die Organisation von Arbeitsprozessen und für die Personalentwicklung hat dies Konsequenzen: Immer geht es darum, sich möglichst im Flow zu bewegen, also zwischen Angst machender Überforderung und Langweile stiftender Unterforderung:

- Auf der einen Seite gilt es also, Unsicherheit zu überwinden. So lösen neue Ereignisse und neue Herausforderungen Neugier aus. Dies treibt Sie selbst und Ihre Mitarbeiter dazu, sich auch auf unsicheres Gebiet vorzuwagen. Sobald es gelingt, eine Unsicherheit in Sicherheit zu verwandeln, stellt sich ein **Gefühl der Konzentration, Kompetenz und des Selbstvertrauens ein: das Flow-Erlebnis**.
- Und bei Unterforderung können neue Herausforderungen eine neuen »Kick« geben.
- Ihre Aufgaben sollten Sie jedoch auch mit »Leichtigkeit« angehen können: Manchmal kann es deshalb auch sinnvoll sein, die Herausforderungen zu verringern – für Sie selbst und für Ihre Mitarbeiter.

Für Ihre Zeitplanung

- Stellen Sie sich mindestens einmal pro Woche die Frage, wann, wobei und mit wem Sie sich richtig lebendig gefühlt haben.

Wissensnetz, Weblinks und Literatur

64. Schlüsselfragen zu Motivation und Identifikation
103. Work-Life-Balance: alle Lebensbereiche in Einklang bringen
108. Mitarbeiter mit Zielen führen

- Mihaly Csikszentmihalyi: Flow. Das Geheimnis des Glücks. Stuttgart

Arbeiten im Flow-Kanal

Wie wir an Herausforderungen wachsen oder Scheitern, beschreibt eine einfache Grafik. Im Zentrum liegt der Flow-Kanal, in dem wir uns wohl fühlen. Hier befinden sich Herausforderung und Anforderung in einer stimmigen Relation zu unseren Fähigkeiten und unserem Wissen und Können. Hier liegt der Bereich, in dem wir wachsen.
Über diesem Kanal liegt der Angst-Bereich, in den wir bei Überforderung (nicht zu verwechseln mit Überarbeitung!) abgleiten. Unterhalb ist der Langeweile-Bereich, der bei Unterforderung entsteht.
Um auf höherem Niveau wieder in den Flow-Kanal einzutauchen müssen entweder die eigenen Fähigkeiten verbessert oder die Herausforderungen erhöht werden.

Der Flow-Kanal

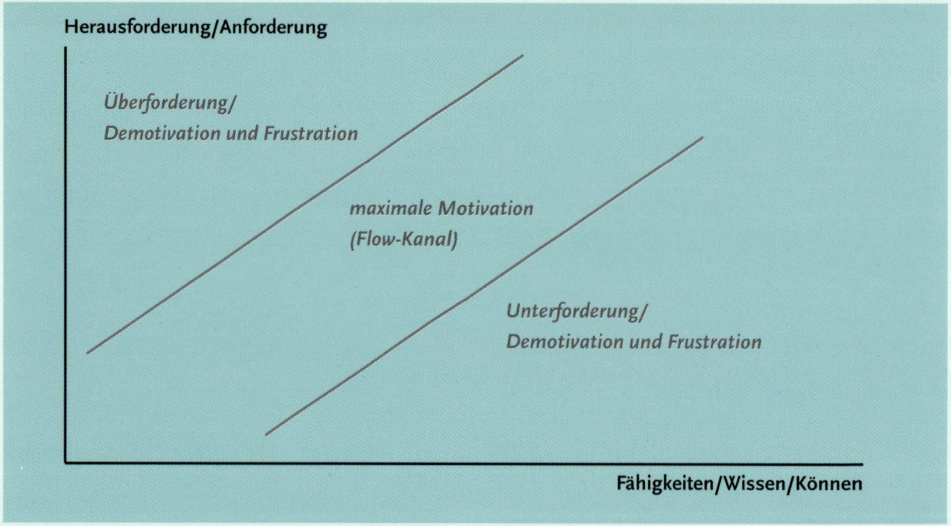

ExpressoTipp

Flow kann nur entstehen, wenn eine Aufgabe interessante Herausforderungen bietet. Er kann nicht entstehen, wenn die Aufgabe eine Überforderung darstellt: Hier muss die ungeliebte Tätigkeit geändert oder notwendige Unterstützung von anderen (Kollegen, Chef, Coach etc.) gegeben werden.

ExpressoFokus

Flow lässt sich nur in einem dynamischen Prozess wiederholen und kann nicht auf einem Niveau stehen bleiben. Wer sich im Flow-Kanal bewegt – ob als Führungskraft oder Mitarbeiter –, sucht ständig neue Herausforderungen und erlangt höhere Fähigkeiten. Flow ist nichts anderes als lebenslanges Lernen.

ExpressoBalance

Heben Sie einmal die Zeit auf: Ich sitze mir selbst als 27 Jahre älter gegenüber. Was möchte mir das erfahrene ICH erzählen? Welche Herausforderungen habe ich angenommen? Welche Beziehungen waren mir besonders wichtig? Wie habe ich mein Leben gelebt? Welche Werte haben mich geleitet?

Führen durch Fragen

Im Beruf geht es immer wieder darum, neue Möglichkeiten und Lösungsansätze zu finden. Dabei kann es sich darum handeln, einen Konflikt im Team zu klären, das Verhalten eines Mitarbeiters besser zu verstehen oder ihm zu helfen, einer Problemlösung näher zu kommen. Für das Gelingen ist es nützlich, Informationen darüber zu sammeln, was der einzelne Mitarbeiter über den Sachverhalt denkt oder über die Situation zu wissen meint. Nutzen Sie die verschiedenen Frageformen aktiv in Ihrem Führungsalltag. **Führung mit vielen Fragen fördert Selbstverantwortung und Selbstvertrauen der Mitarbeiter und ersetzt viele Anweisungen.**

Konstruktive Fragen

Um die nötigen Informationen zu erhalten, bieten sich folgende Fragetechniken an:

- **Zirkuläre Fragen** beziehen alle, die mit dem Umfeld des Problems in Zusammenhang stehen, mit ein, wie zum Beispiel Kollegen oder Kunden. »Wenn Ihr Kollege jetzt hier wäre, was würde er mir über die Konfliktsituation berichten?«
- Die **Ausnahmefragen** erweitern den Fokus und geben Hinweise, wie die Lösung aussehen könnte. »In welchen Situationen tritt das Problem gar nicht auf?« »Was machen Sie dann anders, als wenn das Problem auftritt?«
- Das Wort »immer« stimmt bei einer Problembeschreibung nie! »In der Vergangenheit hatten Sie manchmal Probleme mit dem Kollegen. Wann traten die Probleme auf und wann nicht?«
- **Möglichkeitsfragen:** »Angenommen, Sie würden dies ab sofort so machen, was würde das bewirken?«

Einen neuen Bezugsrahmen schaffen

- Gelingt es, einen **neuen Bezugsrahmen zu schaffen** (Reframing), weitet sich der Tunnelblick, der den Betroffenen am Problem haften lässt. »Dass Sie sich in dieser Situation an mich wenden, zeigt Ihr großes Verantwortungsbewusstsein, Ihre Offenheit und Ihr Engagement.«
- Bei Fragen, bei denen es um einen neuen Bezugsrahmen geht, stellt sich die Frage nach dem halb vollen oder halb leeren Glas. Hier ist eine ressourcenorientierte Haltung gefragt, die jeder lernen kann!
- Eine spezielle Frage ist die **Wunderfrage**. Sie hilft, wenn scheinbar keine Lösung in Sicht ist, indem sie den Mitarbeiter auf neue Gedanken bringt und die Aufmerksamkeit in einen lösungsorientierten Suchprozess lenkt. »Angenommen, Sie und Ihre Kollegen würden über Nacht alle Fähigkeiten bekommen, ideal zusammenzuarbeiten, wüssten es aber nicht. Woran würden Sie das am nächsten Tag merken? Woran würden es Ihre Kollegen zuerst merken?«

Für Ihre Zeitplanung

- Für ein gutes Gespräch, sollten Sie immer genügend Zeit einplanen.
- Schalten Sie Störfaktoren aus (Telefon, PC).
- Bereiten Sie sich mental auf das Gespräch vor (Was ist das für eine Person, die zu mir kommt? Kann ich ihr ohne Vorbehalte begegnen? Wenn nein, welche sind das?)

Wissensnetz, Weblinks und Literatur

27. Wer bin ich? – Fremdbild und Selbstbild
30. Den eigenen Führungsstil kultivieren
108. Mitarbeiter mit Zielen führen
110. Durch aktives Zuhören mehr verstehen

- Maren Fischer-Epe: Coaching: Miteinander Ziele erreichen. Reinbek
- Manfred Prior: MiniMax-Interventionen. Heidelberg
- Gabriele Müller: Systemisches Coaching im Management. Weinheim

»Zu fragen bin ich da, nicht zu antworten!« Henrik Ibsen

Fragen, die öffnen

Mit den **konstruktiven W-Fragen** (wann, wie, was, welche ...) entsteht beim Mitarbeiter die Erfahrung, dass er selbst einen Beitrag zur Lösung der Fragestellung leisten kann.

- »Wie haben Sie sich beim letzten Gespräch gefühlt?«
- »Womit könnte es zusammenhängen, dass der Konflikt eskaliert ist?«
- »Wie wurde mit der Situation umgegangen, als das Problem noch nicht bestand?«
- Im Gegensatz zu: »Ich wüsste gerne, ob Sie sich schon Gedanken zu weiteren Schritten gemacht haben«, schließt die Frage »Welche Gedanken haben Sie sich gemacht?« mit ein, dass der Mitarbeiter sich schon auf dem Lösungsweg befindet.

Grundannahmen

- Was wir als Bild der Welt in uns tragen, ist lediglich eine Landkarte unserer persönlichen Sicht der Welt und daher für uns immer »richtig«.
- Missverständnisse entstehen durch Unterschiede in den Landkarten.
- Es gibt nicht »wahr oder falsch«, sondern »in meiner Landkarte richtig« oder in der »Landkarte des anderen richtig.«
- **Je besser Sie Ihre eigene Wirklichkeitskonstruktion (Überzeugungen, Glaubenssätze oder Vorstellungen der Realität) kennen, desto eher ist es Ihnen möglich, sich auf die Sichtweise Ihrer Mitarbeiter einzulassen.**

Chancen und Stolpersteine

- Zirkuläre Fragen können sich durch das Einnehmen unterschiedlicher Perspektiven als System öffnend erweisen und unterbrechen damit gewohnte Denkmuster. Zu viele zirkuläre Fragen können den Mitarbeiter allerdings überfordern. Besonders, wenn es ihm schwer fällt, sich in andere Personen hineinzuversetzen.
- Hypothetische Fragen wie die Wunderfrage oder die Frage »Angenommen, das Problem wäre gelöst, was würde Ihr bester Freund dazu sagen?« eignen sich, um vom Problem weg und zur Lösung zu kommen. Wenn diese Fragen zu früh eingesetzt werden oder wenn der Betroffene vermutet, dass Sie nur eine schnelle Lösung wollen, erreichen Sie eher den Gegeneffekt.

ExpressoTipp

Die Sicht aus der Perspektive einer anderen Person hilft häufig auch bei einer scheinbar nicht zu lösenden Problemstellung. »Wen kennen Sie, der das Problem lösen könnte? Wie würde er das tun?«

ExpressoFokus

Wollen Sie die Tür für Problemlösungen offen halten, empfiehlt es sich, auf das Wörtchen »immer« mit Differenzierungen zu reagieren.
Lassen Sie Pausen im Gespräch zu. Sie helfen dem Gesprächspartner, bei sich zu bleiben.

ExpressoBalance

Tun Sie sich etwas Gutes. Massieren Sie Ihre Augenbrauen von innen nach außen, und nutzen Sie so die beruhigenden Akupunkturpunkte um die Stirn herum.

Wer bin ich? – Fremdbild und Selbstbild

Wer bin ich für mich, und wer bin ich für andere?
Menschen haben viele Gesichter und werden von unterschiedlichen Menschen verschieden wahrgenommen.
Wenn Sie als Führungskraft erfolgreich sein wollen, ist es angebracht, wenn Sie ein realistisches Bild von sich selbst entwickeln, damit Sie die eigene Wirkung auf andere Menschen möglichst zuverlässig einschätzen können.
Zudem hilft das Wissen um die Unterschiede von Fremd- und Selbstbild auch, Mitarbeiter besser zu verstehen. Eine gute Übersicht bietet hier das Johari-Fenster.

Wie entsteht das Fremdbild?

- Aufgrund von äußeren Merkmalen oder beobachtetem Verhalten schließen wir auf Eigenschaften. Zum Beispiel Brillenträger sind intelligenter oder Blondinen sind ... Oder jemand verhält sich so, also ist er so und so.
- Welchen Eindruck wir bei jemand dauerhaft hinterlassen, wird ganz entscheidend vom ersten Eindruck geprägt. Spätere, zusätzliche Informationen haben hingegen weniger Einfluss, mit Ausnahme des letzten Eindrucks.
- **Die Einschätzung eines anderen wird immer von den eigenen Werten und Einstellungen als Beobachter beeinflusst**.
- Unsere Überzeugungen über Eigenschaften einer Persönlichkeit beeinflussen unsere Wahrnehmung. Zum Beispiel: Jemand glaubt, eine gesprächige Person sei auch gesellig.

Wie entsteht unser Selbstbild?

- Selektive Aufmerksamkeit: Unsere Aufnahmefähigkeit von Informationen ist begrenzt. Nicht beeinflussbare Wahrnehmungsfilter sorgen stets dafür, dass nur ein Teil der Reize aufgenommen und verarbeitet wird.
- Das Streben nach Selbstwerterhöhung und Selbstschutz bedingt, dass abweichende Informationen ausgeblendet oder umgedeutet werden. Misserfolge werden zum Beispiel dem Pech zugeschrieben.
- Ebenso reagieren wir, um unsere Selbstwahrnehmung zu stabilisieren.
- Selbstwahrnehmung bedeutet, dass wir aufgrund von Selbstbeobachtung Rückschlüsse auf unsere Eigenschaften und Gefühle ziehen. Ein Beispiel: Weil ich das getan habe, bin ich so.
- Selbstaufmerksamkeit: **Wir beobachten uns, nehmen aber nur Teilaspekte wahr** (siehe Johari-Fenster auf der Rückseite).

Für Ihre Zeitplanung

- Nutzen Sie regelmäßige Besprechungen, um im Anschluss in einer kurzen Fragerunde zu erfahren, wie Ihre Mitarbeiter die Sitzung erlebt haben (Metaebene erfassen).
- Die Jahresgespräche sind eine gute Gelegenheit, mehr über die eigene Wirkung zu erfahren, sowohl vom eigenen Chef wie auch von den Mitarbeitern.

Wissensnetz, Weblinks und Literatur

72. Kleiner Workshop zu Ihrer persönlichen Entwicklung
73. Zwei Persönlichkeits-Typologien: DISG und Insights
74. Potenzialanalysen für Personalauswahl und Entwicklung

- www.testzentrale.ch: Informationen zu Tests
- Lothar J. Seiwert, Friedbert Gay: Das neue 1x1 der Persönlichkeit. München
- Siegfried Gsell: Selbstbild – Fremdbild. Regensburg

Das Johari-Fenster

Den anderen \ Mir selbst	bekannt	unbekannt
bekannt	**Öffentliche Person:** Alles, was mir und anderen über mich bekannt ist.	**Blinder Fleck:** Verhaltensweisen, die ich selbst wenig, andere aber deutlich wahrnehmen.
unbekannt	**Private Person:** Alles, was ich bewusst vor anderen verberge.	**Unbewusster Teil:** Dies ist weder mir selbst noch anderen zugänglich.

Wie erkenne ich das Fremdbild?

- Fragen Sie nach Feedback – Mitarbeiter, Kollegen, Freunde, Familienmitglieder. Übrigens: Kinder sind ein sehr deutlicher und unverfälschter Spiegel!
- Nützliche Fragen sind: Welchen Eindruck habe ich da auf Sie gemacht? Was ist Ihnen Besonderes an mir aufgefallen? Wie hat das auf Sie gewirkt? Was denken Sie, wie es auf andere wirkte?
- Achtung: nicht gleich beleidigt sein, wenn Ihnen etwas nicht gefällt! Fragen Sie, wie es genau gemeint ist. Zum Beispiel: Wenn Sie sagen, es hat abfällig gewirkt, welches Wort war es, das bei Ihnen diesen Eindruck hinterließ? Was hätte ich anders machen können, um den gewünschten Eindruck zu hinterlassen?

Selbst- und Fremdbild in Einklang

- Geben Sie Informationen über sich preis.
- Lassen Sie erkennen, wenn etwas bei Ihnen eine besondere Reaktion erzeugt. Zum Beispiel: »Was Sie gerade gesagt haben, trifft mich sehr, denn meine Sicht der Dinge war so und so ....«
- Teilen Sie sich mit, wenn die eigenen Grenzen erreicht sind.
- **Zeigen Sie Ihre Bereitschaft, Feedback zu geben und zu empfangen.**
- Wenn Sie feststellen, dass Sie die von Ihnen gewünschte Wirkung nicht erzielen: Fragen Sie, welches Verhalten diese Wirkung bei Ihrem Gegenüber erzielen würde.
- Gewöhnen Sie sich an, sich auch für eine kritische Äußerung zu bedanken.

ExpressoTipp

Jede Wahrnehmung ist subjektiv. Sie ist immer beeinflusst durch unsere Erfahrungen, Haltungen etc.
Beschreiben Sie das Verhalten und dessen Wirkung. Trennen Sie das Verhalten von der Person. Also Vorsicht mit der Aussage: »Sie sind zurückhaltend.« Besser: »Sie verhalten sich zurückhaltend.«

ExpressoFokus

Wollen Sie noch mehr wissen über sich?
Die Weblinks führen Sie zu Testverfahren im Internet. Auch informelle Treffen wie Mittagessen oder Kaffeetrinken bieten Gelegenheit, mehr über die eigene Wirkung zu erfahren.
Betrachten Sie Feedback als Geschenk. Es ist eine Chance für Ihre persönliche Entwicklung.

ExpressoBalance

Tun Sie jeden Tag eine gute Tat wie die Pfadfinder, oder machen Sie jeden Tag jemandem eine Freude.

Wie Sie eigenen Frust bewältigen

Auch wenn Sie als Führungskraft erfolgreich handeln, bleibt Ihnen eigener Ärger und Frust nicht erspart. Etwa weil Ihnen etwas nicht so perfekt gelungen ist, wie Sie es stets von sich fordern. Oder weil Sie sich von einem Mitarbeiter enttäuscht oder von Ihren Vorgesetzten ungerecht behandelt fühlten.

Damit es Ihnen möglich wird, Ihren Frust in konstruktive Bahnen zu lenken, ist es erforderlich, die Quellen Ihres Frustes zu kennen – besonders bei Ihnen selbst. Genauso bedeutsam ist es, wahrzunehmen, wie und wann sich Ärger bei Ihnen manifestiert.

Wie äußert sich der Frust?

Manche Menschen würden bei Ärger und Frust ihrem Gegenüber am liebsten an die Gurgel gehen. Andere möchten ihren Mitarbeiter anschreien oder ihm den ganzen Kram vor die Füße werfen. Oder gehören Sie zu den Menschen, die Ihren Frust in sich hineinfressen und meinen, alles mit sich ausmachen zu müssen?

Überlegen Sie, wo sich der Frust in Ihrem Körper zeigt. Können Sie ihn in Ihrem Magen spüren? Bekommen Sie Kopfschmerzen, oder versteift sich Ihr Nacken? **Nehmen Sie diese Symptome bewusst wahr, und begrüßen Sie sie als Hinweis darauf, dass eine Veränderung der Situation angesagt ist.**

Ständiger Ärger, der sich in Ihrem Körper ansammelt, kann schlimmen Schaden anrichten. Depression, chronische Schmerzen (für die kein Arzt organische Ursachen findet) oder ein bedrückendes Gefühl von andauernder Unzufriedenheit. Nutzen Sie die Energie Ihres Frusts, um mit der erlebten Situation konstruktiv umzugehen.

Vom inneren Konflikt zum Frust

Nicht immer sind es äußere Anlässe, die uns Frust bescheren. Eigene Unlust kann eine Quelle von Frust sein, Enttäuschung über die eigene Belastbarkeit, Enttäuschung darüber, die eigenen Vorsätze nicht eingehalten zu haben, oder eine vorschnelle negative Reaktion auf einen Mitarbeiter. Manchmal ist es auch ein quälendes Hin- und Hergerissensein, das Entscheidungen schwer macht.

In diesen Fällen ist es notwendig, innezuhalten und der Frage nachzugehen: Was ist das wirkliche Anliegen hinter meinem Frust? Manchmal können es ganz banale Dinge sein, ein anderes Mal ist eine tiefer gehende Klärung notwendig, eventuell mit Hilfe eines Coachs. **Bleiben Sie auf alle Fälle nicht auf Ihrem Ärger sitzen.**

Orientieren Sie sich an dem Grundsatz: **Love it, change it or leave it.** Versuchen Sie das, was Ihnen unangenehm ist, mit aller Kraft zu verändern. Gelingt Ihnen dies auf längere Sicht nicht, ist es meist sinnvoll, den Ort des ständigen Frustes zu verlassen.

Für Ihre Zeitplanung

- Schieben Sie Maßnahmen gegen Ihren Frust nie auf die lange Bank!

Wissensnetz, Weblinks und Literatur

72. Kleiner Workshop zu Ihrer persönlichen Entwicklung
88. Die ExpressoAnleitung zum Selbstcoaching
91. Der clevere Umgang mit Stress
103. Work-Life-Balance: alle Lebensbereiche in Einklang bringen

- www.simplify.de: Die Site zu »simplify your life«
- Friedemann Schulz von Thun, Johannes Ruppel, Roswitha Stratmann: Miteinander reden: Kommunikation für Führungskräfte. Reinbek

Ärger über einen Mitarbeiter

Wutausbruch oder Wegschauen sind die häufigsten Alternativen, wenn Führungskräfte sich über Mitarbeiter sehr geärgert haben. In einer solchen Situation ist es hilfreich, in drei Schritten vorzugehen:

1. Scheuen Sie sich nicht davor, klar und deutlich zu sagen, über was Sie sich geärgert haben und was Sie darüber denken. Emotionen sind erlaubt. Teilen Sie aber nur mit, was in Ihnen vorgeht, ohne den anderen zu verurteilen.
2. Erläutern Sie den Sachverhalt, der zu Ihren Emotionen geführt hat.
3. Fragen Sie Ihren Mitarbeiter, an welchem Punkt Sie seiner Meinung nach falsch liegen. So entsteht eine Basis für ein konstruktives Gespräch.

Ärger über Ihren Vorgesetzten

Wurde Ihnen zu viel Arbeit aufgeladen? Oder die eigene Leistung nicht richtig anerkannt? Oder hat sich Ihr Vorgesetzter Ihnen gegenüber ungerecht verhalten?
Gehen Sie als Erstes Ihrem Frust auf den Grund, und fragen Sie sich, ob der Auslöser die tatsächliche Ursache ist. Nicht selten haben sich mehrere Dinge aufgestaut, die es dann schwierig machen, ohne Vorklärung klare Rückmeldungen zu geben.
Schlafen Sie eine Nacht darüber. Suchen Sie dann zeitnah das Gespräch mit Ihrem Vorgesetzten. Formulieren Sie Ihren Ärger deutlich und in Ich-Botschaften. Nicht: »Sie haben schon wieder meine Mitarbeit nicht erwähnt.«, sondern: »Ich hätte es gerne gesehen, dass mein Name erwähnt wird.«

Wege aus dem Frust

Bevor Sie handeln, geben Sie Ihrem Frust und Ärger Stimme und Ausdruck. Suchen Sie sich einen Menschen, dem Sie vertrauen und der Ihren Ärger nicht auf sich bezieht. Drücken Sie Ihre Gefühle für Ihren Gesprächspartner klar und erkennbar aus. Oder machen Sie es schriftlich. Schreiben Sie alles auf, was Sie nervt und ärgert – ohne Punkt und Komma und ohne sich über Rechtschreibung und Stil Gedanken zu machen. Vielleicht hilft es Ihnen auch, erst einmal nach draußen zu gehen, den weiten Himmel über sich zu spüren oder Sport zu treiben. **Überlegen Sie, was Ihnen in einer ähnlichen Situation geholfen hat.** Probieren Sie aber auch neue Möglichkeiten aus.

ExpressoTipp

Vermeiden Sie es, das Verhalten anderer zu bewerten. Schildern Sie Ihre Beobachtungen und beschreiben Sie, wo für **Sie** das Problem liegt.

ExpressoFokus

Lachen und Humor hilft, Anspannungen und Frust abzubauen. Bedenken Sie dabei: Das gesündeste Lachen ist das Lachen über sich selbst!

ExpressoBalance

Suchen Sie in Ihrer Mittagspause oder nach Dienstschluss doch wieder einmal eine Kirche auf. Genießen Sie bewusst diesen Ort der Stille und Kraft.

Führung und eigene Werte in Einklang bringen

Wer führt, beeinflusst Menschen. Er orientiert sich auf ein (Unternehmens-)Ziel hin, er motiviert, weist an, kritisiert, lobt. Wer führt, trägt Verantwortung für die ihm zur Führung Anvertrauten, für Abläufe, für Produkte oder Dienstleistungen. Wer diese Verantwortung ernst nimmt, braucht ethische Grundlagen und Werte für sein Handeln.

Führen mit Werten ist keine Managementtechnik. Werte lassen sich erfahren und zeigen sich im Handeln. Gehen Sie auf Entdeckungsreise, um Ihren eigenen grundlegenden Werten auf die Spur zu kommen. Nehmen Sie sich für diese Karte ein bisschen mehr Zeit.

Was sind Werte?

Werte sind persönliche Überzeugungen davon, was wir im Leben für wichtig und wesentlich halten. Sie sind allgemeine Orientierungsmaßstäbe bei Handlungsalternativen und geben Verhaltenssicherheit. Aus ihnen leiten sich Normen und Rollen ab, die das Alltagshandeln bestimmen.
Um erfolgreich handeln zu können, ist es wichtig, im Berufs- und Privatleben Klarheit darüber zu erlangen, was in unserem Leben Bedeutung und Vorrang hat. **Zufriedenheit und Erfüllung in beiden Bereichen erhalten Sie nur, wenn Ihre Werte in Ihrer Vision, in Ihren Zielen und vor allem in Ihrem Handeln enthalten sind.**
In der Regel sind den meisten Menschen ihre Werte und die Quellen ihrer Werte nicht bewusst. Deshalb ist es sinnvoll, die eigenen Werte genauer zu betrachten. So wird die Grundlage für die eigene Wahrnehmung und das eigene Verhalten transparenter und Entscheidungen können bewusster getroffen werden.

Entdecken Sie Ihre Werte

Für die folgende »Entdeckungsreise« können Sie entweder die Werte aus der umseitigen Liste nutzen oder – besser, weil detaillierter – die Werteliste, die Sie unter www.expressocoach.de herunterladen können.

1. Wählen Sie aus der umseitigen Liste der aufgeführten Werte die zehn für Sie wichtigsten aus.
2. Unterstreichen Sie diese.
3. Im zweiten Schritt verdichten Sie die Werte auf Ihre fünf wichtigsten Werte.
4. Anschließend bringen Sie Ihre Werte in eine Reihenfolge: Welche Werte haben für Sie oberste Priorität?
5. Begründen Sie im nächsten Schritt, warum diese Werte für Sie oberste Priorität haben.

Halten Sie sich an die Reihenfolge der Aufgabenstellung, und beginnen Sie mit dem ersten Schritt.

Für Ihre Zeitplanung

- Nehmen Sie sich ausreichend Zeit, um hin und wieder Ihre Wertehierarchie zu hinterfragen.
- Sind Sie unsicher mit Ihren Werten? Nehmen Sie sich eine Woche Zeit, und verbringen Sie diese mit persönlicher Besinnung zum Beispiel in einem Kloster.

Wissensnetz, Weblinks und Literatur

25. Überfordert? Unterfordert? – Zurück in den Flow-Kanal!
30. Den eigenen Führungsstil kultivieren
103. Work-Life-Balance: alle Lebensbereiche in Einklang bringen

- www.expressocoach.de: unter anderem ausführliche »Werteliste«
- Christopher Rauen (Hrsg.): Coaching-Tools. Bonn

Ihre möglichen Werte

Optimismus, Verbundenheit, Freude, Geduld, Umweltbewusstsein, Mitgefühl, Pünktlichkeit, Toleranz, Freundlichkeit, Arbeit, Ordnung, Natur, Spaß, Loyalität, Liebe, Kunst, Kreativität, Disziplin, Karriere, Familienleben, Sexualität, Flexibilität, Herkunft, Klarheit, Begeisterungsfähigkeit, Heiterkeit, Vaterland, Spiritualität, Genuss, Integrität, Ästhetik, Bescheidenheit, Sachkenntnis, Respekt, Gewinn, Freundschaft, Dankbarkeit, Reichtum, Ebenbürtigkeit, Kooperation, Intuition, Selbstachtung, Zuverlässigkeit, Sparsamkeit, Anerkennung, Schönheit, Kontaktfähigkeit, Gleichheit, Persönlichkeit, Mut, Bildung, Charisma, Weisheit, Freiheit, Hilfsbereitschaft, Ehre, Sicherheit, Führung, Verantwortung, Herausforderung, Wissen, Zielbewusstsein, Religion, Güte, Ruhm, Entschlossenheit, Geborgenheit, Geld, Willenskraft, Beziehungen, Kompetenz, Gesundheit, Harmonie, Begeisterung, Gemeinschaft, Zärtlichkeit, Fleiß, Individualität, Lebensfreude, Verständnis, Status, Ruf, Objektivität, Wachstum, Macht und Autorität, Ethik, Ehrlichkeit, Achtung, Effektivität, Höflichkeit, Wettbewerb, Abenteuer, Lebenskraft, Behaglichkeit, Alleinsein, Hingabe, Distanz, Kontrolle, Zufriedenheit, Menschlichkeit, Gelassenheit, Einfluss, Vielfältigkeit, Souveränität

Tipp: Überprüfen Sie auch, welche »Altlasten« aus dem Elternhaus stammen und welche Werte aktuell gebraucht, gefördert oder unterdrückt werden.

Dem eigenen Verhalten auf der Spur

Die Wertehierarchie eignet sich besonders, um Fragen der persönlichen und beruflichen Entwicklung zu reflektieren. Die Auseinandersetzung mit den eigenen Werten hilft nicht nur bei aktuellen Fragen, sondern unterstützt Sie auch dabei, grundsätzlich über Ihre Weltsicht nachzudenken.

Meist nehmen wir unsere Bewertungsmaßstäbe selbst nicht bewusst wahr und erklären unser Verhalten als »ganz einfach logisch.« Durch das Bewusstmachen der eigenen Sie leitenden Werte erhalten Sie die Möglichkeit, die Subjektivität der eigenen Sichtweise zu erkennen und auch die subjektive Sichtweise anderer Menschen zu würdigen.

ExpressoTipp

Wenn Sie das Gefühl haben, Ihre Arbeit oder Ihr Privatleben kostet Sie mehr und mehr Kraft und Energie, überprüfen Sie, ob sich Ihre Ziele mit Ihren wichtigsten Werten vereinbaren lassen. Achten Sie bei der Personalauswahl darauf, dass die Werte der Mitarbeiter zu Ihren eigenen und zu denen der Firma passen.

ExpressoFokus

Wenn Sie mit bestimmten Menschen immer wieder Konflikte haben, kann dies daran liegen, dass Ihre Werte sehr unterschiedlich sind. Versuchen Sie die Werte des anderen herauszufinden, und vergleichen Sie diese mit Ihren eigenen. Sprechen Sie miteinander über die Unterschiede.

ExpressoBalance

Überlegen Sie: Wenn auf Ihrem Grabstein ein Satz steht, der treffend zusammenfasst, wer Sie in Ihrem Leben wirklich waren, wie lautet dieser Satz?

Den eigenen Führungsstil kultivieren

Jedes Führungsverhalten sollte sich an zwei grundsätzlichen Komponenten orientieren: an den konkreten Aufgaben, die zur Leistungserreichung nötig sind, und an den Mitarbeitern, die diese Leistung erbringen sollen. Daraus ergeben sich vier Führungsstile, die sich nach den unterschiedlichen Anforderungen in der Führung umsetzen lassen. Dabei gibt es keinen idealen Führungsstil. Als Führungskraft sind Sie darauf angewiesen, die jeweilige Situation zu analysieren und den situationsgerechten Führungsstil zu bestimmen. Das erfordert von Ihnen Verhaltensflexibilität und Handlungssicherheit in den einzelnen Führungsstilen.

Das Modell der situativen Führung

- **Unterstützen:** Der Mitarbeiter steht im Mittelpunkt des Führungsverhaltens. Hier geht die Kompetenz, Probleme zu erkennen und zu lösen, auf den Mitarbeiter über. Aufgaben des Vorgesetzten: Wertschätzung aussprechen, aktives Zuhören, coachen und Moderation.
- **Anleiten:** Mitarbeiter und Aufgabe stehen gleichermaßen im Fokus. Der Vorgesetzte gibt noch den größten Teil der Vorgehensweise und des Inhalts vor.
- **Delegieren:** Mitarbeiter erhalten für ihre Aufgaben größere Kompetenzen und Freiräume. Aufgaben werden auf Mitarbeiter übertragen, meist handelt es sich hier um einfache Einmalaufgaben oder Routineaufgaben.
- **Dirigieren:** Die Erledigung der Aufgaben steht im Vordergrund. Hierbei dominiert das direkte Verhalten. Der Vorgesetzte gibt an, was, wie, wann und wo getan werden muss.

Der angemessene Führungsstil

Mit diesen fünf Schritten können Sie Ihren Führungsstil auf jeden Mitarbeiter abstimmen.

- Führen Sie für jeden Mitarbeiter eine Situationsanalyse durch: Wo braucht der Mitarbeiter welche Unterstützung? Wie hoch ist seine Kompetenz? Wie hoch ist sein Engagement für seine Arbeit?
- Fragen Sie sich dann: Welches Führungsverhalten wäre der Entwicklungsstufe angemessen? Entspricht mein Führungsverhalten dem Entwicklungsstand des Mitarbeiters? Inwieweit weicht es davon ab? Weshalb weicht es davon ab?
- Falls Sie feststellen, dass Ihr Führungsstil nicht zum Entwicklungsstand des Mitarbeiters passt, versuchen Sie sich dem angemessenen Führungsstil nach und nach anzunähern.
- Beobachten Sie aufmerksam die Auswirkungen.
- Reflektieren Sie gemeinsam mit Ihrem Mitarbeiter die gemachten Erfahrungen.

Für Ihre Zeitplanung

Jeder Führungsstil benötigt unterschiedliche Zeitkontingente:

- Kurzfristig erreichen Sie schneller etwas mit stark direktiven Elementen.
- Unterstützendes Verhalten zielt auf längerfristige Ziele, ist aber dafür zeitintensiver.
- Beziehen Sie auch rechtzeitig immer wieder die Frage mit ein, ob Sie eine Aufgabe delegieren können.

Wissensnetz, Weblinks und Literatur

12. Delegieren – aber richtig!
23. Feedback geben – die richtige Grundhaltung entwickeln
49. Kontrollieren – aber richtig!
52. Die leidige Pflicht des Kritisierens
57. Die hohe Kunst des Lobens

- www.expressocoach.de: Einschätzungsbogen
- Kenneth Blanchard, Spencer Johnson: Der Minutenmanager. Reinbek

Die Führungsstilelemente im Vergleich

	Delegieren	Unterstützen	Anleiten	Dirigieren
Eigenschaften	distanziert, loslassend	entwicklungsorientiert, kommunikativ	aufgabenorientiert, fördernd	vorgebend, absichernd
Führung	Metaziele, setzt Prioritäten	orientiert sich am Arbeitsklima	hat klare mittelfristige Ziele im Auge	führt straff und setzt sich durch
Entscheidungen	wesentlich sind langfristige Gesichtspunkte	Fokus ist hier die Zusammenarbeit	Mitarbeiter wird mit einbezogen	Entscheidung trifft Vorgesetzter
Konflikte	Konflikte werden durch Parteien selbst geklärt	Konsensorientierung steht im Vordergrund	sieht sich als Konfliktmoderator	löst Konflikte durch Entscheidungen
Kontrolle	erwartet Rückmeldungen	kollegiales Verhalten, wenig kontrollierend	Lernzielkontrollen, kooperativ	kontrolliert stark, ergebnisorientiert
Haltung	hält sich prinzipiell zurück	arbeitet kreativ und einfühlsam	gibt klare Informationen	Sicherheit durch Struktur

Entwicklungsstand der Mitarbeiter

Angemessenes, situatives Führen wird bestimmt durch den Entwicklungsstand des Mitarbeiters und dessen Kompetenz.

Hohe Kompetenz
Hohes Engagement → **Delegieren**

Hohe Kompetenz
Schwankendes Engagement → **Unterstützen**

Einige Kompetenz
Mittleres Engagement → **Anleiten**

Wenig Kompetenz
Geringes Engagement → **Dirigieren**

ExpressoTipp

Lernen Sie Ihre Mitarbeiter gut kennen. Nur so können Sie ihnen gerecht werden. Führen Sie einen Einschätzungsbogen, in dem Sie Ihre Mitarbeiter und deren Kompetenzen und Engagement eintragen.
Überprüfen Sie regelmäßig Ihre Einschätzungen.

ExpressoFokus

Überprüfen Sie sich kritisch, ob Sie wirklich in der Mehrzahl der Fälle die Wahl haben, zwischen den einzelnen Führungsstilen zu wechseln. Oder haben Sie unabhängig von der jeweiligen Situation ein oder zwei Lieblingsstile?

ExpressoBalance

Suchen Sie bestimmte Orte immer wieder als Ruheorte auf – eine Parkbank, einen Lieblingssessel.
Ihr Unterbewusstsein wird diese Orte bald mit dem Gefühl der Ruhe verbinden.

Gehaltsgespräche individuell und respektvoll führen

Im Gehaltsgespräch treffen die Interessen des Mitarbeiters auf die Interessen des Unternehmens. Deshalb ist dieses Gespräch oft eine Gratwanderung zwischen Motivation und Frust und verlangt gute Vorbereitung und viel Fingerspitzengefühl. Den Vorgesetzten sind bei der Gehaltsgestaltung oft enge Rahmen gesetzt, es gilt diese optimal zu nutzen, die Gehaltsgespräche mit viel Wertschätzung zu verbinden und sie regelmäßig durchzuführen, auch wenn die Inhalte oft Konflikte und Enttäuschungen nach sich ziehen. Transparenz der Vorstellungen sowohl des Mitarbeiters wie des Unternehmens gibt beiden Seiten Klarheit.

Ihre Gesprächsvorbereitung

Der Erfolg Ihres Gespräches hängt von der guten Vorbereitung ab. Überlegen Sie folgende Punkte:

- Wie läuft der Gehaltsrevisionsprozess in meinem Unternehmen? Für welche Argumentationen ist mein Management offen? Wie sind die Gehälter im Vergleich zum externen und internen Markt?
- Wie hoch ist die Teuerung und Inflation? Welche Vorgaben aus Tarifverträgen, Betriebsvereinbarungen muss ich berücksichtigen? Welche Erhöhungen lässt die Kostensituation zu?
- Wie war der Gehaltsverlauf in der Vergangenheit? Wie waren die individuellen Erhöhungen in absoluten und prozentualen Zahlen?
- Welche allgemeinen und individuellen Gehaltserhöhungen möchte ich aufgrund der Leistungs- und Verhaltensbeurteilung geben? **Welche Erwartungen hat der Mitarbeiter?** Wie könnten Sie möglichen Einwänden des Mitarbeiters begegnen?

Gesprächsablauf

- Nehmen Sie sich genügend Zeit, und sorgen Sie für ein ungestörtes Gespräch.
- Starten Sie das Gespräch mit einer positiven Einleitung.
- Erklären Sie den Revisionsprozess und dessen Randbedingungen (möglichst nachvollziehbare Fakten).
- Prüfen Sie Ihre Unterlagen, indem Sie nach dem aktuellen Gehalt fragen, um sicherzustellen, dass Ihre Gehaltsunterlagen korrekt sind.
- Nennen Sie die Erhöhung in Euro und in Prozent. Sagen Sie, ab wann das neue Gehalt gilt. Gleiches gilt für einen Bonus oder andere Gehaltsbestandteile.
- **Fragen Sie, wie Ihr Angebot ankommt. Hören Sie den Reaktionen genau zu.** Notieren Sie Wichtiges.
- Beantworten Sie Einwände und Fragen ausführlich.
- Beenden Sie das Gespräch konstruktiv. Sollte dies nicht möglich sein, ist ein zweiter Termin nötig.

Für Ihre Zeitplanung

- Das Gehaltsgespräch soll regelmäßig stattfinden, je nach Firmenkultur normalerweise einmal pro Jahr.
- Vereinbaren Sie ein bis zwei Wochen vorher einen festen Termin.
- Führen Sie das Gespräch so lange fort, bis beide Seiten Klarheit haben. Auch wenn diese nur darin besteht, dass Sie unterschiedliche Standpunkte haben.

Wissensnetz, Weblinks und Literatur

23. Feedback geben – die richtige Grundhaltung entwickeln
64. Schlüsselfragen zu Motivation und Identifikation
75. Potenziale erkennen – Mitarbeitern fördern und befördern

- www.staufenbiel.de: Infos zu Gehältern
- www.kienbaum.de/cms/de/shop/verguetungsstudien: Vergütungsstudien für Deutschland, Schweiz und Östrerreich

Alternativen zu mehr Gehalt

Überlegen Sie, was für den Mitarbeiter einen zusätzlichen Nutzen hat, aber nicht gehaltswirksam ist:

- Zeit und/oder Beiträge für fachliche oder persönliche Weiterbildung
- Teilnahme an Kongressen oder Mitarbeit in (internationalen) Gremien
- Fahrtkostenbeteiligung, Beiträge zur Altersvorsorge und Übernahme von Kindergartengebühren etc.
- Titel, höhere Tarifgruppierung, **Erweiterung der Kompetenzen**, Gewinnbeteiligung, Belegschaftsaktien
- Sonderurlaub, projektbezogene Sonderprämien, steuerbegünstigte Leistungen wie Direktversicherung
- Sachleistungen wie Firmenwagen

Vermeiden Sie!

- Halten Sie keine Gehaltsgespräche zwischen Tür und Angel. Vereinbaren Sie einen späteren Termin, und bereiten Sie sich sorgfältig vor.
- Allgemeinplätze, Ausreden und Angriffe wie: Geld allein macht nicht glücklich! Wenn Sie wüssten, wie schlecht unsere Zahlen aussehen, ... Haben Sie vergessen, wie schlecht Ihr letztes Projekt lief?
- Vage Zusagen wie: »Da muss ich mir einmal Gedanken machen.« »Ich werde mal sehen, was ich machen kann.«
- Alte Vorwürfe wie: »Wenn Sie vor zwei Jahren die Maßnahme eingeleitet hätten, wären wir heute schon weiter.«

Ein erfolgreiches Gehaltsgespräch

- Sie konnten alle vorbereiteten Punkte zur Sprache bringen und sind bei Ihrer klaren Haltung geblieben.
- Der Mitarbeiter versteht die Randbedingungen für das aktuelle Gehalt. Er kennt die Punkte, die er erfüllen muss, um zu einer Gehaltserhöhung zu kommen.
- Der Mitarbeiter konnte seinen Standpunkt ebenfalls offen darlegen, und Sie haben aufmerksam zugehört.
- Beide Gesprächspartner haben sich an Fakten gehalten, keine unerfüllbaren Versprechen gemacht und die gegenseitigen Argumente verstanden. Dies ist an einer einvernehmlichen und offenen Atmosphäre sowie an einem guten Gefühl zu erkennen.

ExpressoTipp

Informieren Sie Mitarbeiter laufend über den Gehaltsrevisionsprozess, um überzogenen Erwartungen vorzubeugen. Revidieren Sie Gehälter nachvollziehbar und gerecht, als wären diese öffentlich. Damit Sie auch bei einem eventuellen Austausch unter den Mitarbeitern nicht in Erklärungsnotstand kommen.

ExpressoFokus

Engagement und gute Leistungen wirklich belohnen: Mitarbeiter haben ein feines Gespür dafür. **Nutzen Sie die nichtgehaltswirksamen Möglichkeiten!** Geben Sie für besondere Leistungen Sonderprämien (auch unterhalb des Jahres). Achten Sie auf eine schnelle Umsetzung: **Schnell gegeben ist doppelt gegeben.**

ExpressoBalance

Sehen, Hören, Tasten, Riechen, Schmecken – welcher dieser Sinne ist in Ihrem Alltag am wenigsten präsent? Welchen Sinn nutzen Sie hauptsächlich bei der Arbeit? Mit welchem Sinn verbinden Sie die angenehmsten Erlebnisse?

Ideen auswählen

Manchmal sieht man den Wald vor lauter Bäumen nicht: Die Lösung liegt längst auf dem Tisch, aber keiner erkennt sie. Nachdem Sie Ideen gesammelt haben, müssen Sie deren Qualität und Durchführbarkeit prüfen. Auch wenn es schwer fällt zu sehen, wie die eine oder andere lieb gewonnene Idee auseinander genommen wird: Dieser Prozess ist sehr wichtig, weil nur so wirklich tragfähige Lösungen herausgefiltert werden. Denn es geht nicht nur darum, besonders tolle und verrückte Ideen zu produzieren, sondern vor allem um die Entwicklung von Lösungen.

Die Delphi-Methode

Unter der Delphi-Methode versteht man das Zusammenführen und Analysieren von Expertenmeinungen, um eine Grundlage für Planungen und die Einschätzung künftiger Entwicklungen zu gewinnen. In Politik und Wirtschaft werden die Mitglieder einer Delphi-Gruppe anonym befragt. Ihre Antworten wertet der Gruppenleiter aus, fasst sie zusammen und legt sie erneut zur Meinungsbildung und Stellungnahme vor – bis ein Konsens erzielt ist.

Ziel der Delphi-Methode ist es, ohne langwierige Gruppendiskussionen möglichst breit angelegt Meinungen und Stellungnahmen einzuholen.

Für den »Hausgebrauch« in Ihrem Team empfehlen sich zwei Spielarten der Delphi-Methode:

- die **Punkteverteilung**
- und der so genannte **Minderheitenschutz**.

Die Punkteverteilung

- Listen Sie auf einem Flipchart alle – etwa in einem Brainstorming – gefundenen Ideen mit Nummern auf.
- Bestimmen Sie die Kriterien, die Ihre Ideen erfüllen sollen.
- Legen Sie nun zusammen mit Ihrem Team die Anzahl der auszuwählenden Ideen fest, zum Beispiel sollen von 50 gefundenen Ideen zehn übrig bleiben.
- Alle Teammitglieder markieren nun die von ihnen favorisierten Ideen mit Klebepunkten direkt auf dem Flipchart.
- Im letzten Schritt werden die »Top«-Ideen umrahmt und einander zugeordnet, wenn sie zusammenpassen.
- Dadurch entsteht meist wie von selbst eine Struktur.

Für Ihre Zeitplanung

- Sorgen Sie rechtzeitig dafür, dass alle Teilnehmer einer »Auswahlsitzung« vorab alle nötigen Informationen erhalten.
- Sorgen Sie dafür, dass der Zeitrahmen großzügig bemessen ist oder gar offen, um kreative Freiräume zu ermöglichen.

Wissensnetz, Weblinks und Literatur

17. Entscheidungen klug treffen (Hier finden Sie eine weitere Methode zur Entscheidungsfindung: Nutzwertanalyse oder Entscheidungsmatrix)
33. Ideen entwickeln
34. Ideen auf dem Prüfstand: der ExpressoTest
59. Mit Mind Mapping strukturieren

- Brigitte Adriani, Ulrich Schwalb, Rainer Wetz: Hurra, ein Problem! Kreative Lösungen im Team. Wiesbaden

Der Minderheitenschutz

Wenn jemand mit dem Ergebnis eines Delphi-Prozesses absolut unzufrieden ist, weil sein Favorit durchgefallen ist, kann er diese Idee weiter ausarbeiten. So können Sie ihm ermöglichen, unter anderem

- **weitere Informationen zur Idee zu sammeln,**
- ein Experiment mit der Idee zu machen,
- andere Leute zu fragen, was sie davon halten.

Die Idee dabei: Wirklich neue Ideen sind ungewohnt, meist mit einem größeren Risiko verbunden und werden eher von Einzelnen favorisiert. Man kann oft nicht direkt erkennen, ob sie funktionieren. Ihnen können Sie mit dem Minderheitenschutz eine Chance geben.

Attribut-Listing

Sie können eine vorliegende Lösung interessanter und noch besser machen, indem Sie bekannte Merkmale systematisch variieren. Vorrangig ist hier die **Variation und Optimierung** und nicht die grundlegende Neugestaltung.

- Zu Beginn wird die Aufgabenstellung in Teilelemente aufgelöst.
- In einer Tabelle werden dazu in die linke Spalte die Eigenschaften eingetragen.
- Der Übersicht wegen sollten es nicht mehr als sechs bis acht Eintragungen werden.
- Soll etwa eine Produktverpackung verbessert werden, könnte die Liste aus Logo, Name, Material, Größe, Umverpackung und Verschluss bestehen.

Das ist nötig fürs Attribut-Listing

- In die zweite Spalte tragen Sie die jeweils aktuelle Lösung ein.
- Die dritte Spalte wird von der Zielvorgabe eingenommen, was man also erreichen möchte: Kostenreduzierung usw.
- Die rechte, vierte Spalte bleibt möglichen Alternativen vorbehalten, die jeweils von bereits bekannten Lösungen ausgehen. Für das Material wären dies Glas, Kunststoff und anderes.
- Die Bewertung, die Ihnen besonders einleuchtend erscheint, sollten Sie anschließend noch einmal genauer überdenken.
- Dauer: 15 bis 60 Minuten. Teilnehmer: 2 bis 8. Material: Flipchart, Wandplakat, große Stifte.

ExpressoTipp

Wenn Sie mit Berufskreativen (etwa aus Werbeagenturen) arbeiten, stehen Sie vor dem Problem, dass diese in erster Linie nach der witzigsten, neuesten, eben kreativsten Lösung suchen – und nur nach dieser. Je nach Produkt und Zielgruppe ist aber manchmal auch die eher biedere Lösung die bessere.

ExpressoFokus

Genauso wichtig ist es aber auch zu lernen, nicht gleich die erstbeste Lösung zu nehmen, sondern nach Alternativen zu suchen und daraus die für die jeweilige Situation geeignetste herauszusuchen. **Statistisch gesehen ist die 68. Idee die beste.**

ExpressoBalance

Entrümpeln Sie Ihren Arbeitsplatz. Werfen Sie alles weg, was Sie länger als ein Jahr nicht benötigt haben. Ordnen Sie alles neu und übersichtlich.

Ideen entwickeln 33

Führung bedeutet, ständig neue Ideen zu entwickeln und umzusetzen. Jeder kann kreativ sein und mit wenigen Techniken neue Lösungen finden. Denn Kreativität bedeutet nichts weiter, als bekannte Dinge oder Ideen, die vorher nicht miteinander verknüpft waren, zu etwas Neuem zu verbinden. Meist geht es also nicht darum, etwas völlig Neues aus dem Nichts zu erschaffen.
Auf dieser Karte finden Sie grundlegende Tipps sowie zwei Kreativitätstechniken.
In erster Linie kommt es jedoch darauf an, Ihren eigenen Ideenfindungsstil zu entwickeln: Erlaubt ist, was Ideen produziert.

Den Prozess moderieren

Wichtig für den Erfolg ist ein **Moderator**. Er fungiert als Schiedsrichter und achtet auf die Einhaltung der Regeln, damit Vorgesetzte (Sie eingeschlossen!) nicht das Zepter in die Hand nehmen. Zudem protokolliert er alles.
Um eine Aufgabe zu lösen, muss man sie zuvor klar definieren und eingrenzen. Dieses Ziel dürfen Sie nie aus den Augen verlieren. Alle Teilnehmer an der Ideenentwicklung müssen sich über Problem und Zielsetzung verständigt haben. Nur so können alle an einem Strang ziehen.
So sollte der Moderator zu **Beginn der Ideensuche unbedingt die Aufgabenstellung (am besten als Frage) in wenigen Worten für alle sichtbar auf eine Tafel oder dergleichen schreiben**. Im weiteren Verlauf hat er die Aufgabe, den Prozess immer wieder mit Fragen anzuregen. Was hat unsere Fragestellung mit einem Kühlschrank zu tun? Wie hätte Leonardo da Vinci das gelöst?

Kreative Freiräume

- Wer neue Ideen entwickeln will, braucht kreative Freiräume: Klinken Sie sich für die Dauer der Ideenfindung aus dem Alltag aus.
- Stellen Sie also das Telefon auf einen Mitarbeiter oder den Empfang um, und stehen Sie in der Zeit auch nicht für persönliche Anfragen zur Verfügung.
- Das A und O der Ideenfindungsphase: Sie dürfen und sollen **unbeeinflusst von Fragen nach Machbarkeit, Umsetzbarkeit und Kosten arbeiten**. Totschlag-Argumente wie »geht nicht«, »kostet zu viel« oder »haben wir nie so gemacht« ersticken jede Idee im Keim und sind deshalb fehl am Platz.
- Genau das Gegenteil muss gelten: Alles ist erlaubt; Sie sind geradezu verpflichtet, das Unmögliche zu denken.
- Je verrückter eine Idee ist, umso eher verlässt man das Gefängnis herkömmlicher Sichtweisen.

Für Ihre Zeitplanung

- Sorgen Sie rechtzeitig dafür, dass alle Teilnehmer einer Kreativsitzung vorab alle nötigen Informationen erhalten. Alle Teilnehmer müssen sich für den Termin ein entsprechendes Zeitfenster freihalten.
- Sitzungen, in denen länger als 45 Minuten wirklich kreativ gearbeitet wird, führen oft zu nichts: Setzen Sie lieber einen neuen Termin an.

Wissensnetz, Weblinks und Literatur

18. Drei Minuten zum Entspannen
39. Den Erfolgsfaktor Innovation im Blick behalten
59. Mit Mind Mapping strukturieren

- Brigitte Adriani, Ulrich Schwalb, Rainer Wetz: Hurra, ein Problem! Kreative Lösungen im Team. Wiesbaden

Der Klassiker: Brainstorming

Ideen entwickeln und sammeln.

- Setzen Sie sich mit Kollegen oder Freunden zusammen, und beschreiben Sie kurz Ihre Ausgangsposition. Beispiel: Wir suchen einen Namen für ein neues Produkt.
- Wenn es sich mit einem Gegenstand in Verbindung bringen lässt, bringen Sie ihn mit, und legen Sie ihn mitten auf den Tisch.
- Dann dürfen alle losreden. Innerhalb eines vorgegebenen Zeitrahmens sollen möglichst viele Ideen zusammenkommen, die Sie ungeordnet für alle sichtbar auf Flipchart oder Tafel notieren.
- Dauer: 20 bis 40 Minuten. Teilnehmer: 5 bis 7. Material: Flipchart, Wandtafel, dicke Stifte.

Die Kopfstand-Technik

Das Problem unter neuen Perspektiven sehen und neue Ansätze entwickeln.
Die Aufgabe wird auf den Kopf gestellt, also in ihr Gegenteil verkehrt. Die Beschäftigung mit der neuen, entgegengesetzten Frage öffnet neue Horizonte und hilft, eingefahrene Wege zu verlassen

- Zu Beginn definieren Sie den Ist-Zustand und legen ein Ziel fest.
- Dann wird die Aufgabenstellung umgedreht. Aus der Frage »Wie steigere ich die Zufriedenheit meiner Kunden?« wird: »Wie gelingt es mir, meine Kunden möglichst unzufrieden zu machen?«
- Quantität geht vor Qualität. Je mehr Ideen, desto besser. Außergewöhnliche Ideen sind ausdrücklich erwünscht. Statistisch gesehen ist die 68. Idee die beste.
- Dann sammeln Sie zu jeder Kopfstand-Idee Gegenlösungen, indem die Frage wieder ins Positive übersetzt wird: »Wie steigere ich die Zufriedenheit meiner Kunden?« oder »Wie schaffe ich eine dauerhafte Kundenbindung?«
- Bauen Sie auf anderen Ideen auf. Es gibt kein persönliches Anrecht auf die eigenen Ideen.
- Dauer: 30 bis 45 Minuten.
- Teilnehmer: 3 bis 6.
- Material: Flipchart, Wandplakat, große Stifte.

ExpressoTipp

Keine Idee ist schlecht. **Alles darf gesagt werden**, auch wenn es noch so unsinnig erscheint. Der Phantasie sind keine Grenzen gesetzt. Bewertet wird später. Jetzt also noch keine Kritik, kein Lob und keine Diskussionen!

ExpressoFokus

Machen Sie die Kreativsitzungen an einem ungewöhnlichen Ort (Kloster, Wald, auf einem Schiff), das erleichtert es, die gewohnten Bahnen zu verlassen. Nehmen Sie sich vorab ein wenig Zeit zum Entspannen oder für ein gemeinsames Mittagessen zur Einstimmung.

ExpressoBalance

Pflegen Sie die Vielfalt Ihrer Kontakte. Beteiligen Sie sich an einem Netzwerk, welches Ihnen beruflich keinen direkten Nutzen bringt, aber wo Sie Spaß daran haben.

Ideen und Konzepte auf dem Prüfstand: der ExpressoTest

Wer verfügt schon über einen Etat für Marktforschung? Doch es geht auch einfach und kostengünstig mit dem ExpressoTest. Marketing-Fachleute kennen ihn vielleicht unter dem Namen »Hausfrauentest«. Der Name bedeutet nicht, dass hier ausschließlich Hausfrauen befragt werden. Sie stehen für Personen, die ohne großen organisatorischen Aufwand für einen ersten Markttest herangezogen werden können. Das können zum Beispiel Ihre Kollegen, Freunde und Bekannten sein.

Die Anwendungsfelder

Ideen haben und weiterentwickeln reicht nicht. Was zählt, ist, ob sich Ihre neue Idee, Ihr neues Produkt oder was auch immer Sie sich mit Ihrem Team neu ausgedacht haben, bei Ihrer Zielgruppe »zündet«. Deshalb eignet sich ein ExpressoTest unter anderem bei: Präsentation, Rede, Ideenkonzept und Produktinnovation oder -verbesserung.

- Für jeden Verantwortlichen ist ein ExpressoTest immer wieder ein probates Mittel, erste Informationen über ein neues Produkt oder eine neues Konzept zu erlangen. Schließlich ermöglicht er, auch Menschen auf einfache Weise anzusprechen, die aus der Zielgruppe stammen.
- Dabei sollten Sie sich aber nicht nur auf vage Einschätzungen oder zustimmendes Kopfnicken verlassen.
- Machen Sie im Gegenteil eine **»richtige« Marktforschung mit konkreten Fragen**.

Der Fragebogen

- Der **Fragebogen** muss **kurz** gehalten werden (10 bis 15 Fragen).
- Es dürfen nur Fragen zum untersuchten Thema aufgenommen werden.
- Lassen Sie sowohl auf geschlossene (Ist die Argumentation verständlich? ja/nein) als auch auf offene Fragen (Welche Gedanken gehen Ihnen durch den Kopf, wenn Sie die in der Beschreibung aufgeführte Produktleistung lesen?) antworten.
- Eine weitere Möglichkeit bei schriftlichen Tests bieten **Item-Skalen**, also Elemente, die Gegensatzpaare wie »anziehend – abstoßend«, »langweilig – lebendig« oder »sanft –wild« abfragen.
- Sie sollten jedoch leicht verständlich sein und nicht im Übermaß verwendet werden, da sie erfahrungsgemäß ein Drittel der Befragten überfordern.

Für Ihre Zeitplanung

- **Versuchen Sie, das Ausfüllen Ihres Fragebogens nur ein paar Minuten in Anspruch nehmen zu lassen.**
- Planen Sie einen Zeitpuffer nach Ihrem ExpressoTest ein: Nur so können Sie neue Erkenntnisse in Ihr Konzept einarbeiten – um es wieder in einem ExpressoTest auf den Prüfstand zu stellen.

Wissensnetz, Weblinks und Literatur

17. Entscheidungen klug treffen
32. Ideen auswählen
33. Ideen entwickeln
35. Ideen »verkaufen«
77. Zielgerichtet und erfolgreich präsentieren

- www.expressocoach.de: Tipps zum Fragebogen zum Herunterladen
- Manfred Schwarz, Jürgen Wulfestieg: Die Sehnsucht nach dem Meer wecken. Marketing-Basics für Praktiker. Frankfurt/Main

Schwerpunkt geschlossene Frage

Es sollte weitestgehend die geschlossene Fragestellung (ja/nein) verwendet werden, die klare Entscheidungsalternativen anbietet. Beispiel für geschlossene Fragen, etwa für eine Präsentation, sind:

- Passte das Thema zu den Zuhörern? Und passte es zur Situation?
- Wird die Problemlösung eindeutig sichtbar?
- Und ist der wesentliche und Erfolg versprechende Punkt dramatisiert?
- Wird das gewünschte Interesse geweckt?
- Hat der Einstieg neugierig gemacht?
- Blieben die Zuhörer wach und aktiv?

Offene Fragen graduell beantworten

Die offene (Wie schätzen Sie ... ein?) Fragestellung muss eine graduelle Beurteilung gestatten (siehe nächster Abschnitt). Andernfalls sind die Testteilnehmer oft mit der Beantwortung überfordert. Zudem beschleunigt eine graduelle Beurteilung den Test und dessen Auswertung.
Beispiel für offene Fragen (für eine Präsentation) sind:

- Ist die Argumentation glaubwürdig?
- Welche Ziele verfolgte der Referent?
- Wie lautete die »Botschaft«?
- Welchen Nutzen hatten die Zuhörer?

Die kritische Grenze

- Für Urteilsabstufungen sind Stufen vorzusehen: etwa von »gar nicht gut« bis »sehr gut«.
- Bewährt hat sich auch eine Skaleneinteilung mit neun Werten, wobei die »1« für »gar nicht gut« steht und die »9« für »sehr gut«.
- Ein Produkt/eine Präsentation etc. sollte über alle Fragen einen Durchschnitt erreichen, der möglichst über »6,5« liegt.
- Je höher, desto besser die Chancen.
- Bei einem Durchschnitt von »5« ist das Ergebnis indifferent, damit steigen die Risiken.

ExpressoTipp

Haben die Teilnehmer mich gut verstanden? Welche Botschaft kam bei den Teilnehmern an? Womit konnte ich überzeugen? Welche Punkte muss ich im Nachlauf unbedingt noch klären? Welche konkreten Ereignisse werden auf meinen ExpressoTest folgen (neue Projekte und Strategien, neue Investitionen etc.)?

ExpressoFokus

Welche Fragen aus dem Teilnehmerkreis kamen für mich unerwartet? Was hat überzeugt und was eher Verwirrung gestiftet? Was hätten die Teilnehmer außerdem noch gerne gehört?

ExpressoBalance

Behandeln Sie sich im Führungsalltag selbst fürsorglich, indem Sie auf die positiven Ereignisse von heute achten und Ihren Beitrag dazu anerkennen.

Ideen »verkaufen«

Die beste Idee nützt wenig, wenn sie sich nicht durchsetzt. Als Führungskraft produzieren Sie und Ihr Team ständig neue Ideen wie zum Beispiel Strategien, Produktkonzepte oder Umstrukturierungsmaßnahmen. Damit diese umgesetzt und ein Erfolg werden können, müssen Sie Verbündete finden: Partner, Mitarbeiter, Kunden, Vorgesetzte und, und, und. Diese Menschen sollen Ihre Idee »kaufen«. Dabei hilft Ihnen Ihr Kommunikations-Know-how. Dessen Bausteine müssen Sie konsequent für Ihr »Verkaufsgespräch« nutzen – ob im Einzelgespräch, im Vortrag oder vor großem Publikum.

Welcher Typ ist Ihr Gesprächspartner?

- **Analytiker:** Themen gut strukturiert in übersichtlicher Form darstellen. Er benötigt Daten und Fakten, um Sicherheit zu haben. Ist an Details interessiert, entscheidet aufgrund rationaler Argumente.
- **Macher:** Kurze und sehr zielorientierte Darstellung ohne Details, aber mit Zahlen und Grafiken. Will einen eigenen Vorteil haben. Schätzt Alternativen. Ergebnisse zusammenfassen und aktionsorientiert darstellen.
- **Idealist:** braucht viel Zeit in der Anlaufphase. Menschen und Gefühle sind ihm wichtig. Wenig Interesse für Details. Benötigt Sicherheit. Tut sich schwer mit einer Entscheidung. Offene Fragen stellen, zuhören.
- **Integrator:** liebt Lob und mag Bilder, Spaß und schnellen Wechsel. Hat das Ganze im Auge, konzentriert sich auf Prozesse und Abläufe. Lieber Konzepte als Zahlen zeigen.

Drei Schritte zum Erfolg

1. **Interesse wecken und Vertrauen gewinnen:** Geben Sie eine Gesamtübersicht aus der Vogelperspektive. Sagen Sie gleich zu Beginn, was für Sie Sinn und Zweck des Gesprächs ist. Setzen Sie den Partner in ein positives Licht. Versuchen Sie, Übereinstimmung zu erzielen. Arbeiten Sie mit rhetorischen Fragen, auf die es nur eine Antwort gibt: »Ja!«. Sprechen Sie die Gefühle an. Wecken Sie Betroffenheit. Fesseln Sie die Aufmerksamkeit, indem Sie mit Worten mentale Bilder malen. Versuchen Sie, eine Metapher zu finden, die auf die aktuelle Situation maßgeschneidert ist.
2. **Vorteile und Nutzen aufzeigen:** Machen Sie deutlich, welchen Nutzen jemand hat, wenn er das tut, was Sie ihm sagen. Zeigen Sie, wie man Negatives vermeidet und etwas Positives gewinnt.
3. **Zum Handeln auffordern:** Fassen Sie die wichtigsten Punkte zusammen. Sagen Sie Ihrem Gesprächspartner im Klartext, was er tun soll.

Für Ihre Zeitplanung

- Achten Sie auf einen interessanten Einstieg, einen spannenden Mittelteil und einen aktionsorientierten Abschluss.
- Die Dauer für die einzelnen Teile machen Sie vom Typ des Gesprächspartners abhängig.

Wissensnetz, Weblinks und Literatur

43. Die Körpersprache im Auge behalten
77. Zielgerichtet und erfolgreich präsentieren
84. Wie Sie gut und interessant schreiben
86. Wie Sie verständlich schreiben
97. Eckpfeiler der Verhandlungstechnik

Vorbereitung

- Nutzen Sie Hilfsmittel wie Präsentationsunterlagen, Beamer, Flipchart, Skizzen, Zahlen, Zeitungsausschnitte etc.
- Beziehen Sie den Gesprächspartner möglichst frühzeitig mit ein mit Fragen:
  Was bewegt das bei Ihnen?
  Wie kommt das an bei Ihnen?
  Was ist Ihnen dabei besonders wichtig?
- Beobachten Sie die Körperhaltung Ihres Gesprächspartners. Bei welchen Themen verändert sich etwas? Wann wird er unruhig, wo nickt er mit dem Kopf?

Einwände als Chance nutzen

- Den **Einwand aufnehmen** und ernst nehmen. Präzisieren, welche Bedeutung es für den anderen hat: Was meinen Sie mit ....?
- **Als-ob-Technik** einsetzen: Nehmen wir einmal an, das wäre so, was würde es dann bedeuten, wenn .... ? Nehmen wir an, das andere Argument trifft zu, was wäre dann?
- **In größeren Rahmen stellen:** In welcher Beziehung steht das zu den gemeinsamen Zielen? – Im großen Rahmen wirken Probleme häufig kleiner.
- **Judo-Technik:** Wenn Sie an meiner Stelle wären, was würden Sie dann sagen?
- **Sicherheit geben:** Referenzen, Zahlen, Grafiken etc. zeigen.

Resultate festhalten

- Sie wollen, dass Ihr Thema weitergeht. Deshalb müssen Sie Vereinbartes und Offenes unbedingt festhalten. Damit vermeiden Sie, dass bei der nächsten Besprechung dieselben Themen wieder auf den Tisch kommen.
- Sammeln Sie in schriftlicher Form (Flipchart, Tafel etc.) Einvernehmliches, Beschlüsse etc.
- Auch Einwände können gesammelt und am Schluss nochmals diskutiert werden.
- Je nach Resultat werden diese dann abgehakt oder bleiben offen und werden mit weiteren Aktionen versehen.
- Weiteres Vorgehen: Klare Punkte auflisten, wer was bis wann macht.

ExpressoTipp

Lassen Sie die Zuhörer Ihre Begeisterung spüren. Je überzeugter Sie selbst sind, desto wirkungsvoller wird Ihr Auftritt sein.
Der Nutzen steht im Vordergrund – dies kann auch ein ideeler oder ein Imagevorteil sein.

ExpressoFokus

Überlegen Sie sich etwas Besonderes und beziehen Sie es auf Ihre Idee oder auf den Zuhörer. Ideen dazu sind: Bringen Sie Kuchen und Kaffee mit, beginnen oder schließen Sie mit einem lustigen Bild oder Zitat, machen Sie ein passendes Geschenk, setzen Sie sich einen passenden Hut auf – einfach etwas Originelles.

ExpressoBalance

Ich denke mir einen Ort oder eine Situation aus, der oder die für mich pure Erholung bedeutet. Benutzen Sie dieses Ruhebild immer wieder, um sich zu erholen.

Das richtige Image: Kleidungs- und Stilfragen

Der professionelle Auftritt als Führungskraft wird unterstrichen durch eine typgerechte Kleidung, welche sich an Funktion und Unternehmen orientiert: Im Zirkus ist die Erwartungshaltung eine andere als in einer Bank. Finden Sie Ihren eigenen Stil, der Ihre persönliche Ausstrahlung positiv unterstreicht. In welcher Art von Kleidung fühle ich mich wohl und authentisch? Im Folgenden Tipps vor allem für den alltäglichen Auftritt. Für den hochoffiziellen in der Vorstandsetage sollten Sie in jedem Fall einen Berater hinzuziehen. Schulen Sie aber auch Ihr eigenes Stil-, Farb- und Formgefühl.

Was für ein Typ sind Sie?

Frühlingstyp – Charakteristika: heller bis warmer Teint mit bronzefarbenem Unterton, Haare gold-, rot- oder flachsblond bis brünett, Augen blau, blaugrau, blautürkis, graugrün, goldbraun. Für Sie empfehlen sich warme und leuchtende Farben, aber auch Cremetöne.

Sommertyp – Charakteristika: rosiger Teint mit bläulichem Schimmer. Haare mittel- bis dunkelblond, Augen blau, blaugrau, graugrün. Ihnen stehen helle, kühle, gedämpfte Farben, zarte Blautöne und pudrige Pastellfarben.

Herbsttyp – Charakteristika: warm schimmernder, bronze- bis goldfarbener Teint, Haare dunkelbraun bis schwarz. Augen braun, grün, blau. Ideal sind warme gedeckte Erdfarben wie Ocker, Rost oder Cognac.

Wintertyp – Charakteristika: rosiger, leicht bläulicher oder dunkler Teint. Haare mittelbraun bis schwarz, Augen braun, grün, grau. Passend sind alle Blautöne, eisiges Grau oder harte Kontraste wie schwarz-weiß.

Mit Accessoires punkten

- Die Uhr ist das wichtigste Accessoire. Achten Sie auf eine qualitativ gute Uhr, die von den Proportionen her zu Ihrem Handgelenkt passt.
- Aktentaschen, Handtaschen und Gürtel: Leisten Sie sich eine gute Qualität, bevorzugt in Leder.
- Schuhe: Achten Sie auch hier auf gute Qualität passend zu Ihrer Kleiderfarbe.
- Welche Brille passt zu Ihnen und unterstreicht Ihren Typ?
- Einstecktuch
- Manschettenknöpfe
- Schmuck: weniger ist mehr. Qualität statt Quantität
- Diese beiden Leitsätze gelten in allen Kleidungs- und Stilfragen.
- Lassen Sie sich von einem Experten, etwa bei einem guten Damen- bzw. Herrenausstatter beraten.

Für Ihre Zeitplanung

- Gehen Sie regelmäßig, spätestens alle sechs bis acht Wochen zum Friseur.
- Eine Grundausstattung sollten Sie stets einsatzbereit (also gereinigt, gebügelt etc.) haben, damit Sie auch für spontane Anlässe gewappnet sind.

Wissensnetz, Weblinks und Literatur

15. Mit Eigenmarketing weiter nach vorne
42. Ein kurzer Knigge fürs Geschäftsleben

- Petra Begemann: Der kleine Business-Knigge. Frankfurt/Main
- Claudia Piras, Bernhard Roetzel: 365 Tipps, Der gute Stil, Damen. Köln
- Bernhard Roetzel: Der Gentleman. Handbuch der klassischen Herrenmode. Köln
- Mary Spillane: Image Guide für die Frau. Erfolgreich in Beruf und Öffentlichkeit. München

Die Business-Kleidung für die Dame

- Sie haben die Wahl zwischen Kostüm oder Jackenkleid und klassischem Hosenanzug oder Kombi-Mode – zum Beispiel Blazer zu Rock oder Hose –, Strickkombinationen und verschiedenen Rocklängen.
- Farblich können Sie als Frau stärkere Akzente setzen als Männer. Zu aggressiv und grell sollte Ihr Outfit allerdings nie sein. Und der Mini ist ausgenommen.
- Achten Sie auf Qualität: Besser Sie tragen hochwertige Kleidung zweimal als jedes Mal neue, aber minderwertige Stücke.
- Unabhängig von aktuellen Modetrends sollten Sie sich stets an der Frage orientieren, was zu Ihrem Typ hinsichtlich Farben und Stil passt. Und: Womit möchte ich »mein Image« unterstreichen?

Die Business-Kleidung für den Herrn

- Als Grundregel gilt weiterhin: Anzug, Hemd, Krawatte. Kombinationen sind ebenbürtig zum Anzug, wobei sich die Farbe der Hose eindeutig von der des Sakkos unterscheiden sollte.
- Hosen haben eine unaufdringliche Farbe und einen Aufschlag. Ohne Aufschlag ist die Hose zu Smoking und Abendanzug. Bunt karierte Hosen sind tabu.
- Der unterste Knopf bleibt bei Westen und Jacketts offen.
- Eine dezente Krawatte gehört dazu.
- Dunkle Socken (sie sollten so hoch reichen, dass beim Sitzen niemals bloße Haut zu sehen ist) und Lederschuhe runden – abgestimmt auf die Farbe der Hose – das Geschäfts-Outfit ab.

Das geht auf keinen Fall

Damen:

- ärmellose Kleider und Tops
- extrem kurze Röcke und Shorts
- zu enge sich abzeichnende Unterwäsche
- fehlende Knöpfe, schief getretene Absätze, schlecht oder nicht geputzte Schuhe
- zu viel Schmuck
- auffällige Piercings und Tätowierungen

Herren:

- weiße Socken oder solche mit Gag-Motiv
- kein Gürtel, fehlende Knöpfe
- auffällige Piercings und Tätowierungen
- braune Schuhe nach 18.00 Uhr, zweifarbige Schuhe, Slipper, Stiefeletten
- schief getretene Absätze, schlecht oder nicht geputzte Schuhe

ExpressoTipp

Welches sind die Spielregeln in Ihrem Umfeld? Modisch, dezent, formell, schrill, kreativ, elegant, sportlich etc.? Je offizieller oder feierlicher ein Anlass ist, desto sorgfältiger sollten Sie Ihre Garderobe wählen. Achten Sie auch darauf, dass Ihre Mitarbeiter ein Gefühl für Stil bekommen.

ExpressoFokus

Es lohnt sich, im Frühjahr und im Herbst jeweils ein neues Business-Outfit zu kaufen. Dieses kann dann mit Einzelstücken ergänzt werden. Zudem haben Sie so Gelegenheit, sich über auf dem Laufenden zu halten.

ExpressoBalance

Schaffen Sie Zeitinseln. Vereinbaren Sie regelmäßige Treffen mit Ihren Mitarbeitern. Finden Sie Foren, in denen ein konstruktiver Austausch stattfinden kann.

Die Informationsflut managen

Wie viel Zeit bräuchten Sie täglich, um sich auch nur annähernd in Ihrem Fachbereich auf dem Laufenden zu halten? Allzu oft sicher weit mehr als eine halbe Stunde. Und im Laufe der Woche kommen dann einige Stunden zusammen. Dazu kommen E-Mails, Briefe und jede Menge andere Informationen, die gesichtet und gegebenenfalls beantwortet werden müssen. Die wichtigen Informationen herauszufiltern, zu bewerten und auszutauschen – eine Kernaufgabe einer Führungskraft. Schaffen Sie eine Kultur hierfür. Letztlich ist dies auch die Basis für Wissensmanagement.

Kommunikationskanäle

Etablieren Sie in Ihrem Team eine Kommunikationskultur, die alle Kanäle (Telefon, E-Mail, Brief, Bücher und Zeitschriften, Internet, Marketing- oder Briefing-Unterlagen usw.) einheitlich und gezielt nutzt:

- Sprechen Sie in Ihrem Team, insbesondere mit Ihrer Assistenz, genau ab, was wer wie und wann an Informationen braucht und worauf er zugreifen kann. So benötigt nicht jeder alle detaillierten Marketinginformationen auf seinem Schreibtisch.
- Ideal ist es, jederzeit mit kurz gefassten Schlüsselinformationen auf dem Laufenden zu bleiben, aber die **Möglichkeit zum Nachfassen** (siehe Intranet) zu geben.
- Lassen Sie vor allem nie einen Stapel mit Zeitschriften und Ausschnitten anwachsen mit »Artikeln, die ich noch unbedingt lesen muss«. Das erzeugt nur Stress und gelesen werden diese vergrabenen Schätze ohnehin nie. Gleiches gilt für das Abonnieren von Newslettern: Benötigen Sie alle Informationen?

Wider die CC-Mail-Unkultur

»CC« bedeutet »Carbon Copy« also »Durchschlagskopie«. CC-Mails sind interne Botschaften, die außer an den eigentlichen Adressaten informationshalber gleich an das »halbe« Unternehmen gehen. Schaffen Sie in Ihrem Team eine sinnvolle CC-Kultur, die firmeninternen Spam ausschließt!

- Sorgen Sie dafür, dass Ihre Mitarbeiter die CC-Funktion nicht nutzen, um sich nach oben abzusichern und Sie und andere Vorgesetzte in die CC-Zeile einzufügen.
- **Verhindern Sie, dass Probleme unternehmensweit gestreut werden**, um die Chance auf eine rettende Antwort zu erhöhen. Je größer der Adressatenkreis, desto wahrscheinlicher ist es, dass viele Empfänger nur lückenhaft informiert sind und sich mühsam in die Angelegenheit einarbeiten müssen.
- Schreiben Sie in Ihren E-Mails immer nur das Wichtigste, für Details legen Sie am besten direkt in der Mail einen Link zu Informationen im Firmenintranet (Information on demand) an.

Für Ihre Zeitplanung

- Lesen Sie alle neuen Informationen – nach der Einteilung nach Prioritäten – möglichst zeitnah.
- Nutzen Sie Wartezeiten, Zugfahrten für das Lesen von Zeitschriften, längeren Texten etc.
- Lesen Sie zu definierten Zeiten Mails, um sich nicht durch ständige Unterbrechungen zu verzetteln.

Wissensnetz, Weblinks und Literatur

3. Das Potenzial einer Assistentin optimal nutzen
45. Effizient kommunizieren per Brief und E-Mail
70. Mehr Effizienz mit dem Pareto-Prinzip
102. Die Ressource Wissen managen
105. »Dringend« vs. »wichtig«: sinnvolles Zeitmanagement

- Ernst Ott: Optimales Lesen. Reinbek

Sich selbst Notizen machen

Sie müssen Informationen und Ideen im Gedächtnis behalten, sich folglich immer wieder in einem Block, Ihrer »Datenbank«, Notizen machen.

- Es gibt verschiedene Methoden, etwa in eine Kladde oder in ein Notebook, einen Pocket-PC oder Tablet-PC. Wählen Sie diejenige, die Ihnen am meisten liegt.
- Planen Sie feste Zeiten ein, in denen Sie Ihre Notizen in andere »Datenbanken« übertragen.
- Zum Ablegen auf einem PC eignen sich Mindmap-Programme oder elektronische Karteikarten-Systeme wie Microsoft OneNote. Eine preiswerte Alternative ist das Anlegen einer Word-Datei, die Sie beim Arbeiten am PC stets geöffnet halten.

Optimal lesen

Ganz gleich, auf welchem Wege und in welchem Format Informationen zu Ihnen gelangen, Sie müssen sie lesen. Dabei können Sie eine Menge Zeit sparen. Hier einige Tipps zum effizienten Lesen:

- Das Licht muss stimmen. Nehmen Sie eine gute, entspannte Sitzposition ein.
- Optimal ist ein spezieller **»Leseplatz«**: Hier widmen Sie sich nur Ihrer Lektüre.
- Lesen Sie zuerst das Inhaltsverzeichnis, Einführung und Zusammenfassung. Danach können Sie besser entscheiden, was für Sie wirklich interessant ist.
- Überfliegen Sie alle Texte: Lesen Sie nicht einzelne Wörter, sondern ganze Gruppen.
- Lesen Sie nicht zurück. Langsames Lesen bedeutet kein besseres Lesen.

Den Informationsfluss lenken

Es empfiehlt sich, ein einheitliches Ablagesystem aufzubauen – auch als Basis für Ihr Wissensmanagement.

- Bauen Sie ein **team- oder firmeninternes Intranet** auf. Auf solch einem gemeinsamen »Daten-Marktplatz« kann sich jeder bei Bedarf detailliert informieren. Legen Sie darin alle Dateien nach im Team abgesprochenen Benennungen und Orten ab.
- Falls Ihr Unternehmen keine technischen Voraussetzungen bietet, können Sie bei diversen Anbietern kostengünstig passende Angebote mieten.
- Dateien, die Sie nicht elektronisch ablegen können, archivieren Sie in einem klar strukturierten Ablagesystem, am besten in einer Hängeregistratur.

ExpressoTipp

Lernen Sie und Ihr Team, sich kurz zu fassen: »Was nicht auf einer einzigen Manuskriptseite zusammengefasst werden kann, ist weder durchdacht noch entscheidungsreif«, wusste schon Dwight David Eisenhower.

ExpressoFokus

Bauen Sie eine teaminterne Kommunikationskultur auf, die auf drei Grundideen beruht: Nur wichtige Mitteilungen senden. Mitteilungen kurz fassen. Möglichkeit zum Nachfassen anbieten.
Leben Sie diese Kultur vor!

ExpressoBalance

Wenn Sie die Informationsflut zu Ihrem Arbeitsschwerpunkt in den Griff bekommen haben, sollten Sie sich ab und an einmal eine »Informationsdusche« gönnen. Lesen Sie eine gute Zeitschrift komplett von Anfang bis Ende – um auf andere Gedanken zu kommen.

Mitarbeiter zielgerichtet und angemessen informieren

Im Idealfall sind Ihre Mitarbeiter über alles informiert, was sie direkt oder indirekt betrifft. Und zwar so genau und so früh wie möglich. **Der Umgang mit und die Weitergabe von Informationen ist eine wichtige Aufgabe von Führungskräften.** Dabei spielen die Art und Weise der Informationsweitergabe sowie der Zeitpunkt eine herausragende Rolle. Ein guter Informationsfluss garantiert eine reibungslose und produktive Zusammenarbeit. Informationen austauschen setzt Kommunikation voraus. Auch deshalb, weil es im Vorfeld abzuklären gilt, welche Information an wen sinnvollerweise weiterzugeben ist.

Informationen sammeln

Jeder Mitarbeiter hat das Recht und das Bedürfnis, Informationen zu bekommen, die seine direkte Arbeit und sein Umfeld betreffen. **Gut und umfassend informierte Mitarbeiter sind motivierte und erfolgreiche Mitarbeiter.** Ermitteln Sie dabei zunächst, welche Informationen Ihre Mitarbeiter genau benötigen und was Ihre Mitarbeiter wissen möchten. Gerade Themen wie Arbeitsplatzsicherheit, Arbeitsbedingungen oder Vergütung sind wichtig. Diesbezügliche Veränderungen sollten Sie so direkt wie möglich mitteilen. Halten Sie guten Kontakt zu Finanz- und Personalabteilungen, zu Kollegen und sonstigen Informationsquellen. Nützliche Informationen können von Leuten aus allen Ebenen Ihres Unternehmens sowie aus Seminaren oder externen Verbindungen kommen. Beachten Sie auch Informationen, die sich auf die Beziehungsebene beziehen. Prüfen Sie, inwieweit sie für den Teamprozess Bedeutung haben. Meist wird diesen Informationen zu wenig Beachtung geschenkt.

Informationen bewerten

Intranet und E-Mail machen schnelle und einfache Informationsübermittlung möglich. Dabei kann es schnell zur Informationsüberlastung kommen. Werfen Sie deshalb sofort jede Information weg, die überflüssig ist. Ordnen und prüfen Sie Informationen gründlich, bevor sie in den Entscheidungsprozess eingehen. **Leiten Sie Infos nur an die Personen weiter, die sie brauchen.** Bewerten Sie Informationen nach der Bedeutung für Ihre laufenden Projekte.

In einem gut funktionierenden Team sollte es keine beruflichen Geheimnisse zwischen den Mitgliedern geben. Ehe Sie sich für Vertraulichkeit entscheiden, fragen Sie sich: »Wer sollte das noch wissen?« – »Und wäre Offenheit schädlich?« Wenn Sie der Meinung sind, Geheimhaltung wäre eher schädlich, dann veröffentlichen Sie in Absprache mit den beteiligten Mitarbeitern die Information. So verhindern Sie im Vorfeld, dass Gerüchte entstehen.

Für Ihre Zeitplanung

- Informationen zielgerichtet und angemessen zu verteilen erfordert Sorgfalt und somit auch Zeit. Zeit, die jedoch durch ein deutliches Plus an Effizienz wettgemacht wird.

Wissensnetz, Weblinks und Literatur

37. Die Informationsflut managen
43. Die Körpersprache im Auge behalten
87. Schwierigkeiten im Team offensiv begegnen
93. Teams führen
96. Erfolgreich Veränderungsprozesse gestalten
111. Das Zusammenarbeiten von Internen und Externen

- Friedemann Schulz von Thun, Johannes Ruppel, Roswitha Stratmann: Miteinander reden: Kommunikation für Führungskräfte. Reinbek

Informationen weiterleiten

Eine Voraussetzung, um Informationen effizient weiterzuleiten, ist die Tatsache, dass sie richtig verstanden werden. Dafür müssen Sie sich im Klaren darüber sein, was Sie genau mitteilen wollen. Achten Sie dabei auf eine klare Ausdrucksweise und darauf, dass Ihre Körpersprache nicht im Widerspruch zu dem steht, was Sie formulieren.
Nutzen Sie moderne Kommunikationsmittel für den routinemäßigen Informationsfluss. E-Mails können beispielsweise schnell alle erreichen und bieten Interaktion und Beteiligung von allen. Beachten Sie hierbei die Gefahr, zu viel Information zu verbreiten.
Je einschneidender die Informationen für Ihre Mitarbeiter sind, desto mehr sollten Sie den persönlichen Kontakt suchen.

Unangenehme Informationen

Eine Herausforderung für jede Führungskraft ist das Überbringen von schlechten Nachrichten. Hierbei besteht besonders die Gefahr, dass Sie missverstanden werden. **Übermitteln Sie deshalb schwierige Mitteilungen nur im persönlichen Gespräch.** Dadurch können unmittelbare Rückfragen erfolgen und Sie erfahren etwas über die eventuellen Bedenken, Ängste und Widerstände Ihrer Mitarbeiter. Lassen Sie den Mitarbeitern Raum, um ihre eigene Meinung sagen zu können. Hören Sie aufmerksam zu. Auch zornige Menschen können etwas Vernünftiges vorbringen. Lassen Sie Ihren Mitarbeitern möglichst viel Information über die Situation zukommen, wenn möglich auch über die Hintergründe der Entscheidung.

Informationen nach außen geben

Neben dem guten Informationsfluss innerhalb des Teams ist für den Erfolg der Arbeit der Informationsfluss zur übrigen Organisation und zu den Kontakten nach außen lebenswichtig.
Bevor Sie Informationen weiterleiten, berücksichtigen Sie folgende Punkte: Ist die Information zutreffend? Wer sollte sie erhalten? Wie wird sie am besten übermittelt? Sollte darauf eine Handlung erfolgen?
Erstellen Sie ein Verzeichnis der Schlüsselpersonen innerhalb und außerhalb Ihres Unternehmens, die bestimmte Informationen erhalten sollten. Fragen Sie regelmäßig nach, ob sich alle ausreichend von Ihrer Abteilung informiert fühlen. Das hilft, kleinere und größere Probleme zu verhindern.

ExpressoTipp

Vereinbaren Sie mit Ihren Mitarbeitern, wo welche Informationen zu erfragen oder zu erhalten sind: Intranet, Archiv, E-Mail, Schwarzes Brett, Mitarbeiterzeitung, Besprechungen etc. Fragen Sie Ihre Mitarbeiter regelmäßig, wie gut sie sich informiert fühlen.

ExpressoFokus

Vermeiden Sie es, schlechte Nachrichten länger als nötig geheim zu halten. Meist werden daraus demotivierende Gerüchte. Ob bei guten oder schlechten Nachrichten: Sorgen Sie für eine entspannte Atmosphäre, in der auch Kritik oder Ängste geäußert werden können.

ExpressoBalance

Halten Sie Ihre Sporttasche immer gepackt und griffbereit. Auf diese Weise können Sie gleich loslegen, wenn Ihnen danach zumute ist oder wenn sich eine Gelegenheit ergibt.

Den Erfolgsfaktor Innovation im Blick behalten

Innovation bedeutet Erneuerung, Wandel und Veränderung. Häufig besteht der Irrglauben, dass Innovation nur Aufgabe der Forschungs- und Entwicklungsabteilung ist. Aber der Erfolg eines Unternehmens lebt neben der Innovation von Produkten und Dienstleistungen auch von der Innovation der Prozesse, der Abläufe und der Organisation.

Innovationen benötigen eine offene, lösungsorientierte Kultur des Zuhörens und Vertrauens. Idealerweise gibt es etablierte Innovationsprozesse in Ihrem Unternehmen – wenn nicht, führen Sie sie in Ihrem Team ein.

Vernetzung der Hauptakteure

Eine wesentliche Basis für gelungene Innovation ist die **offene und transparente Informations- und Kommunikationskultur** in einem Unternehmen.

- Bringen Sie die an einem Produkt oder Prozess Beteiligten zusammen, möglichst über Hierarchien hinweg. Innovation lebt von den unterschiedlichen Perspektiven der Mitwirkenden.
- Zum Beispiel für die Kapazitätserweiterung einer Produktionsanlage:
  Meister, Betriebsingenieur, Prozessspezialisten, Qualitätskontrolle, Mess- und Regeltechniker, Betriebsleiter, Einkäufer, Marketing, Kunde etc.
- Bringen Sie die Denker und die Macher zusammen, und fordern Sie sie mit ehrgeizigen Zielen.
- **Hören Sie Ihren Verkäufern genau zu – sie wissen am besten, was Kunden gerne möchten**. Entwickeln Sie gemeinsam innovative Ziele.

Erfinden – Intuition oder Systematik?

INSEAD in Fontainebleau fand in empirischen Studien heraus, dass in den Märkten drei Typen von Innovation vorkommen:

- **Me-too-Innovation:** Vergleichen mit der Konkurrenz und übernehmen, was nützlich ist. Achtung: Patente nicht verletzen!
- **Value-Improvement-Innovation:** Graduelle Verbesserung und Optimierung des bestehenden Angebotes. Fragen Sie Kunden, was sie optimalerweise von dem Produkt/der Leistung gerne möchten.
- **Value-Innovation:** Entwicklung von neuen Nutzendimensionen. Stellen Sie den Kernnutzen in den Mittelpunkt. Schauen Sie sich auch das Nutzenprofil von Nichtkunden an.

Nur 14 Prozent der Neueinführungen stellten eine wirkliche Value-Innovation dar. Diese waren aber für 61 Prozent der durch die gesamten Einführungen erwirtschafteten zusätzlichen Gewinne verantwortlich.

Für Ihre Zeitplanung

- Nutzen Sie Ihre regelmäßigen Besprechungen, und bauen Sie das Thema standardmäßig ein.
- Machen Sie jedes Jahr einen Innovationstag in einer ungewöhnlichen Umgebung.

Wissensnetz, Weblinks und Literatur

24. Durch eine fehlerfreundliche Kultur alle Chancen nutzen
32. Ideen auswählen
33. Ideen entwickeln
95. Als Führungskraft unternehmerisch denken

- www.triz-online.de: Info zur TRIZ-Methode
- Hansjörg Bullinger, Gerhard. H. Schlick: Wissenspool Innovation. Frankfurt/Main
- Anja Förster, Peter Kreuz: Different Thinking! Frankfurt/Main

Innovations-Checkliste

Was benötigen Sie, wenn Sie gezielt an einem Thema arbeiten wollen?

- Information über das zu verbessernde System und dessen Umfeld: Arbeitsweise des Systems, heutiger Nutzen, gewünschte Eigenschaften, Umfeld etc.
- Verfügbare Ressourcen und deren Potenzial: stoffliche, personelle, zeitliche, räumliche Ressourcen, Informationen etc.
- Informationen zur Problemsituation: angestrebte Verbesserungen, Mechanismus des Nachteils etc.
- Veränderung des Systems: Welche Veränderungen sind gewünscht? Wo ist die Systemgrenze?
- Auswahlkriterien der Lösungen: Technik, Kosten, Zeitplan, Neuartigkeit, Kundennutzen etc.
- Weitere wichtige Fragen sind:
  Welche Teilnehmer können einen Beitrag leisten?
  Wie kann ich eine Atmosphäre von Vertrauen und Wertschätzung schaffen, damit die Teilnehmer alles sagen dürfen?
  Wie begegne ich Killerargumenten?
  Was haben die Teilnehmer davon, wenn sie mitmachen?
- Die TRIZ-Methode (siehe Weblink) kann dabei als Leitfaden dienen.

Verbessern – Zufall oder System?

Erzeugen Sie eine Kultur für Innovation. Alle – vom Portier bis zum Direktor – sind ständig aufmerksam, können Ideen äußern und werden gehört.

- **Kontinuierlicher Verbesserungsprozess** (KVP): Jeder Mitarbeiter ist Experte in seinem Verantwortungsbereich. Sammeln Sie regelmäßig Ideen zu KVP. Bilden Sie Arbeitsgruppen, die die Ideen weiterentwickeln und bewerten und umsetzen. Geben Sie Rückmeldung über die Resultate.
- **Betriebliches Vorschlagswesen:** Mitarbeiter sind aufgefordert, konkrete Verbesserungsideen an ein unabhängiges Gremium zu geben. Werden diese umgesetzt, erhält der Mitarbeiter eine Prämie von 15 bis 30 Prozent der Einsparung im ersten Jahr.

ExpressoTipp

Wichtig ist, dass Innovation sowohl in den Alltag integriert ist als auch regelmäßig größere Zeitfenster dafür vorgesehen sind. Die Kultur wird dadurch beeinflusst, welche Wertschätzung Sie auch kleineren Verbesserungen entgegenbringen.

ExpressoFokus

Behandeln Sie Ihre Mitarbeiter als Experten auf ihrem Gebiet. Setzen Sie einem geeigneten Mitarbeiter den »Innovationshut« auf. Er ist dafür zuständig, dass dieses Thema überall integriert ist. Vielleicht ist sogar ein Rotationsprinzip sinnvoll.

ExpressoBalance

Gönnen Sie sich heute Abend ein langes, heißes Schaumbad. Nehmen Sie Zeitschriften und ein Glas Champagner mit ins Badezimmer. Hören Sie schöne Musik, und entspannen Sie sich.

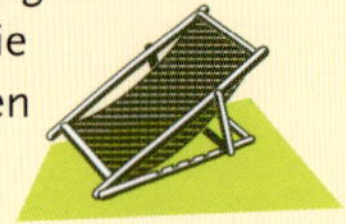

Auf der Karriereleiter nach oben

Gut ausgebildete junge Führungskräfte wollen weiter Karriere machen. Welches Verhalten unterstützt meinen Weg? Was bedeutet Karriere für mein persönliches Umfeld? Welche Art von Karriere passt zu mir? Viele größere Unternehmen verfügen über ein Talentmanagement. Sie bieten ihren Mitarbeitern bewusst verschiedene Möglichkeiten der Laufbahnentwicklung an. Nun gilt es für sich zu klären, welche Entwicklung den eigenen Fähigkeiten und Talenten am nächsten kommt. Ein genereller Rat: Am besten macht man Karriere, wenn man für jemanden arbeitet, der Karriere macht.

Wege in den Talentpool

- **Zielgerichtet netzwerken:** Bauen Sie gezielt gute und tragfähige Beziehungen im Unternehmen und im Umfeld mit Kunden, Lieferanten etc. auf.
- **Kompetenzen beweisen:** Mitarbeiter, die für das Unternehmen einen ständigen Nutzen stiften, sind unverzichtbar.
- **Unternehmerisch denken:** Schauen Sie mit der Unternehmerbrille, und optimieren Sie ständig.
- **Wandel managen:** Sehen Sie Veränderungen als einen Bestandteil Ihrer Aufgabe, und unterstützen Sie auch andere dabei.
- **Feedback sammeln:** Holen Sie sich regelmäßig Feedback von Kollegen und Vorgesetzten ein, und setzen Sie es um.
- **Nützen Sie Ihrem Chef:** Unterstützen Sie Ihren Chef bei seiner Führungsaufgabe.

Die Vorbereitung für Karriereschritte

- Job-Enrichement: mehr Kompetenzen und Verantwortung in der bisherigen Aufgabe
- Job-Enlargement: neue und zusätzliche Aufgabenbereiche
- Übernahme von Spezialaufgaben, Spezialprojekte
- Jobrotation
- Auslandsaufenthalt
- fachliche und persönliche Weiterbildung (MBA, Projektmanagement, Führungstrainings etc.)
- mögliche Schritte:
  Führungs-, Fach-, Spezialisten- oder Projektlaufbahn
  Handlungsvollmacht
  Prokura

Für Ihre Zeitplanung

- Je nach Aufgabe können Sie nach zwei bis fünf Jahren den nächsten Karriereschritt angehen.
- Bauen Sie rechtzeitig einen Nachfolger für Ihre Funktion auf, damit Sie befördert werden können, ohne eine zu große Lücke zu hinterlassen.

Wissensnetz, Weblinks und Literatur

15. Mit Eigenmarketing weiter nach vorne
27. Wer bin ich? – Fremdbild und Selbstbild
46. Eigene Kompetenzen, Talente und Fähigkeiten fördern
67. In Netzwerken denken und handeln
72. Kleiner Workshop zu Ihrer persönlichen Entwicklung

- www.expressocoach.de: Entwicklungsplan und Checkliste zum Herunterladen

Der Entwicklungsplan für Ihre Karriere

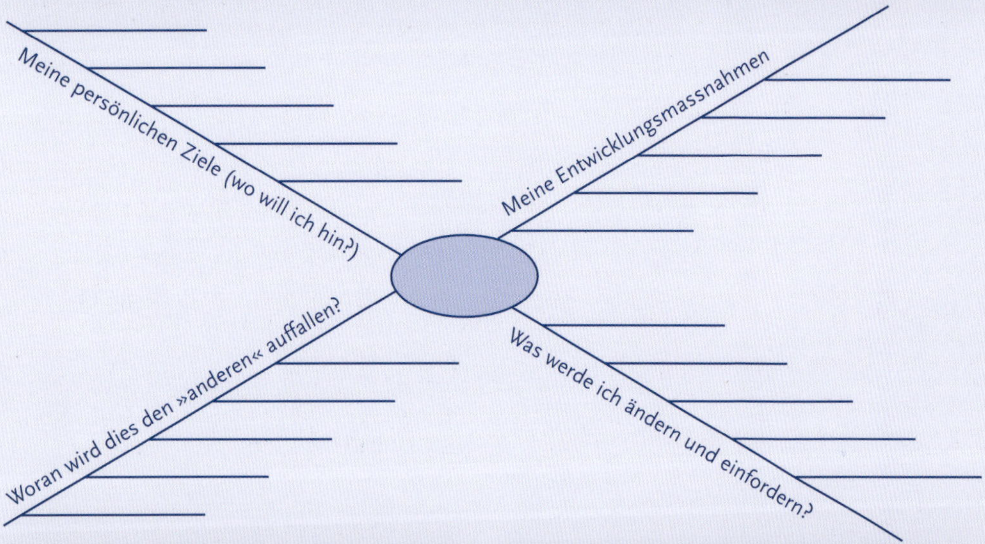

Die Checkliste für Ihre Karriere

Was mich behindern könnte	Priorität
Wie ich es ausschalte	

ExpressoTipp

»Be visible« – möglichst mit gewinnbringenden Beiträgen für das Unternehmen. Nutzen Sie formelle und informelle Gelegenheiten, um mit anderen Schlüsselpersonen in Kontakt zu kommen. Ideal sind auch abteilungsübergreifende Projekte.

ExpressoFokus

Erarbeiten Sie mit Ihrem Vorgesetzten einen jährlichen Entwicklungsplan. Decken Sie dabei die Themen Fachwissen, Methodenkompetenz, Sozialkompetenz und strategisches Wissen ab. Pflegen Sie gute Kontakte zum Personalleiter. Er ist häufig die Schaltzentrale für Nachfolgeregelungen.

ExpressoBalance

Setzen Sie sich bequem hin und tun Sie für drei Minuten nichts. Versuchen Sie auch geistig still zu werden. Beobachten Sie einfach, was passiert.

Das effektive Arbeiten mit Kennzahlen

Die Erfahrung zeigt: Was nicht gemessen wird, lässt sich nicht managen (oder wird nicht gemacht). Nutzen Sie Balance Scorecard, eine Management-Methode, mit der Sie ein Unternehmen mit wenigen, entscheidenden Kennzahlen strategisch, flexibel und effektiv führen können.

Messen, steuern, regeln und korrigieren sind zentrale Führungsaufgaben. Wie ein Kapitän sein Schiff je nach Wetter (Markt) steuert, gilt es die Passagiere (Mitarbeiter) sicher ans Ziel zu bringen. Je präziser die Wetterdaten (Kennzahlen) sind, je einfacher ist die Kursbestimmung.

Nutzen von Kennzahlen

Kennzahlen dienen dazu, die vielfältigen Geschäftsaktivitäten abzubilden und sichtbar zu machen. **Kennzahlen sind verdichtete Messgrößen, die konzentriert über zahlenmäßig erfassbare Sachverhalte berichten.** Sie erfüllen spezifische Aufgaben im Unternehmen, Kennzahlen

- schaffen Transparenz und sensibilisieren für Aspekte, die sonst nicht wahrgenommen würden
- sie ersetzen intuitive – und oft pauschale, undifferenzierte – Urteile durch nachprüfbare Daten
- sind Grundlage für Entscheidungen und Steuerung
- bilden die Basis für interne und externe Vergleiche
- sind Teil von Berichten an Vorgesetzte und externe Interessengruppen wie Anteilseigner, Banken, Behörden oder Medien und Öffentlichkeit

Achtung: Zuverlässige Kennzahlen basieren auf hoher Qualität bei der Messung.

Arten von Kennzahlen

- **Markt- und Kundendaten:** Sie bilden die Kundenmeinung und Kundeneinstellung gegenüber Ihrem Unternehmen ab.
- **Prozess- und Ressourcendaten:** Anhand dieser Kennzahlen können Sie ablesen, wie gut oder schlecht Ihre internen Prozesse bezogen auf Zeit, Qualität und Kosten ablaufen.
- **Innovations- und Mitarbeiterdaten:** Wie sehr ist Ihr Unternehmen auf zukünftige Entwicklungen ausgerichtet, und wie wirkt es auf Ihre Mitarbeiter und deren Engagement?
- **Finanzielle Daten:** Diese klassischen finanziellen Kennzahlen sind vor allem für Anteilseigner von Bedeutung. Sie werden hier nicht berücksichtigt, da sie als bekannt vorausgesetzt werden.
- **Über die Zeit:** Gibt es auffällige Veränderung zur Vorperiode? Wie ist der Trend?
- **Soll/Ist-Vergleich** (Zielerreichung) oder **Vergleich mit anderen** (andere Abteilungen, Wettbewerb).

Für Ihre Zeitplanung

- Legen Sie in der Jahresplanung und in der langfristigen Planung für wichtige Kennzahlen Soll-Werte fest.
- Sorgen Sie dafür, dass Kennzahlen zeitnah erarbeitet werden, etwa monatlich.
- Machen Sie regelmäßig eine Abweichungsanalyse, klären Sie die Ursachen, und leiten Sie notwendige Maßnahmen umgehend ein.

Wissensnetz, Weblinks und Literatur

70. Mehr Effizienz mit dem Pareto-Prinzip
102. Die Ressource Wissen managen
104. Aus Zahlen Erkenntnisse ziehen

- www. benchbase.com: kostenpflichtiges benchmarking
- Hans-Jürgen Probst: Kennzahlen leicht gemacht. Frankfurt/Main

Kennzahlen aus dem Vertrieb

- Deckungsbeitrag pro Region/Verkäufer/Kunde/Produkt
- Welche Kunden erbringen 80 Prozent des Umsatzes/Deckungsbeitrags?
- Bestellvolumen bzw. -anzahl im Verhältnis zu Angebotsvolumen bzw. -anzahl
- Umsatzverhältnis von Neukunden zu Altkunden
- Monatliche Anzahl Besuche pro Verkäufer
- Wöchentliche Anzahl Kontakte pro Verkäufer (persönliche, telefonische, Mail/Brief)
- Umsatzvolumen eines Kunden im Verhältnis zum Umsatzpotenzial
- Marktanteil

Kennzahlen im Personalbereich

- Personalstrukturen: Anzahl der Vorgesetzten, Auszubildende in Prozent aller Mitarbeiter.
- Personalaufwand: Personalgesamtaufwand in Prozent des Umsatzes bzw. pro Mitarbeiter in Euro.
- Personalentwicklung: Aufwand je Mitarbeiter in Euro, Aufwand in Prozent des Personalaufwandes/Umsatzes, durchschnittliche Anzahl Tage pro Mitarbeiter.
- Fehlzeiten: pro Mitarbeiter in Stunden oder in Prozent der Jahressollarbeitszeit, durch Arbeitsunfälle in Prozent der Jahressollarbeitszeit, durchschnittliche Anzahl der Arbeitsunfälle pro 1000 Mitarbeiter.
- Fluktuation: Abgänge der Arbeitnehmer in Prozent aller Arbeitnehmer.

Kennzahlen im Bereich Innovation

- Ergebniskennzahlen: Umsätze mit Neuprodukten und innovativen Dienstleistungen in Prozent des Gesamtumsatzes, Anzahl der neuen Produkte/Dienstleistungen pro Jahr, Innovationsaufwendungen in Prozent des Gesamtumsatzes.
- Prozesskennzahlen: durchschnittliche Lebensdauer von Produkten/Lösungen, Verhältnis von erfolgreichen Produkten/Lösungen zu durchgefallenen Produkten, Zeitdauer, bis ein Produkt von der Idee auf den Markt kommt, Zeitdauer für die Bewertungen von Innovationen.
- Mitarbeiterkennzahlen: Anzahl von Innovationsvorschlägen pro 100 Mitarbeiter, Anzahl der realisierten Innovationsvorschläge pro 100 Mitarbeiter.

ExpressoTipp

Nutzen Sie dabei die Erfahrung des Controllings. **Entwickeln Sie für Ihr Geschäft Frühindikatoren**, Kennzahlen, die nicht nur die Vergangenheit abbilden, sondern auch eine Aussage über die zukünftige Entwicklung machen.

ExpressoFokus

Nutzen Sie Kennzahlen von Wettbewerbern oder von vergleichbaren Branchen, und vergleichen Sie mit Ihren Zahlen (Benchmarking). Lernen Sie von den Besten. Konzentrieren Sie sich auf wenige, aussagekräftige Kennzahlen. Erfassen Sie diese aber mit aller Konsequenz regelmäßig.

ExpressoBalance

Überlegen Sie einmal, wie viel Energie Sie darauf verwenden, an Vergangenes, und wie viel Energie Sie verwenden, um an Zukünftiges zu denken? Was ist mit dem JETZT?

Ein kurzer Knigge fürs Geschäftsleben

Gutes Benehmen ist nichts Altmodisches. Zum einen wird höfliches und respektvolles Auftreten gerade von Führungskräften erwartet, zum anderen ist es Zeichen von Stil. Außerdem vermittelt es Sicherheit im Umgang mit Mitarbeitern, Vorgesetzten, Geschäftspartnern, Kunden und der Öffentlichkeit – auch auf glattem Parkett: **Es gibt für den ersten Eindruck keine zweite Chance.** Im Folgenden finden Sie einige grundlegende Regeln für einen guten Umgang miteinander, die Sie eventuell auch an Mitarbeiter als Anregung weiterreichen können. Generell gilt: Zu höflich kann man eigentlich nicht sein.

Begrüßung und Vorstellung

- **Jeder hört seinen Namen gerne!** – Bei der Vorstellung wiederholen, hilft auch beim Merken.
- Keine kraftlosen Händchen, aber auch kein Schraubenzwingengriff.
- Ein kurzer Händedruck genügt, keinesfalls Hand kräftig schütteln.
- keine schwitzigen, feuchten oder schmutzigen Hände.
- Nie die andere Hand in die Hosentasche stecken.
- **Immer Blickkontakt halten.**
- Vor allem: Nicht dem einen Gesprächspartner die Hand geben und dabei schon den nächsten anschauen.
- Vorstellen nach Rangfolge, das heißt, es gilt die Regel: Gäste und Kunden sind immer König, werden also zuerst vorgestellt.
- Du oder Sie: Finden Sie für sich – passend zu Ihrem Unternehmen – eine Linie.

Visitenkarten-Knigge

Wenn Sie Ihrem Gesprächspartner Ihre Visitenkarte überreichen, gelten folgende Knigge-Regeln:

- Halten Sie Ihre Karte immer bereit, ohne danach suchen zu müssen.
- Überreichen Sie kein verschmutztes und verknicktes Exemplar.
- Verwenden Sie immer eine aktuelle Version, das heißt mit aktueller Adresse, Durchwahl, aktuellem Titel etc.

Wenn Sie umgekehrt die Visitenkarte Ihres Gesprächspartners erhalten, gilt:

- **Stecken Sie eine Visitenkarte nicht achtlos ein, sondern schauen Sie sie wertschätzend an, bevor Sie sie sorgfältig ablegen.**
- Ein Blick auf die Karte hilft Ihnen auch, den Namen Ihres Gesprächspartners besser einzuprägen und es kann Ihnen einen guten Gesprächsanlass geben, etwa zum Herkunftsort.

Für Ihre Zeitplanung

- **Pünktlichkeit ist die Höflichkeit der Führungskräfte!**

Wissensnetz, Weblinks und Literatur

16. Emotionale Intelligenz – eine Kernkompetenz
21. Events organisieren und nutzen
36. Das richtige Image: Kleidungs- und Stilfragen

- www.executiveplanet.com: englischsprachige Site zu internationaler Etikette
- Petra Begemann: Der kleine Business-Knigge. Frankfurt/Main

Im Stenostil Regeln beim Geschäftsessen

- Der Gastgeber betritt als Erster das Restaurant – auch als Frau.
- Der Gastgeber bittet, Platz zu nehmen. Eine gastgebende Führungskraft wartet, bis Mitarbeiter sitzen.
- Der Gastgeber bestellt zuerst – damit die Gäste sich an der Menüwahl orientieren können. Lässt der Gastgeber den Vortritt, wählen die Gäste am besten ein Menü der mittleren Preiskategorie.
- Der Gastgeber probiert den Wein.
- Man prostet sich zu, ohne anzustoßen. Die Gläser werden am Stiel gehalten.
- Die Serviette wird auseinander gefaltet und auf den Schoß gelegt.
- Tupfen Sie damit immer wieder die Lippen ab, um die Gläser nicht zu beschmutzen.
- Bei den Bestecken gilt: von außen nach innen verwenden. Das Besteck sollte zum Mund geführt werden und nicht umgekehrt. Man legt es nach dem Mahl parallel (schräg nach rechts) auf den Teller.
- Beginnen sollte man erst, sobald alle ihr Essen bekommen haben. Man kann Reste zurückgehen lassen.
- Nie zwischen den Gängen rauchen. Nie am Tisch schminken.
- Brot und Brötchen werden nicht komplett mit Butter bestrichen, sondern portionsweise abgebrochen und jeweils mit Butter bestrichen.
- Am Büfett gilt: nicht naschen, diszipliniert anstellen und Teller nicht überladen.

Das sollte man auf keinen Fall tun

- **Besserwisserei und Selbstüberschätzung:** Sie sollten stets mit Wertschätzung anderen gegenüber auftreten. Sie müssen auch nicht alles neu erfinden.
- **Dienstwege nicht einhalten:** Besser: »Wie wird das hier gehandhabt?«
- **Nostalgie:** Früher bei Untermeier & Co. war alles besser. – Wer will das hören?
- **Statusbewusstsein:** Mitarbeiter besser kennen zu lernen ist wichtiger als die neue Designer-Büroleuchte.
- **Vertrauensseligkeit:** Sie sollten nie einem Mitarbeiter Ihr Herz ausschütten.
- Als Führungskraft dürfen Sie **nie zweideutige Signale** aussenden, die als amouröse Annäherung missverstanden werden könnten.

ExpressoTipp

Bei Besprechungen gehören zum respektvollen Umgang: Pünktlichkeit, gute Vorbereitung, keine Störungen wie Handyanrufe, Fairness in der Diskussion, Sachlichkeit und ehrliche Ich-Botschaften.
Und beim Reizthema Rauchen: Bemühen Sie sich um einvernehmliche Lösungen, auch mit dem Betriebsrat.

ExpressoFokus

Erkennen Sie Büroreviere an: Platzen Sie zum Beispiel nicht in das Büro eines Mitarbeiters hinein.
Am besten schalten Sie Ihr Handy während Besprechungen aus. Wenn es doch klingelt, bitten Sie um Erlaubnis, den Anruf anzunehmen.

ExpressoBalance

Erkennen Sie Leistungen an – Ihre eigenen und die Ihrer Mitarbeiter.

Die Körpersprache im Auge behalten

Ein Redner trägt stichhaltige Argumente vor, aber er überzeugt Sie nicht. Sie lernen jemanden kennen, und schon beim ersten Händedruck haben Sie das Gefühl, er verbirgt etwas vor Ihnen. – **Auch wenn wir kein Wort sagen, kommunizieren wir.** Unsere Mimik, Gestik und Körperhaltung verraten viel über das, was in uns vorgeht. Da Führen ohne Kommunizieren nicht denkbar ist, gehört zu Ihrem Handwerk die bewusste Wahrnehmung Ihrer eigenen Körpersprache und die anderer. Dabei geht es nicht darum, ein genormtes Verhalten anzutrainieren, sondern darum, ein Gefühl für diesen Teil der Kommunikation zu entwickeln.

Was ist nonverbale Kommunikation?

Unser Verhalten, Arm- und Beinhaltung, der Ausdruck der Augen oder Hände sagt viel über unsere Gedanken, Ängste und Wünsche. Entscheidungen und Verhalten werden nur zu einem kleinen Teil bewusst gesteuert. Das Unterbewusstsein treibt uns an, nicht der Verstand. Es sind Kleinigkeiten, die wir nicht benennen können und unserem Gefühl zuschreiben. Häufig sind es Signale, die wir bereits in frühester Kindheit zu deuten gelernt haben. **Genau genommen ist die Körpersprache unsere »Gefühlssprache«. Wir verstehen ihre Signale intuitiv.** Während eines Gesprächs können Sie an Verhalten, Mimik und Gestik Ihres Gesprächspartners erkennen, inwieweit er das Gespräch als angenehm und interessant empfindet.
Im Folgenden geht es nicht um Patentrezepte und »Pauschalgesten«, die alles erklären, sondern vielmehr um ein paar Orientierungspunkte, die Sie sensibler machen sollen für diesen Teil Ihrer Kommunikation.

Sachbezogen vs. beziehungsorientiert

Beim Antworten

sachbezogen	beziehungsorientiert
Kopf still und ruhig gehalten	nickend
Stimme flach, eher tief	Stimme rhythmisch, eher hoch, auf und ab
Betonung geht nach unten	Betonung geht nach oben
spricht lange und distanziert	nennt Personen beim Namen, stellt Fragen

Beim Zuhören

sachbezogen	beziehungsorientiert
gerade und aufrecht	lehnt sich nach vorn
Kopf still und ruhig gehalten	nickend
still	macht Geräusche

Für Ihre Zeitplanung

- Nehmen Sie sich während eines Gesprächs die Zeit, auf Ihre eigenen Körpersignale und die Ihres Gegenübers zu achten.

Wissensnetz, Weblinks und Literatur

16. Emotionale Intelligenz – eine Kernkompetenz
27. Wer bin ich? – Fremdbild und Selbstbild
77. Zielgerichtet und erfolgreich präsentieren
79. Mit Reden überzeugen und gewinnen
90. Keine Angst vor Smalltalk

- Robert Heller und Tim Hindle: Erfolgreiches Management. Stuttgart/München
- Samy Molcho: Körpersprache. München

Sympathie und Desinteresse

Sympathie

- Ständiger Blickkontakt
- Zustimmung (Nicken etc.) signalisieren
- Lächeln
- Maßvoller Einsatz der Hände
- Gerade, aber nicht steife Sitzhaltung
- Angenehme Lautstärke der Stimme (nicht zu laut, aber auch nicht zu leise)

Desinteresse

- Häufiges Wegschauen oder Umherschauen
- Blick zur Uhr und Gähnen
- Spielen mit Stift und Unterlagen
- Veränderung der Sitzposition zu einer abgewandten Haltung
- Häufiges Unterbrechen
- Verschränkte Arme

Was die Körperhaltung noch signalisiert

Hier einige weitere grundlegende Körperhaltungen und ihre Botschaft:

- körperliches Zurückweichen → Ablehnung
- den Oberkörper zurücknehmen (Distanz vergrößern) → Ablehnung
- Nasenrümpfen bei zusammengekniffenen Augen → Ablehnung (stark)
- **aufrechter, lockerer Stand → Sicherheit**
- die Füße um die Stuhlbeine geschlungen → Unsicherheit
- ständig in Bewegung (kein ruhiger Stand, Herumrutschen auf dem Stuhl) → Unsicherheit
- die Hände um die Stuhllehne geklammert → Unsicherheit
- sich selbst mit den Armen umklammern → Unsicherheit
- körperliche Annäherung → Zustimmung
- **Augenkontakt und offener Blick → Zustimmung**
- sich ganz dem Gesprächspartner zuwenden und sein Verhalten spiegeln → Zustimmung
- langer direkter Augenkontakt → Bedrohung
- in den Hosentaschen oder hinter dem Rücken versteckte Hände → Verschlossenheit
- Schulterzucken → Hilflosigkeit
- Sitzen mit breit auseinander klaffenden Beinen → Rücksichtslosigkeit

ExpressoTipp

Zeigen Sie, dass Sie den persönlichen Raum des anderen respektieren, indem Sie ausreichend Abstand (Armlänge) halten.

ExpressoFokus

Lassen Sie sich von verschiedenen Menschen Feedback darüber geben, wie Sie nonverbal kommunizieren, und studieren Sie die Körpersprache anderer Menschen. Achtung: In anderen Kulturen können die körpersprachlichen Signale eine andere Bedeutung haben.

ExpressoBalance

Ändern Sie für einen Tag eine Ihrer Gewohnheiten: den Arbeitstag anders beginnen, die Tageszeitung zu einem anderen Zeitpunkt lesen, Tee statt Kaffee trinken.

Grundlegende Kommunikationsregeln für Teams

Menschen haben unterschiedliche Kommunikationsstile – abhängig von Geschlecht, Land, in dem sie aufgewachsen sind, von ethnischer Herkunft, Eltern, Schichtzugehörigkeit etc. Aber der Gesprächsstil ist unsichtbar. Die Unterschiede führen immer wieder zu Missverständnissen und Kommunikationsstörungen und dies kann die Arbeit in Ihrem Team erschweren oder sogar lähmen. Und das Unternehmen teuer zu stehen kommen. Studien belegen: Zu 50 bis 70 Prozent wird das Klima eines Unternehmens durch den Chef bzw. die Chefin beeinflusst! **Sie tragen die Verantwortung für die Kommunikation in Ihrem Team!**

Die vier Botschaften einer Mitteilung

Jede Information enthält immer weit mehr als nur einen sachlichen Nutzen, auch wenn viele diesen voreilig als deren einzigen Inhalt (und Wert) ansehen. Wer erfolgreich kommunizieren will, muss die vier Botschaften, die jede Mitteilung enthält, immer im Blick haben:

- die **Sachinformation** (worüber ich informiere)
- die **Selbstkundgabe** (was ich von mir zu erkennen gebe)
- den **Beziehungshinweis** (was ich von dir halte und wie ich zu dir stehe)
- den **Appell** (was ich bei dir erreichen möchte)

Am Ende ist doch gar nicht so wichtig, was Sie meinen oder sagen – **wichtig ist einzig, was der Empfänger der Botschaft versteht** und welches Interesse er für Ihre Botschaft(en) hat.

Um die vier Botschaften zu entschlüsseln, braucht es etwas Zeit. »Entschleunigen« Sie Ihre Gespräche.

Grundlegende Kommunikationsregeln

Damit Kommunikation in einem Team fruchtbar und zielorientiert ist, muss sie immer klaren Regeln (nach Ruth Cohn) folgen, die einen respektvollen Umgang untereinander garantieren. Sie sind die Basis jeder Zusammenarbeit:

- **In Ich-Form reden:** Vertreten Sie sich selbst in Ihren Aussagen. Sprechen Sie per »ich« und nicht per »wir« oder »man«.
- **Motivation und Hintergrund von eigenen Fragen offen legen:** Wenn Sie eine Frage stellen, sagen Sie stets, warum Sie fragen und welches Bedürfnis für Sie dahinter steckt.
- **Bewusstsein über die eigenen Beiträge und Befindlichkeiten haben:** Machen Sie sich bewusst, was Sie denken und fühlen, und wählen Sie aus, was Sie davon sagen und was Sie tun.
- **Möglichst wenig interpretieren:** Halten Sie sich mit Interpretationen so lange wie möglich zurück. Sprechen Sie stattdessen Ihre persönlichen Reaktionen aus.

Für Ihre Zeitplanung

- Hinterfragen Sie kontinuierlich Ihre eigene Kommunikationsstrategie, und stellen Sie sicher, dass in Ihrem Unternehmen die richtige Information zur richtigen Zeit am richtigen Ort ankommt.
- Vereinbaren Sie konkrete Regeln, wie Sie miteinander umgehen wollen. Zum Beispiel gelbe oder rote Karte zeigen, wenn jemand zu lange spricht.

Wissensnetz, Weblinks und Literatur

43. Die Körpersprache im Auge behalten
48. Konflikte im Team: Bedürfnisse und Interessen ausgleichen
52. Die leidige Pflicht des Kritisierens
57. Die hohe Kunst des Lobens
110. Durch aktives Zuhören mehr verstehen

- Friedemann Schult von Thun: Miteinander reden. 1. Störungen und Klärungen und 2. Stile, Werte und Persönlichkeitsentwicklung. Reinbek

»Dass wir miteinander reden können, macht uns zu Menschen.« KARL JASPERS

Weitere Kommunikationsregeln

- **Keine Verallgemeinerungen:** Vorsicht bei »immer«, »ständig« etc.
- **Persönliche Eindrücke deutlich kennzeichnen:** Wenn Sie etwas über Verhalten oder Charakter eines anderen aussagen, sagen Sie auch, was es Ihnen bedeutet, dass er so ist, wie Sie ihn sehen.
- **Störungen haben Vorrang:** Seitengespräche stören **und** sind meist wichtig.
- **Es redet immer nur einer:** Aufmerksam zuhören ist so wichtig wie sprechen.
- **Bei Überschneidung von Redebeiträgen:** Wenn mehr als einer gleichzeitig sprechen will, Beiträge sammeln und über die Reihenfolge verständigen.

Hierauf aufbauend kommunizieren Sie und Ihr Team bald offen und respektvoll.

Frauen- vs. Männersprache

	Frauensprache	**Männersprache**
Einstellung im Gespräch	Suche nach Übereinstimmung Bestätigung, Unterstützung	Selbstbehauptung, Wettbewerb um Anerkennung und Status
Haltung zu Gesprächspartnern	**Wunsch nach Kooperation, Wetteifern nach Beliebtheit**	Zweckbündnisse eingehen, Wetteifern um Aufstieg
Eigene Position zu Gleichrangigen	Gemeinschaft bilden, Solidarisierung	**Freiheit und Unabhängigkeit bewahren**
Selbstdarstellung	Neigung zum Bagatellisieren	Neigung zur Prahlerei
Durchsetzungsverhalten	Indirekt durch Andeutungen	Direkt durch Anordnungen
Verhalten bei Problemen	um Hilfe bitten	selber lösen
Reaktion auf Probleme anderer	Verständnis zeigen, ähnliche Erfahrungen berichten	Ratschläge erteilen
Bewertung von Kritikern	»Der mag mich nicht.«	»Er bezweifelt meine Kompetenz.«
Gesprächserfolg	Verständnis, Beziehung festigen	Effektivität, sachliche Lösungen

ExpressoTipp

Gehen Sie mit Ihrem Team auf die Metaebene: Nehmen Sie gedanklich Abstand. Was ist gut gelungen, was weniger? Wie sind die Regeln eingehalten worden? Sind alle zu Wort gekommen? Wie haben sich die Einzelnen gefühlt (zufrieden/frustriert)? Worauf wollen Sie beim nächsten Mal achten? Dies schult das Bewusstsein der Mitarbeiter für das Miteinander und entwickelt Ihre Kommunikationskultur.

ExpressoFokus

Unternehmenstheater ist eine Methode zur Formulierung gemeinsamer Ziele und bei der Vermittlung in firmeninternen Konflikten. Es hebt sich deutlich von betrieblichen Rollenspielen ab. Es birgt enorme Potenziale, betriebliche Herausforderungen in dialogischer Form anzugehen.

ExpressoBalance

Sorgen Sie für eine ausgewogene Ernährung mit genügend Vitaminen und Vitalstoffen – bedenken Sie, so wie Sie Ihr Gehirn ernähren, so arbeitet es auch!

Effizient kommunizieren per Brief und E-Mail

45

Heute gibt es dank Internet neben Brief, Fax und Telefon auch den elektronischen Austausch von Gedanken und Nachrichten. Das Mehr an Kommunikationswegen und -mitteln führt aber in vielen Fällen nicht zu einer zielgerichteteren, qualitativ besseren Kommunikation, sondern allzu oft einfach nur zu mehr Quantität. So landen täglich immer mehr Nachrichten in unseren elektronischen Postfächern – mehr als 100 Mails sind keine Seltenheit. Bis zu einem Viertel der Arbeitszeit wird für das Versenden und den Empfang von E-Mails aufgewendet. Und auch klassische Briefe sind allzu oft überfrachtet, nicht zielgerichtet.

Grundlegendes

Wann immer Sie schriftlich kommunizieren, sollten Sie vorab folgende Fragen klären:

- Wer ist der richtige Ansprechpartner?
- Ist ihm ein Brief oder eine E-Mail lieber?
- Welcher Ton ist angemessen?
- **Was ist mein Ziel?**
- Welche Informationen und Anlagen muss ich bereitstellen, die für den Vorgang unerlässlich sind?
- Welche zusätzlichen Informationen kann ich anbieten? Etwa per Faxabruf oder über Links im Internet/Intranet.
- Kann ich meine Inhalte nach der **AIDA-Formel** (catch attention, get interest, create desire, get action!) strukturieren?

Das zeichnet einen guten Brief aus

- Der Brief ist ordentlich auf hochwertigem Firmenpapier ausgedruckt.
- Er ist möglichst nur eine Seite lang: Denken Sie an die **KISS-Formel: Keep it short and simple**.
- Er ist eindeutig adressiert.
- Er hat eine Betreffzeile.
- Er ist begründet, das heißt nimmt Bezug auf Vorgeschichte oder nennt den Anlass.
- Er ist sachlich und klar formuliert.
- Er ist zuversichtlich formuliert.
- **Er nennt oder schlägt die nächsten Schritte vor.**
- Er ist orthografisch korrekt: Überprüfen Sie die Rechtschreibung zum Beispiel mit den Korrekturhilfen Ihrer Software (in Microsoft Word über F7-Taste oder den Befehl Extras/Rechtschreibung).

Für Ihre Zeitplanung

- Nehmen Sie sich für jeden Brief und jede E-Mail ausreichend Zeit.
- Werfen Sie auf jeden Brief, jede E-Mail immer noch einen abschließenden Blick!
- Überschlafen Sie wichtige Briefe und E-Mails.

Wissensnetz, Weblinks und Literatur

37. Die Informationsflut managen
11. Corporate Culture für die eigene Kommunikation nutzen
84. Wie Sie gut und interessant schreiben
86. Wie Sie verständlich schreiben

- Hans-Peter Förster: Neue Briefkultur mit Corporate Wording. Frankfurt/Main

Die gute E-Mail-Nachricht

- Verwenden Sie ausschließlich die Schrift, die Farben etc., die von der **Corporate Identity** vorgegeben sind. Das gilt auch für die »Unterschrift«: Sie muss Namen, Funktion und alle wichtigen Kontaktdaten enthalten.
- Fügen Sie nur Anlagen bei, mit denen der Adressat arbeiten kann: Klären Sie, ob er große Datenmengen empfangen kann und möchte! Bewährt hat sich als Dateiformat PDF, das nahezu jeder lesen kann.
- **Strukturieren Sie Ihre Inhalte**, da man lange Absätze am Bildschirm nur ungern liest.
- Geben Sie nur absolut notwendige Informationen, geben Sie aber auch die Möglichkeit zum Beispiel per Hyperlink, auf eine Datei im Firmennetzwerk (Intranet) für mehr Informationen zuzugreifen.

Wider die »CC-Unkultur«

- »CC« bedeutet »Carbon Copy« also »Durchschlagskopie«. CC-Mails sind Botschaften, die außer an den eigentlichen Adressaten informationshalber gleich an das »halbe« Unternehmen gehen.
- Mitarbeiter nutzen zum Beispiel die CC-Funktion, um sich in der Hierarchie nach oben abzusichern, und fügen Vorgesetzte daher regelmäßig in die CC-Zeile ihrer Botschaften ein.
- Andere streuen Probleme gern weit, um die Chance auf eine rettende Antwort zu erhöhen – egal, ob der Empfänger daraus irgendwelche Schlüsse ziehen kann.
- **Schaffen Sie in Ihrem Team eine sinnvolle CC-Kultur**, die firmeninternen Spam ausschließt!

Eine Alternative: Instant Messaging

- IM beruht auf der direkten elektronischen Kommunikation zweier oder mehrerer Personen per Tastatur.
- Benutzer können angeben, mit wem sie aktuell kommunizieren möchten. Meldet sich der gewünschte Partner dann beim System an, werden die anderen Benutzer automatisch benachrichtigt.
- Interessant ist diese Technik, um etwa während Konferenzen mit nicht anwesenden Personen Informationen auszutauschen, ohne die anderen Teilnehmer zu stören.
- Damit verbindet Instant Messaging die Direktheit eines Telefonanrufs mit der Präzision der Schriftform. Gleichzeitig verhindert es lange und manchmal umständliche E-Mail-Konversationen.

ExpressoTipp

Vermeiden Sie Abkürzungen, Kleinschreibung und trockenes Kaufmanns- oder Juristendeutsch. Sprechen Sie Ihre Kommunikationspartner mit einem persönlichen und freundlichen Tonfall an. Schreiben Sie einfach und verständlich! Eine E-Mail ist ein elektronischer Brief!

ExpressoFokus

Bauen Sie ein teaminternes Intranet auf. Auf solch einem gemeinsamen **»Daten-Marktplatz«** kann sich jeder bei Bedarf detailliert informieren. Falls Ihr Unternehmen keine technischen Voraussetzungen bietet, können Sie bei diversen Anbietern kostengünstig passende Angebote mieten.

ExpressoBalance

Verbringen Sie etwas Zeit mit jemandem, der die Muße findet, dem Gras beim Wachsen zuzuhören.

Eigene Kompetenzen, Talente und Fähigkeiten fördern

Berufstätige nutzen oft nur einen Teil ihres Potenzials. Das liegt daran, dass die meisten Menschen nicht das tun, was ihren Fähigkeiten entspricht. **Finden Sie heraus, was Sie gerne tun. Dann werden Sie darin gut. Widmen Sie diesem Arbeitsgebiet jeden Tag mehr Zeit.** Fähigkeiten sind Wissen, Können sowie die Erfahrung eines Menschen. Wir unterscheiden fachliche (Wissen, Können, Erfahrung) und persönliche Fähigkeiten wie methodische Kompetenzen (Organisieren, Entscheiden etc.) und soziale Kompetenzen (Informieren, Konflikte lösen, Mitarbeiter fördern etc.)

Welches sind meine Schlüsseltalente?

Welche Kombination von Talenten macht das Besondere an Ihnen aus?

- Listen Sie Ihre Lieblingsaktivitäten aus der Kindheit auf: »Mein Herz hat gelacht, wenn …«
- Listen Sie Ihre Lieblingstätigkeiten als Erwachsener auf: »Meine Augen leuchten, wenn …«
- Befragen Sie Familienmitglieder, Freunde und Arbeitskollegen: »Was kann ich besonders gut in deinen Augen«?
- Überlegen Sie, welche Rollen Sie häufig ausfüllen: »Typisch für mich ist, wenn …«
- Überlegen Sie, in welchen Situationen Sie besonders motiviert sind: »Ich habe viel Energie, wenn …«

Welche Fähigkeiten und Talente kristallisieren sich heraus?

- Sind Sie unsicher darüber, welche Fähigkeiten wie ausgebildet sind? Nutzen Sie Testmöglichkeiten wie PEP (siehe www.expressocoach.de).

Welche Rollen passen zu mir?

Motivator: will andere zu etwas bewegen, ist spontan und flexibel, benötigt Freiraum.
Direktor: Will Entscheidungen treffen, sichtbare Ergebnisse erzielen, planen und überwachen, delegieren.
Inspirator: mag den Umgang mit vielen Menschen, will kreativ und schnell sein, mag keine Regeln.
Unterstützer: möchte im Hintergrund wirken, mag ein stabiles Umfeld und festes Team, will nützlich sein.
Berater: will Menschen beraten und unterstützen, möchte Sinn stiften, mag es, Beziehungen aufzubauen.
Koordinator: will Prozesse managen und optimieren, macht eins nach dem anderen, überlässt Entscheidungen lieber anderen.
Beobachter: möchte sein logisches Denken anwenden, beobachten, analysieren, im Hintergrund Lösungen erarbeiten.
Reformer: will neue Wege gehen, sein Wissen erweitern, komplexe Probleme bearbeiten und umsetzen.

Für Ihre Zeitplanung

- Gehen Sie diese Themen immer dann durch, wenn größere Veränderungen anstehen.
- Sehen Sie es als Prozess, und arbeiten Sie mehrmals an Ihrem Masterplan.
- Beobachten Sie, wie sich im Laufe des Lebens die Rolle verändert.

Wissensnetz, Weblinks und Literatur

8. Einen persönlichen Coach finden
40. Auf der Karriereleiter nach oben
72. Kleiner Workshop zu Ihrer persönlichen Entwicklung
74. Potenzialanalysen für Personalauswahl und Entwicklung

- www.uni-protokolle.de/eignungstest: einfache Tests zur Selbstanalyse
- Alexander Christiani, Frank M. Scheelen: Stärken stärken. München

»*Wünsche sind Vorboten unserer Fähigkeiten.*« JOHANN WOLFGANG VON GOETHE

Ihre Fähigkeiten erweitern …

- Suchen Sie regelmäßig nach neuen Herausforderungen.
- Typische Möglichkeiten hierfür sind: Besondere Projekte übernehmen, zusätzliche Aufgaben in die eigene Stelle integrieren, Stellvertreter für andere sein, schwierige Kunden betreuen, in Krisensituationen einen Part übernehmen und so weiter.
- Jeder Stellenwechsel erweitert Ihre Kompetenzen.
- Besuchen Sie regelmäßig Weiterbildungen, Schulungen, Kongresse, Abendveranstaltungen etc.
- Lesen Sie Fachliteratur zu allen Themen, die Sie interessieren.
- **Bitten Sie um Feedback** nach Vorträgen, Meetings, Kundenbesuchen etc.

… bis zum Masterplan

- Suchen Sie sich einen **Mentor**, der Ihre Entwicklung unterstützt.
- Machen Sie jeden Tag ein kleines Experiment, indem Sie etwas Ungewöhnliches machen oder etwas anders machen als sonst. Zum Beispiel: dem Portier Schokolade mitbringen – einfach so.
- Lernen Sie von Vorbildern durch Beobachten und Nachmachen oder Nachfragen.
- Seien Sie aktiv in Netzwerken, Verbänden und Interessengemeinschaften.
- Entwickeln Sie einen **Masterplan**: Welche Fähigkeiten und Fertigkeiten besitze ich bereits? Welche muss ich entwickeln, um mein Karriereziel zu erreichen? Wo muss ich mein Konzept verändern, damit Schwächen weniger ins Gewicht fallen?

Vom IST zum SOLL

Füllen Sie folgende Tabelle aus und setzen Sie die rechte Spalte um:

Fähigkeiten	**IST:**	**SOLL:**
	Wissen und Fähigkeiten	Expertenstatus durch
(z.B.: Verkaufstalent)	(z.B.: drei Jahre Vertriebserfahrung)	(z.B.: Coaching beim Kunden, Rhetorik ausbauen)

ExpressoTipp

Beachten Sie bei der Übernahme einer neuen Aufgabe, dass Ihre Fähigkeiten zum Zuge kommen, aber auch dass sich Ihr Fähigkeitsfenster erweitert. Beachten Sie, dass Sie weiterkommen, wenn Sie Stärken stärken statt Schwächen zu verkleinern. Bei welchen Fähigkeiten, die ich nicht besitze, kann das Team einspringen?

ExpressoFokus

Achten Sie bei Stellenbesetzungen darauf, dass das Anforderungsprofil und das Fähigkeitsprofil des Mitarbeiters eine Deckung von mindestens 50 Prozent haben, aber nicht höher als 80 Prozent ist. Sonst ist Entwicklung nur noch begrenzt möglich.

ExpressoBalance

Formulieren Sie eine persönliche Trostformel.
Gehen Sie achtsam durchs Leben und finden Sie die passende Formel. Zum Beispiel: Ich bin wertvoll durch das, was ich bin. Ich darf Fehler machen und daraus lernen. Hängen Sie Ihre Trostformel gut sichtbar auf.

Konflikte erkennen und lösen

Wir alle kennen Konflikte, die Verletzungen hinterlassen. Und wir alle haben schon Niederlagen einstecken müssen, nach denen wir uns nicht besonders gut gefühlt haben.
Sich mit Konflikten zu beschäftigen ist daher nicht sehr angenehm. Und trotzdem: Konflikte sind der Motor für positive Veränderungen.

Konflikte geben Ihnen Informationen, wo etwas nicht stimmt, sie zeigen auf Stellen, bei denen es große Reibungsverluste gibt. Je früher Sie einen Konflikt thematisieren, desto weniger Zeit benötigt die Klärung.

Vier Grundtendenzen

- **Das Streben nach Neuem:** Abwechslung und Neuerungen gehören zum Leben. So können Verbesserungsvorschläge gemacht und Probleme durch Änderungen gelöst werden.
- **Der Wunsch, an Gewohntem festzuhalten:** Auf der anderen Seite lieben wir das Vertraute. Hier können notwendige Routine und Rituale entwickelt werden.
- **Das Streben nach Abgrenzung von anderen:** Jeder von uns ist ein Individuum mit eigenen Grenzen. Wir wollen, dass unsere Grenzen respektiert werden.
- **Das Streben nach Gemeinschaft mit anderen:** Gleichzeitig möchten wir dazugehören und Teil des Ganzen (Familie, Team, Unternehmen) sein.

Daraus lassen sich vier Typen ableiten: der **»Erneuerer«** und der **»Bewahrer«** sowie der **»Einzelkämpfer«** und der **»Team-Spieler«**.

Stolpersteine

Durch die unterschiedlichen Neigungen der Mitarbeiter oder Führungskräfte können verschieden Konflikte entstehen.

- Gesellige Mitarbeiter lieben Teamarbeit und tauschen sich gerne mit Kollegen aus. Sie haben weniger Verständnis für Menschen, die gerne alleine arbeiten und ihre Zimmertüre meist verschlossen halten. »Einzelkämpfer« empfinden »Team-Spieler« ihrerseits als nervig und aufdringlich.
- Noch heftiger ist aber meist der Konflikt zwischen »Erneuerern« und »Bewahrern.« Die »Bewahrer« erleben Umstellungen und Neues oft nur als Störung ihres Arbeitsablaufes, während die »Erneuerer« es lieben, sich mit neuen Dingen zu beschäftigen. Sie lieben die Abwechslung und sehen im Neuen viele Chancen. Die »Bewahrer« befürchten Chaos oder die undurchdachte Umsetzung einer Idee, während die »Erneuerer« sie als Bremser erleben.

Für Ihre Zeitplanung

- Falls Sie von dem Konflikt überrascht wurden oder emotional zu aufgewühlt sind, verschaffen Sie sich durch einen Zeitpuffer Distanz.
- Nehmen Sie sich in regelmäßigen Abständen die Zeit (eventuell auch mit einem Coach), Ihr Team oder Ihre Abteilung auf mögliches Konfliktpotenzial zu hinterfragen.

Wissensnetz, Weblinks und Literatur

14. Nervenzerrende »Dramen« in der Teamarbeit auflösen
16. Emotionale Intelligenz – eine Kernkompetenz
48. Konflikte im Team: Bedürfnisse und Interessen ausgleichen

- Hedwig Kellner: Konflikte verstehen, verhindern, lösen. München
- Christoph Thomann: Klärungshilfe: Konflikte im Beruf. Reinbek

Konflikten auf den Grund gehen

- Konflikte wahrnehmen und ansprechen: Schulen Sie Ihre Antennen, um Konflikte rechtzeitig zu erkennen.
- Verständigen Sie sich auf **Spielregeln** für den Umgang miteinander. **Sich gegenseitig respektieren, zuhören und ausreden lassen, sollten die Basis für jedes (Konflikt-)Gespräch sein.**
- Formulieren Sie die Gesprächsziele. So signalisieren Sie, dass es Ihnen nicht um die Suche nach dem Schuldigen geht, sondern um die Konfliktlösung.
- Analysieren Sie den Konflikt mit den Beteiligten. Klären Sie, um was genau es geht, was Auslöser und Ursachen sind, welche Aspekte eine Lösung verhindern und was oder wer zur Lösung beitragen kann.

Dos & Don'ts

- Verzichten Sie nicht auf eine exakte Klärung des Sachverhalts. **Bagatellisieren Sie nicht.**
- Sorgen Sie dafür, dass kein Konfliktpartner sein Gesicht verliert.
- Verlieren Sie nicht Ihre eigene Befindlichkeit aus den Augen.
- Ergreifen Sie nicht einseitig Partei für einen Konfliktpartner.
- **Widerstehen Sie Versuchen, sich auf vorschnelle Lösungen und faule Kompromisse einzulassen.**
- Harmonisieren Sie nicht, wo klare Positionen gefragt sind.
- **Vermeiden Sie Ironie.**
- Scheuen Sie sich nicht, bei schwierigen Konflikten einen Experten hinzuzuziehen.

Schärfen Sie Ihre »Konflikt-Antennen«

Folgende »Übungen« helfen Ihnen, einen sechsten Sinn für eventuelle Konflikte zu entwickeln. Das Trainieren der eigenen Konfliktfähigkeit – und das frühzeitige Erkennen aufkommender Konflikte gehört dazu – ist ein lebenslanger Prozess. Die Beobachtung Ihrer Mitmenschen, die Art und Weise wie sie miteinander umgehen, wird Ihren Blick schärfen.

- Motivieren Sie Freunde, Partner und Mitarbeiter, Ihnen Feedback zu geben.
- **Hinterfragen Sie ab und zu Anweisungen und Regeln.**
- Fragen Sie sich, was Sie an sich selbst am meisten stört und wie Sie darauf reagieren.
- Fragen Sie sich, was Sie an anderen am meisten stört und wie Sie darauf reagieren.

ExpressoTipp

Wenn sich ein Gespräch Ihrer Meinung nach im Kreis dreht, unterbrechen Sie das Gespräch, und sprechen Sie darüber, wie man miteinander redet und was Gestik und Mimik verraten. Stehen Sie zu Ihren eigenen Fehlern. Ihre Mitarbeiter haben es dann leichter, mit ihren Konflikten und Problemen zu Ihnen zu kommen.

ExpressoFokus

Achten Sie auf die Körpersprache. Abwertende Mimik und Gestik wirken sich auf die Konfliktlösung negativ aus.

ExpressoBalance

»Erste Hilfe« bei Stress: Fingerpulsfühlen. Legen Sie dazu die ausgestreckten Finger beider Hände mit den Fingerspitzen aufeinander. Variieren Sie den Druck auf die Fingerkuppen und spüren Sie den Puls. Atmen Sie ruhig und regelmäßig. Konzentrieren Sie sich auf den Puls.

Konflikte im Team: Bedürfnisse und Interessen ausgleichen

Konflikte entstehen, etwa wenn Menschen sich nahe kommen, eine gemeinsame Aufgabe erledigen oder unterschiedliche Persönlichkeiten aufeinander treffen. Es gibt Konfliktsituationen in Teams oder vor und nach Einführung von Veränderungen. Unnötige Diskussionen, demotivierte Mitarbeiter, ungenügende Arbeitsergebnisse, schlechte Stimmung oder Mobbing-Verhalten können Anzeichen von Konflikten sein. Im Umgang mit Konflikten wird viel Zeit in die Schuldfrage investiert. Im Konfliktmanagement geht es weniger um die Frage, wer Recht hat oder schuldig ist, sondern darum, Interessen auszugleichen.

Was tun, wenn ein Konflikt auftritt?

Beim Auftreten eines Konflikts in Ihrem Team haben Sie als Führungskraft eine besondere Rolle. Folgende Anforderungen kommen auf Sie zu:

- Behalten Sie eine innere Distanz zu dem Konflikt, so dass es Ihnen möglich bleibt, Ihre eigenen Gefühle im Griff zu behalten und handlungsfähig zu bleiben. Versuchen Sie dies auch, wenn Ihnen eigentlich der Sinn nach emotionalen Reaktionen steht.
- Bei Konflikten haben Sie die Aufgabe, den Verlust an Rationalität auszugleichen und sicherzustellen, dass der Konflikt nicht auf Dauer die Zusammenarbeit gefährdet.
- **Sehen Sie Konflikte nicht nur als Störung, sondern als wichtigen Teil jeder Entwicklung.**
- **Vom Warum zum Wozu:** Verzichten Sie darauf, sich endlose Geschichten erzählen zu lassen. Lassen Sie die Konfliktparteien erklären, worauf sie eigentlich hinauswollen.

Vier Grundregeln

- Packen Sie das Problem aktiv an. Hier gilt das Sprichwort: »Lieber ein Ende mit Schrecken als ein Schrecken ohne Ende.« Bei Nichtbeachtung neigen Konflikte dazu, sich auszuweiten.
- Richten Sie vor allem bei Konflikten mit Schuldzuweisungen Ihren **Fokus auf die Lösung des Problems**.
- Bleiben Sie handlungsfähig. Je nach Persönlichkeitsstruktur neigen Führungskräfte eher dazu, sich in den Konflikt zu verwickeln, sich gefühlsmäßig zu sehr zu distanzieren oder den Konflikt erst sehr spät wahrzunehmen. Arbeiten Sie an Ihrem Konfliktverhalten.
- **Denken und handeln Sie strategisch.** Sehen Sie nicht nur den aktuellen Konflikt, sondern auch die Zeit nach dem Konflikt. Ziehen Sie aus Ihrem Konfliktmanagement Schlüsse für die Zukunft.

Und: Loben Sie die Konfliktpartner für Ihre Bereitschaft, den Konflikt bearbeiten zu wollen.

Für Ihre Zeitplanung

- Gönnen Sie sich vor Ihrem Handeln eine Denkpause, und besinnen Sie sich auf Ihre langfristigen Ziele.
- Die Zeit, die Sie in die Klärung eines Konflikts stecken, zahlt sich immer aus.
- Nehmen Sie sich regelmäßig Zeit für einen Teamworkshop (mindestens einmal im Jahr), um neben wichtigen Sachthemen auch Beziehungsthemen zu klären.

Wissensnetz, Weblinks und Literatur

14. Nervenzerrende »Dramen« in der Teamarbeit auflösen
16. Emotionale Intelligenz – eine Kernkompetenz
51. Umgang mit Krisen – von Mitarbeitern und im Team
87. Schwierigkeiten im Team offensiv begegnen

- Heinz-Kurt E. Wahren: Gruppen- und Teamarbeit im Unternehmen. Berlin

»Was alle angeht, können nur alle lösen. Jeder Versuch eines Einzelnen, für sich das zu lösen, was alle angeht, muss scheitern.«

FRIEDRICH DÜRRENMATT

Vor dem Konfliktgespräch

Sind die Gesprächsparteien rhetorisch gleichwertige Gesprächspartner? Gibt es eine realistische Chance, dass bei der Darlegung der jeweiligen Sachverhalte ein gegenseitiges Verständnis möglich wird? Sind die Konfliktparteien bereit, bei guten Argumenten auch eigene Standpunkte aufzugeben?
Falls Sie beim Beantworten Zweifel haben, kann eine Gesprächslösung schwierig werden. Hier geht es eher um das Ringen um einen Kompromiss. Als Führungskraft müssen Sie gegebenenfalls ein Machtwort sprechen und aushalten, dass man Sie als autoritär bezeichnet. Für eine zügige Lösung und die Wiederherstellung eines guten Arbeitsklimas kann dies jedoch unumgänglich sein. Das gehört zu ihrem Job.

Erst verstehen, dann überzeugen

Bereiten Sie für jeden Konfliktpartner drei leere Blätter mit folgenden Überschriften vor:
Meine Sicht: Welche Gefühle beeinflussen mich? Was ist sachlich mein Standpunkt? Habe ich selbst Zweifel? Zu welchen Zugeständnissen bin ich bereit? Gibt es eine offene Rechnung zwischen uns?
Die Sicht meines Gegners: Was hält mein Gegner für richtig? Wie ist er vermutlich zu dieser Überzeugung gekommen? Was will die Gegenseite erreichen?
Die Sicht eines neutralen Beobachters: Wie sehen vermutlich andere das Problem? Welchen Kompromiss würden sie vorschlagen?
Lassen Sie die Konfliktparteien die Blätter ausfüllen und vorstellen. **Moderieren Sie lösungsorientiert.**

Konflikte im Team nacharbeiten

Manchmal ist es gut, eine gewisse Zeit verstreichen zu lassen, bis es sinnvoll ist, den Konflikt nachzuarbeiten. Folgende Fragen können hierbei hilfreich sein:

- Welche ersten Signale hätte man besser beachten sollen? Wer war betroffen?
- Welche Probleme sind daraus entstanden? Hätte man den Konflikt verhindern können? Wie? Wer?
- Wie konnte es überhaupt zu dem Konflikt kommen? Wie wurde der Konflikt gelöst?
- Hat sich die Lösung inzwischen bewährt?
- Gibt es noch nicht angesprochene wichtige Anmerkungen zur Konfliktlösung?
- Was kann aus dem Konflikt gelernt werden?

ExpressoTipp

Um distanziert handeln zu können, kann es hilfreich sein, einen unbeteiligten Dritten aufzusuchen und dort erstmal »Luft rauszulassen« oder dessen Einschätzung zu hören. Bei Konflikten, in die Sie stark verwickelt sind, oder bei »chronischen« Konflikten ist es ratsam, einen Fachmann miteinzubeziehen.

ExpressoFokus

Trainieren Sie regelmäßig Ihr Konfliktverhalten, und geben Sie Ihren Teammitgliedern die Möglichkeit, ihre kommunikativen und sozialen Kompetenzen in entsprechenden Trainingsmaßnahmen zu entwickeln und zu fördern.

ExpressoBalance

Was könnten Sie in Ihrem Verhalten ändern, um mehr Wertschätzung zu bekommen? Wie können Sie selbst mehr Wertschätzung geben?

Kontrollieren – aber richtig!

Möchten Sie gerne ständig kontrolliert werden? Wohl nicht. Und genauso sehen dies Ihre Mitarbeiter. Ein Experiment von Bonner Forschern hat gezeigt, dass Sie besser fahren, wenn Sie die Zügel locker lassen und Ihren Mitarbeitern nicht permanent über die Schulter schauen. Die Erkenntnis, dass sich permanentes Misstrauen nicht auszahlt, sollten sich vor allem Führungskräfte mit ausgeprägtem Kontrollzwang in ihren Management-Leitfaden schreiben. In der Praxis zählen diese Fragen: **Wie kann eine sinnvolle Kontrolle aussehen?** Wie viel ist angebracht? Welche Wirkung haben Kontrollen? Wann ist Selbstkontrolle besser?

Vertrauen versus Mistrauen

Welche Art von Kultur wollen Sie in Ihrem Unternehmen leben?

- **Vertrauenskultur:** Grundsätzlich bekommen alle Mitarbeiter einen Vertrauensvorschuss. Dahinter steht ein positives Menschenbild, zum Beispiel alle Mitarbeiter strengen sich an und tun ihr Bestes.
- **Misstrauenskultur:** Die Führung geht von einem negativen Menschenbild aus, zum Beispiel Mitarbeiter neigen dazu, bequem und egoistisch und nur auf ihren Vorteil bedacht zu sein. Angst ist verbreitet.

Mit Ihrer Einstellung und Ihrem Verhalten bestimmen Sie wesentlich die Kultur. Diese wiederum wird Menschen mit ähnlicher Kultur anziehen. Also entscheiden Sie, welche Kultur Sie wollen!

Was gemessen wird, wird gemacht! Überlegen Sie, worauf Sie Ihre Aufmerksamkeit (Kontrolle) lenken wollen. Damit bestimmen Sie, worauf Ihre Mitarbeiter ihre Aufmerksamkeit lenken.

Umfang und Intensität von Kontrolle

Umfang und Intensität der Kontrolle richten sich nach:

- Kompetenz und Erfahrung des Mitarbeiters für die jeweilige Aufgabe,
- seiner Sorgfalt,
- seiner Integrität,
- der Bedeutung der jeweiligen Aufgabe für das Unternehmen.

Es ist also sinnvoll und nötig, **unterschiedliche Mitarbeiter unterschiedlich intensiv zu kontrollieren**. Bei einem unerfahrenen Mitarbeiter haben Sie nicht nur das Recht, sondern sogar die Pflicht, genauer hinzuschauen. Genauso müssen Sie bei einem unzuverlässigen Mitarbeiter mehr Kontrolle ausüben als bei einem äußerst zuverlässigen. Und schließlich müssen Sie, sobald ein Mitarbeiter Ihnen Anlass zur Besorgnis gibt, dass er sich allzu sehr an seinen eigenen Interessen orientiert, genauer hinsehen.

Für Ihre Zeitplanung

- Bleiben Sie mit Ihren Mitarbeitern – und Partnern – im Gespräch. Je nach Funktionsstufe ist der tägliche, wöchentliche oder noch größere Abstand passend.

Wissensnetz, Weblinks und Literatur

24. Durch eine fehlerfreundliche Kultur alle Chancen nutzen
30. Den eigenen Führungsstil kultivieren
63. Das Mitarbeitergespräch als Chance verstehen
108. Mitarbeiter mit Zielen führen

- Hans-Jürgen Kratz: Kontrollieren, aber wie? Offenbach

Das Vertrauenskonto

Vertrauen kann nicht eingefordert werden, es muss wachsen. Es wächst, indem man Zeit zusammen verbringt, bei Konflikten klar und offen Stellung nimmt, auch unangenehme Dinge anspricht und nur Dinge sagt, die auch wirklich gemeint sind, also **auf den »Schmusekurs« verzichtet**. Dazu gehört, sich berechenbar zu verhalten und nicht über andere zu reden, sondern die Themen direkt mit der betroffenen Person zu besprechen. Überlegen Sie, wer in Ihrem Vertrauenskonto das höchste Guthaben besitzt? Wer ist im Minus? Wie ist es umgekehrt: Bei welchem Mitarbeiter haben Sie ein hohes Vertrauenskonto? Bei wem sollten Sie dringend »einzahlen«, um wieder ins Schwarze zu kommen?

Stärken Sie die Eigenverantwortung

Besprechen Sie mit Ihren Mitarbeitern, was der Mitarbeiter selbst kontrolliert und wo Sie als Chef kontrollieren wollen.
Fragen Sie, welche Themen der Mitarbeiter wie kontrolliert haben möchte? Begründen Sie Ihre Hintergründe für die Kontrolle. Vereinbaren Sie **transparente Kriterien**, nach welchen die Beurteilung erfolgt. Wann ist es gut gelöst?
Vereinbaren Sie, in welchen Fällen Sie aktiv informiert werden möchten und welche Informationen Sie benötigen, damit Sie sich sicher fühlen. Das entlastet Sie und Ihren Mitarbeiter von unangenehmen und zeitaufwändigen Kontrollen.

Die Kunst, im Gespräch zu bleiben

Formelle Kontrollen: Vereinbaren Sie Haltepunkte bei Projekten oder/und regelmäßige Treffen, um über den Stand zu sprechen. Hilfreiche Fragen: Was ist gut gelaufen? Wo gab es Schwierigkeiten, und wie wurden diese gelöst? Wie läuft es mit der Zusammenarbeit? Wo benötigen sie noch Unterstützung? Wer kann diese leisten? Welche Risiken sehen Sie? Wann ist es sinnvoll, dass wir wieder darüber sprechen?
Informelle Kontrollen: Machen Sie eine Begrüßungsrunde am Morgen oder nutzen Sie die Kaffeeecke, um zu fragen: Wie war die Besprechung, der Kundenbesuch, die Montage etc. **Zeigen Sie Ihr Interesse an der Person und der Sache.**

ExpressoTipp

Leben Sie eine Vertrauenskultur. Menschen, die diese Kultur nicht mitragen wollen und Vertrauen auf grobe Weise missbrauchen, sollten gezielt zur Verantwortung gezogen werden. Achtung: Stellen Sie sicher, dass es sich nicht nur um ein Missverständnis handelt.

ExpressoFokus

Vertrauen Sie Ihrem Gefühl. Wenn Sie bei jemandem oder einer Sache ein ungutes Gefühl haben, fragen Sie so lange nach, bis es verschwindet. Bedenken Sie aber, dass wer sehr genau sucht, der findet sowohl Erfreuliches wie auch Unerfreuliches – dies ist ganz normal.

ExpressoBalance

Was ist Ihr Lieblingsanzug oder Kostüm im Job? In welcher Kleidung fühlen Sie sich am besten? Überlegen Sie, was diesen Unterschied ausmacht? Wie können Sie Ihren Kleiderschrank ausrüsten, dass Sie sich immer so gut fühlen?

Existenzbedrohende Krisen im Team oder Unternehmen

Steht Ihre Abteilung oder Ihr Unternehmen vor einschneidenden Entscheidungen? Müssen Sie eine größere Zahl Mitarbeiter entlassen? Oder stehen Sie vor einer bedeutenden Umorganisation? In all diesen Situationen müssen Sie auch unerfreuliche Entscheidungen treffen. **Hier ist ein gutes Krisenmanagement gefragt, welches die Situation entschärft und wieder die Basis für ein konstruktives Miteinander schafft.** Ein Meister in diesem Bereich war Sir Ernest Shackleton, der vorlebte, wie erfolgreiches Krisenmanagement aussehen kann. Lesen Sie im Folgenden über Ernest Shackleton, und lassen Sie sich von ihm inspirieren.

Der historische Hintergrund

Er gilt als großartige Führungspersönlichkeit, obwohl er niemals eine Gruppe von mehr als 27 Mitarbeitern geleitet hat, keines der Ziele erreichte, die er sich in seinem Leben gesteckt hatte, und bis vor kurzem erinnerte sich nach seinem Tod kaum jemand an ihn. Aber wenn man die Geschichte seiner denkwürdigen Antarktis- Expedition (1914 bis 1916) kennt, kann man das Urteil über ihn nachvollziehen. Er war ein Meister des Krisenmanagements, und er verstand es, neben einer exzellenten Personalauswahl und einer ausgefeilten Planung in scheinbar ausweglosen Situationen das Richtige zu tun.
Dies und die Tatsache, dass Shackleton auch in sehr schwierigen, Existenz bedrohenden Situationen nicht seine Werte aus den Augen verloren hat, ist für uns der Grund, ihn und sein Handeln in Krisen hier explizit vorzustellen.

Wirksame Führung à la Shackleton

- Shackleton inspirierte seine Mannschaft durch seinen Optimismus.
- Er führte, indem er mit gutem Beispiel voranging. In seinen Teams stellte er ein **Gleichgewicht zwischen Begabung und Fachwissen** her und brachte die Teams dazu, einander zu helfen.
- Er behielt immer den Überblick und zweifelte nicht an seinem Erfolg. Shackleton beobachtete sorgfältig, bevor er handelte, und förderte durch informelle Zusammenkünfte den Kameradschaftsgeist.
- Er delegierte sinnvoll Aufgaben, behielt aber stets den Überblick.
- Seinen Mitarbeitern gab er in guten Zeiten die beste Vergütung und Ausrüstung, die er bezahlen konnte.
- **In vielen Einzelgesprächen** baute er zu allen Männer eine Bindung auf, die er in Krisenzeiten nutzen konnte.
- Er suchte Inspirationen in zeitlosen Weisheiten, die ihn und seine Mannschaft in Krisen gestärkt haben.

Für Ihre Zeitplanung

- Informieren Sie Ihre Mitarbeiter frühzeitig über einschneidende Veränderungen.
- Erstellen Sie eine Prioritätenliste über das, was wann zu tun ist.
- Halten Sie Ihre Mitarbeiter bei wichtigen Informationen auf dem Laufenden.

Wissensnetz, Weblinks und Literatur

16. Emotionale Intelligenz – eine Kernkompetenz
38. Mitarbeiter zielgerichtet und angemessen informieren
80. Geschäftsprozesse radikal umgestalten: Reengineering
96. Erfolgreich Veränderungsprozesse gestalten

- Caroline Alexander: Die Endurance. Berlin
- Margot Morrell/Stephanie Capparell: Shackletons Führungskunst. Reinbek

Der Einstieg ins Krisenmanagement

- Sprechen Sie beim Eintreten einer Krise sofort mit Ihren Mitarbeitern. Binden Sie diese möglichst frühzeitig ein. **Warten Sie nicht ab, bis es Gerüchte gibt, sondern unterrichten Sie Ihre Mitarbeiter, und schätzen Sie die Situation realistisch ein.** Bitten Sie Ihre Mitarbeiter um Unterstützung, und strahlen Sie Zuversicht aus.
- Streichen Sie eventuell mittlere Managementebenen. In Notsituationen ist direkte Führung wirksamer.
- Detaillierte Pläne für unterschiedliche Alternativen geben ein Stück Sicherheit.
- Als Führungskraft sollten Sie schon die ersten Anzeichen einer beginnenden Krise ernst nehmen und für den Ernstfall rechtzeitig eine Alternativlösung andenken.

Den Fokus auf Lösungen lenken

- Rationalisieren Sie Arbeitsprozesse, oder reduzieren Sie Lagerbestände, damit Sie sich zusätzliche Kapazitäten und Ressourcen schaffen. Gehen Sie mit gutem Beispiel voran.
- **Geben Sie regelmäßig Zwischenberichte über die aktuelle Krisensituation.**
- Da Menschen dazu neigen, Krisensituationen mit der Zeit als normal und weniger bedrohlich anzusehen, ist es ratsam, bei anhaltenden Schwierigkeiten ab und zu auf den Ernst der Lage hinzuweisen.
- **Handeln Sie gegen den Impuls, unzufriedenen Mitarbeitern aus dem Weg zu gehen.** Suchen Sie deren Nähe und deren Unterstützung. So können Sie verhindern, dass die Stimmung noch schlechter wird.

An einem Strang ziehen

- Durch Humor können Sie Spannungen entschärfen. Auch angenehme Ablenkungen (ein gemeinsames Mittagessen) helfen, die schwierige Situation zu entschärfen.
- **Schauen Sie ausschließlich in die Zukunft, und lassen Sie die Vergangenheit los.**
- Verschwenden Sie weder Zeit noch Energie darauf, frühere Fehler zu bedauern oder sich um Dinge zu kümmern, die Sie nicht ändern können.
- Holen Sie sich Rat von außen, treffen Sie aber die Entscheidungen selbst.
- Fragen Sie andere, auch Ihre Mitarbeiter, nach ihrer Einschätzung der Situation.
- Geben Sie möglichst jedem Mitarbeiter das Gefühl, an der Bewältigung der Krise mitwirken zu können.

ExpressoTipp

Kommunikation und Transparenz sowie Glaubwürdigkeit sind wichtig. Kündigen Sie unangenehme Entscheidungen rechtzeitig an. So haben Ihre Mitarbeiter Gelegenheit, sich mit den Folgen frühzeitig auseinander zusetzen und darauf vorzubereiten.

ExpressoFokus

Seien Sie geduldig. Manchmal ist Abwarten und Nichtstun die bessere Alternative. Bleiben Sie in Krisenzeiten sichtbar und präsent. Versuchen Sie vom Reagieren wieder ins Agieren zu kommen.

ExpressoBalance

Beobachten Sie sich selbst, in welchen Situationen Sie bewerten. Die Chance und das Risiko beim Bewerten ist, dass wir nach unseren eigenen Kriterien beurteilen. Sammeln Sie mehr Informationen – ändern Sie ein Kriterium – verändern Sie den Zeitrahmen – und schauen Sie nochmals neu.

Umgang mit Krisen – von Mitarbeitern und im Team

In jedem Team oder jeder Abteilung treten Krisen auf. Auch wenn sie nur einen Mitarbeiter betreffen, ist meist das ganze Team beteiligt. Genauso wie bei Konflikten gilt: Nicht bearbeitete Krisen eskalieren und verursachen Reibungsverluste, die sich in verminderter Leistungsfähigkeit und Produktivität auswirken. Wir alle haben verschiedene Strategien, mit Krisen umzugehen. Viele Krisenthemen wie Tod oder schwere Krankheit gehören leider zu den Tabuthemen in unserer Gesellschaft. Dennoch gilt: Der konstruktive und offensive Umgang mit Krisen ist die Voraussetzung für erfolgreiches Führungsverhalten.

Umgang mit Krisen

Krisen begleiten unser Leben – auch ohne Vorankündigung. Wir können ihnen nicht ausweichen – auch nicht im Führungsalltag. Erfahrungen in unserem persönlichen Bereich helfen im Beruf, konstruktiv mit Krisen umzugehen und bestenfalls gestärkt daraus hervorzugehen. Jede Krise durchläuft vier Phasen, die je nach Betroffenheit in unterschiedlichen Zeiträumen durchlaufen werden müssen:

1. **Phase des Nicht-wahrhaben-Wollens und der Verleugnung:** Es wird nicht akzeptiert, dass es nicht mehr so ist, wie es einmal war.
2. **Phase der aufbrechenden Gefühle:** Ein Gefühl der Hoffnungslosigkeit macht sich breit. Wut, Schuldgefühle und Selbstzweifel treten auf.
3. **Phase der Neuorientierung:** Es wird nach Lösungsmöglichkeiten und Auswegen gesucht.
4. **Phase des neuen Gleichgewichts:** Die neue Situation wird angenommen.

Schwere Krankheit eines Mitarbeiters

Ist in Ihrem Team oder in Ihrer Abteilung ein Mitarbeiter von einer schweren Krankheit betroffen, kann diese Person echte Zuwendung gut gebrauchen. **Nehmen Sie sich Zeit für diesen Mitarbeiter, und bedenken Sie, dass es nicht Ihre Aufgabe ist, das Unglück zu beheben.** Sprechen Sie darüber, was Sie in Bezug auf die Situation fühlen. Gestehen Sie beispielsweise Ihre Unsicherheit ein: »Das macht mich sprachlos.« Vermeiden Sie Sätze wie »Sie müssen jetzt stark sein.«, »Es hat bestimmt sein Gutes.« oder »Das kann jedem passieren.« Sprechen Sie in einer zweiten Phase offen über die Auswirkungen auf die berufliche Situation. Entwickeln Sie gemeinsam Handlungsoptionen. Thematisieren Sie, wie Sie mit Informationen über die Krankheit im Team umgehen. So werden unangenehme Gerüchte weitgehend vermieden. Bedenken Sie, dass Ihr ganzes Team betroffen ist. Neben der zu erwartenden Mehrarbeit, wird es Gefühle von Betroffenheit und Unsicherheit geben.

Für Ihre Zeitplanung

- Aufgetretene Krisen benötigen immer größere zeitliche Ressourcen, sonst entwickeln sie sich zu noch größeren Krisen.

Wissensnetz, Weblinks und Literatur

26. Führen durch Fragen
27. Wer bin ich? – Fremdbild und Selbstbild
47. Konflikte erkennen und lösen
48. Konflikte im Team: Bedürfnisse und Interessen ausgleichen
110. Durch aktives Zuhören mehr verstehen

- Annegret Hugo-Becker, Henning Becker: Psychologisches Konfliktmanagement. München

Alkoholprobleme

Alkoholismus entsteht nicht plötzlich, sondern über mehrere Jahre. Häufig haben Mitarbeiter, Vorgesetzte, Familienangehörige und Freunde die Augen verschlossen. Darüber hinaus helfen sie vielfach, den übermäßigen Alkoholgenuss zu vertuschen, und werden zu Ko-Abhängigen. Entgegen einer weit verbreiteten Meinung ist die Kehrtwende nicht erst dann möglich, wenn der Betroffenen »ganz unten« ist. **Als Führungskraft haben Sie die Aufgabe, das Problem offensiv anzugehen.** Sprechen Sie mit Ihrem Mitarbeiter über Fakten wie nachlassende Arbeitsleistung, häufige Fehltage und Abwesenheit vom Arbeitsplatz. Nehmen Sie Kontakt mit Ihrer Personalabteilung auf, und informieren Sie sich.

Tod eines Mitarbeiters

Der Tod eines Mitarbeiters oder Kollegen ist für jedes Team eine große Belastung. Indem Sie Ihre Trauer zeigen, haben auch Ihre Mitarbeiter die »Erlaubnis«, ihre Trauer zu zeigen. Nehmen Sie Kontakt mit der Familie des Verstorbenen auf, und bieten Sie Ihre Unterstützung an. **Überlegen Sie mit Ihrem Team, wie Sie angemessen Abschied von dem Mitarbeiter nehmen wollen.** Folgende Fragen könnten dabei wichtig sein: Was soll in der Todesanzeige stehen? Wer geht zum Begräbnis? Sollte eine Trauerrede gehalten werden? Wer hält Kontakt zu den Angehörigen? Beachten Sie: Bei den meisten Schicksalsschlägen gilt, dass kurz nach dem Bekanntwerden viele helfen wollen, etwas später jedoch kaum mehr einer da ist.

Sorgen Sie gut für sich selbst

Der Umgang mit Krisen ist nicht leicht und erfordert viel Kraft von jeder Führungskraft. Die folgende kleine Geschichte soll Sie daran erinnern, besonders in schwierigen Situationen das eigene Wohl nicht aus den Augen zu verlieren:
Ein Geschäftsmann kam zum Meister und wollte von ihm wissen, was das Geheimnis eines erfolgreichen Lebens sei. Der Meister antwortete: »Mach jeden Tag einen Menschen glücklich!«
Und er fügte nach einer Weile hinzu: »... selbst wenn dieser Mensch du selbst bist.«
Und noch ein wenig später sagte er: »Vor allem, wenn dieser Mensch du selbst bist.«
(Autor unbekannt)

ExpressoTipp

Seien Sie in schwierigen Zeiten im Team präsent. Suchen Sie bewusst und verstärkt den Kontakt zu Ihren Mitarbeitern.

ExpressoFokus

Wenn Sie sich überfordert fühlen, suchen Sie Hilfe von Experten.

ExpressoBalance

Nehmen Sie sich in der Mittagspause oder nach Dienstschluss Zeit, in einer Buchhandlung zu stöbern. Vielleicht finden Sie ein neues Lieblingsbuch.

Die leidige Pflicht des Kritisierens

Die Leistung und/oder das Verhalten eines Mitarbeiters entsprechen nicht Ihren Vorstellungen? Sie wollen eine Veränderung in eine bestimmte Richtung erzielen?
Vorab gilt es zu überlegen, **wie weit der Mitarbeiter Ihre Erwartungshaltung kennt**. Ist Ihre Erwartung konkret ausgesprochen worden, oder handelt es sich vielleicht um eine unausgesprochene Erwartung oder gar eine unbewusste Erwartung? Ist es notwendig, Ihre Erwartungshaltung nochmals deutlich zu machen, bevor Sie überhaupt ein Konfliktgespräch durchführen?

Vorbereitung

- Welche Verhaltensweisen/Leistungen möchte ich weiter erhalten? Was schätze ich besonders? Was hat mir in der letzten Zeit gut gefallen?
- Was stört mich wirklich? Ist es eher ein Verhalten oder eine ungenügende Leistung oder beides? Woran kann ich es erkennen, woran mache ich es fest? **IST-Situation** deutlich beschreiben.
- Was ist meine konkrete Erwartungshaltung? Wie kann ich die **SOLL-Situation** beschreiben?
- Woran kann der Mitarbeiter erkennen, dass er meinen Erwartungen nicht nachkommt?
- Welche Erwartungshaltung hat der Mitarbeiter an sich, an andere, an Sie?
- Wie sieht die »Landkarte« des anderen aus?
- Planen Sie von Beginn an ein, mit dem Mitarbeiter eindeutige Vereinbarungen zu treffen und diese nach festgelegter Zeit zu überprüfen.

Unterscheiden Sie!

Basis jedes konstruktiven Kritikgesprächs ist eine **wertschätzende Haltung**. Mit **Empathie** und **Akzeptanz** zeigen Sie dem Mitarbeiter, dass Sie ihn verstehen wollen und ernst nehmen. **Zutrauen** und **Neugierde** für seine »Landkarte« zeigen. Dem Mitarbeiter zutrauen, seine Fähigkeiten auszubauen.

- Überlegen Sie, wo/wann dieses Verhalten bisher für den Mitarbeiter nützlich war?
- Überlegen Sie, was der Grund für die ungenügende Leistung/das Verhalten sein könnte?
- Unterscheiden Sie sorgfältig zwischen folgenden Ursachen: **Wissen, Können, Wollen.**

Wie können Lücken geschlossen werden:

- **Wissen** → Fragen Sie, wie die Lücken geschlossen werden können.
- **Können** → Fragen Sie, was Ihr Mitarbeiter benötigt, um auf die neue Könnensstufe zu kommen.
- **Wollen** → Fragen Sie, unter welchen Voraussetzungen der Wille dazu da wäre.

Für Ihre Zeitplanung

- Äußern Sie jegliche Kritik sehr zeitnah. Widerstehen Sie der Versuchung, das Kritikgespräch auf morgen zu verschieben, weil es Ihnen unangenehm ist.
- Achtung, Ausnahme: **Wenn Sie sich sehr geärgert haben und im Moment nicht mehr sachlich sein können, dann das geplante Gespräch besser nochmals überschlafen.**

Wissensnetz, Weblinks und Literatur

23. Feedback geben – die richtige Grundhaltung entwickeln
26. Führen durch Fragen
57. Die hohe Kunst des Lobens

- Klaus Rischar: Kritik als Chance für Vorgesetzte und Mitarbeiter. Renningen

»Lieber von den richtigen kritisiert, als von den falschen gelobt.« Gerhard Kocher

Gesprächsablauf

- **Einstieg:** Ich möchte jetzt mit Ihnen über ... sprechen.
- **IST- und SOLL-Situation:** Mir ist aufgefallen, dass ... (konkrete, eigene Beobachtung). Mir gefällt (Verhalten, Resultat etc.) ... – Den Punkt ... hätte ich gerne anders, weil ... – Meine Vorstellung ist ... (konkretes Verhalten oder Tun).
- **»Landkarte« erfragen:** Wie sehen Sie die Situation? Wo (WISSEN, KÖNNEN, WOLLEN) fehlt es?
- **Lösungen erarbeiten:** Welche Lösungen sehen Sie?
- **Vereinbarung treffen:** Was wollen wir vereinbaren? Bis wann ist es umgesetzt? Woran kann ich erkennen, dass es dann so läuft?

Provozieren vs. helfen

Bestimmte Formulierungen erzeugen manchmal unnötigen Widerstand. Vermeiden Sie Begriffe wie: immer, schon wieder, jedes Mal, ständig oder aber. Diese Begriffe generalisieren und sind meist an der Realität vorbei.
Wenn Sie der Einstellung folgen, dass sich jeder bemüht und nach Anerkennung sucht, eröffnet Ihnen dies ganz andere Perspektiven als die Überzeugung, jemand ist faul und beschränkt.
Geben Sie sich nicht Wunschträumen hin (»Wenn doch alle so und so wären, wäre alles so einfach.«)
Sie sollten die Realität akzeptieren: Jeder hat Probleme und Unzulänglichkeiten, auch Sie selbst. Jeder braucht Hilfe, auch Sie selbst.

Hilfreiche Fragen an Mitarbeiter

- Was haben Sie bereits unternommen?
- Welche Unterstützung würde helfen? Wie kann ich Sie unterstützen? Wer könnte noch helfen?
- Was wäre für Sie eine gute Lösung? Was wäre für das Unternehmen am besten?
- Angenommen, Sie könnten selber entscheiden, was würden Sie tun?
- Wer kann sonst noch zur Lösung beitragen? Welche Lösungen haben andere dafür gefunden?
- Wie haben Sie es geschafft, dass es nicht noch schlimmer wurde?
- Welches Problem könnte auftauchen, wenn dieses gelöst ist?
- Woran erkennen Sie, dass meine Erwartungen erfüllt sind?

ExpressoTipp

Halten Sie Kritikgespräche **unter vier Augen** und verbunden mit wertschätzenden Aussagen. Halten Sie wichtige Vereinbarungen in einem gemeinsamen Dokument schriftlich fest.

ExpressoFokus

Überlegen Sie den konkreten Sachverhalt und beschreiben Sie detailliert, was Ihnen gefällt und was Sie gerne anders hätten. In über 90 Prozent der Fälle liegt es am Wissen und/oder am Können. **Viele Menschen wollen – wenn sie nur wissen, wie es geht und wie sie es konkret machen können.**

ExpressoBalance

Mit welchen Menschen fällt es Ihnen am leichtesten, gemeinsam zu genießen?

Durch Kundenbindung Multiplikatoren schaffen

Nach dem Auftrag ist vor dem Auftrag. Mit dem Bemühen um einen zufriedenen Kunden stellen Sie die Weichen für den nächsten Auftrag. Unter Kundenbindung versteht man die relativ dauerhafte Beziehung zwischen Kunde und Unternehmen. Diese kann von beiden Seiten betrachtet werden: Das Unternehmen möchte mit aktiven Maßnahmen die Bindung erzeugen. Der Kunde soll sich als Ergebnis mindestens psychologisch (Zufriedenheit, Vertrauen, Loyalität) oder auch vertraglich an das Unternehmen gebunden fühlen. **Nur ein zufriedener Kunde wirkt als positiver Multiplikator.**

Möglichkeiten von Kundenbindungen

Unternehmen benötigen die genaue Kenntnis der Kunden und ihrer Loyalitäts- und Wechselmotive. Erst mit diesen zielgruppenspezifischen Informationen ist wirkungsvolles Kundenbindungsmanagement möglich.

- **Nutzen steigern durch Qualitätssteigerung:** etwa durch zusätzliches Know-how und Erfahrungen, Prozessoptimierung, vielfältige Einsatzmöglichkeit erworbener Leistungen (Baukastensystem), zusätzliche Leistungen.
- **Kosten reduzieren:** etwa durch Preisreduktion für Folgekäufe, Rabatt- und Bonussysteme (freie Leistung bei x-maligem Bezug, Frequent Flyer Programme), hohe fixe Eintrittskosten und Ermäßigung der Folgekosten (Halbtax-Abo, Fitnessklubs).
- **Wechselkosten erhöhen:** etwa durch Austrittsgebühren (Kontoauflösung bei der Bank), Verluste von finanziellen Vorteilen bei Austritt, Vertragsstrafe oder Anreize für weitere spezifische Investitionen.

Kundenbindungsinstrumente

- **Kommunikation:** Sorgen Sie für eine hohe Qualität aller Kontakte wie Gespräche, Telefon, Mail, Fax.
- Erforschen Sie die **Bedürfnisse** Ihres Kunden: Sammeln und verdichten Sie Ihre Kundendaten – Ihre Kundendatenbank ist Ihr »Schatztruhe«.
- Leistungsfähiges **Feedbacksystem**: Sorgen Sie für ein hochwertiges Beschwerdemanagement.
- Alleinstellungsmerkmal erschaffen: Sorgen Sie im Produkt oder im Service dafür, dass Sie einen **Kundennutzen** bieten, den die anderen nicht haben.
- Erzeugen Sie eine **Wechselbarriere** durch emotionale und psychologische Bindung.
- **Kundenorientierte Mitarbeiter** erzeugen den Unterschied: Geben Sie Ihren Mitarbeitern Verantwortung, bauen Sie deren Wissen und Können ständig aus.

Um Kundentreue zu erreichen, müssen sämtliche Kundenbindungsinstrumente optimiert und miteinander verzahnt werden.

Für Ihre Zeitplanung

- Maßnahmen zur Kundenbindung sind tägliche Pflicht.
- Schulen Sie Ihre Mitarbeiter regelmäßig zum Thema Kundennähe und Kundenbindung.

Wissensnetz, Weblinks und Literatur

4. Beschwerden sind Chancen!
24. Durch eine fehlerfreundliche Kultur alle Chancen nutzen
96. Erfolgreich Veränderungsprozesse gestalten
110. Durch aktives Zuhören mehr verstehen

- www.benchmarking.de: Informationen und Downloads zum Thema
- Peter Kenzelmann: Kundenbindung. Berlin

Die Kundenzufriedenheit erfragen

Erkunden Sie die Kundenzufriedenheit: Informieren Sie sich über die Resultate, die der Kunde mit Ihrem Produkt/Ihrer Dienstleistung erzielt hat, zum Beispiel:

- eine Woche nach Leistungserbringung/Lieferung. Fragen Sie, ob es zu seiner Zufriedenheit verlief.
- einen Monat nach Leistungserbringung. Hat sich das Produkt bewährt?
- einmal jährlich: Führen Sie mit Stammkunden ein ausführlicheres Gespräch über die Zusammenarbeit. Fragen Sie nach Verbesserungsmöglichkeiten, nach Entwicklungsmöglichkeiten und nach der zukünftigen Gestaltung der Zusammenarbeit. Senden Sie dem Kunden ein Gesprächsprotokoll.

Wirkungsanalyse

Mit einer Wirkungsanalyse werden die ökonomischen Stellschrauben erforscht, die den größten Einfluss auf den Erfolg haben.
Es wird untersucht, welche Wirkung Maßnahmen auf die Kundenbindung haben und welche Relevanz einzelne Leistungsmerkmale dabei haben.
Es wird nach »kostengünstigen Nutzenstiftern« gesucht. Ein Beispiel: Wie stark wirken sich Beratungskompetenz und telefonische Erreichbarkeit auf die Kundenbindung aus? Mögliches Resultat: Die telefonische Erreichbarkeit ist weniger wichtig als die beraterische Kompetenz. Fazit: Investitionen in die zunehmende Beratungskompetenz sind sinnvoller als Investitionen in die telefonische Erreichbarkeit.

Beschwerdemanagement

Servicestandard: Ermitteln Sie bei Ihren Serviceleistungen, wo der Einbruch der Kundenbindung stattfindet.
Ein Beispiel: Bei einer Bearbeitungszeit von ein bis zwei Tagen ist die Kundenbindung hoch, bei über zwei Tagen sinkt sie merklich. Somit setzen Sie den Standard bei 1,5 Tagen. Falls Sie im Moment Bearbeitungszeiten von 0,5 Tagen haben, können Sie eventuell Personal einsparen und diese Zeit erhöhen.
Benchmarking bedeutet einen Leistungsvergleich mit anderen Unternehmen. Erkennen Sie Stärken und Schwächen durch einen Vergleich mit ähnlichen Unternehmen. Die Homepage www.benchmarking.de ermöglicht einen schnellen Vergleich für Produktions- und Serviceunternehmen.

ExpressoTipp

Die Qualität des Beschwerdemanagements ist ein wesentlicher Teil der Kundenbindung. Untersuchungen zeigen, dass zufrieden gestellte Beschwerdeführer dem Unternehmen gegenüber loyaler sind, Weiterempfehlungen machen und weniger preissensibel sind.

ExpressoFokus

Untersuchungen zeigen, dass Kundenbindung billiger ist als Neukundengewinnung. Trotzdem bedeutet Kundenbindung nicht, jeden Kunden um jeden Preis zu binden.

ExpressoBalance

Was sind typische Glaubenssätze, die Sie seit Ihrer Kindheit mittragen? Welche davon sind heute eher schädlich als nützlich? Zum Beispiel die alte Haltung: Ohne Fleiß kein Preis! Mögliche neue Haltung: Es ist bedeutsamer, das Wichtige zu tun, als möglichst viel zu tun!

Wo stehen Sie? – Lebensphasen verstehen

Das Leben beginnt mit der Geburt und endet mit dem Tod. Was sind typische Phasen dazwischen, die wir alle durchlaufen? Eine Lebensphase bezeichnet einen abgrenzbaren Abschnitt im Leben. **In jeder dieser Lebensphasen müssen wir uns mit spezifischen Lebenssituationen auseinander setzen.** Dies bewirkt eine Veränderung des Erlebens und Verhaltens und damit Entwicklung. Besonders interessant sind Übergänge, die oft mit Unsicherheiten einhergehen, andererseits auch neue Chancen bieten. Wir konzentrieren uns hier auf Wirkungen dieser Phasen im Berufsleben und nehmen die Lebensmitte als Beispiel.

Phasen nach Romano Guardini

Phase 1 Mutterleib: Entwicklung und Wachstum im Mutterleib. Die Geburt ist die erste Krise.

Phase 2 Kindheit (0 bis 13 Jahre): Lernen und Aufwachsen. Krise: Pubertät.

Phase 3 junger Mensch (15 bis 30): Die eigene Persönlichkeit wird bewusst, Ideen werden absolut vertreten, kompromissloses Verhalten. Wichtige Entscheidungen wie Beruf, Partner etc. Krise: Grenzen werden bewusst.

Phase 4 mündiger Mensch (30 bis 50): Verwirklichung im Leben. Krise: Midlifekrise.

Phase 5 reifer Mensch (50 bis 63): Der Charakter ist vollendet, Grenzen werden gesehen und anerkannt. Krise: Loslösung.

Phase 6 weiser Mensch (67 bis 80): Jeder weiß um sein Ende und nimmt es an. Werte werden verwirklicht.

Phase 7 Hochbetagtsein (ab 80): Zeit des »Wenigerwerdens«, wachsende Abhängigkeit. Krise: Sterben.

Anforderungen in den Berufsphasen

Junger Mensch: In der ersten Hälfte des Berufslebens gilt es, unseren Platz in der Welt zu finden. **Wir** lernen und kämpfen und **verwirklichen unsere Vorstellungen**, indem wir aus dem breiten Spektrum der Möglichkeiten wählen. Wir stoßen an Grenzen und erfahren die Realität.

Mündiger Mensch: Phase der vollen Kraft, Karriere, Zuwachs an Kompetenz, Zeit, in der etwas bewegt wird. Es entstehen Verpflichtungen gegenüber Familie, Beruf und Allgemeinheit. Die Grenzen der eigenen Kraft werden bewusst. Die Arbeitslast häuft sich, und die Anforderungen werden immer größer. Müdigkeit stellt sich ein, ein Bedürfnis nach mehr Ruhe entsteht. Illusionen vergehen.

Reifer Mensch: Gelassenheit und Weisheit stellen sich ein. Vergänglichkeit wird fühlbar. Das Leben gleitet immer schneller, es wird dichter und kostbarer. Die Möglichkeiten werden enger, Gefahr von Zynismus. Ernüchterung entsteht, ein Gefühl der Endlichkeit entsteht. Es gilt dies alles anzunehmen.

Für Ihre Zeitplanung

- Nehmen Sie sich regelmäßig Zeit für Reflexion – nachdenken über Gefühle und Sein.
- Gönnen Sie sich und Ihrem Team einmal jährlich einen Workshop, der sich mit solchen Themen befasst.

Wissensnetz, Weblinks und Literatur

27. Wer bin ich? – Fremdbild und Selbstbild
72. Kleiner Workshop zu Ihrer persönlichen Entwicklung
88. Die ExpressoAnleitung zum Selbstcoaching
103. Work-Life-Balance: alle Lebensbereiche in Einklang bringen

- Romano Guardini: Die Lebensalter. Mainz
- Jos an der Brug, Kees Locher: Unternehmen Lebenslauf. Stuttgart
- Edgar H. Schein: Karriereanker. Frankfurt

Krise der Lebensmitte meistern

Es beginnt mit existentiellen Fragen wie: Was soll das Ganze? Gefühle der Unzufriedenheit und Ernüchterung: War es das jetzt? Vieles ist bekannt und beginnt sich zu wiederholen. Routine, Überdruss und Frustrationen können entstehen. Die Begrenztheit der eigenen Kraft, Vitalität und Beziehungen wird bewusst. Man wird mit sich selbst konfrontiert. Eine **Erneuerung steht an**. Es gilt Abschied zu nehmen von der expansiven Phase zwischen zwanzig und vierzig, eigene Antworten für die zweite Lebenshälfte zu finden, ausgegrenzte Themen zu integrieren und sich zu fokussieren. Was ist mir wirklich wichtig? Wo muss ich etwas loslassen? Es geht um eine innere Neuorientierung: Dinge anders anpacken (weniger andere Dinge zu tun).

Typischer Verlauf von Krisen

Ende: Das Ende einer Phase beginnt mit dem Abschiednehmen von Altem und Vertrautem. Manchmal ist ein einzelnes äußeres Ereignis ein schockartiger Auslöser. Bagatellisieren und Kleinreden der Situation wird gefolgt von wütenden und misstrauischen Phasen.
Durchgangsphase: Die Stimmung gelangt auf den Tiefpunkt, Hoffnung und Verzweiflung wechseln sich ab. Bisherige Lösungsmuster helfen nicht weiter.
Neubeginn: Wir beginnen mit neuen Lösungen zu experimentieren. Wir nehmen Kontakt zu neuen, andersartigen Menschen auf. Die Stimmung steigt wieder deutlich. Wir lassen uns auf das Neue ein und beginnen es zu integrieren. **Der Handlungsspielraum erweitert sich, eine neue innere Freiheit stellt sich ein.**

Tipps für Übergangsphasen

- Übergangsphasen sind ein Teil unseres Lebens. Sie sind Voraussetzung für Wachstum und Entwicklung. Sie sind ein normaler Bestandteil unseres Lebens.
- Unterscheiden Sie zwischen Gefühlen und Fakten. Nehmen Sie Ihre Gefühle ernst, und lassen Sie sie zu, ohne sich von ihnen mitreißen zu lassen.
- **Ein Übergang ist ein Prozess, der Zeit braucht.** Abschied nehmen vom Alten und Loslassen ist ein Prozess der kleinen Schritte.
- Sportliche und künstlerische Betätigungen und in der Natur sein helfen, Abstand zu bekommen.
- Suchen Sie das Gespräch mit Menschen, die den Übergang bereits geschafft haben.

ExpressoTipp

Nehmen Sie die Übergangsphase in der Lebensmitte ernst – sowohl bei sich wie auch bei Menschen in Ihrem Umfeld. Berücksichtigen Sie obige Punkte bei der Personalauswahl und Entwicklung.

ExpressoFokus

Kümmern Sie sich um die Potenziale der Mitarbeiter »45plus«. Sie bringen viel Erfahrung und Prozesskompetenz mit und sind das soziale Gedächtnis der Organisation. Gelingt es Ihnen, die Motivation dieser Altersgruppe hochzuhalten, heben Sie einen enormen Schatz für die Organisation.

ExpressoBalance

Welche Farben verbinden Sie mit innerer Ruhe? Welche Farben mit Abenteuer, Romantik, Kraft, Lust? Wo finden Sie diese Farben in Ihrer Umgebung? Wie können Sie Ihre Umgebung farbiger gestalten?

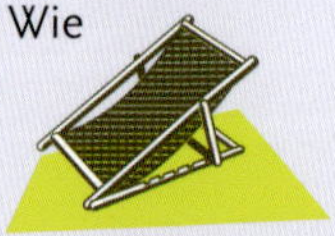

Leistung und Verhalten eines Mitarbeiters beurteilen

Je nach Unternehmen ist die Leistungsbeurteilung neben der Zielvereinbarung, der Personalentwicklung und der Vergütung ein Teil des Mitarbeitergespräches. Meistens sind Gestaltung, Durchführung und Administration vorgegeben. Trotzdem ist die Leistungsbeurteilung für manche Führungskräfte ein unangenehmes Thema und wird gerne vernachlässigt. Dabei kann die regelmäßige, gewissenhafte und systematische Beurteilung ein positives Instrument der Führung von Mitarbeitern sein. Probieren Sie es aus!

Typische Inhalte

- **Arbeitsleistung:** bereit zu Sonderleistungen, Ausdauer, Mengenleistung, Ordnungssinn, Belastbarkeit
- **Veränderungsbereitschaft:** Initiative, Mut zum Risiko, Versetzbarkeit, Vielseitigkeit
- **Kundenorientiertes Verhalten:** Qualität, interne und externe Akzeptanz, Termintreue, Selbstkontrolle
- **Teamverhalten:** Offenes und faires Verhalten, Gruppendenken, Akzeptanz
- **Persönliches Verhalten:** Optimismus, Selbständigkeit, Konfliktfähigkeit, Kommunikationsfähigkeit, Einfühlungsvermögen, Loyalität, Sicherheitsbewusstsein
- **Unternehmerisches Verhalten:** Kostenbewusstsein, Ergebnisorientierung, Abläufe rationell gestalten
- **Führungsverhalten:** Motivation und Vorbild, Einbezug der Mitarbeiter, Planung, Überzeugungs- und Durchsetzungsvermögen, Mitarbeiterförderung, Delegation
- **Vereinbarte Ziele:** Drei bis fünf individuelle Ziele, die im Vorjahr vereinbart wurden

Warum sich der Aufwand lohnt?

Professionell durchgeführte Leistungsbeurteilungen tragen wesentlich zum Unternehmenserfolg bei:

- Vorgesetzter und Mitarbeiter nehmen sich einmal Zeit füreinander.
- Sie steigern die Motivation und Arbeitszufriedenheit und geben dem Mitarbeiter Wertschätzung.
- Die erbrachte Leistung und das Verhalten werden bewertet.
- Sie sind Ausgangspunkt für Veränderungen und Optimierungen im Verhalten, in der Zusammenarbeit etc.
- Sie ermitteln den Qualifizierungs- und Weiterbildungsbedarf.
- Sie sind ein Vergleich von Fremdbild und Selbstbild und somit eine deutliche Standortbestimmung.
- Sie sind Ausgangspunkt für Zukunfts- und Karriereplanung.
- Sie sind die Basis für die Vergütung.
- Sie geben Raum für Feedback des Mitarbeiters zu Ihrem Führungsverhalten.

Für Ihre Zeitplanung

- Die Leistungsbeurteilung erfolgt halbjährlich oder jährlich. Bei neuen Mitarbeitern empfiehlt sich am Anfang ein kürzerer Abstand.
- Rechnen Sie mit ein bis zwei Stunden für eine ausführliche jährliche Beurteilung inklusive der Besprechung der vergangenen und neuen Ziele.

Wissensnetz, Weblinks und Literatur

25. Überfordert? Unterfordert? – Zurück in den Flow-Kanal!
27. Wer bin ich? – Fremdbild und Selbstbild
56. Leitbilder als Ausdruck der Identität
63. Das Mitarbeitergespräch als Chance verstehen
108. Mitarbeiter mit Zielen führen

- Wolfgang Mentzel, Svenja Grotzfeld, Christine Haub: Mitarbeitergespräche. Freiburg

Haltung und Vorbereitung

- **Vorbereitung:** Vereinbaren Sie rechtzeitig (ca. zwei Wochen vorher) einen Termin. Räumen Sie ein großzügiges Zeitfenster ein, damit auch die Kommentare des Mitarbeiters Platz haben. Vereinbaren Sie, welche Unterlagen und Vorbereitung Sie erwarten. Idealerweise macht der Mitarbeiter eine Selbstbeurteilung als Vorbereitung. Sorgen Sie für ein ungestörtes Treffen.
- **Motivation und Ziele:** Erzeugen Sie eine freundliche und sachliche Atmosphäre. Es geht um einen **Austausch von Ansichten und Meinungen (Landkarten)** und nicht um eine Verurteilung. Weisen Sie auf die Gesprächsziele hin. Die Beurteilung ist die Basis für Anpassungen und Optimierungen.

Nützliche Fragen und Bewertung

- **Nützliche Fragen an den Mitarbeiter:** Wie haben Sie im vergangenen Jahr Ihre Arbeit erlebt? Wie möchten Sie diese erleben? Was müsste sich ändern? Wer könnte diese Änderung bewirken? Wie war die Zusammenarbeit? Was sollte geändert werden? Was ist Ihr Beitrag dazu? Wie finden Sie Kommunikation und Information? Wie erleben Sie die Führung Ihres Vorgesetzten?
- **Bewertung:** Austausch des Selbst- und Fremdbildes. Vergleichen Sie, und besprechen Sie zuerst ähnliche Bewertungen. Hinterfragen Sie Unterschiede, und erklären Sie anhand konkreter Beispiele. Fragen Sie, was sich ändern müsste?
- **Vereinbarungen:** Halten Sie wesentliche schriftlich fest, schließen Sie positiv ab.

Fehlerquellen bei der Beurteilung

- Mitarbeiter, die dem Vorgesetzten in Einstellungen, Ansichten und Werten ähnlich sind, werden günstiger beurteilt.
- Beurteilungen fallen umso günstiger aus, je mehr der Beurteilte mit dem Beurteiler Kontakt hatte.
- Kürzlich eingetretenes Verhalten wird mehr berücksichtigt als länger zurückliegendes.
- Auffällige Einzelbeobachtungen können die Beurteilung überproportional beeinflussen.
- Mitarbeiter, die längere Zeit nicht befördert wurden, werden eher unterschätzt, kürzlich beförderte eher überschätzt.
- Erwartungen, die wir an Mitarbeiter haben, beeinflussen das Verhalten (positiv oder negativ!).

ExpressoTipp

Gehen Sie zum Abschluss des Gespräches auf die Metaebene und fragen Sie: »Wie war das Gespräch für Sie? Was hat Ihnen gefallen? Wovon hätten Sie gerne mehr? Wovon weniger?«

ExpressoFokus

Nehmen Sie die Haltung ein, dass Sie dem Mitarbeiter auch anspruchsvolle Ziele zutrauen. Fragen Sie: »Angenommen, Sie könnten das Ziel erreichen, was würden Sie dazu brauchen? Welche Unterstützung von mir wäre nützlich?«

ExpressoBalance

Gönnen Sie sich regelmäßig eine Auszeit von all den Aktivitäten. Machen Sie unabhängig vom Wetter einen Spaziergang in der unberührten Natur. Bleiben Sie ein Wochenende alleine zu Hause ohne Fernseher und Radio. Gestatten Sie sich eine Woche Rückzug im Kloster.

Leitbilder als Ausdruck der Identität

Im Leitbild eines Unternehmens oder Teams werden die Werte und Ziele sowie das Selbstverständnis und das Verhalten festgehalten. Es ist schriftlicher Ausdruck der Unternehmensidentität. Es dient zur:

- **Legitimation:** Das Leitbild hilft, das Handeln nach innen und außen zu begründen.
- **Orientierung:** Mitarbeiter und Führungskräfte bekommen einen Rahmen zur Orientierung für ihre Handlungen.
- **Motivation:** Die Identifikation mit dem Unternehmen wird erhöht.

In vier Schritten zum Leitbild

- **Projektgruppe definieren:** Bilden Sie eine Projektgruppe mit Mitarbeitern und Führungspersonen aus verschiedenen Funktionen und Hierarchien. Diese erarbeiten erste Vorschläge, die vom Führungskreis begutachtet werden. Geben Sie einen Auftrag über das Ziel der Leitbildentwicklung: Was wollen Sie mit dem Leitbild erreichen?
- **Nutzen Sie bestehende Leitbildelemente aus der Organisation.** Wo gibt es bereits Dokumente mit Aussagen über Grundsätze der Organisation? Was wird allgemein gelebt und akzeptiert?
- **Inhalt des Leitbilds:** Was tun wir wie für wen? Was sind unsere Verhaltensgrundsätze für Führung und Zusammenarbeit? Wie sieht unsere Organisationsstruktur aus? Wie kommunizieren wir?
- **Wie führen wir das Leitbild ein?** Wie wird es kommuniziert? Wie kann die Umsetzung begleitet werden? Welche Verankerungen (Poster, Flyer, Intranet, Mitarbeiterzeitschrift etc.) sind sinnvoll?

Wichtige Fragen

- Was ist unsere Existenzberechtigung?
- Wer sind unsere Partner, Kunden, relevanten Umwelten? Wie wollen wir mit ihnen umgehen? Welche Werte und Einstellungen sind uns wichtig? Welches Verhalten wollen wir unterstützen?
- Welches sind unsere Kernkompetenzen? Wie wollen wir unsere Mitarbeiter behandeln und qualifizieren? Wie verstehen wir Führung?
- Wie gestalten wir die Kommunikation?
- Wer sind unsere Kunden? Was sind ihre Anliegen? Was bringt uns Erfolg beim Kunden? Wie können wir einen besonderen Nutzen stiften? Welche Art von Produkten und Dienstleistungen wollen wir anbieten? Wie unterscheiden wir uns vom Wettbewerb?
- Wie kann das Leitbild mit Bildern und Symbolen transportiert werden?

Für Ihre Zeitplanung

- Setzen Sie zehn Prozent der Zeit ein, um das Leitbild zu gestalten – und 90 Prozent, um es wirklich umzusetzen.
- Eine Leitbildentwicklung ist ein Prozess, der ein Unternehmen auf längere Zeit begleitet.

Wissensnetz, Weblinks und Literatur

11. Corporate Culture für die eigene Kommunikation nutzen
21. Events organisieren und nutzen
64. Schlüsselfragen zu Motivation und Identifikation
98. Mit Vision und Mission führen

Leitbild umsetzen

Mitarbeiterveranstaltungen: Nutzen Sie alle Arten von Veranstaltungen, um Elemente des Leitbildes zu präsentieren und visualisieren.
Umsetzungsworkshops: Quer durch die Organisation und über alle Hierarchien hinweg werden Gruppen von Mitarbeitern zusammengestellt, die die Umsetzung diskutieren:
Wichtige Fragen sind:
Was bedeutet das Leitbild für uns? Welche Forderungen erfüllen wir bereits? Welche noch nicht?
Welche Maßnahmen brauchen wir für die Umsetzung?
Begleitmaßnahmen: Machen Sie Poster, Flyer, Präsentationen, Mitarbeitergeschenke wie Tassen oder Handtücher, um das Leitbild präsent zu halten.

Leitbild lebendig halten

- Aktivieren Sie alle zwei bis drei Jahre Gruppen von Mitarbeitern, die untersuchen, wie die Akzeptanz des Leitbildes ist und wie dieses nötigenfalls anzupassen ist.
- Machen Sie eine Mitarbeiterbefragung zur Umsetzung und Aktualität des Leitbildes.
- Nutzen Sie Intranet, Zeitschriften etc., um das Leitbild lebendig zu halten.
- Setzen Sie an einer Feier ein Unternehmenstheater ein, welches die Ist-Situation spiegelt.
- Mitglieder des Managementteams holen sich aktiv bei allen Kontakten mit Mitarbeitern Kritik zum Leitbild ein und sammeln Ideen aus der Belegschaft zur Umsetzung.

Kritische Punkte

- Gerne werden Leitbilder in guten Zeiten entwickelt, und in schlechten Zeiten verschwinden sie dann geräuschlos in der Schublade.
- Trifft das Leitbild nicht den Geist der Mitarbeiter, können Energien verloren gehen und die Leistungsbereitschaft darunter leiden.
- Fehlen dem Leitbild bereits vorhandene unternehmensspezifische Werte und Haltungen, kann es mehr Durcheinander als Orientierung erzeugen.
- Wird das Leitbild als Einmalereignis verstanden, verpufft die Wirkung nach kurzer Zeit.
- Die Mehrheit der Führungskräfte muss voll und ganz hinter dem Leitbild stehen.

ExpressoTipp

Machen Sie die Betroffenen zu Beteiligten, und involvieren Sie möglichst viele Mitarbeiter bei der Entwicklung und vor allem bei der Umsetzung des Leitbildes.

ExpressoFokus

Schauen Sie sich umstrittene und heikle Maßnahmen wie Reorganisationen etc. auch unter Leitbildgesichtspunkten an, und setzen Sie sie entsprechend um.

ExpressoBalance

Beschreiben Sie Sachverhalte, Verhaltensweisen, Einstellungen, Beobachtungen, **statt** diese **zu bewerten** – was verändert sich dadurch?

Die hohe Kunst des Lobens

Jeder strebt nach Anerkennung. Manche sind von äußerer Anerkennung abhängig, manche können sich auch selbst Anerkennung geben. Bleibt sie aus, führt dies oft zu Aktionen, um sich Aufmerksamkeit zu »erzwingen«. Wo sowohl innere wie auch äußere Anerkennung fehlen, kann es zu krankhaftem Verhalten wie z. B. Essstörungen kommen.

»Unterernährung« in Sachen Wertschätzung ist gerade in Deutschland weit verbreitet. Aber Sie haben jeden Tag die freie Entscheidung, wie Sie damit umgehen wollen!

Bejahender oder kritischer Mensch?

Sind Sie eher ein bejahender Mensch, der positiv und vertrauensvoll eingestellt ist? Oder eher ein kritischer Mensch, der sich der Probleme bewusst ist und sich nichts vormachen lässt? Sehen Sie eher das halb volle oder das halb leere Glas? Was liegt Ihnen mehr – loben oder kritisieren?
Sollten Sie unsicher sein, fragen Sie Menschen in Ihrem Umfeld nach folgender Einstufung:

- Bejahender Mensch (+ 3)
- manchmal bejahend, manchmal kritisch (0)
- kritischer Mensch (- 3).

Für die Kritischen unter Ihnen gilt es, sich diese Karte besonders zu Herzen zu nehmen oder sie gar über dem Schreibtisch aufzuhängen.
Den Bejahenden unter Ihnen empfehlen wir die Karte 52: Die leidige Pflicht des Kritisierens.

Der kleine Unterschied

Überlegen Sie, was Ihrem Gegenüber wichtig ist. Ist es eine Person, die besonderen Wert auf Genauigkeit, Pünktlichkeit, Zuverlässigkeit, Offenheit etc. legt? Wie können Sie genau diesen Punkt anerkennen?
Beispiele: Vielen Dank für die **genaue** Analyse der Situation, die **pünktliche** Zusendung des Berichtes, das **zuverlässige** Einhalten des Termins, die **offenen** Worte. Sprechen Sie die Sätze einmal mit den markierten Worten und einmal ohne aus. Was wirkt mehr?
Experimentieren Sie mit Anerkennung, und beobachten Sie die Wirkung. Sprechen Sie die verschiedenen Ebenen Wahrnehmung, Zutrauen und Gefühl an: »Heute habe ich beobachtet, wie Sie auch in der lebhaften Teamsitzung einen guten Überblick behalten haben (Wahrnehmung).« – »Ich hatte das Gefühl, dass Sie als fähiger Projektleiter von allen Mitgliedern gerne akzeptiert werden (Gefühl).« – »Würden Sie auch ein größeres Projekt übernehmen (Zutrauen)?«

Für Ihre Zeitplanung

- Das Führen auf Basis einer wertschätzenden und anerkennenden Haltung und Kommunikation benötigt gleich viel Zeit wie das Führen mit wenig Wertschätzung und Anerkennung – es benötigt aber ein **klares Bewusstsein dafür**.

Wissensnetz, Weblinks und Literatur

23. Feedback geben – die richtige Grundhaltung entwickeln
44. Grundlegende Kommunikationsregeln für Teams
52. Die leidige Pflicht des Kritisierens
63. Das Mitarbeitergespräch als Chance verstehen

- Carmen Vilsmeier: Feedback geben, mit Sprache handeln. Regensburg

Andere Möglichkeiten

- **Zusätzliche Verantwortung** geben: Erweitern Sie die Kompetenzen, geben Sie Unterschriftsberechtigung, ein schwierigeres Projekt etc.
- **Zuhören:** Nehmen Sie sich Zeit, und lassen Sie sich auch die Erfolgsgeschichten erzählen (oft fragen wir nur nach, wenn etwas schief gelaufen ist). Fragen Sie nach: Wie haben Sie das geschafft? Wie sind Sie auf die gute Idee gekommen? Was hat die Energie aufrechterhalten?
- **Kleine Geschenke:** Bringen Sie einen Blumenstrauß oder eine Schachtel Pralinen mit. Backen Sie einen Kuchen für das Team, oder geben Sie einen Gutschein für ein »Dinner for two«. Was zählt, ist die Geste und die persönliche Aufmerksamkeit.

Sich selbst Anerkennung geben

Vielleicht ist dies das anspruchsvollste Ziel in unserem Leben. Nur wenn wir mit uns selbst im Reinen sind, können wir nach außen genauso wirken. Einige hilfreiche Sätze für:

- **Perfektionisten:** Ich darf mein Bestes geben und das ist okay. Ich darf auch Fehler machen und daraus lernen. Ich bin wertvoll durch das, was ich bin.
- **Kämpfer:** Ich brauche nicht für andere zu denken und Verantwortung zu übernehmen. Ich darf mich über das Erreichte freuen. Ich darf mir helfen lassen.
- **Gehetzte:** Ich darf mir Zeit nehmen und es dann auf meine Art tun. Ich darf mich auf Menschen und Situationen einlassen und genießen. Ich brauche anderen nicht voranzueilen, um beachtet zu werden.

Wertschätzung und Lenkung

- Lassen Sie die Meinung des anderen gelten: »Sie möchten mehr Gehalt.«
- Genauso wichtig ist es, den eigenen Standpunkt zu formulieren: »Ich muss die Kosten tief halten.«
- Vermeiden Sie dabei das Wörtchen »aber« und verbinden Sie die beiden Aussagen mit »und«. Denn **das Wörtchen »und« gibt den beiden Positionen erst das gleiche Gewicht.** Damit machen Sie Ihren Standpunkt deutlich und zeigen Verständnis für den Wunsch des Mitarbeiters.
- Nun spannen Sie die Kreativität Ihres Mitarbeiters mit ein und suchen nach Lösungen, die beiden Zielen gleichzeitig dienen: »Wie können wir jetzt eine Lösung finden?«

ExpressoTipp

Pflegen Sie in Ihrem Team eine Feedback-Kultur. Erarbeiten Sie dazu gemeinsam Regeln, und integrieren Sie die Wertschätzung als wichtigen Punkt. Und »erwischen« Sie Ihre Mitarbeiter bei etwas Anerkennenswertem.

ExpressoFokus

Lob, Anerkennung und Würdigung muss wirklich vom Herzen kommen, denn Menschen haben ein sehr feines Gespür für die Aufrichtigkeit dahinter.

ExpressoBalance

Was brauchen Sie, um schöne Augenblicke und Eindrücke auch mit dem Herzen aufzunehmen?

Der souveräne Umgang mit Managementmoden

Trends und Moden kommen und gehen – auch im Management. Einige sind nützlich, viele nicht. Oft handelt es sich nur um praktische, ja selbstverständliche Methoden der Geschäftsführung.
Als Verantwortlicher sollten Sie aber Bescheid wissen: Denn Managementmoden geben Ihnen – genauso wie Vorgesetzten, Mitarbeitern, Geschäftspartnern und Kunden – Orientierung, motivieren und helfen Veränderungen durchzusetzen. Aus der Ruhe bringen lassen sollte man sich freilich nie. So können Sie gelassen entscheiden, welche Mode für Ihr Unternehmen taugt und welche nicht.

Gesunder »Managerverstand«

Derzeit scheinen keine neuen größeren Wellen in Sicht. Vielleicht weil in der gegenwärtigen Konjunktur keine Mittel zum Umsetzen vorhanden sind. Vielleicht ist aber auch ein gesundes Misstrauen gegenüber großen Versprechungen und angekündigten, aber nie eingetretenen Quantensprüngen entstanden. Der Alltag hat oft weit mehr mit gutem Managementhandwerk zu tun.

Viele Moden basieren zudem auf einem Grundgedanken, der fast nie völlig neu ist.

Bei genauem Hinsehen wundert man sich sogar, dass jemand diese Aspekte überhaupt als neuen bahnbrechenden Gedanken anpreist, etwa das Arbeiten mit Vision, Werten und Missionen. Oft reichen eine gesunde Skepsis und ein gesunder »Manager-Verstand« aus, um neuen Trends auf den Zahn zu fühlen. Und auch wenn Sie immer Bescheid wissen sollten, gilt auch im Managementbereich: »Es ist ein angenehmes Gefühl der Unabhängigkeit, wenn man einen Bestseller nicht besitzt.« (Danny Kaye)

Moden geben Orientierung

Managementmoden können Ihnen helfen, das Nachdenken über anstehende Fragen anzuregen – auch wenn Sie gar nicht auf eine hundertprozentige Umsetzung eines neuen Trends setzen.

- Eine Managementmode macht deutlich, welche Methoden zurzeit in Wirtschaft und Verwaltung als angemessen angesehen werden und welche nicht. Daraus können Sie für Ihr Unternehmen passende Strategien ableiten.
- Dies kann Ihnen helfen, sich selbst als Pionier und Ihr Unternehmen oder Ihre Organisation als innovativ zu positionieren. Wer einer Mode früh folgt, hebt sich ab und erregt Aufmerksamkeit. Dies sollte jedoch nie Selbstzweck sein.
- Im Gegenzug kann es sein, dass Unternehmen, die etwa einem aktuellen Effizienz steigernden Trend nicht folgen, eine schlechte Presse riskieren und somit sogar sinkende Aktienkurse.

Für Ihre Zeitplanung

- Halten Sie sich stets auf dem Laufenden in Sachen Managementtrends und -moden – und prüfen Sie sie kritisch.
- Nehmen Sie sich regelmäßig Zeit, um sich mit Kollegen, Freunden und mit Ihren Netzwerk-Partnern über neue Entwicklungen auszutauschen.

Wissensnetz, Weblinks und Literatur

30. Den eigenen Führungsstil kultivieren
96. Erfolgreich Veränderungsprozesse gestalten
98. Mit Vision und Mission führen
102. Die Ressource Wissen managen

- Walter Simon: Moderne Managementkonzepte von A–Z. Offenbach

Managementmoden nutzen

- Veränderung stößt auf Widerstände. Hier können Ihnen Modetrends helfen. Sie stehen für Lösungen, die sich an anderer Stelle bewährt haben.
- Zudem sind sie meist in aller Munde bzw. in allen einschlägigen Zeitschriften, so dass das Risiko gering ist, nicht verstanden zu werden. Einem Trend zu folgen oder mit dessen Gedankenwelt zu spielen, gibt das Gefühl, sich in einer Gruppe von gleich gesinnten Pionieren zu befinden.
- Moden können selbst konservative Menschen dazu bringen, sich vom Vertrauten zu lösen und Neues auszuprobieren. So kann eine Mode ein Experiment initiieren, das sich bewährt.

Warum Moden nicht funktionieren

Die wenigsten Moden und Trends der vergangenen Jahre haben überlebt. Wer spricht heute noch von Vorschlagswesen und die Fokussierung auf Zentralisierung bzw. Dezentralisierung ändert sich etwa alle sieben bis zehn Jahre. Die Gründe für das Abebben von Trends sind vielfältig:

- Der Trend passte nicht zur Branche oder zum Unternehmen.
- Er wurde schlecht oder nicht konsequent genug umgesetzt.
- Andere Trends standen dazu in Widerspruch.
- Und allzu oft waren einfach die Erwartungen unrealistisch.
- Oder: Die ganze Sache war ohnehin keine gute Idee.

Grundlagen für die Umsetzung

- Seien Sie äußerst skeptisch, wenn Ihnen jemand einen Modetrend verkaufen will.
- Bleiben Sie realistisch und erwarten Sie keine Wunder.
- Vor allem sollten Sie **darauf achten, dass der Trend sich in Ihre Unternehmenskultur integriert**. Das gilt auch für die Implementierung: Da gibt es keine Patentlösungen von der Stange. Oft erzielen Unternehmen Wettbewerbsvorteile, wenn sie aktuelle Konzepte individuell anpassen.
- Erwarten Sie nie, dass ein Trend allein das Verhalten Ihrer Mitarbeiter ändert.
- Gehen Sie nie halbherzig vor und vermeiden Sie reinen Aktionismus – und jeden Dogmatismus.

ExpressoTipp

Im Gefolge wirklich wichtiger Managementtrends treten oft weitere Trends auf, deren Bedeutung jedoch meist wesentlich geringer ist und die mit Vorsicht zu genießen sind.

ExpressoFokus

Verfallen Sie nie der Versuchung, einem Trend zu folgen, bloß um sich als Trendsetter präsentieren zu können. Entsteht bei den Mitarbeitern der Eindruck, dass Sie jedem Trend hinterherlaufen, wird es mit der Umsetzung schwierig.

ExpressoBalance

Lernen Sie Pausen zu ertragen. Machen Sie in einem Gespräch bewusst einmal eine längere Pause, als Sie das sonst tun. Beobachten Sie, was passiert?

Mit Mind Mapping strukturieren

Mind Mapping ist eine Kreativitätstechnik, die hilft, Ihre Gedanken gerade so, wie sie Ihnen in den Sinn kommen, auf Papier zu bringen. Unser Denken ist nicht linear, sondern ein komplexer Prozess, bei dem ständig neue Verknüpfungen, aber auch Gedankensprünge entstehen. Mit einem Mind Map können Sie genau diesen Prozess einfach und strukturiert abbilden. Mit Mind Mapping werden sowohl die linke Gehirnhälfte (zuständig für Logik, Zahlen etc.) wie die rechte Gehirnhälfte (Fantasie, Farbe, Rhythmus etc.) miteinander verknüpft, und es entstehen Synergieeffekte, die unsere **geistige Leistung deutlich verbessern**.

Mind Maps erstellen leicht gemacht

- Beginnen Sie eine Mind Map in der Mitte des Blattes mit Ihrem zentralen Thema als Stichwort oder Bild. Ein zu kleines Papierformat setzt Ihrem Geist Grenzen! Besser ist DIN A3 quer und unliniert.
- Nutzen Sie **Schlüsselwörter** (Stichwörter), die Ausgangspunkte für weitere Schlüsselwörter sein können. So entstehen Gedankenketten und verschiedene Ebenen.
- Wichtig sind zwei Typen von Schlüsselwörtern:
  Erinnernde Schlüsselwörter können bestimmte Inhalte wieder in unser Gedächtnis rufen.
  Kreative Schlüsselwörter geben Spielraum zum Assoziieren von Bildern, Gedankenketten oder Gefühlen.
- **Verbinden** Sie die Schlüsselbegriffe und Themen mit **Linien**. Nutzen Sie unterschiedlich dicke und farbige Linien, die jedoch nur so lang wie das dazugehörige Wort sein sollen.

Tipps für ein kreatives Mind Map

- Schreiben Sie in Druckbuchstaben und auf den Hauptverzweigungen in Großbuchstaben.
- Immer nur **ein Schlüsselwort** auf eine Linie.
- Arbeiten Sie mit fröhlichen **Farben, Bildern, Symbolen** in unterschiedlichen Formen und Größen.
- Nutzen Sie Pfeile und Linien für Querverbindungen zwischen den Ästen.
- **Erst assoziieren, dann organisieren**. Schreiben Sie zunächst **alle Ideen und Gedanken**, die Ihnen in den Sinn kommen, auf. Erst wenn Ihnen keine weiteren Ideen und Assoziationen kommen, suchen Sie nach Verknüpfungen, Doppelnennungen und analysieren das Notierte und gestalten eventuell um oder neu.
- Nutzen Sie ein PC-Programm wie MindManager, damit sind Sie flexibel.
- Komplexe Themen werden in mehreren miteinander verknüpften Maps, so genannten **Multimaps**, abgebildet.

Für Ihre Zeitplanung

- Ein Mind Map zu erstellen dauert je nach Komplexität nur 5 bis 30 Minuten.
- Halten Sie ständig ein Mind Map bereit (im PC, im Notizbuch), in das Sie Ihre Ideen laufend ohne viel Aufwand eintragen. Machen Sie eine regelmäßige Bewertung, und setzen Sie um, was Ihnen nützlich ist.

Wissensnetz, Weblinks und Literatur

5. Besprechungen moderieren
6. Besprechungen planen und vorbereiten
33. Ideen entwickeln
37. Die Informationsflut managen

- www.mindjet.com/de: Software zur Erstellung von Mind Maps und viele nützliche Hinweise
- www.mindmap.de: breite Informationen rund um Mind Mapping
- Tony Buzan: Das kleine Mind-Map-Buch. München

Mind Maps einsetzen

- Entwickeln Sie Konzepte und sammeln Sie Ideen mit Mind Map.
- Nutzen Sie Mind Map zur Visualisierung in Präsentationen und Diskussionen.
- Protokollieren Sie schnell und übersichtlich.
- Entwickeln Sie Ihre Vortragsmanuskripte mit Mind Map.
- Steigern Sie mit Mind Map Ihre Kreativität und Ihre Effizienz bei der Ideenfindung.
- Unterscheiden Sie sich mit der kreativen Weitergabe von Informationen beim Organisieren und Planen.
- Notieren Sie Lerninhalte mit Mind Map.
- Zeichnen Sie Ihre Notizen von Gesprächen, Telefonaten etc. in Form eines Mind Maps auf.

Und so funktioniert es

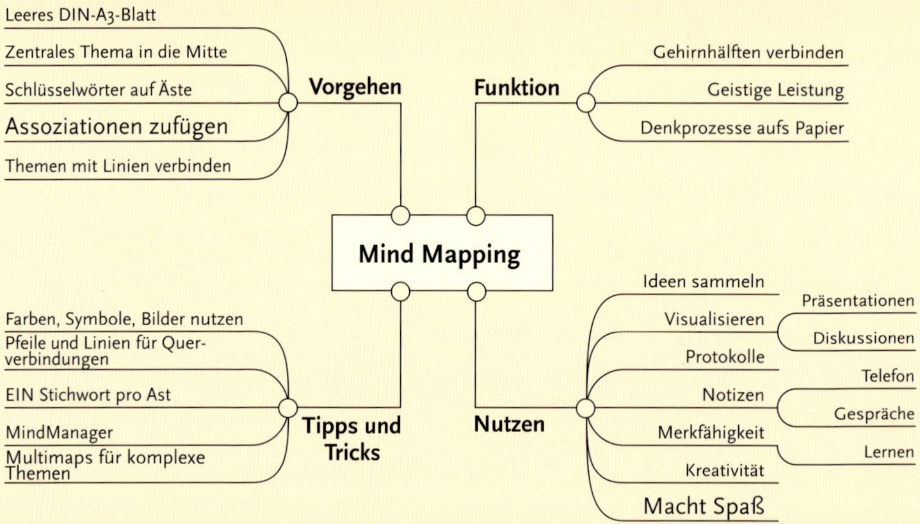

ExpressoTipp

Nutzen Sie Mind Maps täglich. Sie unterstützen Ihr Gedächtnis, Ihre Konzentration, Ihre Effektivität, Ihren Überblick, Ihren Ideenreichtum – und machen viel Spaß!
Nehmen Sie sich etwas Zeit, um die Methode zu lernen – es ist noch kein Meister vom Himmel gefallen.

ExpressoFokus

Nutzen Sie ein Programm wie MindManager für Ihre Maps, und Sie können Map-Inhalte in Microsoft Word oder Power Point übertragen und umgekehrt, Maps per Mail versenden und vieles mehr.

ExpressoBalance

Tauschen Sie mit Kollegen, Mitarbeitern Ihre Lieblings-CD oder Ihr Lieblingsbuch aus und kommen Sie darüber ins Gespräch.

Mitarbeiter auswählen

Die Mitarbeiterauswahl ist eine zentrale Führungsaufgabe. Den richtigen Mitarbeiter zu finden ist nicht einfach und kostet Mühe, die sich aber lohnt. Eine Fehlbesetzung bringt für den Betroffenen und sein soziales Umfeld beträchtliche Schwierigkeiten, bedeutet für Ihr Unternehmen hohe Kosten und Unruhe und Unzufriedenheit für Ihr Team und Ihre Abteilung. Bei der Wahl eines Mitarbeiters geht es darum, einen Bewerber zu beurteilen, aber auch darum, die Stelle und deren Anforderungen aussagekräftig zu beschreiben, damit der Bewerber sehen kann, ob es der richtige Arbeitsplatz für ihn ist.

Ein Anforderungsprofil erarbeiten

- Bevor Sie sich mit Bewerbern auseinander setzen, ist festzulegen, was heute und in Zukunft auf der zu besetzenden Position geleistet werden muss: Wie sehen nach Zeitanteil und Bedeutung die einzelnen Aufgaben aus? Welche Anforderungen an die Person ergeben sich daraus? Welche Kompetenzen und welche Erfahrungen sollte ein Bewerber mitbringen? Welche Erfahrungen sind nicht dringend erforderlich, weil sie während der Einarbeitungszeit im Unternehmen gewonnen werden können?
- **Sprechen Sie mit dem Stelleninhaber und seinen Kollegen.** Sie können wertvolle Hinweise zur Neuverteilung von Verantwortungsbereichen sowie zu einer Neubewertung der Anforderungen geben.
- Neben der fachlichen Qualifikation ist der Aspekt der persönlichen Kompetenz zu beachten: Welche Person mit welchen Eigenschaften könnte unser Team ideal ergänzen? Brauchen wir z. B. mehr Gelassenheit oder mehr Dynamik im Team?

Bewerbungen prüfen und bewerten

- Beziehen Sie Fachleute aus Ihrem Personalbereich zur Unterstützung mit ein.
- Prüfen Sie als Erstes, ob die Unterlagen komplett sind. Lesen Sie den Lebenslauf sorgfältig durch. Achten Sie auf die Form des Lebenslaufes und registrieren Sie Widersprüche bei den Fakten. Achten Sie auf die durchschnittliche Beschäftigungsdauer pro Arbeitsplatz. Fragen Sie sich, ob Form und Inhalt ein positives Bild vom Bewerber hinterlässt.
- Prüfen Sie, ob Qualifikation und Erfahrung Ihrem Anforderungsprofil entsprechen. Gibt es weitere Fähigkeiten? Wo liegen außerhalb von Ausbildung und Beruf Interessen und Kenntnisse?
- Gibt es eine Lücke zwischen dem Ende einer Beschäftigung und dem Beginn der nächsten? Gibt es im Lebenslauf Zeitabschnitte, die nicht nachgewiesen sind? Bei Unklarheiten fragen Sie telefonisch nach. Markieren Sie sich interessante Punkte, auf die Sie zurückkommen wollen.

Für Ihre Zeitplanung

- Fehlentscheidungen bei der Mitarbeiterauswahl sind meist auf beiden Seiten mit großem finanziellen Aufwand und persönlichen Problemen verbunden. **Nehmen Sie sich deshalb genügend Zeit, und prüfen Sie mit Sorgfalt.**

Wissensnetz, Weblinks und Literatur

2. Arbeitszeiten individuell und sinnvoll gestalten
7. Den Betriebsrat als Partner verstehen
13. Bewusstsein für Diversity Management entwickeln
74. Potenzialanalysen für Personalauswahl und Entwicklung
81. Den Reifegrad ermitteln: Wo stehen Team oder Abteilung?
95. Als Führungskraft unternehmerisch denken

Das Bewerbungsgespräch

Als Grundlage dienen die Bewerbungsunterlagen, die Sie sorgfältig studiert haben sollten. Sorgen Sie für eine angenehme Gesprächsatmosphäre, und achten Sie darauf, dass Sie nicht gestört werden.
Verwenden Sie Lebenslauf und Eignungsbogen, um durch Fragen das Gespräch zu strukturieren. **Ein Bewerbungsgespräch ist kein Monolog, sondern ein Dialog.** Hören Sie doppelt so lang zu wie Sie reden.
Seien Sie neugierig, es hilft, richtig zuzuhören. Notieren Sie Fragen. So haben Sie den Kopf frei zum Zuhören. Achten Sie auf die Körpersprache und auf die Emotionen hinter den Worten. Was sagt Ihre Intuition? Vier Augen sehen mehr als zwei! Führen Sie Bewerbungsgespräche nicht allein.

Hilfreiche Fragen an den Bewerber

- Warum möchten Sie wechseln? Was können Sie in diese Stelle einbringen?
- Welche Ihrer Eigenschaften halten Sie für die wichtigsten? Was halten Sie für die Hauptleistung in Ihrem Leben? Was war für Sie bisher Ihr beruflicher Höhepunkt? Was war Ihr beruflicher Tiefpunkt?
- Worum geht es Ihnen bei der Arbeit am meisten? Haben Sie Erfahrungen mit Problemlösungen? Arbeiten Sie lieber im Team oder allein? Wie gehen Sie mit Zeitdruck um?
- Wie würde Ihr bester Freund Sie beschreiben?
- Wo sehen Sie sich in fünf Jahren? Was sind Ihre langfristigen Ziele, und wie glauben Sie, sie bei uns verwirklichen zu können?

Auswahlinstrumente

Nutzen Sie auch hier die Kompetenzen Ihrer Personalabteilung. Ihre Kollegen sind in der Lage, mit angemessenen Hilfsmitteln wie biographischen Interviews, psychologischen Tests, Potenzialanalysen oder Assessment-Centern eine fachgerechte Vorauswahl zu treffen.
Ist in Ihrem eigenen Unternehmen diese Fachkompetenz nicht vorhanden, schalten Sie externe Berater ein. Eine Hilfe beim Zusammenstellen der Kandidatenliste bietet ein Anforderungsprofil, mit dem Sie die gewünschten Qualifikationen und Erfahrungen mit denen des Bewerbers vergleichen. Falls Sie sich bei einer Bewerbung nicht sicher sind, beraten Sie sich mit einem Kollegen oder Mitarbeiter, dessen Meinung Sie schätzen.

ExpressoTipp

Wenn eine Stelle frei wird, nutzen Sie die Gelegenheit, den Arbeitsplatz genau zu beleuchten und erforderlichenfalls Verantwortlichkeiten neu zu regeln.

ExpressoFokus

Achten Sie stets die Würde und Selbstachtung eines Bewerbers. Sorgen Sie dafür, dass die Aufgaben für den neuen Stelleninhaber noch Entwicklungsraum beinhalten. Also reicht es, wenn das Kompetenzprofil zu 60 bis 70 Prozent mit dem Anforderungsprofil übereinstimmt.

ExpressoBalance

Überlegen Sie: Wann haben Sie das letzte Mal ein richtig schönes Fest gefeiert? Es braucht dazu keinen gewichtigen Grund!

Mitarbeiter binden

Eine durchschnittliche Mitarbeiterfluktuation von 15 Prozent verursacht in Unternehmen immense Kosten: in einem größeren Unternehmen (ca. 2500 Mitarbeiter) rund 6,9 Millionen Euro, in mittleren Unternehmen (ca. 300 Mitarbeiter) etwa 0,9 Millionen Euro und in kleinen Unternehmen mit rund zehn Mitarbeitern ca. 25.000 Euro (Gallup GmbH 2001). Betrachtet man allein diese Zahlen, wird deutlich, wie wichtig es ist, über das Thema Mitarbeiterbindung nachzudenken – zumal Sie als Führungskraft viel dazu beitragen können.

Der Organisationskontext

Unternehmen haben verschiedene Kategorien von Mitarbeitern. Vor allem die Schlüsselleute sind unbedingt zu binden. Dazu zählen kompetente Fach- und Führungskräfte. Sie unterliegen derzeit einer starken Nachfrage.

Dies führt aus Unternehmensführung zu folgenden Fragestellungen:

- Wie finde ich qualifizierte Mitarbeiter?
- Wie kann ich diese langfristig an mein Unternehmen/meine Organisation binden?
- Welche Mitarbeiter sind für unser Unternehmen/unsere Organisation besonders wichtig, und was passiert, wenn diese gehen?
- Wie viel Fluktuation ist tragbar bzw. wünschenswert, um die Ertrags- und Innovationskraft des Unternehmens zu sichern?

Was Mitarbeiterbindung beeinflusst

Was Mitarbeiter an Ihr Unternehmen bindet

- **Arbeitsumgebung 34%**
- **Karrierechancen 32 %**
- **Kollegialer Umgang 30 %**
- **Zugehörigkeitsgefühl 28 %**
- Weiterbildungsangebot 27 %
- Gute Work-Life-Balance 23 %
- Gute Mitarbeiter 17 %
- Reputation des Arbeitgebers 10 %

Gründe, den Arbeitgeber zu wechseln

- **Geringe Karriereaussichten 30 %**
- Höheres Gehalt 15 %
- **Schlechtes Management 12 %**
- **Schmales Aufgabenspektrum 9 %**

Quelle: Monster.de/Universum 2001

Für Ihre Zeitplanung

- Nehmen Sie sich immer wieder Zeit für Gespräche mit Ihren Mitarbeitern, in denen Sie nach deren subjektiven Empfinden fragen.
- Kündigungen von Mitarbeitern kommen selten wirklich überraschend, es gibt meist kleinere und größere Unzufriedenheiten im Vorlauf.

Wissensnetz, Weblinks und Literatur

2. Arbeitszeiten individuell und sinnvoll gestalten
31. Gehaltsgespräche individuell und respektvoll führen
75. Potenziale erkennen – Mitarbeiter fördern und befördern
101. Weiterbildung als Schlüssel zu dauerhaftem Erfolg

- Astrid Szebel-Habig: Mitarbeiterbindung: Auslaufmodell Loyalität? Weinheim

AIDA fürs Personalmarketing nutzen

Bei der Gewinnung von kompetenten Mitarbeitern helfen Ihnen folgende Fragen nach dem AIDA-Modell:

- Wie machen Sie einen potenziellen Bewerber auf Ihr Unternehmen/Ihre Organisation aufmerksam (Attention)?
- Mit welchen Punkten wecken Sie sein Interesse daran, Ihr Unternehmen besser kennen zu lernen (Interest)?
- Mithilfe welcher Elemente erzeugen Sie beim Bewerber das Verlangen, bei Ihnen angestellt zu sein (Desire)?
- Und mit welchen Handlungen »besiegeln« Sie die zukünftige Zusammenarbeit (Action)?

Wichtige Mitarbeiterbindungsfaktoren

Als Führungskraft stehen Ihnen eine ganze Reihe von Möglichkeiten offen, Mitarbeiter zu binden. Im Idealfall können Sie in allen »Disziplinen« etwas bieten:

- Arbeitsplatz: bedarfsgerechte Gestaltung, Umgang mit Verbesserungsvorschlägen
- Teamarbeit: Kollegialität
- Konfliktlösungen: konstruktiver, wertschätzender Umgang miteinander
- Mitarbeiterführung: Transparenz von Entscheidungen
- Wertschätzung der Arbeit: Verantwortung zu haben, Gestaltungsspielraum zu haben
- Familienfreundlichkeit: Arbeitszeitflexibilität, Vereinbarkeit von Familie und Beruf
- Gesundheit: Angebot an gesundheitsfördernden Maßnahmen
- Arbeitseinsatz: Überstundenregelung, Arbeitseinteilung
- Kommunikation: sich gegenseitig zuhören und einen Beitrag leisten können
- Fähigkeiten: Herausforderungen, Förderung von Stärken
- Karriereperspektiven: Entwicklungsgespräche, Erschließung neuer Tätigkeitsbereiche
- Mitarbeiterintegration: Integration im Team, soziale Kontakte
- Gesamtvergütung: variable Vergütung, Sozial- und Zusatzleistungen
- Personalentwicklung: Bedarfsermittlung, Weiterbildungsmaßnahmen, Sicherung des Praxistransfers

ExpressoTipp

Etablieren Sie eine offene und direkte Feedback-Kultur, um Unzufriedenheiten bei den Mitarbeitern rechtzeitig zu erkennen. Sorgen Sie dafür, dass jeder Mitarbeiter stolz auf seine persönliche Arbeit sein kann. Bemühen Sie sich gegenüber Ihren Mitarbeitern um Glaubwürdigkeit, Respekt und Fairness.

ExpressoFokus

Reagieren Sie unmittelbar auf den Abwanderungsgedanken Ihres Mitarbeiters und vermitteln Sie Ihrem Mitarbeiter den ausgeprägten Bindungswunsch seitens des Unternehmens oder der Organisation. Manchmal kann auch eine Einbindung des Lebenspartners des Mitarbeiters sinnvoll sein.

ExpressoBalance

Lesen Sie Biographien interessanter Persönlichkeiten!

Ein Mitarbeiter geht

Auch in Personalfragen gilt der Satz: »Das einzige Beständige ist der Wandel.« Das heißt, auch in einem guten Team gibt es Personalveränderungen, die von Ihnen als Führungskraft gestaltet werden müssen.
Häufig gehen Führungskräfte mit solchen Situationen aber eher defensiv um. Ein Grund hierfür könnte sein, dass Personalveränderungen meistens etwas mit Trennung zu tun haben und wir in unserer Gesellschaft keine Trennungskultur im engeren Sinne haben. Trennung ist meist mit negativen Gedanken und Gefühlen verbunden und wird eher erlitten als aktiv gestaltet.

Ein Mitarbeiter geht in den Ruhestand

Mitarbeiter, die in den Ruhestand gehen, haben sich in der Regel schon lange darauf gefreut. Schon vor dem Ruhestand beginnen sie (manche schon mehrere Jahre vorher!), den anderen mitzuteilen, dass sie ja nicht mehr lange da sind und dass sie die Aussicht auf den ersehnten Ruhestand erleichtert.
Neben der Freude gibt es auch unangenehme Gefühle, die das Abschiednehmen begleiten. Fragen wie »Wie werde ich mit dem Ruhestand zurechtkommen?« oder »Gehöre ich dann zum alten Eisen?« werden sinnvoll in einem Workshop zu diesem Thema oder in einem internen Coaching bearbeitet. Hier kann der Mitarbeiter seine Arbeitszeit reflektieren und sie in einem größeren Zusammenhang betrachten. Das hat den Vorteil, dass zum Beispiel Kränkungen aus der näheren Vergangenheit nicht als Maßstab für die ganze Zeit in Ihrer Organisation oder in Ihrem Unternehmen gesehen werden. Ein so gut vorbereiteter Mitarbeiter kann mit einem guten Gefühl gehen und in Kontakt bleiben.

Ein Mitarbeiter an neuer Stelle

Wenn Mitarbeiter in eine neue Abteilung wechseln oder Ihre Organisation, Ihr Unternehmen verlassen, dann verhalten sie sich zum Teil ähnlich wie angehende Ruheständler. Sie freuen sich auf die neue Stelle und neigen gleichzeitig dazu, den bisherigen Arbeitsplatz abzuwerten. Ihren Kollegen begegnen sie teilweise mit der Haltung: »Gut, dass ich gehen kann und schlecht für euch, dass ihr bleiben müsst.«
Dies muss nicht unbedingt mit der bisherigen Stelle zu tun haben, sondern mit der Tatsache, dass Menschen dazu neigen, Dinge für die sie sich entschieden haben, in einem positiven Licht sehen zu wollen. Ihre Entscheidung versuchen sie damit zu untermauern, dass sie das Bisherige in ein schlechteres Licht setzen. Oft wird durch dieses Verhalten die Atmosphäre im Team beeinträchtigt. Bleiben Sie auch hier mit den Mitarbeitern in Gespräch und Austausch, und nutzen Sie das Gehen eines Mitarbeiters, um mit ihm und ohne ihn über Ihre Teamsituation zu reflektieren.

Für Ihre Zeitplanung

- Ein Personalwechsel in einem Team bindet eine große Zeitkapazität. Planen Sie dafür ausreichend zeitliche Ressourcen ein.

Wissensnetz, Weblinks und Literatur

38. Mitarbeiter zielgerichtet und angemessen informieren
93. Teams führen
102. Die Ressource Wissen managen
106. Zeugnisse schreiben und beurteilen

Ein Mitarbeiter wird entlassen

Einem Mitarbeiter eine Abmahnung zu erteilen oder ihn gar entlassen zu müssen, ist die unerfreulichste Form der beruflichen Trennung und eine große Herausforderung für eine Führungskraft. Davon ausgehend, dass Sie alle fachlichen und rechtlichen Aspekte sorgfältig geprüft haben, gilt es, mit dem Mitarbeiter die Konsequenzen der Kündigung zu besprechen. Bleiben Sie hier bewusst sachlich und machen Sie deutlich, dass keine andere Lösung mehr in Frage kommt. Formulieren Sie einen konkreten Termin.
Bleiben Sie mit Ihrem Mitarbeiter trotz der belastenden Situation im Gespräch. Suchen Sie verstärkt Kontakt zu Ihren anderen Mitarbeitern und geben Sie die Informationen, die Sie weitergeben können.

Trennen Sie die Rollen

Als hilfreich hat es sich erwiesen, dass nach einem Kündigungsgespräch mit der Führungskraft die weitere Zuständigkeit auf einen Mitarbeiter des Personalbereichs verlagert wird. Dieser kann dann gemeinsam mit dem Mitarbeiter nach individuellen Lösungen suchen. Der Personalreferent hat in der Regel keine negative Vergangenheit mit dem Mitarbeiter. So kann er im besten Falle eine Gesprächssituation schaffen, in der der Mitarbeiter sich trotz Kündigung nicht nur abgewertet fühlt. Dies erfordert eine exakte Planung und eine gute Zusammenarbeit der Führungskraft mit dem Personalbereich. In kleineren Unternehmen kann diese Funktion auch ein Mentor übernehmen, etwa eine Führungskraft aus einer anderen Abteilung.

Die Lücke schließen

Wenn ein Mitarbeiter geht, geht in der Regel auch sein Wissen. Aus diesem Grund gibt es bei VW die »Wissensstafette«, bei der zum Beispiel in den letzten zwei Jahren Teilzeit gearbeitet werden kann, mit einem Nachfolger an der Seite, der eingearbeitet wird.
In Einzelfällen ist es möglich, (Vor-)Ruheständler mit einem Beratervertrag auszustatten, so dass bei Bedarf auf die Seniorqualifikationen zurückgegriffen werden kann.
Wenn ein Mitarbeiter geht, verliert das Team auch eine Person, die eine spezifische Funktion ausgefüllt hat. In dieser Situation kann es hilfreich sein, in einem Workshop die Veränderung zu thematisieren, nicht zuletzt um den neuen Mitarbeiter im Team einen guten Start zu ermöglichen.

ExpressoTipp

Nutzen Sie den ungetrübten Blick neuer Mitarbeiter auf Ihr Unternehmen. Fördern Sie deren Bereitschaft, auch kritische Anmerkungen zu machen, und fragen Sie gezielt nach deren Eindrücken.

ExpressoFokus

Eine Kündigung eines Mitarbeiters erfolgt selten aus heiterem Himmel, sondern die Unzufriedenheit und Unlust kündigt sich auf vielerlei Art vorher an. Seien Sie aufmerksam.

ExpressoBalance

Machen Sie einen »Geruchsspaziergang«. Stellen Sie Ihre Nase in den Vordergrund Ihrer Sinne. Welche unterschiedlichen Gerüche nehmen Sie an verschiedenen Orten war?

Das Mitarbeitergespräch als Chance verstehen

Das Mitarbeitergespräch ist ein Instrument der Personalentwicklung und wesentlicher Bestandteil eines kooperativen Führungsstils. Es bietet Ihnen die Gelegenheit – herausgelöst aus dem alltägliche Arbeitsgeschäft –, gemeinsam mit einem Mitarbeiter dessen Standort zu bestimmen, einvernehmlich die zukünftige Zusammenarbeit zu gestalten, sich über fördernde oder hemmende Aspekte in den Arbeitsbedingungen zu verständigen, Arbeitsziele zu vereinbaren und Erwartungen an die berufliche Entwicklung auszutauschen.

Wichtige Kernsätze

- Begreifen Sie den kooperativen Umgang mit Ihren Mitarbeitern als wesentlichen Teil Ihrer Führungsaufgabe.
- Fordern Sie Ihre Mitarbeiter immer wieder dazu auf, konstruktive Kritik Ihnen gegenüber zu äußern.
- Vertrauen wächst dabei nur, wenn sich alle Beteiligten ihrer Verletzlichkeit bewusst werden und lernen, sich gegenseitig zu respektieren.
- Beachten Sie den schmalen Grad zwischen menschlicher Nähe und notwendiger Distanz.
- **Betrachten Sie die ehrliche Kritik des Mitarbeiters als »Freundschaftsdienst« und bestrafen Sie ihn unter keinen Umständen für seine Offenheit.**
- Mit der Berücksichtigung individueller Entwicklungswünsche steigern Sie die Motivation und Leistungsbereitschaft Ihrer Mitarbeiter.

Die gute Vor- und Nachbereitung

- Informieren Sie Ihren Mitarbeiter über die zu besprechenden Themen, und vereinbaren Sie rechtzeitig einen Termin.
- Wählen Sie einen Raum, der eine gute Gesprächsatmosphäre bietet und in dem Sie nicht gestört werden.
- Bereiten Sie sich auf den konkreten Mitarbeiter vor. Machen Sie sich über die aktuelle Situation des Mitarbeiters Gedanken. Formulieren Sie Ihre Gesprächsziele.
- Beginnen Sie das Gespräch positiv und mit einem gemeinsamen Rückblick auf das vorangegangene Mitarbeitergespräch: Welche Arbeitsergebnisse sind erreicht? Was ist noch zu erledigen? Was ist gut gelaufen? Was hat die Arbeit behindert? Was ist aus anderen Zielen geworden?
- Fassen Sie die Ergebnisse knapp zusammen und lassen Sie die Gesprächsatmosphäre beurteilen.
- Fertigen Sie über das Gespräch eine Dokumentation an.

Das Timing

- Das Mitarbeitergespräch sollte mindestens einmal im Jahr stattfinden.
- Legen Sie den Termin für das Mitarbeitergespräch frühzeitig fest, damit sowohl Ihr Mitarbeiter als auch Sie sich auf das Gespräch sorgfältig vorbereiten können.
- Planen Sie mindestens eine Stunde für das Gespräch und genügend Zeit für die Dokumentation ein.

Wissensnetz, Weblinks und Literatur

23. Feedback geben – die richtige Grundhaltung entwickeln
26. Führen durch Fragen
55. Leistung und Verhalten eines Mitarbeiters beurteilen
64. Schlüsselfragen zu Motivation und Identifikation
110. Durch aktives Zuhören mehr verstehen

- Stephanie Kreuzhage (Herausgeberin): Praxishandbuch Sozialmanagement. Bonn

Drei Hauptbestandteile

- **Zielvereinbarungen:** Nur ein Dialog stellt sicher, dass Ziele und Prioritäten wirklich verstanden und akzeptiert und keine Zielkonflikte eingebaut sind.
- **Personalentwicklung/Personalförderung:** Dieser fortdauernde Prozess gehört zu den originären Führungsaufgaben. Es gilt, die Potenziale der Mitarbeiter zu erkennen, zu fördern und zu nutzen, Leistungsdefizite zu erkennen und durch bedarfsorientierte Förderungsmaßnahmen abzubauen.
- **Zusammenarbeit:** Wie arbeiten wir zusammen? Wo und warum treten Missverständnisse auf? Wo und wann war die Zusammenarbeit besonders konstruktiv? Welches Verhalten bestärkt oder verunsichert, freut oder hat verärgert?

Hilfreiche Fragen im Mitarbeitergespräch

- **Fragen über die Zusammenarbeit mit Kollegen und anderen Führungskräften:** Wie werden Sie informiert und in Entscheidungen einbezogen? Wie beurteilen Sie die Zusammenarbeit mit Kollegen und anderen Abteilungen? Wo war die Zusammenarbeit positiv? Wo hat es Probleme gegeben? Was können Sie tun, um die Zusammenarbeit zu verbessern? Sind Form und Häufigkeit der Anerkennung und Kritik angemessen?
- **Zusammenarbeit mit der Führungskraft:** Wie war die Zusammenarbeit (Arbeitsklima, Vertrauensbasis, Wertschätzung)? Wie sieht der Mitarbeiter die Unterstützung durch den Vorgesetzten (Feedback, Delegationsverhalten, Informationsfluss, Durchführung von Erfolgskontrollen)?
- **Entwicklung:** Wo sehen Sie Ihre Stärken/Schwächen? Haben Sie den Wunsch, andere Aufgaben zu erledigen? Welche konkreten Vorstellungen haben Sie?
- **Verbesserung:** Was behindert Sie? Was sollte geändert und verbessert werden?
- **Zufriedenheit:** Womit sind Sie am Arbeitsplatz zufrieden, womit unzufrieden? Welche Kritik haben Sie? Welche Anregungen können Sie geben? Was davon könnten Sie selbst umsetzen?
- **Aufgaben und Ziele:** Welche neuen Aufgaben stehen an? Welche neuen Ziele und Vereinbarungen zu deren Unterstützung ergeben sich daraus (Leistung, Führung, Verhalten, Produkt, Dienstleistung)?

ExpressoTipp

Achten Sie darauf, dass Absprachen in einem mittleren Erreichbarkeitsgrad liegen. Vereinbaren Sie nichts, was Sie nicht einhalten können. Vereinbaren Sie messbare Zielgrößen, anhand derer Sie im nächsten Mitarbeitergespräch feststellen, dass die vereinbarten Ziele erreicht wurden.

ExpressoFokus

Unterziehen Sie sich am Ende des Gesprächs einer kritischen Selbstreflexion. War das Gespräch für mich und meinen Mitarbeiter konstruktiv? Was möchte ich das nächste Mal anders machen?

ExpressoBalance

Suchen Sie sich einen kleinen Talisman. Etwas, womit Sie Kraft und Energie verbinden. Etwas, was Sie gut in die Hand nehmen können. Wann immer Sie lustlos, frustriert oder müde sind – nehmen Sie Ihren Talisman in die Hand.

Wohl nur wenige andere Schlagworte wurden in den vergangenen Jahren in Managementkreisen derart intensiv diskutiert wie Identifikation und Motivation. Kann man andere überhaupt motivieren? Oder geht es nur darum, dafür zu sorgen, dass ich als Führungskraft nicht demotiviere?

Sobald Sie ein Verständnis dafür entwickelt haben, was beide Begriffe bedeuten und nicht bedeuten, haben Sie einen entscheidenden Schlüssel zum Erfolg – für sich selbst und für Ihr Team. Wie kann ich mit unmotivierten Mitarbeitern umgehen?

Sechs Schlüsselfragen

Identifikation steht für die weit reichende Übereinstimmung eines Menschen mit einem Ziel. Warum ist die Erreichung eines Ziels für mich so wichtig? Sie sollten sich folgende Fragen stellen:

- Welche Werte und Haltungen bestimmen mein Handeln?
- **Woher beziehe ich meine Kraft?**
- Welche Ziele (Themen) verleihen mir gleichsam Flügel?
- Erlebe ich meine Arbeit als sinnvoll?
- Brauche ich Herausforderungen, um lernen zu können?
- **Was treibt mich an:**
  Will ich Erster sein? Will ich andere besiegen? Will ich mir und anderen zeigen, was in mir steckt? Oder will ich meine Grenzen ausloten? Will ich möglichst autonom handeln?

Den Beweggründen auf der Spur

- Ein Beweggrund ist kein Ziel. Ziele sind greifbar und erreichbar. Ihre Beweggründe sind dagegen immer in Bewegung, sie wirken jederzeit.
- Es gibt zwei Arten: intrinsische oder innere Motivation (Selbstzweck) sowie extrinsische oder äußere Motivation (Fremdzweck). **Innere Motivation ist immer dann gegeben, wenn Sie um einer bestimmten Sache selbst willen aktiv werden.** Sie handeln aus eigenem Willen. **Extrinsisch motiviert sind Sie, wenn Sie etwas als Mittel zu einem anderen Zweck unternehmen:** Sie sind eher fremdgesteuert.
- Sobald Sie die Schlüsselfragen klar beantworten und mit Ihren Zielen in Einklang bringen, können Sie sich mit ihnen identifizieren. Ihre Ziele werden zu »Ihren« Zielen. Sie sind intrinsisch motiviert.
- Dies ist der Idealzustand, in dem wir im so genannten Flow-Bereich arbeiten. Alles macht Spaß, bringt Erfüllung und läuft fast wie von selbst.

Für Ihre Zeitplanung

- Nehmen Sie sich regelmäßig ein wenig Zeit, um sich die sechs Schlüsselfragen zu beantworten und Ihrer Beweggründe bewusst zu werden.
- Tun Sie das auch gemeinsam mit Ihren Mitarbeitern.

Wissensnetz, Weblinks und Literatur

25. Überfordert? Unterfordert? – Zurück in den Flow-Kanal!
27. Wer bin ich? – Fremdbild und Selbstbild
55. Leistung und Verhalten eines Mitarbeiters beurteilen
88. Die ExpressoAnleitung zum Selbstcoaching

- Manfred Schwarz, Jürgen Wulfestieg: Drive – Die Golf-Strategie für Manager. Frankfurt/Main

Der entscheidende Unterschied

Wer den Unterschied zwischen innerer und äußerer Motivation verstanden hat, hält den Schlüssel zum wirklich motivierten Arbeiten in der Hand. Denn Motivation allein genügt nicht, sie muss aus inneren Beweggründen gespeist sein, um sich voll zu entfalten.
Wenn Sie beispielsweise Ihren Job nur machen, um damit Ihren Lebensunterhalt zu verdienen oder Prestige zu erlangen, so folgen Sie einer äußeren Motivation.
Bergsteiger nehmen erhebliche Unannehmlichkeiten in Kauf, um einen Berg zu erklimmen: Jede Seilbahn bringt uns bequemer und schneller ans Ziel. Der Gipfel ist nicht das alleinige Ziel, sondern das Bergsteigen selbst, das Naturerlebnis. So sieht echte innere Motivation aus.

Und der Alltag?

Leider können wir nicht immer im Flow-Bereich arbeiten, da uns manche Ziele einfach nicht im tiefsten Innern bewegen, etwa Statistiken erstellen, Ablage organisieren und, und, und.
Aufgabe für Sie als Führungskraft ist es, die Arbeiten im Team so zu verteilen, dass jeder seiner Motivation gemäß arbeiten kann: Manch einer liebt Statistiken.
Bringen Sie Ziele und Mitarbeiter in Einklang: Denn wer ein klares Ziel verfolgt und sich mit diesem identifiziert, kann Hindernisse überwinden und Rückschläge wegstecken.
Tiefs überwindet man, wenn man sich – oder anderen – immer wieder klar macht, was einem tatsächlich so alles gelingt. Es gibt keinen besseren Motivationsschub.

Das rechte Maß finden

Problematisch wird es, wenn kein »rechtes« Maß vorhanden ist. Übertriebener Stolz führt zu einem verzerrten Bild der eigenen Bedeutung. Solche Menschen glauben, sie müssten immer gewinnen. Sie empfinden sich als Mittelpunk der Welt. Das kann zum Schummeln, Übertreiben, zur Rechthaberei oder zu Streitereien führen. Als Manager werden solche Menschen schnell zur Karikatur.
Von Selbstzweifeln geplagte Menschen hingegen vertrauen ihrer eigenen Urteilsfähigkeit überhaupt nicht. Sie leiden an geringem Selbstbewusstsein. Im Job spielen sie ihre Fähigkeiten herunter. Solche Menschen interpretieren ihre schlechte Form als Ausdruck dafür, dass mit ihnen etwas nicht in Ordnung ist.

ExpressoTipp

Wenn Ihre Beweggründe nur äußerlich motiviert sind, wenn Sie aus Prestigegründen und des Gehalts wegen arbeiten, werden Sie früher oder später Probleme bekommen. Das Burn-out-Syndrom ist vorprogrammiert. Es muss Ihnen Spaß machen, Verantwortung zu tragen und sich und anderen Ziele zu setzen.

ExpressoFokus

Wenn Sie – oder ein Mitarbeiter – keine Motivation mehr spüren, kann das auch bedeuten, dass Sie kein attraktives Ziel mehr haben. Wer ein Ziel verfolgt, lernt Frustrationen und Rückschläge auszuhalten und durchzuhalten. Er lernt Grenzen zu verstehen und zu akzeptieren.

ExpressoBalance

Einen Manager lobt kaum jemand. Gönnen Sie sich also ab und zu mal eine Lob-Einheit. Das hat nichts mit Eigenlob und Überheblichkeit zu tun. Bei Ihren Mitarbeitern wissen Sie doch, wie wichtig das ist.

Drei Minuten zum Munterbleiben und -werden

65

Lange Arbeitstage, wichtige Vorträge und Präsentationen, entscheidende Gespräche und Besprechungen, dazu viele Reisen und die eine oder andere Messe – der Führungsalltag bietet jede Menge an Herausforderungen, die allesamt an der Kondition zehren. Das Beste ist es, eine gute Physis aufzubauen und zu erhalten. Das bietet allein regelmäßiger Sport. Doch auch zwischendurch können Sie einiges tun, um munter zu werden und zu bleiben. Suchen Sie sich am besten ein ungestörtes Plätzchen für Ihren Mini-Workout!

Die Anforderungen

Als Führungskraft stehen Sie immer vor zwei Anforderungen:

- Auf der einen Seite müssen Sie mit Ihrer Haltung und Körpersprache nach außen überzeugend und gelassen auftreten.
- Auf der anderen Seite brauchen Sie stets eine gute Konzentration und innere Klarheit, damit Sie Ihre Gesprächspartner in allen Facetten wahrnehmen, deren Argumente erfassen und verstehen und die eigenen Argumente klug einsetzen.

Am erfolgreichsten sind Sie, wenn Sie kraftvoll und zugleich locker wirken.

- Dies können Sie nur, wenn Sie entspannt und frisch sind.Denn nur in einem gesunden (und lockeren) Körper steckt ein gesunder (und lockerer) Geist.

Die Basis für Fitness

Fitness beginnt nicht erst bei regelmäßiger Bewegung und beim Sport, Fitness beginnt mit der richtigen Ernährung:

- Essen Sie möglichst vollwertig.
- **Trinken Sie rechtzeitig und ausreichend (mindestens zwei Liter/Tag)!** Zu wenig Flüssigkeit bremst den Stoffwechsel, das Blut wird dick, der gesamte Körper arbeitet im roten Bereich.
- Am besten, Sie trinken vorbeugend und regelmäßig Wasser – so entsteht erst gar kein Durstgefühl. Wenn Ihnen pures Wasser zu fade schmeckt, dann versuchen Sie es doch mit einer Saftschorle im Verhältnis 3 zu 1 (Wasser zu Saft).
- Trinken Sie Kaffee und schwarzen Tee nur in Maßen (zwei bis drei Tassen pro Tag) und entsprechend mehr Wasser. Espresso ist weit bekömmlicher als Bohnenkaffee.

Für Ihre Zeitplanung

- Seien Sie immer ein paar Minuten vor einem Außentermin vor Ort: Sie sind nicht gehetzt und können sich noch auflockern.
- Wie wär's zwischendurch mit einer kleinen zusätzlichen Bewegungseinheit? Im Schwimmbad, auf dem Golfplatz, auf der Waldstrecke im Stadtpark oder, oder, oder.

Wissensnetz, Weblinks und Literatur

18. Drei Minuten zum Entspannen
91. Der clevere Umgang mit Stress

- www.eichborn.de/buero-fitness: Übungsanleitungen zum Ausdrucken
- www.personalfitness.de: für die Suche eines Personal Fitness Trainers
- Manfred Schwarz, Christiane Wettig: Büro-Fitness für Sportmuffel. Frankfurt/Main

Frisch für Vorträge und Meetings

- **Gähnen und Stöhnen:** zur Lockerung, gegen Angst und für geschmeidige Stimmbänder. Etwa drei Minuten ungestört in einem abgetrennten Raum oder im Auto auf dem Parkplatz laut gähnen und stöhnen. Dabei ordentlich Grimassen schneiden. Das lockert die Gesichtsmuskulatur.
- **Ohrläppchenmassage:** An den Ohrläppchen liegen viele Akupressurpunkte. Kneten Sie pro Ohr etwa eine Minute lang mit Daumen und Zeigefinger von den Ohrläppchen ausgehend mit kreisenden Bewegungen den Ohraußenrand hoch und wieder zurück zum Ohrläppchen.
- **»Lasso«:** Zur Lockerung der Schultern und Anregung des Kreislaufs ein Handtuch in weitem Bogen schwingen.

Fit bleiben auf Reisen

- Verbringen Sie am Flughafen nicht sämtliche Wartezeiten in den komfortablen Lounges, sondern schlendern Sie durch die Ladengalerien.
- Tragen Sie auf einem Langstreckenflug weite und bequeme Sachen. Ziehen Sie auch die Schuhe aus – Füße schwellen über den Wolken aufgrund geringeren Luftdrucks und mangelnder Bewegung an.
- Züge bieten verglichen mit anderen Verkehrsmitteln viel Platz für Bewegung.
- Wer viel in Hotels übernachtet, sollte stets Badekleidung und Sportschuhe dabeihaben: Viele Business-Hotels verfügen über Swimmingpools und Fitness-Center.
- Es gibt praktisch in jeder Stadt Parks zum Spazierengehen, Walken oder Joggen.

Übungen, wenn Sie lange stehen

- **Auf den Zehen abrollen:** Ziehen Sie sich die Schuhe aus, stellen Sie sich auf die Zehenspitzen und rollen Sie langsam über den Fußballen ab. Mehrmals hintereinander durchgeführt werden die Fußreflexionszonen stimuliert und der Kreislauf angeregt.
- **Laufen auf der Stelle:** mobilisiert, lockert und verbessert die Durchblutung. Laufen Sie sehr langsam an.
- **Kopf hängen lassen:** eine ganz einfache, aber wirksame Übung zur Lockerung der Rückenmuskulatur:
  Sitz auf der Stuhlkante. Arme nach oben strecken. Einatmen. Dann den Oberkörper zwischen die gegrätschten Beine sinken lassen und ausatmen. Kopf locker hängen lassen. 3-mal wiederholen.

ExpressoTipp

Vergessen Sie Aufzüge und Rolltreppen: Treppensteigen ist perfekt als Training für Herz, Kreislauf und Beinmuskeln geeignet. Funktionieren Sie als Manager Sitzungen in »Stehungen« um. Sie werden feststellen, dass Sie und Ihre Mitarbeiter effizienter sind und Zeit gewinnen.

ExpressoFokus

Schaffen Sie eine Basis fürs Munterbleiben – durch ein regelmäßiges Plus an Bewegung: Holen Sie sich professionelle Hilfe, zum Beispiel ein paar Stunden bei einem Personal Fitness Trainer. Er hilft Ihnen, ein individuelles Plus an Bewegung und Entspannung in Ihren Alltag zu integrieren.

ExpressoBalance

Bringen Sie heute eine berechtigte Forderung mutig an. Wer ist die geeignete Zielperson dafür? Wie soll es formuliert werden, dass der Zuhörer es akzeptieren kann? Wollen Sie einmal vorher in einem Rollenspiel üben?

Einen passenden Nachfolger finden

In Deutschland benötigen jedes Jahr 71000 Unternehmen einen Nachfolger. Den passenden Nachfolger zu finden ist für ein Unternehmen überlebenswichtig – auch auf jeder anderen Hierarchiestufe ist dies bedeutsam. Idealerweise gibt es dazu einen regelmäßigen Prozess, indem die Unternehmensleitung die Nachfolge von allen Schlüsselpositionen plant. Die Schwierigkeit dabei besteht darin, dass ein potenzieller Nachfolger sich zu einem Konkurrenten entwickeln kann. Dies ist somit eine Gratwanderung zwischen den eigenen Interessen und den Interessen des Unternehmens.

Einen Nachfolger suchen?

- **Harmonischer Wechsel:** meist bei Ruhestandsregelungen. Die Nachfolge wird langfristig (ein bis drei Jahre) im Voraus geplant. Der Nachfolger wird frühzeitig ausgewählt und besonders gefördert und entwickelt. Dies ist besonders für die Nachfolge von Familienmitgliedern zu empfehlen.
- **Schneller Übergang:** Kündigung oder Beförderung des Stelleninhabers. Die Neubesetzung muss innerhalb eines Jahres durch interne oder externe Kandidaten erfolgen.
- **Unvorhergesehener Wechsel:** Freistellung, Krankheit, Unfall oder Tod des Stelleninhabers bedingen einen schnellen Wechsel. Ein Interimsmanager kann die Situation überbrücken, um in Ruhe einen geeigneten Nachfolger zu suchen.
- **Überlegungen zur Nachfolge von Schlüsselpositionen sollten idealerweise in einem ständigen Prozess laufen.**

Bin ich bereit für die Nachfolge?

Generell gilt: Sorgen Sie für eine sorgfältige Ausbildung und für einen guten Erfahrungshintergrund. Kaufmännische und strategische Kenntnisse sind so wichtig wie Technik und Führungskompetenz. Ohne hohe Sozialkompetenz ist es schwer, Mitarbeiter zu führen und zu begeistern.

- »Geborene Nachfolger«: Sie haben das Unternehmertum von Kindesbeinen an miterlebt. Sie kennen den »Preis«, ein Unternehmer, eine Führungskraft zu sein. Regeln Sie den Übergang schriftlich, um Konflikten vorzubeugen.
- Rechte Hand des Chefs: Kennen Sie alle notwendigen Unternehmenszahlen? Wie finden Sie die Akzeptanz bei den Mitarbeitern?
- Wunsch nach Selbständigkeit: Wie finde ich das passende Unternehmen? Lassen Sie sich bei der zuständigen Industrie- und Handelskammer (IHK) beraten.

Für Ihre Zeitplanung

- Überlegungen zur Nachfolge sind ein ständig laufender Prozess. Behalten Sie das Thema im Auge.
- Je nach Wichtigkeit Ihrer Funktion sind drei bis zwölf Monate notwendig, um einen reibungslosen Übergang zu gestalten.

Wissensnetz, Weblinks und Literatur

40. Auf der Karriereleiter nach oben
60. Mitarbeiter auswählen
74. Potenzialanalysen für Personalauswahl und Entwicklung
75. Potenziale erkennen – Mitarbeitern fördern und befördern

- www.1-to-manage.de: Informationen für zukünftige Unternehmer im Mittelstand
- Gehrhard Nagel: Chefsache Unternehmensnachfolge. München

»Natürliche« Nachfolger

In Familienunternehmen wird häufig ein Nachfolger aus der Familie favorisiert. Dabei gilt es folgende Elemente zu berücksichtigen:

- Welche Begeisterung und Verständnis bringt ein Nachfolger für das Unternehmen mit? Lücken in der Ausbildung lassen sich durch Weiterbildung schließen, aber fehlende Begeisterung ist schwierig zu erzeugen.
- Wie passt der potenzielle Nachfolger in die Kultur des Unternehmens?
- Wie ist die Integration zu gestalten? Wann ist der richtige Zeitpunkt für einen Eintritt? Soll der Start in einer Schlüsselfunktion sein oder von der Pike auf?
- Welche Optionen bestehen, wenn es nicht funktioniert?

Interner oder externer Nachfolger?

Interner Nachfolger:

- **Kennt Kultur und kann sie weiterführen.**
- Akzeptanz von konkurrierenden Kollegen nicht immer gegeben.
- Motiviert durch Aufstiegsmöglichkeiten. Wird schnell in der neuen Aufgabe aktiv, da Umfeld und Prozesse bekannt sind.

Externer Nachfolger:

- Kann Kulturwechsel erzeugen.
- Geht ohne »Altlasten« an den Start.
- **Profil kann ganz gezielt gesucht werden.** Aber ist trotzdem eine »Katze im Sack«.
- Motiviert durch neue Herausforderung
- Benötigt etwas mehr Zeit zum Einarbeiten. Hat aber den ungetrübten Blick des Außenstehenden.

Interims-Management

Interimsmanagement ist Management auf Zeit. Typische Situationen die ein Interimsmanagement erfordern:

- Eine Schlüsselposition ist bedingt durch unvorhersehbare Ereignisse offen. Es stehen keine geeigneten eigenen Leute zur Verfügung.
- Das Unternehmen ist in einer Krise. Es werden vorübergehend spezielle Managementfähigkeiten benötigt, wie zum Beispiel bei Betriebsübergängen, hohen Verlusten, Insolvenz etc.
- Die Aufgabe selbst ist zeitlich befristet. Zum Beispiel bei Fusionen, Spezialprojekten. Anspruchsvolle Aufgaben, die Spezialkenntnisse benötigen, die sonst im Unternehmen nicht vorkommen.

ExpressoTipp

Betreiben Sie gezielte Nachwuchsförderung. Das macht Ihr Unternehmen interessant, und Sie haben einen laufenden Pool von tüchtigen Nachfolgern. Für obere Managementebenen macht es sich bezahlt, Nachfolger langfristig und gezielt mit Entwicklungsmaßnahmen wie Auslandaufenthalten, Jobrotation etc. aufzubauen.

ExpressoFokus

Schaffen Sie eine Vertrauenskultur. Sie ist die Basis für ein frühzeitiges Ansprechen der Veränderungswünsche.

ExpressoBalance

Gönnen Sie sich ein auserlesenes Essen bei romantischem Kerzenlicht und schöner Musik. Kochen Sie es gemeinsam mit Ihrer Familie oder mit Freunden.

In Netzwerken denken und handeln

Benjamin Franklin beschreibt es so: »Weisheit können Sie kaufen oder leihen. Beim Kaufen müssen Sie den vollen Preis zahlen und alle Fehler selbst machen. Klüger ist es, zu leihen – Sie gehen zu Männern und Frauen, die Ihnen von ihren Fehlern erzählen.«
Machen Sie es wie Franklin, und nutzen Sie die Ressourcen Ihrer Kollegen, Vorgesetzen und Mitarbeiter. Vergessen Sie dabei aber auch nicht, Ihr Wissen weiterzugeben und die Beziehungen zu anderen Menschen zu pflegen, ohne ausschließlich auf die Nützlichkeit dieser Kontakte zu schielen.

Warum Netzwerke sinnvoll sind

Jede Führungskraft hat das Problem, nur gefilterte Informationen und Rückmeldungen zu erhalten. Ihre Mitarbeiter werden Ihnen nur das mitteilen, was sie für wichtig und sinnvoll erachten und Ihnen nur die Rückmeldung geben, bei der sie wissen, dass Sie dieses Feedback wertschätzen. Dies gilt umso mehr, je höher Sie auf der Karriereleiter aufgestiegen sind. Das Gleiche gilt auch für Sie. Auch Sie geben Ihren Mitarbeitern nur ganz bestimmte Informationen und überlegen sich meist ganz genau, welche Rückmeldung Sie wem geben. Aus diesem Grund ist es wichtig, **sich regelmäßig mit Menschen auf »gleicher Augenhöhe« auszutauschen, um ehrliche und offenen Rückmeldungen zu erhalten**. Zudem erweitern Netzwerke Ihr Wissen und ermöglichen Ihnen einen Blick über den eigenen Tellerrand. So erfahren Sie vielleicht neue Informationen über Entwicklungen, die Ihren Bereich, Ihr Unternehmen oder Ihre Organisation betreffen, und tauschen sich darüber aus.

Welche Netzwerke gibt es?

- Im günstigen Fall haben Führungskräfte in Unternehmen Kollegen auf gleicher Hierarchieebene, mit denen sie sich austauschen können. Dies muss nicht immer im gleichen Fachgebiet stattfinden, sondern kann bereichsübergreifend zum Beispiel in Managerboards organisiert sein. Hier treffen sich Führungskräfte aus verschiedenen Bereichen und reflektieren ihr Führungsverhalten und tauschen Informationen aus. Nebenbei werden hier Kontakte geknüpft, die der Kooperation im Unternehmen zugute kommen.
- Netzwerke außerhalb der Organisation haben den Vorteil, dass Sie Informationen darüber bekommen, »wie es die anderen machen.« So können Sie Ihr Unternehmen aus einem anderen Blickwinkel betrachten und finden vielleicht eine Problemlösung, die Sie schon lange gesucht haben.
- Seminare, Kongresse und Fortbildungen bieten ein weiteres Forum, um Netzwerke zu knüpfen.

Für Ihre Zeitplanung

- Nehmen Sie sich Zeit, Ihre Netzwerke zu pflegen.
- Tragen Sie dafür regelmäßig Termine in Ihren Zeitplaner ein.

Wissensnetz, Weblinks und Literatur

101. Weiterbildung als Schlüssel zu dauerhaftem Erfolg
102. Die Ressource Wissen managen
111. Das Zusammenarbeiten von Internen und Externen

- www.business-women.de: für Unternehmerinnen und Freiberuflerinnen
- www.MentorinnenNetzwerk.de für Frauen in Wissenschaft und Technik

Pflegen Sie Ihre Netzwerke

Wie jede Beziehung muss auch jedes Netzwerk gepflegt werden. Machen Sie sich einen Plan, wie Sie welches Netzwerk aufrechterhalten. Sie sollten dabei allerdings immer wieder kritisch prüfen, ob die Netzwerkpflege in einem guten Verhältnis zum Nutzen, den Sie davon haben, steht. **Aber gönnen Sie sich auch ein Netzwerk, welches Sie nur aus Spaß und Freude besuchen.**
Abgesehen von reinen Informationsnetzwerke, die über E-Mail-Kontakte funktionieren, benötigen Netzwerke regelmäßige Treffen, denn Netzwerke leben von den persönlichen Kontakten.
Telefonkontakte, Mails oder Briefe sind weitere Hilfsmittel, um Netzwerke lebendig zu gestalten.

Die andere Art von Netzwerk

Mentor: Suchen Sie sich selbst einen Mentor – einen Menschen, den Sie achten und respektieren. Achten Sie auf persönliche Kompetenz und auf seine Fähigkeit, zuhören zu können. Die Person sollte Ihnen sympathisch sein, da wir nur dann leicht und motiviert voneinander lernen, wenn die emotionale Beziehung stimmt. Vielerlei Mentoringprogramme bieten Unterstützung bei der Suche nach einem geeigneten Mentor.
Die Alternative sind **Vorbilder**: Persönlichkeiten aus Büchern oder dem öffentlichen Leben. Lesen Sie deren Bücher, buchen Sie deren Veranstaltungen oder sehen Sie Filme über sie. Erfolgreiche Menschen haben in ihrem Leben mehrere Mentoren.

Werden Sie selbst Mentor

In kaum einem Unternehmen oder in einer Organisation wird heute auf so genannte »Paten« verzichtet, die unerfahrenen Kollegen helfen, erfolgreich zu agieren.
Allerdings können Sie auch als Mentor agieren, ohne konkret dazu bestimmt worden zu sein. Unterschätzen Sie dabei nicht, was Sie an fachlichem, aber auch an persönlichem Wissen zu geben haben.
Bieten Sie Ihre Hilfe an, aber achten Sie darauf, ob sie auch willkommen ist.
Ein angenehmer Nebeneffekt einer solchen Beziehung ist, das Sie nicht selten selbst von einer solchen Beziehung profitieren durch die Einblicke in andere Lebenswelten.

ExpressoTipp

Sehen Sie Netzwerke als Teil Ihres Wissensmanagements und Ihres Eigenmarketigs: Erfolg haben bedeutet: 10 Prozent Leistung, 30 Prozent Selbstdarstellung und 60 Prozent Beziehung und Kontakte.

ExpressoFokus

Beim Mentoring gilt: Reden ist Silber, Zuhören ist Gold.

ExpressoBalance

Bedenken Sie: Schon zehn Minuten Walking machen Sie viel frischer und zufriedener. Weil Sie weniger müde sind und motivierter arbeiten, sparen Sie so während des Tages mindestens eine Stunde ein.

Die Öffentlichkeitsarbeit wirkungsvoll nutzen

Öffentlichkeitsarbeit (Public Relations, PR) ist Sache der Geschäftsführung und der Presseabteilung – da gibt es in jedem Unternehmen klare Zuständigkeiten.
Was aber nicht heißt, dass nicht jede Führungskraft, jeder Teamleiter für Öffentlichkeitsarbeit verantwortlich ist, und zwar als Lieferant guter »Geschichten« und um sie für eigene Projekte zu nutzen. Zielgruppe kann die Öffentlichkeit sein oder andere Abteilungen innerhalb des Unternehmens: Wie kann ich mein Team und unsere Arbeit möglichst gut in Szene setzen?

Worum es geht

- Immer geht es darum, andere für die eigene Arbeit (und die des Teams oder der Abteilung) und die anvisierten Ziele zu interessieren, **ein eigenständiges, positives Image zu gestalten, Vertrauen zu schaffen, sich im Gespräch zu halten**.
- Im PR-Sinne stellen bereits Ihre Vorgesetzten, Kollegen, Geschäftspartner – oder auch Schlüsselkunden – Öffentlichkeit dar und sind somit Zielgruppe für interne PR-Arbeit. Dabei kann sich die PR-Arbeit auf ein einzelnes Projekt, auf Personen, auf ein Produkt, auf eine Abteilung und auf das gesamte Unternehmen beziehen.
- Ein Beispiel für interne PR-Arbeit ist die Berichterstattung über eine anstehende umfassende Umstellung des IT-Systems mit allen Konsequenzen für Abläufe, Zuständigkeiten etc. Projekte, die ohne hinreichende interne PR-Arbeit allzu oft scheitern.

Mittel und Anlässe

Welches Mittel und welchen Anlass Sie für Ihre Botschaft nutzen, hängt von Ihrem Ziel ab. In jedem Fall steht Ihnen eine ganze Reihe von Kommunikationsmitteln und -anlässen zur Wahl. Sie können sie sowohl – in Abstimmung mit Ihrer PR-Abteilung – extern als auch intern nutzen.
In den Printmedien bieten sich folgende Kommunikationsmittel an:

- Pressemitteilungen, Fachartikel, Zeitungsbeilagen (Sonderbeilagen)
- Anwenderberichte (Case-Study, Success-Story)
- Imagebroschüren, Geschäftsberichte
- Beiträge zu Mitarbeiterzeitschriften, Beiträge zu Kundenzeitschriften, Newsletter für Geschäftspartner
- Festschriften
- Gewinnspiele

Für Ihre Zeitplanung

- Wenn Sie eine PR-Maßnahmen planen oder unterstützen möchten, planen Sie diese rechtzeitig ein: Stimmen Sie sich mit den PR-Verantwortlichen über die Prozesse und Kompetenzen ab.
- Suchen Sie regelmäßig das Gespräch mit Ihrer PR-Abteilung, um diese auf dem Laufenden zu halten: »Das planen wir gerade. Damit kommen wir bald auf den Markt.«

Wissensnetz, Weblinks und Literatur

77. Zielgerichtet und erfolgreich präsentieren
79. Mit Reden überzeugen und gewinnen
83. Schlagfertigkeit kann man lernen
84. Wie Sie gut und interessant schreiben

- Claudia Cornelsen: Das 1 x 1 der PR. So haben Sie mit Public Relations die Nase vorn. Freiburg
- Dieter Herbst: Das professionelle 1 x 1: Interne Kommunikation. Berlin

Unternehmen, Abteilung und Produkt

Bevor Sie loslegen und eine Skizze für eine Pressemitteilung oder dergleichen schreiben, sollten Sie sich einige grundlegende Fragen zu Ihrer Abteilung und zu Ihrem Produkt beantworten:

- Woher kommen wir? Wer sind wir? Was wollen wir?
- Wer sind unsere Partner? Wer sind unsere Wettbewerber?
- Von wem wollen wir uns positiv abheben? Wodurch überleben wir auf lange Sicht? Worin besteht unsere Einmaligkeit?
- Wodurch ist unser Kommunikationsstil gekennzeichnet? Was tun wir zur laufenden Unterrichtung der Öffentlichkeit? Was wollen wir kommunizieren?

Die innerbetriebliche Kommunikation

PR-Maßnahmen können Sie auch nutzen, um Ihre Projekte bekannt zu machen. So können Sie Unterstützung gewinnen oder das Selbstverständnis Ihrer Abteilung weiterentwickeln. Zielgruppen hierfür sind etwa andere Führungskräfte und Abteilungen oder Geschäftspartner. Dabei gilt es, die Zielgruppen und deren Bedürfnisse zu bestimmen:

- Offenheit signalisieren, Einfluss gewinnen und Führungsanspruch vermitteln
- soziale Kontakte pflegen und positive Verstärkung geben
- die Zugehörigkeit zu einem angesehenen und erfolgreichen Team dokumentieren
- Orientierung geben und andere Abteilungen positiv erwähnen und so eine Win-win-Situation schaffen

Zwei Projekte im Stenogramm

- Mit einem **Intranetauftritt** können Sie regelmäßig aktualisierte Informationen über die konzernweite Plattform bereitstellen. Der Nutzen: Präsenz der Abteilung wird demonstriert. Befriedigt bei Zielgruppen das Bedürfnis nach Orientierung. Ermöglicht einen einheitlichen und kontrollierbaren Einstiegspunkt für Arbeitsmittel der Abteilung (Vorlagen, wichtige Links, gemeinsame Bearbeitung von Dokumenten).
- Je nach Nachrichtenlage können Sie Ihr Team in der **Mitarbeiter- und Kundenzeitschrift** präsentieren. Nutzen: Eigene Arbeit im redaktionellen Umfeld anderen vorstellen. Präsenz und Leistungsfähigkeit der Abteilung wird demonstriert.

ExpressoTipp

Stimmen Sie alle PR-Aktivitäten mit der Firmenleitung ab. Entwickeln Sie Ihre PR-Ideen gemeinsam im Team. **Sind sich Ihre Mitarbeiter bewusst, dass jeder von ihnen PR-Träger ist?** Immer und jederzeit mit allem, was über die Firma gesagt wird?

ExpressoFokus

Seien Sie Ihrer PR-Abteilung ein verlässlicher Partner: So ist Ihnen eine bevorzugte Behandlung bei PR-Maßnahmen sicher. Versuchen Sie sich als Zitate-Lieferant zu profilieren: Wer in der Presse zitiert wird, rückt sich ins rechte Licht. Eignen Sie sich einen pointierten Stil an.

ExpressoBalance

Feiern Sie gelegentlich Überstunden ab und kommen Sie früh nach Hause. Kümmern Sie sich dann nur um die Familie oder Ihre Freunde.

Mit Outplacement neue Perspektiven eröffnen

Wenn Unternehmen Stellen abbauen, ist das für alle eine schwierige Angelegenheit. Viele Arbeitgeber bieten deshalb ihren Arbeitnehmern ein so genanntes Outplacement an. Outplacement (manchmal auch Newplacement genannt) heißt nichts anderes, als die gekündigten Arbeitnehmer durch professionelle Berater zu unterstützen, in einem anderen Betrieb eine neue Stelle zu finden.

Die Kosten für Outplacement werden normalerweise vom Arbeitgeber übernommen und sind je nach Land Bestandteil des Abfindungspaketes.

Nutzen für den Arbeitgeber

Erfahrene Arbeitgeber wissen, welche demotivierende Wirkung ein ungeschickt durchgeführter Stellenabbau auf die bleibenden Mitarbeiter haben kann, und setzen Outplacement als wirksames Personalinstrument ein:

- **Sozialleistung mit positivem Signal auf die verbleibenden Mitarbeiter**
- Verzicht auf Scheinlösungen und Aufschieben von Entscheidungen
- Keine eigenen Ressourcen werden gebunden
- Finanzielle Einsparungen durch verkürzte Restlaufzeiten der Arbeitsverträge, da der entlassene Mitarbeiter in der Regel schneller eine neue Stelle findet
- Kosten- und zeitintensive Rechtsstreitigkeiten werden verhindert
- Vermeiden von internen und externen Imageschäden
- Konstruktive Gestaltung der Beziehung zum Unternehmen von ausscheidenden Mitarbeitern

Nutzen für den Arbeitnehmer

Eine erfolgreiche Outplacement-Beratung hilft der Führungskraft in der Neuorientierungsphase durch:

- Entlastung bei der Bewältigung von Versagensängsten, Frustrationen und Enttäuschungen
- Fit machen für den Bewerbungsprozess
- Unterstützung bei der objektiven Einschätzung des eigenen Leistungsprofils
- Analyse der Schlüsselkompetenzen
- **kompetente Unterstützung bei der Trennungsbewältigung**
- Nutzen von Kontakten und Netzwerken des Outplacement-Beraters
- Hilfe bei der Angebotsbewertung und der Arbeitsvertragsgestaltung
- Verkürzung des Suchprozesses

Für Ihre Zeitplanung

- Für Unternehmen ist es wichtig, mit der Outplacement-Beratung frühzeitig zu beginnen, bevor Kündigungsgerüchte oder -absichten im Umlauf sind.
- Als betroffener Mitarbeiter sind Sie gut beraten, die Expertenberatung anzunehmen. Die Erfolgsquote innerhalb von sechs Monaten liegt in der Einzelberatung bei über 90 Prozent.

Wissensnetz, Weblinks und Literatur

7. Den Betriebsrat als Partner verstehen
38. Mitarbeiter zielgerichtet und angemessen informieren
62. Ein Mitarbeiter geht
96. Erfolgreich Veränderungsprozesse gestalten

- www.lhh.com: internationale Outplacement-Beratung in englischer Sprache
- Stefanie Heizmann: Outplacement. Bern

Die verschiedenen Beratungsformen

Einzelberatung: Begleitung durch einen Experten über 3 bis 24 Monate. Einzelheiten siehe unten.
Die Kosten betragen je nach Dauer der Beratung bis zu 22 Prozent des Jahresgehaltes.
Gruppenberatung: freiwilliges Beratungsangebot, in der Regel mehrtägige Workshops mit kleinen Gruppen zu den Themen: Reflexion über Entlassungsgründe, Finden neuer Ziele, Methoden der Stärken-/Schwächenanalyse, Wechsel als Chance, Übernahme von Selbstverantwortung, Identifizierung von Denk- und Verhaltensbarrieren, erfolgreiche Bewerbungsmethoden und Training der Eigenpräsentation. Die Kosten betragen je nach Umfang ungefähr ein halbes bis ganzes Monatsgehalt pro Mitarbeiter.

Standort und Ziel

Standortbestimmung: Auffangen des Betroffenen und Aufarbeiten der Enttäuschungen. Dann werden die fachlichen, methodischen und sozialen Kompetenzen analysiert und ein individueller Kompetenzspiegel erstellt. Es werden auch persönliche Faktoren wie Einstellungen, Umfeld (Familie, Gesundheit, Freizeitverhalten) und Motivation berücksichtigt. Dies hilft dem Mitarbeiter, die Situation realistisch einzuschätzen und sein Selbstbild zu stabilisieren.
Zielklärung: Hier werden die persönlichen Berufsziele und Erwartungen diskutiert. Unter Berücksichtigung der Kompetenzen werden neue berufliche Perspektiven erarbeitet und auf die Realisierbarkeit hin geprüft.

Die Umsetzung

Die vereinbarten Schritte für die Bewerbungsstrategie werden mit aktivem Coaching begleitet. Es gilt, die Bewerbungsunterlagen zu erarbeiten, geeignete Arbeitgeber zu definieren und alle Kanäle für die Suche zu nutzen. Dazu gehört auch die Vor- und Nachbearbeitung von Bewerbungsgesprächen. Weitere unterstützende Beratungen bei den Themen Rollenfindung und -stabilisierung, Umgang mit Kollegen und Vorgesetzten in Konfliktsituationen, Präsentation der eigenen Leistung, Teamintegration, Umgang mit Belastungen und Frustrationen, Selbstmanagement etc. gehören im Einzelfall dazu. Gegebenenfalls folgt ein Coaching in den ersten 100 Tagen in der neuen Aufgabe.

ExpressoTipp

Sehen Sie Outplacement als Chance, Ihrem Traumjob näher zu kommen. Wann bekommen Sie schon einmal die Möglichkeit, dass sich jemand viele Stunden professionell mit Ihren Zielen auseinander setzt und Sie mit Coaching bei der positiven und authentischen Selbstdarstellung unterstützt?

ExpressoFokus

Längere Beratungsdauer beinhaltet eine Erfolgsgarantie, das heißt Beratung bis zu einem neuen Arbeitsvertrag. Es lohnt sich, auch als Privatperson eine Outplacement-Beratung in Anspruch nehmen, wenn Sie dadurch eine besser bezahlte Stelle und diese noch zwei Monate schneller finden.

ExpressoBalance

Lassen Sie sich nie von Ihrer Assistentin komplett verplanen. Erhalten Sie sich Freiräume in Ihrem Terminplan.

Mehr Effizienz mit dem Pareto-Prinzip

Das beste Mittel gegen blockierenden Perfektionismus heißt Pareto-Prinzip. Dieses (auch 80/20-Prinzip genannte) Instrument wurde vom italienischen Wirtschaftswissenschaftler Vilfredo Pareto entdeckt. Danach sind in vielen Bereichen der Wirtschaft sowie des gesamten Lebens bereits 20 Prozent des Aufwandes für 80 Prozent des Erfolges verantwortlich. Sich darauf zu konzentrieren bringt Erleichterung und Erfolg. Das Pareto-Prinzip anzuwenden bedeutet, die nötigen Stellgrößen für den angestrebten Erfolg zu definieren und die Ressourcen darauf zu fokussieren. Es ist ein Grundpfeiler unserer Arbeit – und des ExpressoCoach.

Der Nutzen und fünf Anwendungsfelder

Das Projekt wird an den Kernzielen ausgerichtet. Und: Es kann so zu schnellen Anfangserfolgen kommen, die wiederum in der weiteren Arbeit stark motivierend wirken. Für den Rest des Erfolges ist hingegen ein ungleich größerer (im Verhältnis 80 zu 20) Kraftaufwand notwendig. (Natürlich ist dies nur eine grundsätzliche Aussage über Aufwand und Nutzen und nicht deren exaktes zahlenmäßiges Verhältnis.) Das Pareto-Prinzip hilft Ihnen, Ihre Ressourcen sparsam einzusetzen und sich auf die entscheidenden Hebel für den angestrebten Nutzen zu konzentrieren.

Fünf beispielhafte Anwendungsfelder:

- Geschäftsstrategie**:** 80 Prozent der Gewinne und liquiden Mittel mit 20 Prozent der Kunden erzielen.
- Qualität: Wenn Sie die kritischen 20 Prozent der Qualitätslücken schließen, können Sie oft bereits 80 Prozent der möglichen Vorteile erzielen.
- Marketing: Konzentration auf jene 20 Prozent der Kunden, die 80 Prozent der Gewinne ausmachen.
- Projektmanagement: 20 Prozent der Tätigkeiten erzielen 80 Prozent des Wertes; die restlichen 80 Prozent sind auf überflüssige Komplexität zurückzuführen.
- Ihre Arbeitsmethodik: **Finden Sie den 20-Prozent-Hebel.** So sollten Sie bei einer Recherche versuchen, 80 Prozent der Daten und Analysen in 20 Prozent der verfügbaren Zeit zu sammeln und durchzuführen.

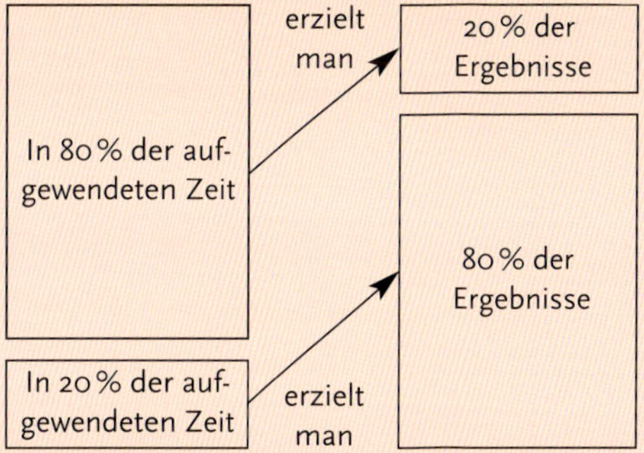

Für Ihre Zeitplanung

- Nehmen Sie sich Zeit zum Denken: Insbesondere talentierte Menschen erreichen ihre Höchstleistungen oft in sehr kurzen Zeitfristen. Das Pareto- Prinzip lehrt, weniger zu handeln und mehr zu denken.
- Stellen Sie Ihre Arbeit an Projekten und Themen immer wieder auf den »Pareto-Prüfstand«: Wo liegen die entscheidenden 20 Prozent?

Wissensnetz, Weblinks und Literatur

3. Das Potenzial einer Assistentin optimal nutzen
12. Delegieren – aber richtig!
17. Entscheidungen klug treffen
37. Die Informationsflut managen
89. Sich selbst managen
105. »Dringend« vs. »wichtig«: sinnvolles Zeitmanagement

Die entscheidenden Hebel finden

Es gilt, kritisch zu hinterfragen, ob wirklich 100 Prozent eines Ziels erreicht werden müssen oder ob es nicht klüger und ökonomischer ist, sich mit 70, 80 oder 90 Prozent zufrieden zu geben. Oft verursachen die profitablen Geschäftszweige nur einen sehr geringen Teil der Gemeinkosten.
Langfristigen Erfolg hat der, der die 20-Prozent-Hebel findet und die 80-Prozent-Lasten vereinfacht und entschlackt: Sind zum Beispiel wirklich alle Kunden gleich wertvoll? Ist jede Sparte des Geschäfts, jedes Produkt gleich wichtig?
Wenn ein Prozess nicht funktioniert, sollte er möglichst schnell revidiert werden. Wenn etwas gut funktioniert, ist es ratsam, sich vermehrt drauf zu konzentrieren.

Sich selbst im Wege?

Ein Problem bei der Arbeit mit dem Pareto-Prinzip sind oft die eigene Persönlichkeit und der eigene Anspruch an seine Arbeit: So bereitet es Perfektionisten regelrecht Schmerzen, wenn sie sich auf solch ein Vorgehen einlassen sollen.
Das gilt für Führungskräfte genauso wie für Mitarbeiter.
Doch jeder weiß: Oft ist gerade das ständige Streben nach dem 100-prozentigen Ergebnis die zentrale Ursache für akuten Zeitmangel und Ressourcenknappheit.
Aber schon Goethe wusste: »So eine Arbeit wird eigentlich nie fertig, man muss sie für fertig erklären, wenn man nach Zeit und Umständen das Möglichste getan hat.«

Leistungsstarke Tätigkeiten im Fokus

Und was bedeutet dies für die Beurteilung der Mitarbeiter? Sind alle Mitarbeiter einer bestimmten Kategorie ungefähr gleichwertig?
Das Pareto-Prinzip kann helfen, die Ressourcen im Unternehmen richtig zu verteilen. Denn allzu oft sind **wenig einträgliche Tätigkeiten mit zu vielen Ressourcen ausgestattet und die leistungsstarken Tätigkeiten mit zu wenigen Ressourcen**: Die gewinnträchtigen Aktivitäten subventionieren die Bereiche, die sich nicht aus eigener Kraft erhalten können. Das Pareto-Prinzip hilft die ertragsstarken von den ertragsschwachen Tätigkeiten zu unterscheiden und die Ressourcen gezielt für Spitzenleistungen frei zu setzen.

ExpressoTipp

Der »Pareto-Prüfstand« für Entscheidungsfindungen: Die wenigsten Entscheidungen sind wirklich wichtig.
Die wichtigsten Entscheidungen ergeben sich oft aus dem Versäumnis, wesentliche Wendepunkte nicht wahrzunehmen.

ExpressoFokus

Unterscheiden Sie stets Effektivität von Effizienz. Effektivität meint Wirksamkeit oder Zielerreichung: Das Richtige tun. Effizienz steht für Aufwandoptimierung: Es richtig tun.

ExpressoBalance

Schärfen Sie Ihre Kompetenzen in regelmäßigen Abständen durch ein eigenes Coaching.

Effizient und sicher mit dem PC arbeiten 71

Auch beim PC gibt es einen Schreibtisch (Desktop) – und einen Papierkorb. Den vernachlässigen jedoch allzu viele Anwender allzu oft. Ein Blick auf die Festplatte zeigt, wie viel Datenmüll dort zu finden ist. Genauso wichtig wie Ordnung sind beim Arbeiten mit PC und Notebook Themen wie Sicherheit, Diskretion, gemeinsames Arbeiten am PC und wie man in die Programmen integrierte Helfer nutzt.
Unser Fokus liegt dabei auf den in Wirtschaft und Verwaltung am weitesten verbreiten Programmen Windows und Microsoft-Office.

Ordnung muss sein

- Wichtig ist es, Ordner und Dokumente sinnvoll zu benennen: Oder verstehen Sie, was mit Dateien mit dem Namen »Brief« und »Kopie von dokument27« gemeint ist?
- Achten Sie auf **Dateinamen**, die Sie auch noch nach ein paar Monaten verstehen und bei denen auch andere, die damit arbeiten sollen oder möchten, sich sofort orientieren können.
- Darauf sollten Sie auch in Ihrem Team bestehen, sofern es sich um Dokumente handelt, mit denen mehrere Mitarbeiter arbeiten.
- Speichern Sie Dateien sofort nach Erstellen unter dem richtigen Namen und am passenden Speicherort, und zwar in einem Ordner, der ebenfalls eine sinnvolle, auch für andere verständliche Bezeichnung trägt.
- **Archivieren Sie nicht mehr benutzte Dateien** auf CD-ROM etc., um auf dem Rechner Platz zu schaffen.

Auf Nummer Sicher

- Zur Sicherung wichtiger Textdokumente reicht oft schon eine Diskette oder ein USB-Stick.
- Für umfangreichere Daten und zum Archivieren eignet sich eine zweite Festplatte oder beschreibbare CD-ROMs.
- Lassen Sie zum Beispiel Microsoft Word automatische Sicherungskopien Ihrer Datei erstellen. Zum Einrichten dieser Funktion wählen Sie (in Version 2003) im Menü »Extras« den Menüpunkt »Optionen«, und aktivieren Sie auf der Registerkarte »Speichern« das Kontrollkästchen »Sicherungskopie immer erstellen«.
- Bewahren Sie Ihre Backups an einem anderen Ort als Ihrem Büro auf.
- Installieren Sie ein **Virenschutzprogramm**, und halten Sie dessen Virendefinitionen stets aktuell.
- Nutzen Sie eine **Firewall** zur Abwehr von Angriffen aus dem Internet.

Für Ihre Zeitplanung

- **Sichern Sie wichtige Daten regelmäßig – am besten am Ende jedes Arbeitstages.**
- Räumen Sie einmal pro Monat und nach Beendigung eines Projekts Ihre Festplatte auf: Meist benötigen Sie dann nur noch die endgültigen Fassungen Ihrer Dokumente für den direkten Zugriff. Der Rest sollte archiviert werden.

Wissensnetz, Weblinks und Literatur

11. Corporate Culture für die eigene Kommunikation nutzen
37. Die Informationsflut managen
89. Sich selbst managen

- www.microsoft.com/downloads/search.aspx?displaylang=de (dort Add-In-Name eingeben)
- www.bsi-fuer-buerger.de: Informationen zum Thema Sicherheit
  Und direkt auf Ihrem Windows-PC: Start-Menü und dort »Hilfe und Support«.

Schützen persönlicher Daten

- Bevor Sie ein Word-Dokument weitergeben, lassen Sie sich die ausgeblendeten Daten anzeigen, um zu entscheiden, ob Sie diese weitergeben möchten.
- Um ausgeblendete Informationen zu entfernen, wählen Sie im Menü »Extras/Optionen« die Registerkarte »Sicherheit«. Aktivieren Sie das Kontrollkästchen **»Beim Speichern persönliche Daten aus Dateieigenschaften entfernen«**.
- Richtig gründlich erledigt dies das Office 2003/XP-**Add-In zum Entfernen verborgener Daten**« (siehe Weblink). Damit können Sie zum Beispiel Daten zum Nachverfolgen der Änderungen und Kommentare aus Microsoft Word-, Excel- und PowerPoint-Dateien endgültig löschen.

Gemeinsames Arbeiten an Dateien

- Wenn das Feature »Extras/Änderungen nachverfolgen« aktiviert ist, werden sämtliche Einfüge- und Löschvorgänge sowie Formatierungsänderungen verfolgt.
- Die Symbolleiste »Überarbeiten« bietet Möglichkeiten zum Überarbeiten gemeinsamer Dokumente.
- Überarbeitungsmarkierungen sind leicht lesbar, ohne das Layout zu verändern. Markups werden angezeigt, wenn die Änderungsverfolgung aktiviert ist, und auch als Ergebnis eines Dokumentvergleichs.
- Manche Änderungen werden dem Teamkollegen nur durch eine kommentierende Anmerkung verständlich. Per »Einfügen/Kommentar« können Sie diese Anmerkungen eingeben.

Das richtige – und passende – Wort

- Die **Rechtschreib- und Grammatikprüfung** (F7-Taste) von Microsoft Office kann Ihr Dokument oder einen markierten Textbereich auf Rechtschreibung hin überprüfen: Korrekturvorschläge können Sie über die rechte Maustaste abrufen.
- Word erlaubt Ihnen individuelle Wörterbücher anzulegen, etwa für Ihren Arbeitsbereich: Wählen Sie im Menü »Extras« den Eintrag »Optionen«. Aktivieren Sie »Rechtschreibung und Grammatik«, und klicken Sie auf **»Benutzerwörterbücher«**. Wählen Sie »Neu«, um ein neues Benutzerwörterbuch anzulegen.
- Der Thesaurus (Umschalt- und F7-Taste), das **Synonymwörterbuch**, schlägt sinnverwandte Wörter vor.

ExpressoTipp

Arbeiten Sie mit Dokument- und Formatvorlagen, um eine einheitliche CI zu gewährleisten. Verständigen Sie sich mit Ihrem Team auf klare Regeln zum Umgang mit Dokumenten im Intranet.

ExpressoFokus

Sprechen Sie Ihren IT-Administrator auf das Thema Sicherheit an, und bitten Sie ihn, Ihnen und Ihrem Team einfach und übersichtlich die wichtigsten Sicherheitsregeln zu erklären. Gleichen Sie regelmäßig die Daten zwischen Desktop-PC und Notebook ab.

ExpressoBalance

Wie können Sie sich heute eine Freude machen? Wie können Sie anderen heute eine Freude machen?

Kleiner Workshop zu Ihrer persönlichen Entwicklung

Sie haben bereits einiges erreicht – im Beruf, in der Familie und, und, und. Zeit für eine Bestandsaufnahme. Für diese Karte sollten Sie sich mehr als die für die anderen nötigen zehn Minuten nehmen. Aber es geht ja auch um Sie und Ihre Zukunft. Nehmen Sie sich für diesen kleinen Workshop ein paar Stunden Zeit, mindestens zwei Stunden. Sorgen Sie dafür, dass Sie ungestört sind. Ein Nachmittag am See, im Garten oder in einem Wellness-Hotel. Was Sie brauchen, sind Zeit und Ort zum Nachdenken und Träumen.

Die Bestandsaufnahme

Notieren Sie auf einem Blatt Papier (oder auf den Vordrucken unserer Internetseite), was Sie alles in den vier »Lebensdisziplinen« erreicht haben. Dazu zählen folgende Bereiche:

- **Leistung und Arbeit:** Beruf, Finanzen, Erfolg, Karriere, Wohlstand, Vermögen usw.
- **Familie und Kontakt:** Partner/in, Kinder, Verwandte Freunde, Zuwendung, Anerkennung usw.
- **Gesundheit und Erholung:** Ernährung, Erholung, Entspannung, Fitness, Lebenserwartung usw.
- **Sinn und Werte:** Selbstverwirklichung, Erfüllung, Liebe, Philosophie, Religion usw.

Bedenken Sie dabei auch:
Was sind Ihre zugrunde liegenden Beweggründe? Was ist die Vision in Ihrem Leben? Was ist Ihnen im Allgemeinen wichtig? – Sicherheit, Anerkennung, Zuwendung, Selbstentfaltung, Unabhängigkeit und, und, und?

Was sind Ihre persönlichen Ziele?

Stellen Sie Ihrer Bestandsaufnahme jeweils Ziele gegenüber, die Sie erreichen möchten, und zwar für alle vier Bereiche (Leistung und Arbeit, Familie und Kontakt, Gesundheit und Erholung, Sinn und Werte). Ein Beispiel:

Meine Ziele:
zum Beispiel mehr Sport machen

Das muss ich dafür tun:
Trainingsplan mit Personal Fitness Trainer ausarbeiten, fünfmal pro Woche trainieren

So erkenne ich, dass ich mein Ziel erreicht habe:
in acht Wochen dreißig Minuten am Stück joggen

Fragen Sie sich, ob diese Ziele wirklich Ihre Ziele sind? Oder ob sie von außen vorgegeben sind? Wer formuliert daran mit? Eltern (auch verstorbene), Partner/in, Freunde usw.?

Für Ihre Zeitplanung

- Rechnen Sie für Ihren Lebensziel-Workshop mindestens zwei Stunden ein.
- Am besten überschlafen Sie Ihre ersten Aufzeichnungen, und nehmen sich dann am nächsten Tag noch einmal eine Stunde Zeit zum Überarbeiten Ihrer Lebensziele.
- Tragen Sie, sobald Ihre Planung steht, alle Meilensteine bzw. Zwischenziele in Ihren Terminplaner ein.

Wissensnetz, Weblinks und Literatur

8. Einen persönlichen Coach finden
25. Überfordert? Unterfordert? – Zurück in den Flow-Kanal!
88. Die ExpressoAnleitung zum Selbstcoaching
103. Work-Life-Balance: alle Lebensbereiche in Einklang bringen

- www.expressocoach.de: Fragebogen zum Ausdrucken
- Lothar J. Seiwert: Life-Leadership, Frankfurt/Main/New York

Wo liegen die Hindernisse?

- Sind Ihre Ziele realistisch und messbar?
- Sind sie motivierend?
- Sind Ihre Ziele erreichbar?
- Können Sie sie in überschaubare Teilziele – mit klar definierten Meilensteinen – aufteilen?
- Was steht dem Erreichen Ihrer Lebensziele im Weg?
- **Gibt es Personen, vor allem wichtige Bezugspersonen, die Sie hindern?** Warum?
- Können Sie Kompromisse finden, damit Ihre Ziele und die Beziehung zu Ihren Bezugspersonen erfreulich und unterstützend bleiben oder werden?

Wer sind Ihre Verbündeten?

Ziele muss man nicht allein erreichen. Sie haben immer Verbündete.

- **Wer sind die richtigen Personen, die Ihnen Rat und Halt geben beim Erreichen Ihrer Ziele?**
- Warum?
- Mit welchen Menschen möchten Sie über Ihre Ziele sprechen?
- Nehmen Sie Ihre Partner mit auf Ihre Entwicklungsreise.
- Sind wechselseitige Vereinbarungen nötig?
- Ziehen Sie gegebenenfalls einen Coach zu Hilfe.
- Ein wichtiger Verbündeter ist der Erfolg! Feiern Sie auch das Erreichen kleinerer Teilziele!

Maßnahmen planen und durchstarten

- Welche Teilziele möchten Sie in den kommenden ein/zwei/fünf Jahren erreichen?
- Worauf sind Sie bereit zu verzichten?
- Wie können Sie aus Ihren Teilzielen einen Maßnahmenplan ableiten?
- Wann überprüfen Sie das nächste Mal mit diesem Check Ihren Status quo?
- Welche Erfolge haben Sie vorzuweisen? Was haben Sie wann geändert, als Sie Lebensziele formuliert haben? Etwa Rauchen aufgeben. Welche Ziele haben Sie nicht erreicht? Warum?
- Welche Veränderungen haben sich seit Ihrer ersten Visionsbildung ergeben?
- Welche weiteren Veränderungen zeichnen sich ab?

ExpressoTipp

Das Ziel ist ein Leben in Balance aller vier Bereiche: Vernachlässigen Sie nie über einen längeren Zeitraum einen Bereich! Bilden Sie dazu auch Netzwerke, in denen Sie Unterstützung, Feedback, Rückhalt und Ansporn erhalten.

ExpressoFokus

Seien Sie bei der Zielplanung und beim Überprüfen der Zielerreichung absolut ehrlich! Es geht ausschließlich um Sie selbst! Und: »Achte auf Deine Gedanken! Sie sind der Anfang Deiner Taten.« (chinesische Weisheit). Sprechen Sie mit einer nahe stehenden Person darüber.

ExpressoBalance

Wie isst man einen Elefanten auf? Man schneidet ihn in kleine Stücke und isst jeden Tag eines davon.

Zwei Persönlichkeitstypologien: DISG und Insights

Typologien sind Werkzeuge für die persönliche Selbstentfaltung, für die Karriereentwicklung und für die Mitarbeiterentwicklung. Sie können auch in der Personalauswahl und in der Teambildung eingesetzt werden. Das Erlernen und das Anwenden der Theorien von Persönlichkeitstypen kann eine mächtige und belohnende Erfahrung sein, wenn es als Werkzeug für das Erkennen von Entwicklungspotenzialen benutzt wird und nicht als Methode für das Einordnen von Menschen in Schubladen oder als Entschuldigung dafür, ein bestimmtes Verhalten nicht ändern zu wollen. Im Folgenden stellen wir zwei Typologien vor.

Die 8 Insights-Persönlichkeitstypen

Reformer: erörtert Themen auf logische Weise, bedenkt Pro und Kontra, entdeckt Unstimmigkeiten. Überlegt und reagiert.
Direktor: erzeugt Systeme, liefert Schub, handelt entschieden und übernimmt Kontrolle.
Motivator: visualisiert die Zukunft. Sieht das große Bild, dringt in neue Bereiche vor, entwickelt neue Möglichkeiten.
Inspirator: drückt Unterstützung aus, unterhält das Verbindungsnetz, ergreift Initiative. Begeistert andere.
Berater: versteht Menschen, behält das Menschliche im Blick, hilft anderen, akzeptiert Entscheidungen.
Unterstützer: akzeptiert neue Ideen, liefert Einsichten und Flexibilität. Kennt die Umgebung.
Koordinator: kennt die Fakten, versteht den Prozess, kümmert sich um Einzelheiten und Organisation.
Beobachter: behält die Infrastruktur im Blick, konzeptualisiert Probleme, dringt tief in die Fragen ein.

Welche Rolle bevorzugen Sie?

- Bewerten Sie für sich die einzelnen Verhaltenstypen auf einer Skala von »1« bis »10«.
- »1« bedeutet »trifft wenig zu«, »10« steht für »trifft voll und ganz zu«.
- Bitten Sie Menschen aus Ihrem Umfeld, dasselbe für Sie zu tun.
- Zeichnen Sie Fremdbild und Selbstbild auf. Falls Sie große Unterschiede ausmachen, hinterfragen Sie diese.
- Welche Rolle wird in Ihrer heutigen Funktion am meisten gefordert?
- Wie müsste Ihre Aufgabe sein, damit Ihre Stärken voll zum Zuge kommen? Welche Rollen sollten Sie entwickeln?
- Wie sieht es in Ihrem Team aus? Welche Rollen fehlen? Ein optimales Team enthält alle Verhaltenstypen.

Für Ihre Zeitplanung

- Nutzen Sie Persönlichkeitsprofile für Ihre stetige Entwicklung und bei größeren beruflichen Veränderungen.
- Idealerweise werden die Analysen von Experten begleitet.

Wissensnetz, Weblinks und Literatur

74. Potenzialanalysen für Personalauswahl und Entwicklung
75. Potenziale erkennen – Mitarbeitern fördern und befördern

- www.insights.de: Infos und Online-Test
- www.expressocoach.de: Tests
- Alexander Christiani, Frank M. Scheelen: Stärken stärken. München
- Friedbert Gay: Das DISG-Persönlichkeits-Profil. Offenbach

»Es gilt das zu verändern, was wir verändern können. Aber wir müssen auch mit dem leben, was wir nicht verändern können.«

RITA SÜSSMUTH

Das DISG-Modell

Das DISG-Profil gibt Antworten auf verschiedene Fragen:

- Welche Stärken hat eine Person?
- Welchen Arbeitsstil bevorzugt sie?
- Welches Umfeld braucht die Person, um sich optimal entfalten zu können?
- Was sollten Kollegen tun, um mit dieser Person gut auszukommen?
- Welche Konfliktpotenziale gibt es?
- Wie lassen sich diese schon im Vorfeld reduzieren?
- Wozu ist eine Person »berufen«?

Beschreibung der einzelnen DISG-Typen

Dominant:
D-Typen sind durchsetzungsfähig, risikobereit, entscheidungsfreudig, konsequent und direkt. Sie treten meist etwas autoritär auf und übernehmen gerne das Kommando. Extreme Ausprägung: Choleriker.

Initiativ:
I-Typen sind teamfähig und kommunikativ, knüpfen gerne Kontakte und unterhalten andere. Sie können andere mitreißen und begeistern. Sie zeichnen sich durch Optimismus und Vielseitigkeit aus.
Extrem Sanguiniker (Hitzköpfe).

Stetig:
S-Typen sind sympathisch, hilfsbereit, loyal-konservativ, beständig und geduldig. Sie entwickeln in der Regel ein spezielles Können und halten sich gerne an einmal festgelegte Arbeitsläufe. Extrem Phlegmatiker.

Gewissenhaft:
G-Typen streben nach Perfektion. Sie hinterfragen, analysieren und konzentrieren sich auf Fakten. Sie arbeiten nach definierten Abläufen, um hochwertige Qualität zu sichern. Extrem Melancholiker (Schwarzseher, Miesmacher).

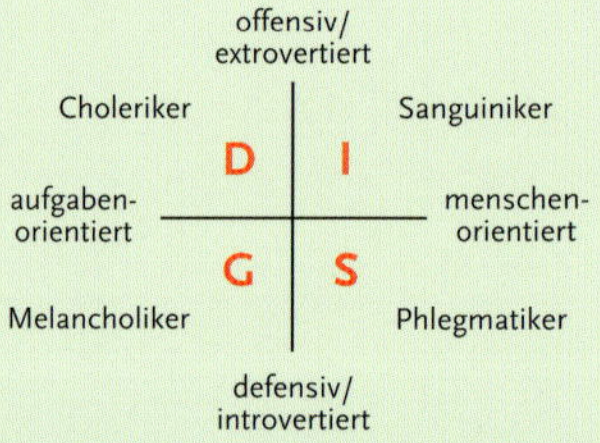

ExpressoTipp

Typologien sind immer nur Modelle, um bestimmte Tendenzen aufzuzeigen. Nutzen Sie diese Hilfsmittel, entscheiden Sie aber selbst, welche Erkenntnisse für Sie nützlich sind. Überlegen Sie, wo Ihre Mitarbeiter stehen und ob deren Arbeitsgebiet auch ihrer bevorzugten Rolle entspricht.

ExpressoFokus

Je nach Herkunft und Berufsausbildung sind manche Rollen mehr entwickelt. Idealerweise finden Sie die Aufgabe, welche Ihrer natürlichen Mischung von Verhaltenstypen entspricht. Überlegen Sie bei einer Stellenbesetzung, welche Typen in Ihrem Team bevorzugt benötigt werden.

ExpressoBalance

Gehen Sie doch wieder einmal an einen Ort der Kraft – eine Quelle, einen Fels, eine Kirche, einen Baum oder einen großen freien Platz.

Potenzialanalysen für Personalauswahl und Entwicklung

Potenzialanalysen helfen Personalexperten bei der Auswahl, Beförderung und der Entwicklung von Mitarbeitern und Führungskräften. Auch helfen sie, Fremdbild und Selbstbild zu vergleichen und Feedback zu trainieren.
Was nützen Potenzialanalysen Ihnen? Sie gewinnen neue Perspektiven für Ihre Selbsteinschätzung, Sie können Ihr eigenes Verhalten besser reflektieren und Sie sehen sich im Vergleich zu anderen.
Da hier nicht der Platz für einen kompletten Abdruck der Tests ist, nennen wir Ihnen Weblinks.

Der Myers-Briggs-Typenindikator

Myers und Briggs entwickelten auf Basis der Psychologischen Typen von C. G. Jung einen Fragebogen, der bestimmte Muster und Züge menschlichen Grundverhaltens verständlich und transparent macht. Ziel ist es, Unterschiede im Verhalten zwischen verschiedenen Personen bewusst wahrzunehmen und seine eigenen Neigungen und Präferenzen besser kennen zu lernen. Dies ist die Basis, andere anzuerkennen, zu respektieren und deren individuelles Verhalten zu berücksichtigen. Letztlich kommt man so in seiner Umgebung besser zurecht und wird erfolgreicher – im Beruf oder im Privatleben.
Zum Ermitteln des MBTI-Profils wird ein Fragebogen ausgefüllt (bestehend aus 70 bis 90 Fragen, je nach Version). Zu jeder Frage sind jeweils zwei alternative Antworten wählbar. Damit die situationsabhängigen Aussagen durchgängig getroffen werden, sollte die Beantwortung der Fragen nach Möglichkeit im Rahmen eines durchgängigen Kontexts (beruflich oder privat) erfolgen.

Vier bevorzugte Grundpräferenzen

Kontaktaufnahme – Orientierung der Aufmerksamkeit: E = **Extraversion:** Aufmerksamkeit gerichtet auf Menschen und Dinge.
I = **Introversion:** Aufmerksamkeit gerichtet auf Gedanken und Ideen.
Informationsaufnahme – Konzentration der Wahrnehmung: N = **Intuition:** Wahrnehmung intuitiv, konzentriert auf Möglichkeiten und Muster. S = **Sensation:** Wahrnehmung über die Sinne, konzentriert auf Fakten und Konkretes.
Informationsbewertung – Fällen von Entscheidungen: T = **Think:** Entscheidungen aufgrund von objektiver Logik und Analyse.
F = **Feel:** Entscheidungen aufgrund von subjektiven Gefühlen und Werten.
Bevorzugter Lebensstil im Umgang mit der Umwelt: J = **Judge:** Geplante und organisierte Herangehensweise. P = **Perceive:** Flexible und spontane Herangehensweise.
Finden Sie heraus, welche Grundpräferenz Sie und Ihre Teammitglieder haben.

Für Ihre Zeitplanung

- Der MBTI-Test dauert etwa 15 bis 20 Minuten. Eine kleine Investition mit vielseitiger Wirkung, die jedermann alleine durchführen kann.
- Das PEP-Analyse-Management dauert rund 30 bis 45 Minuten. Sie erhalten ein sehr ausführliches Profil mit 45 Erfolgskriterien, Entscheidungsverhalten, methodische und soziale Kompetenzen und vieles mehr.

Wissensnetz, Weblinks und Literatur

73. Zwei Persönlichkeitstypologien: DISG und Insights
75. Potenziale erkennen – Mitarbeitern fördern und befördern

- www.humanmetrics.com/cgi-win/JTypes2.asp: englische Version des Myers-Briggs-Tests
- www.similarminds.com: verschiedene Tests
- www. imde.net: unter anderem Infos zu PEP
- Thomas Lorenz, Stefan Oppitz: 30 Minuten für Profilierung durch Persönlichkeit. Offenbach

Das »Messinstrument« PEP

- Von den Eigenschaften einer Person kann man nur beschränkt auf deren Verhalten schließen. Deshalb wurde das Potenzial-Einschätzungs-Programm (PEP) entwickelt.
- PEP misst Verhalten und Einstellungen und vergleicht diese mit besonders erfolgreichen Personen einer bestimmten Berufsgruppe.
- PEP wird online durchgeführt.
- Es müssen ca. 220 Fragen mit je vier Antwortmöglichkeiten beantwortet werden. Diese werden je nach Antwortverhalten aus einem großen Fragepool generiert.
- Die Auswertung enthält je nach Version 30 bis 50 Seiten.

Die Erfolgskriterien für Manager oberer Ebene – ein Auszug aus PEP

Profil	???-Bereich (−3)	Entwicklungs-Bereich (−2, −1)	OK-Bereich (OK)	Stärken-Bereich (+1, +2)	!!!-Bereich (+3)
1. Erfolgsrelevante Grundhaltungen			OK		
1 Verhält sich mitarbeiterorientiert				+1	
2 Verhält sich teamorientiert			OK		
3 Verhält sich gegenüber Vorgesetzten loyal				+2	
4 Geht mit Fehlern anderer konstruktiv um		−2			
5 Geht mit eigenen Fehlern konstruktiv um				+1	
6 Ist auf eigene Wirkung auf andere bedacht			OK		
2. Ist belastbar			OK		
1 Geht auf Anforderungssituationen gelassen zu		−2			
2 Geht kalkulierbare Risiken ein				+2	
3 Ist stressresistent			OK		
4 Wirkt kraftvoll und zeigt Ausdauer		−1			
5 Zeigt sich flexibel			OK		
3. Ist motiviert				+1	
1 Arbeitet gerne					+3
2 Will hohe Leistung bringen			OK		
3 Will gesellschaftlich/beruflich weiterkommen			OK		
4 Legt Wert darauf, erfolgreich zu sein			OK		
5 Will die Arbeit sehr gut machen			OK		

ExpressoTipp

Nutzen Sie Potenzialanalysen (am besten von Experten ausführen lassen) als weiteren Baustein bei der Personalauswahl, um die richtige Person am richtigen Platz zu haben. Leistungsbeurteilungen verbunden mit Potenzialanalysen geben Sicherheit bei Karriereentscheidungen.

ExpressoFokus

Vertrauen Sie nicht jedem Test. Gütekriterien für Tests sind die Objektivität (verschiedene Anwender führen zu vergleichbaren Resultaten), Validität (wird tatsächlich das gemessen, was angegeben wird) und Reliabilität (bei Wiederholung ähnliche Resultate).

ExpressoBalance

Denken Sie groß – und gehen Sie in kleinen Schritten.

Potenziale erkennen, Mitarbeiter fördern und befördern

Welche Mitarbeiter haben Potenzial für weitere Aufgaben? Welche Mitarbeiter haben eine Aufgabe, die nicht ihren eigentlichen Fähigkeiten entspricht? Woran erkenne ich Talente und Potenziale? Wie kann ich Potenziale entwickeln? Fach- oder Führungslaufbahn? Wann ist der richtige Zeitpunkt für eine Beförderung?

Viele dieser Fragen beschäftigen Führungskräfte im Alltag, denn Talente managen ist eine der zentralen Aufgaben eines jeden Vorgesetzten.

Voraussetzung für Spitzenleistungen?

Voraussetzung für dauerhafte Spitzenleistungen ist, dass der Mitarbeiter im Kernbereich seiner Stärken arbeitet. Das ist dort, wo sich Begeisterung und Motivation mit hoher Lerngeschwindigkeit und Durchhaltevermögen verbinden.

Dabei sind folgende Einstellungen und Haltungen hilfreich:

- Jeder Mitarbeiter weiß, was er am besten kann.
- Jeder Mitarbeiter hat die Gelegenheit, in die Aufgaben hineinzuwachsen, für die er talentiert ist.
- Mitarbeiterförderung setzt an den Punkten an, an denen jeder seine Stärken hat, und bei dem, was er am liebsten macht.
- Mitarbeiter finden ein maßgeschneidertes, konstruktives Arbeitsumfeld, wo sie jeden Tag gerne ihr Bestes geben.

Leistung und/oder Potenzial?

Unterscheiden Sie Potenzial von Leistung.
Das Betrachten von Leistungen ist eine rückwärts gerichtete Beurteilung, auf das, was erreicht wurde.

Das Potenzial zu betrachten ist auf die Zukunft ausgerichtet und umfasst mögliche Leistungen in der Zukunft.

Ein Mitarbeiter hat Potenzial, wenn er viel Leistung mit Leichtigkeit erbringt oder aber auch, wenn er wenig Leistung erbringt, aber viel mehr könnte. Wenn Ihr Mitarbeiter sich sehr anstrengen muss, um seine Leistung zu erbringen, dann ist er ein Leistungsträger, aber kein Potenzialträger.

Mitarbeiter, die aufgrund ihrer Fähigkeiten und ihrer Interessen für eine Beförderung in Frage kommen, wechseln den Arbeitgeber, wenn sie nicht entsprechend gefördert werden! Besprechen Sie rechtzeitig die Möglichkeiten in Ihrem Verantwortungsbereich, aber auch im gesamten Unternehmen.

Für Ihre Zeitplanung

- Beginnen Sie frühzeitig, sich über die unterschiedlichen Potenziale Ihrer Mitarbeiter Gedanken zu machen.
- Überprüfen Sie regelmäßig Ihre Einschätzung.

Wissensnetz, Weblinks und Literatur

27. Wer bin ich? – Fremdbild und Selbstbild
55. Leistung und Verhalten eines Mitarbeiters beurteilen
74. Potenzialanalysen für Personalauswahl und Entwicklung
101. Weiterbildung als Schlüssel zu dauerhaftem Erfolg

- www.expressocoach.de: Checklisten
- Marcus Buckingham, Donald O. Clifton: Entdecken Sie Ihre Stärken jetzt! Frankfurt/Main

»Management ist die kreativste aller Künste. Es ist die Kunst, Talente richtig einzusetzen.«

ROBERT STRANGE MCNAMARA

Potenziale erkennen und fördern

Potenzialkonferenz: Unter Moderation eines Personalentwicklers bewerten Mitglieder eines Managementteams ihnen bekannte Mitarbeiter nach einem Raster (Fach-, Methoden-, Sozial- und strategische Kompetenz) für eine bestimmte Funktion. Ein möglicher Maßstab ist: Erfolg sehr wahrscheinlich, wahrscheinlich, möglich, weniger wahrscheinlich und unwahrscheinlich. Die Ergebnisse können mit einer Selbsteinschätzung des Mitarbeiters abgeglichen werden. Anschließend bespricht der Personalentwickler das Resultat mit dem Mitarbeiter, gemeinsam wird ein Entwicklungsplan erarbeitet. **Assessments, Audits und Persönlichkeitseinschätzungen** sind andere Möglichkeiten, Potenziale zu erfassen.

Alternativen zur Beförderung

Manchmal gibt es weder im eigenen Bereich noch im Unternehmen eine Möglichkeit für eine Beförderung. So können Sie tüchtigen Mitarbeitern trotzdem Wertschätzung zeigen:

- mehr Kompetenzen und Verantwortung in der bisherigen Aufgabe, Spezialprojekte übertragen
- Stellvertretung übertragen, als langfristigen Nachfolger aufbauen
- Mentoring- und Betreuungsaufgaben für junge und neue Mitarbeiter geben
- Lehrlingsausbildung, Praktikantenbetreuung
- Prämien für spezielle Leistungen
- fachliche oder persönliche Weiterbildung ermöglichen

Wann befördern, wann belohnen?

Die Vorstellungen des Mitarbeiter und des Vorgesetzten über den richtigen Zeitpunkt der Beförderung gehen oft auseinander. Unterscheiden Sie:

Geeignete Position zur Verfügung
ja
Reifegrad für Beförderung
hoch: befördern
niedrig: kommunizieren; entwickeln; falls notwendig befördern mit zusätzlicher Coaching-Unterstützung

Geeignete Position zur Verfügung
nein
Reifegrad für Beförderung
hoch: kommunizieren, ev. als Nachfolger aufbauen, mit Spezialprojekten betrauen
niedrig: entwickeln

ExpressoTipp

Klären Sie genau, welche Möglichkeiten im Unternehmen bestehen. Gibt es Führungs-, Projekt-, Spezialistenlaufbahn, Talentpool, Mentoring etc.?

ExpressoFokus

Die Fähigkeit, die Potenziale von Mitarbeitern zu entwickeln, ist ein Zeichen hoher Führungskunst. **Viele Talente zu entwickeln bedeutet hohe Führungskompetenz. Damit fördern Sie auch Ihre Karriere.**

ExpressoBalance

Schenken Sie dem nächsten Menschen, dem Sie begegnen, ein Lächeln!

Die Basis aller Projekte: Projektauftrag und Briefing

Was sind Zweck, Mittel und Umfang einer Aufgabe?
Das Briefing (auch Auftragsklärung oder Projektdefinition /Projektauftrag) ist eine der wichtigsten Kommunikations- und Führungsaufgaben. Ganz gleich, ob mit Mitarbeitern, Kunden, Partnern oder Lieferanten wie etwa Werbeagenturen. Am Beginn der Arbeit an einem Projekt steht das Briefing, die schriftliche Fixierung der Aufgabenstellung. Damit wird sichergestellt, dass alle die Aufgabe verstehen und alle relevanten Informationen erhalten, um ihre Aufgabe zu erfüllen.

Drei Grundprinzipien

- **Klare Zieldefinition:** Bevor Sie jemanden briefen, müssen Sie Ihre Ziele klar definieren. Erst dann können Sie die Ergebnisse danach beurteilen, ob Sie die vorgegebenen Ziele erfüllen. Fakten zählen, nicht Meinungen oder Vermutungen.
- **Gleicher Informationsstand:** Ziel ist immer der gleiche Wissensstand bei allen Beteiligten. In Besprechungen sollten immer alle für die Aufgabe wichtigen Personen dabei sein. Aber auch nicht mehr.
- **Partnerschaftliches Verhältnis:** Die jeweils zuständigen Instanzen und Mitarbeiter befehlen nicht und empfangen auch keine Befehle, sondern sie versuchen, sich gegenseitig von ihren Auffassungen zu überzeugen. Genauso lassen alle Beteiligten Argumente der anderen Seite gelten und respektieren einander.

Das gehört dazu

Das Briefing sollte in klarer und knapper Form mindestens folgende Hauptpositionen enthalten:

- Verteiler
- Ist-Situation und Ausgangslage
- Annahmen
- Ziele und zugrunde liegende Strategie
- Aufgabenstellung und Methode
- Vorgaben
- Ressourcen
- Zeitplan
- Ansprechpartner und Zuständigkeiten

Für Ihre Zeitplanung

- Nehmen Sie sich ausreichend Zeit für die Vorbereitung.
- Planen Sie rechtzeitig Zeit für ein Re-Briefing ein, in dem Sie den ersten Stand überarbeiten, aktualisieren und vervollkommnen können.
- Legen Sie immer ein Datum für eine Folgebesprechung fest.

Wissensnetz, Weblinks und Literatur

1. Abläufe und Projekte planen und beschleunigen

6. Besprechungen planen und vorbereiten

78. Projekte im Griff behalten: Qualitätssicherung

86. Wie Sie verständlich schreiben

108. Mitarbeiter mit Zielen führen

111. Das Zusammenarbeiten von Internen und Externen

Stil des Briefings

- **Formell:** Wenn die Aufgabe wichtig ist und ein ganzes Team betrifft, sollten Sie immer auf ein formelles Briefing mit einem schriftlichen Briefing setzen.
- **Informell:** Wenn Sie Ihr Gegenüber gut kennen, reicht oft eine mündliche Anweisung. Formelles Nachfassen kann jedoch erforderlich sein.
- **Vertrauensvoll:** Wenn Sie einem Mitarbeiter vertrauen, können Sie ihm Verantwortung übertragen, bei der verantwortungsvolles Vorgehen gefragt ist.
- **Locker:** Dabei verlassen Sie sich darauf, dass ein erfahrener Mitarbeiter Entscheidungen ohne detaillierte Anleitung oder Kontrolle trifft. Das Briefing läuft hier über den »kleinen Dienstweg«.

Dranbleiben: Arbeitsgespräche

- Beim Erreichen wichtiger Meilensteine sowie während kritischer Phasen, vor allem in der kreativen Phase, sollten Sie regelmäßig Arbeitsgespräche (Follow-up oder Nachfragen) führen. So lassen sich Missverständnisse und Fehlinterpretationen vermeiden.
- Alle Arbeitsgespräche sollten protokolliert werden.
- Das Protokoll hält das Ergebnis der Briefing-Besprechung fest und macht Angaben über Fortführung und Terminierung der einzelnen Projekte für alle Seiten verbindlich.
- Spätestens drei Tage nach dem Gesprächstermin sollte allen Beteiligten das Protokoll vorliegen.

Qualitätssicherung

- **Re-Briefing** (auch Projekt-Review): Ein erneutes Briefing ist immer dann nötig, wenn die ersten Ergebnisse nicht auf den Punkt kommen. Darüber hinaus können Sie es nutzen, um sicherzustellen, dass alles richtig verstanden wurde.
- **»Schulterblick«:** Solch ein inoffizieller Termin bietet dem Projektleiter die Chance, vor der Abschlusspräsentation ein Feedback an alle Beteiligten zu geben, ob sie auf dem richtigen Weg sind. Sie sehen dabei zwar keine fertigen Arbeiten, aber erste Entwürfe und Grundideen. Sie sollten diese Gelegenheit auf jeden Fall nutzen, schließlich soll bei der endgültigen Präsentation – auch vor Ihren Chefs – alles glatt laufen.

ExpressoTipp

Lassen Sie keine Gelegenheit aus, um sicherzugehen, dass das Briefing verstanden wurde. Schaffen Sie hierzu in Ihrem Team eine **Kultur des Nachfragens und Nachhakens**. Bauen Sie schon beim Briefing ein Alarmsystem ein, um schnell zu erkennen, ob ein Projekt aus dem Ruder läuft.

ExpressoFokus

Lassen Sie ein gesundes Maß an Flexibilität bei der Realisierung zu. Bestimmen Sie aber die kritischen Eckpunkte. **Zeigen Sie das Was, nicht das Wie auf:** Gute Mitarbeiter sind kreativ – sie wissen schon, worauf es ankommt.

ExpressoBalance

Bringen Sie von einem Spaziergang eine Fundsache mit nach Hause: ein Schneckenhaus, einen schönen Stein, eine Blüte.

Zielgerichtet und erfolgreich präsentieren

Im Mittelpunkt einer Präsentation steht eine »Sache«, etwa ein Produkt oder eine Strategie. Eben Ihr Thema. Formulieren Sie hierzu Ihre **Kernbotschaft**, und zwar kurz und knapp. Schließlich hat ein Werbespot auch selten mehr als 30 Sekunden, um seine Botschaft zu vermitteln. Die Kernbotschaft ist es, die Ihre Zuhörer nach der Präsentation verstanden und adaptiert haben sollen.

Nur wer sein Ziel kennt, kann es treffen. Grob unterscheidet man: Informationsziele, Überzeugungsziele, Entscheidungshilfe und Verkauf.

Die Zielgruppe eingrenzen

- Besteht Ihre Zielgruppe eher aus Vertrieblern, Technikern, Geschäftspartnern, Journalisten oder Kunden?
- Welcher Art genau?
- Wie viele Teilnehmer sind bereits mit dem Thema vertraut? Wie weit?
- Welche Einstellungen bringen die Zuhörer mit:
  zustimmend
  ablehnend
  skeptisch etc.?
- Wo gibt es eventuell »Empfindlichkeiten«?
- Sind Sie auf bekannte Einwände/Vorurteile/Ressentiments gut vorbereitet?

Der Nutzen für die Zuhörer

Der Köder muss dem Fisch schmecken, nicht dem Angler. Und das schmeckt ihm:

- **Aktualität:** Zeigen Sie aktuelle Bezüge auf.
- **Neuigkeit:** Bieten Sie eine neue Sichtweise des Problems.
- **Nutzen:** Liefern Sie die Lösung eines Problems (Vorschlag, Aktionsplan, Produkt etc.).
- **Vorteil:** Erklären Sie die Vorzüge Ihrer Lösung.
- **Beweis:** Halten Sie Statistiken und andere Quellen bereit, um Ihre Argumente zu belegen und zu bekräftigen.
- **Praxiswert:** Schlagen Sie – am Ende – einen konkreten nächsten Schritt vor.
- Geben Sie Ihrem Publikum genug Zeit, etwa drei Minuten pro Folie. Hintergründe erfordern eine entsprechend längere Projektionsdauer, einfache Sachverhalte dagegen eine kürzere.

Für Ihre Zeitplanung

- Rechnen Sie mit einer Vortragslänge von 20 bis 30 Minuten sowie die gleiche Zeit für Fragen und Diskussion. So kommen Sie auf insgesamt 40 bis 60 Minuten.
- Sollte Ihre Präsentation mehr als eine Stunde in Anspruch nehmen, sollten Sie je Stunde Vortrag rund zehn Minuten Pause einplanen.

Wissensnetz, Weblinks und Literatur

34. Ideen auf dem Prüfstand: der ExpressoTest
79. Mit Reden überzeugen und gewinnen
99. Das kleine Einmaleins des Visualisierens
109. Zielgruppen identifizieren und beschreiben

- Gene Zelazny: Das Präsentationsbuch. Frankfurt/New York
- Markus Gressmann, Reinold Imdahl, Stefan Jehn: Präsentieren mit elektronischen Medien. Künzell

Aufbau: für Zuhörer nachvollziehbar

Strukturieren Sie zum Beispiel so:

- Bekannt → Neu
- Allgemein → Konkret
- Einfach → Schwierig
- Bedarf → Angebot
- Standpunkt → Begründung → Beispiel → Zusammenfassung → Appell
- Pro → Contra → Vorschlag (wenn Sie etwas verneinen möchten)
- Problem → Ursachen → Lösungsalternativen → Vorschlag/Empfehlung
- Contra → Pro → Vorschlag (wenn Sie etwas bejahen möchten)
- Ist → Ziel → Weg/Lösung
- Position A → Position B → Kompromiss

Layout: Komplexes klar darstellen

Die grafische Gestaltung dient dem Inhalt und führt kein Eigenleben und darf nicht ablenken:

- Alle Gestaltungselemente wie Schrift, Farben, Diagramme sind einheitlich auf allen Folien.
- Auf jeder Folie eine Überschrift.
- Trennen Sie illustrierende Figuren deutlich vom Grafik-Hintergrund.
- Lassen Sie abgebildete Menschen in die Grafik hineinschauen.
- Halten Sie alle Grafiken möglichst schlicht.
- Meiden Sie einen Stilmix wie eine Mischung von Fotos und Illustrationen auf einer Folie.
- Setzen Sie nicht mehr als zwei Hierarchien ein.

Text: die Geschichte erzählen

- **Einstieg:** Beispiele sind Überblick über das Thema, Denkanreiz (ungelöstes Problem), Köder (Nutzen), aktueller Bezug, Provokation und Widerspruch (These eines Wettbewerbers), Einwandvorwegnahme, Frage und Zitat.
- **Telegrammstil:** Verwenden Sie (außer bei Zitaten) nur Stichwörter, am besten anschauliche Verben.
- **Abschluss:** Fassen Sie Ihre wesentlichen Punkte noch einmal in Ihrer Kernbotschaft zusammen. Schließen Sie mit Resümee, Empfehlung oder konkreter Aufforderung zum Handeln ab.
- Prüfen Sie immer die **Rechtschreibung: Ihre Folien sind schließlich Ihre Visitenkarte!**

ExpressoTipp

Eine vorangestellte Inhaltsgliederung zeigt jedem Zuhörer, wohin die Reise geht. Unser Kurzzeitgedächtnis hat Grenzen: Nicht mehr als sieben Wörter pro Zeile, nicht mehr als sieben Zeilen pro Folie. Nur ein Hauptgedanke, nur eine Botschaft pro Folie.

ExpressoFokus

Bauen Sie kleine Erholungspausen ein – durch Teile, die weniger Konzentration erfordern. Verknüpfen Sie das, was Sie vortragen, mit dem, was Ihr Publikum bereits kennt – mit nachvollziehbaren Beispielen und anschaulichen Bildern. Lassen Sie alles weg, was für Ihre Zielgruppe nicht unbedingt notwendig ist.

ExpressoBalance

Suchen Sie einen Ort in der Natur auf, an dem Sie der Luft und dem Wind begegnen können. Steigen Sie auf einen Turm oder auf einen Berg in der Nähe Ihres Wohnortes. Dort können Sie sich eine frische Brise um die Ohren wehen lassen.

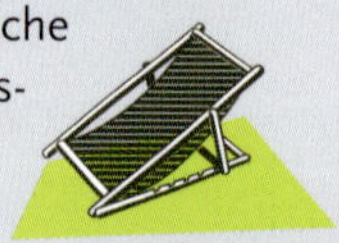

Projekte im Griff behalten: Qualitätssicherung

Nehmen Sie sich ausreichend Zeit für die Verfolgung und Überwachung Ihrer Projekte? Dies ist eine klassische Managementaufgabe. Hierfür sollten Sie genügend Ressourcen einplanen, um nicht überrascht zu werden. Immer wenn sich unvorhergesehene Probleme häufen, die Ausfallquote Ihrer Mitarbeiter ungewöhnlich hoch ist oder zusätzliche Forderungen zur Projekterfüllung erstellt werden, droht das ganze Projekt aus dem Ruder zu laufen. Qualitätssicherung bietet sich auch an, um sie für Ihre Arbeitsmethodik zu nutzen, etwa bei der Ablage oder der Kommunikation.

Elemente des Qualitätsmanagements

Unter Qualitätsmanagement versteht man alle Maßnahmen zur Planung, Steuerung und Überwachung der Qualität des betrieblichen Prozesses beziehungsweise des Ergebnisses. Es umfasst somit

- Planung
- Lenkung und Kontrolle
- Verbesserung und
- Sicherung der Qualität

Total Quality Management (TCM) ist eines der unternehmens- und funktionsübergreifenden Konzepte des Qualitätsmanagements, bei dem es um die Optimierung der Qualität von Produkten und Dienstleistungen durch Einbeziehung aller Mitarbeiter und stärkere Kundenorientierung geht. Es setzt – als umfassender Ansatz – Qualitätsbewusstsein und Fehlervermeidung in sämtlichen Phasen der Leistungserstellung voraus.

Die Voraussetzungen

Qualität können Sie nur erreichen und sicherstellen, wenn Sie sie von Beginn an in Ihrer Projektplanung als integralen Bestandteil auffassen:

- Vereinbaren Sie immer klare Qualitätsmerkmale und Richtlinien, und zwar schriftlich.
- Geben Sie Messgrößen (SOLL-Größen) für die Qualität eines Projektziels vor.
- Orientiert sich die Qualität am Bedarf?
- Informieren Sie Ihr Team und alle anderen Beteiligten über die angestrebte Qualität.
- Definieren Sie Kontrollmeilensteine (Projekt-Reviews), um die Qualität der Arbeit zu überprüfen (Vergleich SOLL vs. IST).
- Schaffen Sie eine Teamkultur, in der auftretende Problem sofort erkannt und berichtet werden.
- Ein angstfreies Kommunikationsklima gewährleistet diesen Informationsaustausch.

Für Ihre Zeitplanung

- Bevor Sie mit einem Projekt anfangen, sollten Sie ein Frühwarnsystem (siehe folgende Seite) installieren.
- Nehmen Sie sich, zum Beispiel an den Kontrollmeilensteinen, immer wieder ausreichend Zeit, um sich einen Überblick zu verschaffen. So verhindern Sie bei Krisen blinden Aktionismus.

Wissensnetz, Weblinks und Literatur

1. Abläufe und Projekte planen und beschleunigen
24. Durch fehlerfreundliche Kultur alle Chancen nutzen
76. Die Basis aller Projekte: Projektauftrag und Briefing
111. Das Zusammenarbeiten von Internen und Externen

- Uwe Zöllner: Das Praxishandbuch Projektmanagement. Bonn

Das Frühwarnsystem

So erfahren Sie immer rechtzeitig, noch vor der Entstehung von Problemen, von eventuellen Abweichungen und Verzögerungen.

- Regelmäßige Gespräche mit Ihren Mitarbeitern vermitteln ein Gespür dafür, was passieren könnte.
- Zu einem Frühwarnsystem gehört auch, dass alle Mitarbeiter wissen, wo im Projekt die Prioritäten liegen. Nur so können alle Beteiligten jederzeit einschätzen, wie sich das Projekt entwickelt und ob ein Problem aufgetaucht ist oder auftauchen könnte.
- Sorgen Sie dafür, dass Ihre Mitarbeiter stets den zeitlichen Rahmen berücksichtigen. Sie sollten Ihnen von sich aus melden, wenn es Probleme oder Verspätungen gibt.

Das Projekt im Griff behalten: Mitarbeiter und externe Faktoren

- Erledigen alle Mitarbeiter die vorher definierten Aufgaben korrekt und termingerecht? Wenn es eigenmächtige Veränderungen und Abweichungen gibt, lassen Sie diese auf keinen Fall zu.
- Identifizieren sich alle Teammitglieder mit Ihrem Projekt? Sie sollten Ihre Mitarbeiter nicht nur zu Beginn des Projekts für das Projektziel begeistern. **Achten Sie darauf, dass das Feuer nie erlischt und das Engagement nicht nachlässt.** Gerade in Krisenzeiten brauchen Sie das Engagement, die Kreativität und das Improvisationstalent Ihrer Mitarbeiter. Und all das leisten motivierte Mitarbeiter von selbst.
- Was ist der Grund für die Ausfallquote? Einzelne Mitarbeiter sind überfordert, die Motivation fehlt, es herrscht ein schlechtes Betriebsklima oder eine Grippewelle.
- Kommen neue, zusätzliche Anforderungen hinzu, die den Projektumfang erweitern? Handeln Sie mit Ihren Auftraggebern eine neue Zeitplanung aus.
- Sind neue externe Einflüsse aufgetreten, welche die Zielerreichung verhindern? Markteinflüsse oder neue Vorschriften können eine neue Zielplanung erfordern.
- Welche Auswirkungen haben Verzögerungen auf das ganze Unternehmen? Führen Sie allen Beteiligten vor Augen, welche – finanziellen – Auswirkungen eine Verzögerung oder gar das Scheitern hätte.

ExpressoTipp

Fordern Sie immer auch Lösungsvorschläge von Ihren Mitarbeitern, um ein Ziel doch noch zu erreichen. **Wer ein Problem zuerst erkennt, ist meist so nah dran an der Thematik, dass Sie auf seine Hilfe bei der Lösung nie verzichten sollten.**

ExpressoFokus

Benennen Sie einen Qualitätsbeauftragten für alle laufenden Projekte, aber auch für »softe« Themen wie alle Präsentationen Ihrer Abteilung. Vergessen Sie nicht: Putting more people on a late project makes it later.

ExpressoBalance

Lauschen Sie der Stille. Die Stille ist ein wesentliches Element der Ruhe. Vielleicht finden Sie Stille sogar dort, wo Sie sie nicht erwartet hätten.

Mit Reden überzeugen und gewinnen

Als Führungskraft müssen Sie immer wieder eine Rede halten: Bei Firmenjubiläen, beim Ausscheiden eines langjährigen Mitarbeiters, beim Kick-off zu einem neuen Projekt, bei einer Pressekonferenz, bei Messen, bei der Eröffnung einer neuen Filiale und, und, und. Für viele ist diese Herausforderung ein Graus, für andere eine willkommene Bühne. Gerade hier zeigt sich Ihre Kommunikationsfähigkeit – eine Königsdisziplin in der Führung.

Viele ergänzende Hinweise finden Sie auch bei 77. Zielgerichtet und erfolgreich präsentieren.

Grundlegendes

- Das Thema klar umreißen: Was will ich wem wie sagen?
- **Können Sie Ihr Thema in ein, zwei Sätzen, also in wenigen Sekunden umreißen?**
- Das Ziel festlegen; Nur wer sein Ziel kennt, kann es treffen. Grob unterscheidet man: Informationsziele, Überzeugungsziele, Entscheidungshilfe sowie Verkauf.
- Zielgruppe: Wie viele Teilnehmer sind bereits mit dem Thema vertraut? Welche Einstellungen bringen die Zuhörer (zustimmend, ablehnend, skeptisch etc.) mit? Wo gibt es »Empfindlichkeiten«?
- **Der »Wert« für die Zuhörer: Aktualität, Neuigkeit, Nutzen, Vorteil, Beweis und Praxiswert.**
- Halten Sie keine Rede, sondern führen Sie ein Gespräch: Sagen Sie »ich«, verwenden Sie oft »Sie«.
- Nur wenn Sie sich optimal vorbereiten, Ihr Publikum und dessen Interessen gut kennen, eine klare Botschaft haben und ein klares Ziel verfolgen, haben Sie Erfolg.

Inhalte gewichten

Eine ABC-Analyse erleichtert es Ihnen, die richtigen Prioritäten zu setzen.

- **Kerninformationen (A)** haben die höchste Priorität.
  Zwei Kontrollfragen helfen Ihnen, die Kerninformationen herauszufinden. **Was würde ich sagen, wenn meine Redezeit auf drei Minuten gekürzt würde**? Welche Argumente will ich im Kopf der Zuhörer dauerhaft verankern?
- **Randinformationen (B)** dienen dazu, die Kerninformationen anschaulich, verständlich und überzeugend darzustellen. Möglichkeiten hierzu sind praktische Beispiele, Anekdoten, Vergleiche oder auch Wiederholungen. Sie sollten gebracht werden.
- **Hintergrundinformationen (C)** sollten Sie in petto haben, falls jemand nachhakt.

Für Ihre Zeitplanung

- Klären Sie vorab, wie viel Zeit Ihnen zur Verfügung steht.
- Nehmen Sie sich Zeit zum Vorbereiten und zum Überarbeiten!
- Generell gilt: Jeder, wirklich jeder, freut sich über kurze Reden!

Wissensnetz, Weblinks und Literatur

43. Die Körpersprache im Auge behalten
77. Zielgerichtet und erfolgreich präsentieren
83. Schlagfertigkeit kann man lernen
85. Wie Sie spannend schreiben und erzählen
86. Wie Sie verständlich schreiben
90. Keine Angst vor Smalltalk

- Imai-Alexandra Roehreke: Reden schreiben. Konstanz
- Thilo von Trotha: Reden professionell vorbereiten. Regensburg/Düsseldorf

Die Zuhörer einfangen

- **Überblick:** Ziel und Bedeutung nennen.
- **Denkanreiz:** Ein ungelöstes Problem regt an, sich darüber Gedanken zu machen.
- **Köder:** »Die folgenden zehn Minuten bringen Ihnen nicht nur einen Wissensvorsprung, sondern ....«
- **Aktueller Bezug:** etwas, das in der Zeitung steht, als Gerücht durch die Branche spukt oder, oder, oder.
- **Provokation und Widerspruch:** etwa widersprüchliche Thesen oder Argumente der Wettbewerber.
- **Einwandvorwegnahme:** zuerst – vermeintliche – Schwächen auflisten.
- **Frage**, die gleich beantwortet wird.
- **Zitat oder Witz:** kann Atmosphäre lockern, im Hauptteil und Schluss aufgreifen.

Das letzte Wort

- Fassen Sie die wesentlichen Punkte zusammen, also die von Ihnen angesprochenen Schlussfolgerungen, Trends, Argumente und so weiter.
- Greifen Sie Ihren roten Faden auf.
- Wiederholen Sie Ihre Kernaussage bzw. Empfehlung (die Sie gegebenenfalls zuvor als zentrale Botschaft Ihrer Rede vorgestellt hatten).
- **Schließen Sie immer mit einem Resümee oder – besser – einer konkreten Aufforderung zum Handeln ab.**
- Laden Sie, so weit vorgesehen, zur Diskussion ein.

Ratschläge für den Referenten

- Keine Angst vor Versprechern, die verzeiht jeder. Weniger verziehen wird das Herbeten auswendig gelernter Inhalte.
- **Wenn Sie nicht von Ihrem Vortrag überzeugt sind, wer soll es dann sein?** Enthusiasmus steckt an!
- Seien Sie glaubwürdig – in Wort und Tat.
- Wenn Sie Ihr Publikum nicht einbeziehen, können Sie auch keine Reaktion von ihm erwarten.
- Wenn Sie keinen Augenkontakt herstellen, besteht kaum eine Chance, dass Ihre Botschaft ankommt.
- Begeistern Sie Ihre Zuhörer durch Ihren individuellen Vortragsstil und Ihren Elan. Bleiben Sie also nicht wie angewurzelt auf einem Fleck stehen.

ExpressoTipp

Ihr Ziel sollte realistisch, konkret und für Ihre Zuhörer interessant sein. Deshalb sollten Sie sich immer ein – nüchternes – Minimalziel setzen. Dies beugt Enttäuschungen vor und stellt sicher, dass Sie Ihre Rede nicht »überfordern«. Einer der wichtigsten Leitsätze in der Kommunikation lautet **KISS: Keep it short and simple.**

ExpressoFokus

Nutzen Sie Bilder und Vergleiche für eine bessere Verständlichkeit. Um Ihre Zuhörer an die Hand zu nehmen, können Sie sich bei Überleitungen an einer einfachen Strategie orientieren: Sage, was du tun willst. Tue es. Sage, was du getan hast.

ExpressoBalance

Suchen Sie die Nähe zu Menschen, die gerne lachen. Verbünden Sie sich mit der Heiterkeit.

Geschäftsprozesse radikal umgestalten: Reengineering

Eigene, nicht ganz schmerzfreie Erfahrungen haben den Kontakt zum Thema gebracht. Business Process Reengineering (BPR) wurde 1990 von Michael Hammer erstmals vorgestellt. Dieser neue Ansatz zur Veränderung eines Unternehmens wurde beschrieben als »ein fundamentales Umdenken und die radikale Umgestaltung von Geschäftsprozessen, um deutliche Verbesserungen bei wichtigen Leistungsindikatoren wie Kosten, Qualität, Service und Geschwindigkeit zu erzielen«. Reengineering ist dann zweckmäßig, wenn es um eine sprunghafte Verbesserung der Unternehmenskennwerte geht.

Das Prinzip von Reengineering

BPR ist angeraten für Unternehmen vor wesentlichen Marktveränderungen (neue Wettbewerber) oder am Rande des Scheiterns (Preise sind wesentlich höher oder die Qualität der Produkte und Dienstleistungen ist wesentlich schlechter als beim Wettbewerb). Ohne entscheidende Schritte ist das Unternehmen ruiniert.

- Ziel ist es, die zentralen Prozesse zu analysieren und sie ohne Rücksicht auf althergebrachte Funktionsgrenzen für mehr Effizienz neu zusammenzufügen.
- Dazu werden die Funktionseinheiten in ihre Prozesse zerlegt und – weniger vertikal – neu zusammengesetzt. So zeigt sich, wo eine Organisation überschüssiges »Fett« angesetzt hat.
- Zielführend ist hierbei die Frage: »Wenn ich dieses Unternehmen heute mit meinem jetzigen Wissen und beim gegenwärtigen Stand der Technik neu gründen müsste, wie würde es dann aussehen?«

Vorgehen und zentrale Projektrollen

- **Fundamental:** Zuerst wird nach WAS gefragt, dann nach dem WIE.
- **Radikal:** Das Unternehmen wird völlig neu gestaltet, es geht nicht um oberflächliche Änderungen.
- **Verbesserungen in Größenordnungen:** Rechnen Sie nicht in Prozenten, sondern mit Faktorvielfachen!
- **Prozessorientierung:** Fokussieren Sie klar auf den Kundenauftrag, und zwar mithilfe ganzheitlicher Prozessrealisierung durch Generalisten statt Abarbeitung durch Spezialisten.
- **Leader:** Er initiiert das BPR-Vorhaben im Unternehmen, benennt den »Reengineering-Zar« und die Prozessverantwortlichen und beruft die besten Köpfe in das BPR-Team.
- **Lenkungsausschuss:** Dieses Gremium plant die gesamte Unternehmensstrategie und entscheidet über Prioritäten innerhalb einzelner BPR-Projekte und die Zuteilung der Ressourcen.

Für Ihre Zeitplanung

- Da BPR dann angewendet wird, wenn andere Managementmethoden versagt haben, ist der Zeitpunkt im Gegensatz zu anderen Methoden meist nicht frei wählbar.

Wissensnetz, Weblinks und Literatur

39. Den Erfolgsfaktor Innovation im Blick behalten
76. Die Basis aller Projekte: Projektauftrag und Briefing
96. Erfolgreich Veränderungsprozesse gestalten
111. Das Zusammenarbeiten von Internen und Externen

- Tim Hindle: Die 100 wichtigsten Management-Konzepte. Berlin

Weitere Projektrollen bei BPR

- **Reengineering-Zar:** Er trägt die Verantwortung, unterstützt und fördert die Prozessverantwortlichen und ihre Strategien. Er betreut das BPR-Know-how inklusive aller Techniken und gibt dies an die Prozessverantwortlichen weiter.
- **Prozessverantwortlicher:** Dieser Sprecher und Verbindungsmann stellt das BPR-Team zusammen, beschafft die erforderlichen Ressourcen und vertritt das Team nach außen.
- **BPR-Team:** Dabei arbeiten Insider direkt an BPR-Prozessen, Outsider (etwa externe Berater) begleiten den Prozess kritisch.

Ein neues Rollenverständnis

Bisheriges Verständnis:

- Mein Chef bezahlt mein Gehalt.
- Je mehr Mitarbeiter mir unterstellt sind, desto wichtiger bin ich.
- Morgen wird es genauso sein, wie heute …
- Abgabe von Verantwortung
- Einfache Aufgaben, Kontrolle
- Fachabteilungen

Neues Verständnis:

- Die Kunden bezahlen unsere Gehälter.
- Ich bin Mitglied eines Prozessteams, wir gewinnen oder scheitern gemeinsam.
- Stetiges Lernen ist ein Teil meiner Arbeit.
- Übernahme von Verantwortung
- Prozessdenken, Prozessbewusstsein
- Umfassende Aufgaben, Empowerment

Barrieren und Fallgruben

- **Ängste:** Abneigung gegen Veränderungen, Bedenken, ein »gläserner Mitarbeiter« zu sein, und Sorge, die Macht zu verlieren, können den Prozess extrem behindern.
- **Hohe Risiken:** Fundamentale Veränderungen bergen die Gefahr, dass Bewährtes verloren geht und das Neue nicht besser ist.
- **Missachtung der Unternehmenskultur:** Kulturelle Fragen müssen zusätzlich bedacht und gelöst werden.
- **Unzureichende Kommunikation:** Kein Verständnis für Veränderungsbedarf.
- **Dominanz des Tagesgeschäfts:** Die Mitarbeiter sind überfordert, bei den Veränderungen mitzuwirken.

ExpressoTipp

Schulen und motivieren Sie Ihre Mitarbeiter, über ihre Funktion hinaus in Prozessen zu denken und zu handeln: weg von dem reinen Denken in Fachabteilungen hin zu prozessorientiertem Denken und Handeln über die Organisationseinheiten hinweg.

ExpressoFokus

Beobachten und pflegen Sie das Wissensmanagement sorgfältig. In solch einschneidenden Prozessen besteht die Gefahr, dass Spezialwissen verloren geht.

ExpressoBalance

Die Füße hochzulegen verbessert den Blutkreislauf. Aber nicht nur das: Sie gewinnen ein herrliches Gefühl der Entspannung.

Den Reifegrad ermitteln: Wo stehen Team oder Abteilung?

Organisationen durchlaufen Entwicklungen ähnlich denen der Natur. Das Bewusstsein, in welcher Entwicklungsstufe das eigene Unternehmen oder die Organisationseinheit steht, ist hilfreich für das Verständnis der wichtigen inhaltlichen Themen im Bereich der Organisations- und Personalentwicklung.

Wichtige Fragen bezogen auf unten stehende Themen: Wo bewegen Sie sich mit Ihrem Team? Wohin soll sich das Team entwickeln? Kennt Ihr Team dieses Ziel? Was würde sich verändern, wenn Sie ein Bewusstsein dafür schaffen? Was können Sie dafür tun?

Wachstumsphasen und Führungskrise

Wachstumsphase

1. Anfangsstadium: informelle Kommunikation und Organisation, große Freiräume für Mitarbeiter
2. Funktionale Organisation, Spezialisierung von Arbeitsplätzen, Hierarchie
3. Einführung einer divisionalen Organisationsstruktur
4. Einführung von Planungs- und Kontrollsystemen

Führungskrise

1. Zunehmende Kapazitäten und Mitarbeiterzahl, fehlende administrative Systeme
2. Direkte Führung kommt an Grenzen
3. Steuerungskrise
4. Bürokratiekrise, Formalismen ersticken Individualität

Lösung

1. Gründer durch professionellen Manager ablösen
2. Verstärktes Delegieren
3. Spezielle Koordinationsmethoden
4. Matrixähnliche Struktur

Das Capability-Maturity-Modell

- **Grundebene:** Es gibt keine Prozesse oder Projekte. Die Umsetzung hängt am jeweiligen Mitarbeiter.
- **Wiederholbarkeit:** Aufgrund von Erfahrungen wird ein Vorgehensmodell festgelegt. Ziele, Termine und Vorgehen werden geplant und Kosten geschätzt. Es gibt einen Soll/Ist-Vergleich.
- **Definierte Ebene:** Standardprozesse sind dokumentiert und unternehmensweit eingeführt. Mitarbeiter werden geschult. Prozess und Projekte sind transparent und überprüfbar.
- **Lenkbare Ebene:** Es existiert ein Qualitätsplan für Prozesse und Projekte. Produktivität und Qualität werden gemessen und analysiert. Ein Risikomanagement ist etabliert. Die Vorhersagbarkeit ist sehr gut.
- **Optimierung:** Das ganze Unternehmen verbessert laufend seine Prozesse. Konsequente Auswertung der Erfolgsfaktoren und Fehleranalysen.

Für Ihre Zeitplanung

- Überlegen Sie jährlich, wohin Sie Ihr Unternehmen bzw. Ihre Organisationseinheit hinentwickeln wollen.
- Integrieren Sie Ihr Ziel in die Jahresziele, und sprechen Sie darüber.

Wissensnetz, Weblinks und Literatur

56. Leitbilder als Ausdruck der Identität
98. Mit Vision und Mission führen
107. Ziele und Strategien für das Unternehmen entwickeln

- www.projektmagazin.de: Fachmagazin für Projektmanagement

»Antreiber« von Unternehmen

Dynamik

Aufgaben		Menschen
	Marktführer: geprägt durch ständige Veränderungen sowie durch neue Produkte und Dienstleistungen	**Lernende Unternehmen:** im Mittelpunkt stehen Ideen, Lernen und Weiterentwicklung
	Traditionsunternehmen: hier dreht sich alles um das Bewahren von Qualitätsprodukten	**Kooperative Unternehmen:** sie zielen auf die Bewahrung einer hohen Beziehungsqualität

Beständigeit

Was genau ist Unternehmenskultur?

Unternehmenskultur ist der gewachsene Bestand einer Organisation aus drei Bereichen:

- **Grundlegende Annahmen** wie gemeinsame Vorstellungen über die Umwelt, die Erfassung der Realität, die Natur des Menschen oder Verhaltensorientierungen
- **Werte und Normen**, die das Verhalten aller Mitarbeiter unsichtbar und zum Teil unbewusst steuern
- **Zeichen und Symbole** als Ausdruck und Identifikationsmuster für die Werte und Normen.

Dieser Bestand an Basisannahmen, das heißt die Grundlage der Unternehmenskultur, lässt sich nicht schnell ändern. »Kulturänderungen« sind deshalb nur über einen längerfristigen Prozess möglich.

Welche Kultur haben Sie?

- Familienkultur: Tradition wird gefördert, Gründergeschichte ist wichtig, es gibt eine klare Rollenverteilung und feste Strukturen
- Starkultur: Individualismus steht im Vordergrund, es gibt viel Freiheiten
- Netzwerkkultur: Kommunikation und Eigeninitiative sind wichtig, hohes Vertrauen in Mitarbeiter
- Hierarchiekultur: Es gibt viele Ausführende, Rollen und Abgrenzungen sind deutlich
- Personen- oder Ergebnisorientierung: Welche Werte sind höher, das harmonische Miteinander oder das erfolgreiche Resultat?
- Dynamik oder Beständigkeit? Wird eher formal oder chaotisch vorgegangen?

ExpressoTipp

Widmen Sie Kulturthemen viel Aufmerksamkeit. Sie haben einen großen Einfluss, lassen sich aber nur sehr langsam verändern.

ExpressoFokus

Akzeptieren Sie, dass man keine der Wachstumsphasen in der Organisation überspringen kann. Aber man kann sie aktiv gestalten und auch verkürzen.

ExpressoBalance

Bewahren Sie sich schöne Augenblicke, und halten Sie sie fest: in Notizen, in Fotos, im Computer. In der Alltagsroutine können Sie sich daran erfreuen und Ihren Ausblick verschönern.

Die sechs Rollen einer Führungskraft

Als Führungskraft bewegen Sie sich in unterschiedlichen Rollen. An jede dieser Rollen sind spezifische Erwartungen geknüpft. Für ein erfolgreiches Handeln ist es für Sie wichtig zu erkennen, in welcher Rolle Sie sich gerade befinden, welche Rolle im Moment angefragt ist und welches Verhalten wann sinnvoll ist. Dies bedeutet eine hohe Anforderung an Ihre Flexibilität im Rollenverhalten. Nicht selten treten Führungsprobleme gerade dann auf, wenn keine Rollenklarheit für Sie als Führungskraft oder für Ihre Mitarbeiter besteht.

Die Rollen und ihre Aufgaben:

- **Vorgesetzter:** Als Vorgesetzter vereinbaren Sie Ziele und Aufgaben, tragen Entscheidungsverantwortung, planen, organisieren und kontrollieren, stellen die Kommunikation sicher und ergreifen disziplinarische Maßnahmen.
- **Fachmann:** Der Fachmann hat und vermittelt Fachkenntnisse, verfügt über Erfahrung, vermittelt Sicherheit und Routine und sorgt für Effizienz und Effektivität.
- **Moderator:** Als Moderator fördern Sie Teamerleben und Identifikation, Sie ermöglichen Beteiligung, vermitteln, managen Konflikte. Dabei bleiben Sie selbst eher allparteilich.
- **Coach:** Der Coach begleitet die individuelle Entwicklung des Mitarbeiters, hilft bei der Entfaltung persönlicher Ressourcen, fördert und fordert, berät, reflektiert und gibt Feedback.
- **Unternehmer/Geschäftsführer/Amtsleiter:** Als Unternehmer haben Sie die gesamte Organisation im Blickfeld, geben Visionen und Mission vor und Sie beobachten den Markt und vertreten nach außen.
- **Mitarbeiter:** In Ihrer Funktion als Mitarbeiter haben Sie vereinbarte Ziele in Rücksprache mit Ihrer Führungskraft zu erfüllen.

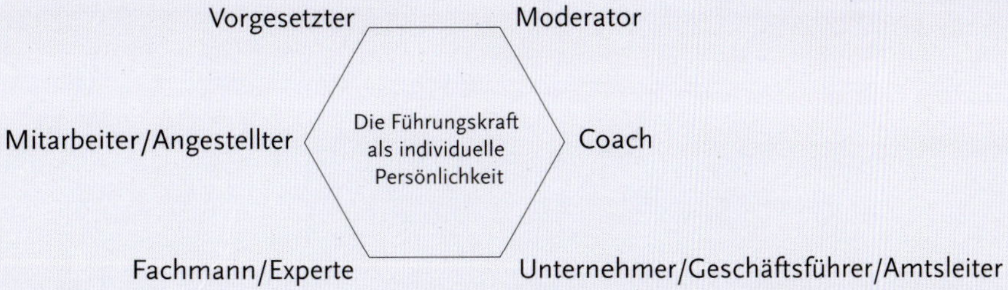

Für Ihre Zeitplanung

- Bevor Sie handeln, hinterfragen Sie sich, in welcher Rolle Sie gerade »unterwegs« sind.
- Prüfen Sie von Zeit zu Zeit, in welchen Rollen Sie sich wie lange bewegen.

Wissensnetz, Weblinks und Literatur

27. Wer bin ich? – Fremdbild und Selbstbild
30. Den eigenen Führungsstil kultivieren

- Friedemann Schulz von Thun, Johannes Ruppel, Roswitha Stratmann: Miteinander reden: Kommunikation für Führungskräfte. Reinbek
- Marc Aurel: Selbstbetrachtungen. Frankfurt/Main
- Michel de Montaigne: Essais. Frankfurt/Main

Der bewusste Umgang mit Rollen

Sie stehen als individuelle Persönlichkeit in der Mitte unserer Grafik. **Ihr Selbstmanagement wirkt sich auf alle Rollen aus und hat somit eine herausragende Bedeutung.** Gelingt es Ihnen, immer wieder klar zu sehen, welche Rolle nötig ist und in welcher Rolle Sie sich befinden, verhindern Sie Konflikte. Eine Führungskraft beispielsweise, die ungern als Vorgesetzter auftritt und sich lieber in der Rolle des Coachs sieht, bekommt spätestens dann Schwierigkeiten, wenn Kontrolle oder sogar eine Abmahnung ansteht. Der betreffende Mitarbeiter oder das Team werden voraussichtlich mit Unverständnis und Vorwürfen reagieren, da sie ein solches Verhalten nicht erwartet haben.

Erfolgreiches Rollen-Management

Folgende Fragen können für Ihr erfolgreiches Rollenmanagement hilfreich sein:

- In welchen Rollen waren Sie in der Vergangenheit besonders erfolgreich?
- Welche Rollen haben Sie bisher bewusst gestaltet?
- Welchen Rollen haben Sie bisher zu wenig Beachtung geschenkt?
- Wo erleben Sie die Schnittstellen dieser Rollen?
- Wie gehen Sie damit um?
- Gibt es Mitarbeiter, die Sie vornehmlich in nur einer oder zwei Rollen ansprechen oder akzeptieren?
- Was benötigen Sie, um sich sicher in allen Rollen zu bewegen?

Feedback und Selbstreflexion

Voraussetzung für ein gelungenes Rollenmanagement ist die Selbstreflexion. Hilfreich ist das regelmäßige Feedback eines Coachs, Supervisors, Trainers, Vorgesetzten, Freundes oder Lebenspartners.
Ihre eigenen blinden Flecken oder unbewussten Teile Ihrer Persönlichkeit können Sie selbst nicht erkennen und brauchen daher ein Gegenüber als »Spiegel«. **Nutzen Sie möglichst unterschiedliche Feedbacks, auch wenn diese manchmal unangenehm erscheinen.**
Bedenken Sie, dass Sie als Führungskraft keine ungefilterte Rückmeldung erhalten, auch wenn Sie noch so ein gutes Verhältnis zu Ihren Mitarbeitern haben.

ExpressoTipp

Arbeiten Sie an der Rolle, die Ihnen am schwersten fällt. Nehmen Sie dazu ein professionelles Coaching zu Hilfe. Aber sorgen Sie dafür, dass Ihre Aufgaben Ihre Lieblingsrollen beinhalten!

ExpressoFokus

Differenzierte Selbstwahrnehmung ist die Voraussetzung für erfolgreiches Führungsverhalten. Sie verläuft in einem Prozess und ist deshalb nie abgeschlossen.

ExpressoBalance

Erledigen Sie heute eine Aufgabe, die Sie schon lange erledigt haben wollten. Genießen Sie das anschließende gute Gefühl.

Schlagfertigkeit kann man lernen

Jeder kennt das: Warum fällt mir die treffende Entgegnung erst nach dem Meeting beim Nachhausegehen ein?
Schlagfertigkeit, das hat eine Untersuchung der Universität Hamburg ergeben, ist eine entscheidende Fähigkeit für beruflichen Erfolg. Denn Schlagfertigkeit steht für Schnelligkeit, Geistesgegenwart, Esprit, Bildung, eine Portion Selbstbewusstsein und Offensivgeist. Es gilt eine Haltung aufzubauen und zu lernen, sich nicht allzu wichtig zu nehmen. Als Führungskraft geht es für Sie aber nicht um K.-o.-Schläge.

Die drei Spielarten der Schlagfertigkeit

- **Erwiderungsfertigkeit:** Ein Angriff wird geistreich erwidert, sodass der Angreifer angeschlagen dasteht. Im Grunde ein Gegenangriff. Ein Beispiel: Auf einer Abendgesellschaft greift Lady Astor Sir Winston Churchill an: »Wenn ich Ihre Frau wäre, würde ich Ihnen Gift geben!« Churchill darauf: »Wenn ich Ihr Mann wäre, würde ich es nehmen!«
- **Witzfertigkeit:** Zu jeder Situation eine witzige Bemerkung machen, Meister sind Thomas Gottschalk und Harald Schmidt.
- **Diskussionsfertigkeit:** Sich in einer Verhandlung, Diskussion oder einem Meeting gut verkaufen.

Die Basis

- Als Führungskraft geht es nicht darum, schlagfertig um jeden Preis, das heißt auf Kosten Ihrer Mitarbeiter, zu sein – hier ist sogar größte Vorsicht geboten.
- Trotzdem lebt Schlagfertigkeit davon, ein wenig frech zu sein – Sie wollen schließlich gewinnen, überzeugen oder ganz einfach nur das Eis brechen.
- Schlagfertig sein, heißt selbstbewusst und souverän auftreten – was zählt, ist die Reaktion, auch wenn's mal ein wenig danebengeht.
- Schlagfertig sein heißt aber auch, im Einklang mit sich sein – Scheitern gehört eben zum Leben, man kann nie wissen, wie eine Bemerkung ankommt.
- Und, geistreich und hellwach muss man auch sein, um gut zu parieren.
- **Und ganz wichtig: Seien Sie positiv, und lächeln Sie – nicht überheblich, sondern gelassen.**

Für Ihre Zeitplanung

- Wählen Sie sich einige Trigger- und Standard-Antworten (siehe unten) aus, mit denen Sie regelmäßig üben.
- Notieren Sie jede geistreiche Erwiderung, die Ihnen zu Ohren kommt und gefällt, in Ihrer Sammlung.

Wissensnetz, Weblinks und Literatur

85. Wie Sie spannend schreiben und erzählen
90. Keine Angst vor Smalltalk

- www.poehm.com: Tipps vom Experten
- Matthias Pöhm: Das NonPlusUltra der Schlagfertigkeit. Landsberg/München

Für Einsteiger: Triggersätze

Schlagfertigkeitsexperte Matthias Pöhm schlägt als Technik **Triggersätze** vor. Hilfskonstruktionen, um schnell auf die richtige Erwiderung zu kommen und mit der man zudem Zeit gewinnt. Beispiele sind:
»Was verstehen Sie unter ...?« – »Sie wollen also damit sagen, dass ...« – »aus meinem Blickwinkel sieht das so aus ...« – »Das sehen Sie falsch ...« – »Meine Wahrnehmung ist ...« – »Das ist Ihre Meinung ...«– »Sie sind offensichtlich falsch informiert« – »Wie schaffen Sie es ...« – »Wie müsste es denn aussehen ...«
Dabei müssen die Anfangssätze gar nicht ausgesprochen werden. Es genügt, sie zu denken. Ihr Gehirn kommt damit ganz einfach schneller in Gang.

Drei bewährte Grundtechniken

- Eine andere Hilfe sind **Standards:** Sie sind besonders unter Zeitdruck und Stress hilfreich, da man sie parat haben kann. Etwa »Wo liegt Ihr Problem?« – »Stimmt, damit stehe ich jetzt im Guinness-Buch der Rekorde.« – »Wie handhaben Sie es denn ...«
- **Maßlos übertreiben:** Einem Vorwurf stimmen Sie mit einem »Genau« zu und übertreiben anschließend so unmäßig, dass der ursprüngliche Vorwurf im Witz ad absurdum geführt wird.
- Die entlarvende **Retourkutsche:** Sprechen Sie das aus, was der andere gedacht hat, aber nicht zu sagen wagte. Beispiel: Bei mir funktioniert's! – »Sie wollen also sagen, ich habe einen Fehler gemacht?«

Techniken für Experten

- Eine **Lösung einfordern:** Auf »Das will ich nicht« antworten Sie: »Was würde Ihnen denn gefallen?«
- **Ins Gegenteil verkehren:** »Du hast zugenommen.« – »Du findest also, ich bin nicht magersüchtig.«
- **Uminterpretieren:** »Klar, dass die Frauen zu spät kommen.« – »Stimmt, die wichtigsten Personen kommen am Schluss.«
- **Nonsens:** »Welches Sternzeichen haben Sie?« – »Ich Junggeselle, Aszendent Wasserwaage.«
- **Vorteil/Nutzen:** »Sie werden ja rot.« »Stimmt, ich habe so viel Energie, ich weiß nicht, wohin damit.«

ExpressoTipp

Es gibt keine Patentrezepte. Allenfalls: Sammeln Sie Ihre besten persönlichen Antworten. Schauen und hören Sie sich Antworten bei anderen ab. Und feilen Sie daran, und üben Sie vor allem vor Freunden, da ist man selbstsicherer.

ExpressoFokus

Für gewöhnlich gehört frotzeln zur Schlagfertigkeit. Als Führungskraft sollten Sie darauf verzichten: Es wirkt überheblich, schafft Distanz – und ist allzu oft nur ein schaler Ersatz für kooperative Kommunikation.

ExpressoBalance

Kommen Sie zu einem Termin ab und zu zehn Minuten zu früh. Damit vermeiden Sie nicht nur jede Hetze, sondern gewinnen auch etwas Zeit, um sich in Ruhe auf das Kommende vorzubereiten.

Wie Sie gut und interessant schreiben

Wer kommuniziert, sollte es gut machen oder lieber schweigen. Schweigen können Sie sich bei der Führungsarbeit nicht leisten. Die Kommunikation muss für den Empfänger so aufbereitet sein, dass sie ankommt. Denn Sie möchten mit Ihrer Botschaft etwas beim Empfänger bewirken: ihn überzeugen, ihn dazu bringen, etwas zu tun. Hier lernen Sie einige Grundbegriffe der Kommunikationsgestaltung kennen. Und Sie bekommen ein Gefühl für interessante Lösungen für Ihre Kommunikation.
Verlieren Sie dabei nie Ihre Argumentation aus den Augen – vor allem nicht aus Sicht des Lesers.

AIDA: Aufmerksamkeit, Interesse, Desire (Wunsch) und Aktion

Wenn es um die Kommunikation von Inhalten geht und darum, andere zu etwas zu bewegen, braucht es zweierlei: gute Ideen und ein gezieltes Vorgehen. Eine über hundert Jahre alte, grundlegende Formel hilft Ihnen beim Entwickeln von Kommunikationsmaßnahmen:

- **A: »Catch attention«** steht für »Aufmerksamkeit erzeugen«.
  Ein visueller Ankerreiz (Eyecatcher) soll das Auge des Betrachters auf Ihre Botschaft lenken, damit er »gefangen« wird und mehr erfahren will.
  Dies erreichen Sie in erster Linie durch optische Gestaltung, also durch Bilder oder hervorgehobene Textelemente wie die Überschrift.
  Aufmerksamkeit erregen auch Schlüsselwörter, die tief in unserem Unterbewusstsein gespeichert sind und etwa Gefahr signalisieren, zum Beispiel »Hilfe!« oder »Feuer!«.
- **I: »Get interest«.** Die optische Gestaltung der Ankerreize weckt die Aufmerksamkeit des Lesers, ihr Inhalt muss ihn fesseln und zum Weiterlesen bewegen. Die Überschrift entscheidet, ob jemand etwa nach einem Prospekt greift, um ihn in Ruhe durchzulesen, oder ob er desinteressiert weitergeht.
- **D: »Create desire«.** Im nächsten Schritt müssen Sie beim Leser den Wunsch erzeugen, das kommunizierte Angebot wahrzunehmen. Er kann sowohl textlich als auch bildlich erzeugt werden.
- **A: »Get action«.** Nun müssen Sie dem aufmerksam gewordenen, dann interessierten und schließlich sogar begierigen Leser einen Weg aufzeigen, wie er seine Sehnsüchte stillen und seine Wünsche verwirklichen kann.

Für Ihre Zeitplanung

- Schreiben ist harte Arbeit: Planen Sie deshalb für Ihre Konzeption ausreichend Zeit ein, auch zum Überarbeiten.
- Schlafen Sie über Ihren ersten Entwurf, oder machen Sie einen Spaziergang – und Ihr Unterbewusstsein arbeitet für Sie weiter.

Wissensnetz, Weblinks und Literatur

85. Wie Sie spannend schreiben und erzählen
86. Wie Sie verständlich schreiben

- www.expressocoach.de: Checklisten
- Wolf Schneider: Deutsch für Profis. München
- Mike Barowski: Das professionelle 1 x 1: Textgestaltung. Berlin
- Duden Band 8, Das Synonymwörterbuch. Mannheim (auch auf CD-ROM)

Blickfang Überschrift

Überschriften verlangen wie keine andere Textform verständliches Schreiben. Eine Überschrift ist ein Ankerreiz. Betrachten Sie Ihre persönliche Lesegewohnheiten: Beim Lesen einer Headline entscheiden Sie unbewusst, ob Sie den ganzen Text lesen oder zu einem anderen Beitrag weiterblättern.
Sie muss die **Hauptinformation bereits vorwegnehmen** und neugierig auf den weiteren Inhalt machen. Darüber hinaus sollte sie Sprachfreude vermitteln.
Beispiele sind Stabreim (»Titel – Thesen – Temperamente«), Endreim (»Haribo macht Kinder froh, und Erwachsene ebenso«), Gegensatz (»Alles schläft, einer wacht«), Redensarten in Variation (»Bunt fürs Leben« über ein neues PC-Betriebssystem).

Was ist guter Stil?

- Anschaulich und auf den Punkt: Ihre Texte sollten so präzise wie möglich sein. Verwenden Sie Bilder und Vergleiche, um Ihre Inhalte zu veranschaulichen.
- **Kurze Sätze** statt Verschachtelungen und eins nach dem anderen: Bauen Sie Ihre Texte logisch auf.
- Anregen statt kritisieren: Hören Sie gerne Kritik? Anstatt anderen vorzuhalten, was alles falsch läuft, sollten Sie lieber **Anregungen geben**, wie es besser geht.
- Aktiv statt Passiv: Passivformulierungen wirken trocken, spröde und langweilig.
- **Positiv statt negativ:** Ein Glas ist halb voll und nicht halb leer!
- Weg mit Floskeln und Bürokatendeutsch! – Statt »in Rechnung stellen« »berechnen«.

Auch das ist guter Stil

- Vergleiche statt Zahlen: Nicht 7.500 Quadratmeter: so groß wie ein Fußballfeld.
- Einfallsreich statt monoton: Für Idee kann man auch Einfall, Gedanke, Eingebung, Inspiration, Geistesblitz oder Einbildung sagen.
- Verben statt Substantive: Vor allem unechte Hauptwörter auf -ät, -heit, -ion, -ismus, -keit, -schaft, -tum, und -ung sollten Sie streichen.
- Fachjargon und Fremdwörter vermeiden oder anschaulich erklären. Meiden Sie Anglizismen: Oft werden sie nicht verstanden oder es klingt wie bei Jil Sander: »Wer Ladyisches will, searcht nicht bei Jil Sander. Man muss Sinn haben für das effortless, das magic meines Stils.«

ExpressoTipp

Um Verwirrung zu vermeiden, sollten Sie immer nur einen Eyecatcher einsetzen: ein starkes Bild, eine geistreiche Aussage, eine knackige Headline.

ExpressoFokus

Versuchen Sie nie, um jeden Preis originell zu sein. Das kann peinlich werden, etwa wie bei »Lust for life«. Besser ist oft die konservativere Variante, das heißt eine eher sachliche Headline. Und: Achten Sie auf korrekte Rechtschreibung: Ihre Texte sind Ihre Visitenkarte!

ExpressoBalance

Gönnen Sie sich jede Woche einen neuen farbigen Blumenstrauß an Ihrem Arbeitsplatz – er wird Ihnen und Ihren Besuchern viele kleine Entspannungsmomente bieten.

Wie Sie spannend schreiben und erzählen

Menschen brauchen Geschichten. Denken Sie daran, wie viel leichter Sie sich Zusammenhänge oder Namen merken, wenn sie in eine gute Geschichte eingebettet sind.
Geschichten erzeugen Spannung, dazu eignen sich Anekdoten anderer Autoren genauso wie eigene Geschichten.

Auch pointierte Zitate machen – gleichsam als Blitzlicht – einen Vortrag spannender. »So ein paar grundgelehrte Zitate zieren den ganzen Menschen«, wusste schon Heinrich Heine.

Warum Anekdoten und Zitate?

- **Geschichten und Anekdoten erreichen Herz und Verstand.**
- Sie machen Abstraktes anschaulich, nachvollziehbar und sind leichter zu erinnern als bloße Fakten und Zusammenhänge.
- Sie dienen als »Anker«, um Komplexes auf den Punkt zu bringen.
- Geschichten und Anekdoten sind oft mehrdeutig, so können viele etwas damit anfangen.
- Insbesondere Anekdoten und Zitate nehmen ein gutes Stück Überzeugungsarbeit ab, vor allem, wenn sie von Autoritäten stammen.
- Gerade Reden werden durch Anekdoten und Zitate lebendiger.
- Kurze Anekdoten und Zitate können fest gefahrene Situationen wieder in Schwung bringen.
- Und sie können eine Argumentation »gegen den Strich bürsten«.

Nutzen Sie »Schatzkisten«

Nicht jeder ist ein geborener Erzähler mit einem stetig anwachsenden Fundus an eigenen Geschichten. Das ist auch gar nicht nötig: Der Stoff für lebendige Elemente in Ihrer Kommunikation liegt förmlich auf der Straße.

- Sie finden ihn in Büchern, die Anekdoten und Zitate sammeln – oft nach Stichworten und maßgeschneidert für bestimmte Einsatzzwecke, etwa für Führungskräfte.
- Sie finden Sie im Internet.
- Und Sie finden sie in Ihrer täglichen Lektüre im Gespräch mit Kollegen und, und, und.
- Sammeln Sie sie, und bauen Sie eine eigene **Datenbank** auf.

Für Ihre Zeitplanung

- Planen Sie für Ihre Konzeption ausreichend Zeit ein, auch zum Überarbeiten.
- Allzeit bereit: zum Aufbau einer eigenen Zitate- und Anekdoten-Sammlung.

Wissensnetz, Weblinks und Literatur

84. Wie Sie gut und interessant schreiben
86. Wie Sie verständlich schreiben

- www.expressocoach.de: Hilfestellungen und Checklisten
- Harenberg Anekdotenlexikon. Dortmund
- Matthias Nöllke: Anekdoten, Geschichten, Metaphern für Führungskräfte. Planegg
- Gisela Fichtl: Der Zitate-Guide. Planegg
- Markus M. Ronner: Der treffende Geistesblitz. Thun

Anekdoten und Zitate sinnvoll nutzen

- Vermeiden Sie Eingangsformeln wie »Und wie schon in der Bibel steht.«
- Setzen Sie Anekdoten und Zitate sparsam, aber gezielt ein.
- **Verwenden Sie Zitate nur, wenn Sie Ihnen auch wirklich gefallen.**
- Je kürzer eine Anekdote und ein Zitat, desto einprägsamer sind sie.
- Achten Sie bei Zitaten auf guten Stil und auf den Ruf des Autors.
- Achten Sie darauf, zu einem Thema unterschiedliche Zitate von unterschiedlichen Autoren parat zu haben: So langweilen Sie Ihr Publikum nicht mit immer denselben Zitaten. Und Sie können Ihre Pointen jeweils Ihrem Publikum anpassen.

Eigene Geschichten entwickeln

Werbeformate bieten die Möglichkeit, sich dem komplexen Erzählen anzunähern:

- **Borrowed Interest:** Borgen Sie sich bekannte Ideen anderer, zum Beispiel Szenen aus Filmklassikern wie Casablanca oder Harry and Sally. Diese dienen dann beispielsweise als Einstieg in eine Rede, auch mit Ihrer Situation angepassten Akteuren.
- **Slice-of-life:** Produktnutzen wird in einer lebensechten Situation (ein »Scheibchen des Lebens«) dargestellt. Sie bewegen sich damit nah an der Zielgruppe: Person 1 hat ein »unlösbares« Problem. Person 2 gibt ihr eine Empfehlung, aber Person 1 zweifelt. Person 1 probiert die Lösung aber doch und ist hoch zufrieden. Person 1 wird durch Person 2 bestätigt. Happy End.

Checkliste für Geschichtenerzähler

- Eine Anekdote soll verständlich sein und Ihre Inhalte verdeutlichen.
- Sie soll kurz sein; das heißt nicht alles abdecken, sondern Weichen stellen, neugierig machen oder auch resümieren. Eine Geschichte soll Ihre Zuhörer packen.
- Auch **alle Sätze sollten kurz und verständlich sein**. Dabei helfen allgemein verständliche Wörter, die weder belehrend noch besserwisserisch sind.
- Verwenden Sie so wenig Klischees, Superlative, Alleinstellungsmerkmale, Fremdwörter, Anglizismen und Slang wie möglich.
- Kein Zeigefinger: Eine Anekdote oder ein Zitat soll nicht belehren. Humor ist – fast – immer förderlich.

ExpressoTipp

Verstecken Sie sich nicht hinter Fakten!

ExpressoFokus

Gerade Anekdoten und Zitate sollten etwa bei einer Rede nie abgelesen werden. Erzählen Sie!
Versuchen Sie sich auch bei den anderen, nicht erzählten Teilen Ihrer Rede der gesprochenen Sprache anzunähern. Haben Sie Mut zum Auftritt als Erzähler!

ExpressoBalance

Haben Sie schon einmal eine Fußmassage mit einem gut riechenden Öl ausprobiert? Machen Sie es sich bequem, nehmen Sie etwas Öl in die Handflächen und massieren Sie Ihre Füße mit streichenden, klopfenden und knetenden Bewegungen. Vielleicht gönnen Sie diesen Luxus auch jemand Nahestehendem.

Wie Sie verständlich schreiben

Wer andere überzeugen oder begeistern will, muss zu allererst dafür sorgen, dass er verstanden wird. Wissenschaftliche Untersuchungen zur Verständlichkeit von Texten von Langer, Schulz von Thun und Tausch zeigten, dass es vier Merkmale sind, die einen verständlichen Text ausmachen: **Einfachheit, Gliederung/Ordnung, Kürze/Prägnanz und zusätzliche Stimulanz.** Der folgende Text erläutert kurz, wie Sie diese Merkmale identifizieren und bewerten können – für Ihre eigenen Texte und die Ihrer Mitarbeiter.

1. Einfachheit

Einfachheit meint vor allem Satzbau und Wortwahl, also die sprachliche Formulierung. Die beiden Extreme und Bewertungen von sehr gut (++) bis mangelhaft (--) (gilt auch im Folgenden):

einfach	++ + o – ––	**kompliziert**
• einfache Darstellung		• komplizierte Darstellung
• kurze, einfache Sätze		• lange, verschachtelte Sätze
• geläufige Wörter		• ungeläufige Wörter
• Fachwörter erklärt		• Fachwörter nicht erklärt
• konkret		• abstrakt
• anschaulich		• unanschaulich

2. Gliederung/Ordnung

Dieses Merkmal zeigt an, wie geordnet und übersichtlich der Text aufgebaut ist, und zwar äußerlich (etwa durch Absätze und Überschriften) und innerlich, etwa durch eine sinnvolle Abfolge der Inhalte.

gegliedert, geordnet	++ + o – ––	**ungegliedert, zusammenhanglos**
• gegliedert		• ungegliedert
• folgerichtig		• zusammenhanglos, wirr
• übersichtlich		• unübersichtlich
• Unterscheidung von Wesentlichem und Unwesentlichem		• schlechte Unterscheidung von Wesentlichem und Unwesentlichem
• roter Faden sichtbar		• man verliert den roten Faden

Für Ihre Zeitplanung

- Schreiben Sie Ihre Texte nie erst im allerletzten Moment: So haben Sie keine Möglichkeit für einen Check nach diesen vier entscheidenden Merkmalen.
- Dies sollte auch für Ihre Mitarbeiter gelten, wenn Sie deren Texte begutachten.

Wissensnetz, Weblinks und Literatur

45. Effizient kommunizieren per Brief und E-Mail
84. Wie Sie gut und interessant schreiben
85. Wie Sie spannend schreiben und erzählen

- Langer, I., Schulz v. Thun, W. & Tausch, R.: Verständlichkeit in Schule, Verwaltung, Politik und Wissenschaft. München
- Friedemann Schulz von Thun: Miteinander reden I. Störungen und Klärungen. Reinbek

3. Kürze/Prägnanz

Hier wird der Sprachaufwand im Verhältnis zum Kommunikationsziel gemessen.

kurz und prägnant ++ + o – – – **weitschweifig**

- zu kurz
- aufs Wesentliche beschränkt
- gedrängt
- auf das Ziel konzentriert
- knapp
- jedes Wort notwendig

- zu lang
- viel Unwesentliches
- breit
- abschweifend
- ausführlich
- vieles hätte man weglassen können

4. Zusätzliche Stimulanz

Enthält ein Text »Zutaten«, die beim Leser Interesse wecken und ihn persönlich ansprechen? Dazu zählen wörtliche Rede, Beispiele aus der Welt des Lesers, direktes Ansprechen des Lesers, Auftreten von Menschen, witzige Formulierungen und Anekdoten.

stimulierend ++ + o – – – **nicht stimulierend**

- anregend
- interessant
- abwechslungsreich
- persönlich

- nüchtern
- farblos
- gleich bleibend neutral
- unpersönlich

Kennzeichen verständlicher Texte

Nicht alle vier Merkmale sind gleich wichtig für die Verständlichkeit eines Textes:

- Einfachheit ist von größer Bedeutung; das Optimum liegt hier bei der Note ++.
- Auch Gliederung und Ordnung sind entscheidend, hier liegt das Optimum bei ++.
- Extrem knappe Texte sind oft genauso schwierig zu verstehen wie extrem lange. Deshalb liegt hier das Optimum im Bereich der Noten + und o.
- Wann immer Stimulanz-Elemente kurz (wie Vergleiche und kurze Beispiele) und innerhalb einer guten Gliederung auftauchen, tragen Sie zum Verständnis und zur Lust am Lesen bei. Optimal ist hier der Bereich zwischen o und +.

ExpressoTipp

Gehen Sie ins »Verständlichkeits-Trainingscamp«! Nehmen Sie dazu – zum Einüben – einige Ihrer wichtigsten Texte zur Hand, und benoten Sie sie anhand der vier Merkmale. In welchen Disziplinen besteht Nachholbedarf?

ExpressoFokus

Sobald Sie vertraut sind mit den vier Merkmalen, sollten Sie die wichtigsten Texte, Präsentationen, Reden etc. Ihrer Mitarbeiter untersuchen – und mit diesen besprechen.

ExpressoBalance

Welchem Lärm sind Sie normalerweise ausgesetzt? Wie viel Lärm verursachen Sie selbst? Was davon könnten Sie vermeiden? Was würde dies für Sie und für Ihre Umgebung bedeuten?

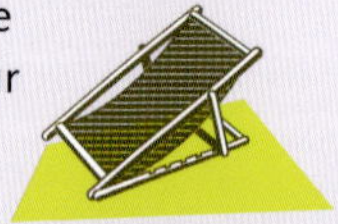

Schwierigkeiten im Team offensiv begegnen

In jeder Abteilung oder in jedem Team gibt es Zeiten, in denen es bei der Abwicklung des Alltagsgeschäfts Probleme gibt – Beispiele sind hoher Krankenstand, Mobbing, innere Kündigung und Gerüchte. Diese können ganz unterschiedliche Ursachen haben. Erfolgreiche Führungskräfte achten auf frühe Signale, um schon im Vorfeld offensiv den Schwierigkeiten begegnen zu können. Für Sie als Führungskraft lohnt es sich immer, sich der Situation anzunehmen und sie zu analysieren. Jede Situation erfordert angemessene Maßnahmen, um das produktive Arbeiten wieder zu ermöglichen.

Beispiel: hoher Krankenstand

Ein hoher Krankenstand über einen längeren Zeitraum sollte für Sie immer ein Hinweis darauf sein, dass Ihr Team sich eventuell überlastet fühlt. **Nehmen Sie sich die Zeit, mit einzelnen Mitarbeitern zu sprechen und sie nach deren subjektiven Einschätzungen zu befragen.** Auch wenn Sie eine ganz andere Meinung dazu haben, bleiben Sie offen für die Sichtweisen Ihrer Mitarbeiter. Nur so können Sie den Ursachen auf die Spur kommen und an den richtigen Stellen Veränderungen initiieren. Falls Sie feststellen, dass einige Mitarbeiter ähnliche Einschätzungen haben, thematisieren Sie das Thema in einer Teambesprechung. Manchmal kann es hier hilfreich sein, einen externen Moderator hinzuzuziehen, da sich in solchen Situationen häufig schon viel Ärger, Frustration, Resignation oder Wut aufgestaut hat. Erfahrungen zeigen, dass das Thematisieren des Problems und die Aussicht auf Veränderung die Teamsituation schon erheblich entlasten.

Beispiel: Mobbing

Mobbing meint bewusste Intrigen und Schikanen gegen Kollegen. Dazu zählen ständige Kritik, Nichtbeachtung und Ignoranz, Informationszurückhaltung sowie schlimmstenfalls Gewaltandrohungen oder sexuelle Belästigung.

Wenn Sie ein Mobbing-Verhalten beobachten, können Sie folgendes tun: **Seien Sie Ansprechpartner und signalisieren Sie, dass Sie ein offenes Ohr für Ihre Mitarbeiter haben. Sprechen Sie den Konflikt offen an, ohne Vorwürfe zu machen und mit dem Ziel, eine konstruktive Lösung zu finden.** Bieten Sie den Betroffenen Hilfe an – dem Gemobbten und dem Mobbenden. Weisen Sie den Mitarbeiter, der mobbt, in seine Grenzen. Da es sich beim Mobbing oft um tiefer greifende Konflikte handelt, scheuen Sie sich nicht, Hilfe von außen anzunehmen. Wo Mobbing entsteht, stimmt oft das Betriebsklima nicht. Vielleicht herrscht zu großer Leistungsdruck oder zu wenig Anerkennung?

Für Ihre Zeitplanung

- Nehmen Sie sich für die Analyse der Teamsituation regelmäßig Zeit. Besonders dann, wenn Sie Hinweise auf Störungen haben.

Wissensnetz, Weblinks und Literatur

27. Wer bin ich? – Fremdbild und Selbstbild
38. Mitarbeiter zielgerichtet und angemessen informieren
47. Konflikte erkennen und lösen
51. Umgang mit Krisen – von Mitarbeitern und im Team
110. Durch aktives Zuhören mehr verstehen

- Stephanie Kreuzhage (Herausgeberin): Praxishandbuch Sozialmanagement. Bonn

Beispiel: innere Kündigung

Nach einer Studie der Fachhochschule Rheinland-Pfalz sind 24 Prozent aller Arbeitnehmer in der »inneren Emigration«. In den meisten Fällen lohnt es sich, aktiv an der Rückgewinnung des Mitarbeiters zu arbeiten, zumal Sie einen neuen Mitarbeiter mit mindestens genauso großem Aufwand einarbeiten müssten. Meist geht es bei dem Phänomen der inneren Kündigung nicht nur um den betreffenden Mitarbeiter. Oft blockiert dieser durch seine lustlose und zum Teil negative Haltung auch ganze Arbeitsgruppen. Bedenken Sie dabei, dass innere Emigranten nicht als solche geboren werden. Untersuchungen zeigen, dass Führungskräfte nicht selten für Entstehen und Ausbreitung der inneren Kündigung verantwortlich sind.

Vier Schritte bei innerer Kündigung

1. Analysieren Sie den Status quo: Betrachten Sie den Werdegang des Mitarbeiters und suchen Sie nach Schwächen und **Stärken**.
2. Führen Sie ein Gespräch über die Situation: Zeigen Sie Verständnis und formulieren Sie klar, was Sie erwarten. Fragen Sie nach den Gründen und bieten Sie Hilfe an.
3. Vereinbaren Sie mit dem Mitarbeiter konkrete Ziele: Halten Sie dies schriftlich fest und vereinbaren Sie einen Zeitplan. Bleiben Sie am Ball und setzen Sie sich häufiger mit Ihrem Mitarbeiter zusammen.
4. Bleiben Sie konsequent: Falls Ihr Mitarbeiter sein Verhalten nicht ändert, handeln Sie. Achten Sie darauf, dass Sie die angedrohten Konsequenzen auch durchführen, sonst verlieren Sie Ihre Glaubwürdigkeit.

Beispiel: Gerüchte

Gerüchte entstehen meistens in Situationen, bei denen Ihre Mitarbeiter das Gefühl haben, dass ihnen wichtige Informationen vorenthalten werden. Manchmal kann es notwendig sein, gute Nachrichten geheim zu halten, aber **es ist stets von Nachteil, schlechte Nachrichten zu unterdrücken**. Falls Sie die Bekanntgabe von Nachrichten hinauszögern müssen, teilen Sie mit, wann Sie Näheres bekannt geben können. Kursieren in Ihrem Team Gerüchte über einzelne Mitarbeiter, gilt es Fingerspitzengefühl zu zeigen. Sprechen Sie den Mitarbeiter darauf an, wenn es ein Gerücht ist, das in einem beruflichen Bezug steht. Sie geben dem Mitarbeiter damit die Chance, Stellung zu beziehen.

ExpressoTipp

Widerstehen Sie Ihren inneren Impulsen, schwierige Situation auszusitzen oder eine vorschnelle Lösung zu wollen.

ExpressoFokus

Wahrnehmen – Analysieren – Prüfen – Handeln: Prüfen Sie sich, an welcher Stelle Sie in konfliktreichen Situationen Entwicklungspotenziale haben, die es lohnt – eventuell in einem Coaching – auszuschöpfen.

ExpressoBalance

Fragen Sie sich: Wobei und mit wem habe ich mich in letzter Zeit so richtig lebendig gefühlt?

Die ExpressoAnleitung zum Selbstcoaching

In Ihrem beruflichen sowie privaten Alltag gibt es Situationen, in denen Sie ein Ziel erreichen wollen oder ein Problem zu lösen haben. Zielsetzungen und Probleme, bei denen Sie nicht auf die professionelle Hilfe eines Coachs oder Supervisors zurückgreifen können. Für diesen Fall gibt es die Möglichkeit, sich selbst zu coachen. Dabei geht um die selbst geleitete Analyse und Optimierung der persönlichen Kompetenz. Selbstcoaching geht über das reine Selbstmanagement hinaus, da es alle bewussten und unbewussten Energiepotenziale, die in jedem von uns vorhanden sind, mit einbezieht.

Dem Coaching-Ziel auf der Spur

Nehmen Sie sich ein leeres Din-A4-Blatt und beschriften Sie es mit »Mein Selbst-Coaching« oder ähnlich.
Lassen Sie sich Zeit, wenn Sie sich noch nicht genau im Klaren darüber sind, was genau Ihr Coaching-Ziel ist. Manchmal steht am Anfang nur ein ungutes Gefühl, dass sich etwas beruflich oder privat ändern müsste. Oder Sie haben Hinweise von anderen bekommen, denen Sie nachgehen möchten.
Nehmen Sie Ihr Bauchgefühl ernst, und prüfen Sie über den Weg des Selbst-Coaching Ihre Situation.
Wenn Sie Ihr Ziel gefunden haben, überprüfen Sie, ob Sie nicht vorschnell die bequemste Problemlösung gewählt haben. Wir neigen dazu, das Symptom zu bekämpfen und die Ursache außer Acht zu lassen. Wollen Sie zum Beispiel sich besser organisieren und suchen nur nach Lösungen, die Ihre Selbstorganisation betreffen, kann dies nicht ausreichend sein. Sinnvoller wäre vielleicht eine Reduzierung der Arbeitsmenge.

Das Coaching-Ziel festlegen

Die Voraussetzung, um Ihr Problem zu lösen, ist die Klärung Ihres Ziels. Also: Was genau ist Ihr Ziel?
Beantworten Sie dabei folgenden Fragen:

- **Was will ich?** – Was will ich erreichen, verändern, tun, können oder fühlen?
- **Was heißt das genau?** – Welches ganz konkrete Verhalten, welches Gefühl, welches Ereignis würde zeigen, dass ich mein Coaching-Ziel erreicht habe?
- **In welchen Bereichen?** – In welchen Situationen oder in welchen Lebensbereichen will ich mein Coaching-Ziel erreichen?
- **Vor- und Nachteile?** – Welchen Nutzen habe ich? Zu welchem Preis?
- **Bis wann?** – Bis wann will ich mein Ziel erreicht haben? Woran merke ich, dass ich es erreicht habe? Wer würde es sonst noch merken und woran?

Für Ihre Zeitplanung

- Planen Sie auch Verzögerungen und sogar Rückschritte ein.

Wissensnetz, Weblinks und Literatur

25. Überfordert? Unterfordert? – Zurück in den Flow-Kanal!
27. Wer bin ich? – Fremdbild und Selbstbild
82. Die sechs Rollen von Führungskräften
89. Sich selbst managen

- www.expressocoach.de: konkrete Hilfestellungen
- www.zeitzuleben.de: Informationen zu allen Work-Life-Balance-Themen
- Roland Jäger: Praxishandbuch. Offenbach

Erstellen Sie sich einen Coaching-Plan

Falls Sie sich unsicher sind, wie Sie Ihr Ziel erreichen können, hilft Ihnen folgende Frage: **Was brauche ich noch, um mein Ziel zu erreichen?** Diese Frage impliziert, dass Sie schon über Ressourcen verfügen, die zur Lösung des Problems beitragen können. Beispielsweise haben Sie das Ziel, in der nächsten Zeit im Kontakt mit Ihren Mitarbeitern mehr zuzuhören und deren Vorschläge zu berücksichtigen. Fragen Sie sich, wo Ihnen dies in letzter Zeit (beruflich oder privat) gelungen ist. Wie können Sie dieses erhalten und ausbauen? Was fehlt Ihnen zur Zielerreichung noch konkret? Was hindert Sie daran, dass Sie Ihr Coaching-Ziel nicht schon morgen erreicht haben? Notieren Sie Ihren Aktionsplan auf Ihren Selbstcoaching-Zettel.

Hilfreiche Fragen

Ein Stufenplan verhindert, sich zu überschätzen. Für »Ich möchte meinen Mitarbeitern besser zuhören« könnten die Zwischenziele folgendermaßen aussehen:
10 Prozent: Ich höre beim nächsten Gespräch zwei Minuten ohne zu unterbrechen zu.
25 Prozent: Ich frage nach, bevor ich eine Antwort gebe, ob ich den Inhalt richtig verstanden habe.
50 Prozent: Ich führe mindestens ein Viertel des Gesprächs durch Fragen und höre ein Viertel aktiv zu.
75 Prozent: Ich werde mindestens die Hälfte des Gesprächs aktiv zuhören.
100 Prozent: Ich setze aktives Zuhören laufend ein und hole mir am Ende des Gesprächs eine Rückmeldung ein.

So bleiben Sie am Ball

Am Anfang eines Vorhabens glauben wir fest daran, dass diese Begeisterung auch für den Rest anhalten wird. Leider sieht die Realität oft anders aus. Bedauerlich dabei ist, dass zwar unsere Begeisterung nachlässt, aber der Grund für unser Vorhaben sich nicht erledigt hat. Deshalb planen Sie schon im Vorfeld eine Durchhaltestrategie für Ihren Selbstcoaching-Prozess.

- Lenken Sie den Fokus immer wieder auf die Wichtigkeit Ihres Coaching-Ziels.
- Schaffen Sie sich eine Umgebung, die das Erreichen Ihres Coaching-Ziels begünstigt.
- Erzählen Sie anderen Menschen von Ihrem Vorhaben, damit sie Sie daran erinnern.
- **Seien Sie auch stolz, wenn Sie schon 25 Prozent erreicht haben.**

ExpressoTipp

Verwenden Sie kleine Haftzettel, um sich an das Coaching- Ziel zu erinnern. Und tragen Sie Ihr Coaching-Ziel in Ihren Terminplaner ein.

ExpressoFokus

Stellen Sie sich vor, Sie hätten Ihr Ziel schon erreicht. Wie würden Sie sich dann fühlen? Wer würde es zuerst merken? Welchen konkreten Nutzen haben Sie davon? Umso genauer es Ihnen gelingt, sich Ihr Ziel vorzustellen, umso leichter werden Sie Ihr Ziel erreichen.

ExpressoBalance

Planen Sie Bewegung in Ihren Alltag ein: Parken Sie Ihr Auto in einiger Entfernung zu Ihrem Arbeitsplatz, benutzen Sie Treppen statt Aufzüge, gehen Sie zu Ihren Mitarbeitern hin, anstatt zu telefonieren.

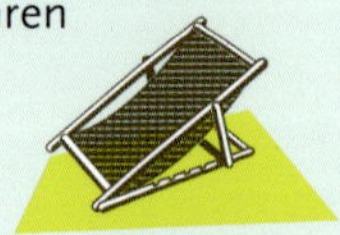

Sich selbst managen 89

Arbeitsmethodik ist immer persönlich und individuell. So gibt es auch keine allgemein gültigen Regeln. Jeder arbeitet zwar irgendwie methodisch, aber eben irgendwie und meist nicht effektiv.
Es gilt für sich Regeln zu finden, die das Arbeitsleben erleichtern. Wenn Sie effizienter arbeiten, können Sie auch anspruchsvollere Aufgaben annehmen und sich Freiräume fürs Privatleben schaffen. Überstunden müssen nicht immer sein. Und: Sie leben Ihren Mitarbeitern eine effiziente Arbeitsweise im Flow-Kanal vor.

Bestandsaufnahme

Die Arbeitsmethodik hängt immer von Ihrer Situation (Reisebedarf, Stellung in der Organisation, Infrastruktur etc.) ab oder auch davon, mit welchem Chef Sie zusammenarbeiten oder zusammengearbeitet haben sowie von zufällig erworbenen Gewohnheiten. Es gilt also, sich erst einmal klar über Ihre Rahmenbedingungen zu werden und wie diese Ihre Arbeitsmethodik beeinflussen.
Generell geht es bei der Arbeitsmethodik um Fragen wie **Zeitmanagement**, **Schriftstücke erstellen**, **Input verarbeiten**, **Kommunikationstechnik nutzen**, **Beziehungspflege**, **Wissen managen** sowie **Routinearbeiten**.
Im Folgenden konzentrieren wir uns auf »nahe liegende« Aspekte wie Schreibtisch-Organisation, Routinearbeiten und Beziehungspflege. Mehr zu den anderen Aspekten finden Sie im Wissensnetz.
Zeichnen Sie mindestens eine Woche lang auf, wann Sie welche Arbeit wie erledigen. So können Sie sich Ihre Arbeitsmethodik bewusst machen.

Zwei Kategorien und drei Fragen

Eine effiziente Arbeitsmethodik kennt zwei wichtige Oberkategorien **»Erledigen«** und **»Ablegen«**.
Zur Kategorie »Erledigen« zählt alles, was Sie noch bearbeiten müssen, wie Korrespondenz, Formulare, Arbeitsaufträge etc.
Die Kategorie »Ablegen« enthält alles, was Sie archivieren möchten.
Ob etwas wirklich in die Kategorie »Ablegen« gehört, klären Sie anhand dieser drei Fragen:

- Wird diese Information jemals wieder gebraucht? Wenn nicht: sofort wegwerfen!
- Gibt es eine Alternative, an diese Informationen zu kommen, etwa das Internet? Wenn ja: sofort wegwerfen!
- Wissen Sie sofort, wo Sie suchen würden, wenn Sie dieses Papier benötigen? Wenn nicht: sofort wegwerfen!

Für Ihre Zeitplanung

- Übernehmen Sie feste **Aufräum-Rituale** in Ihren Terminplaner: Etwa abends alle erledigten Jobs vom Schreibtisch in die Ablage transferieren und einmal wöchentlich Großreinemachen auf dem Schreibtisch.
- Überprüfen Sie Ihre Arbeitsmethodik bei beruflichen Veränderungen wie Übernahme neuer Aufgaben, bei Beförderung oder wenn Sie einen neuen Chef bekommen.

Wissensnetz, Weblinks und Literatur

25. Überfordert? Unterfordert? – Zurück in den Flow-Kanal!
37. Die Informationsflut managen
67. In Netzwerken denken und handeln
70. Mehr Effizienz mit dem Pareto-Prinzip
105. »Dringend« vs. »wichtig«: sinnvolles Zeitmanagement

- Werner Tiki Küstenmacher (mit Lothar W. Seiwert): simplify your life. Frankfurt/Main

Im Zentrum: Ihr Schreibtisch

- Sorgen Sie für **Übersicht**: Nur tagesaktuelle Unterlagen gehören in Reichweite.
- Ihr Arbeitsplatz besteht nicht nur aus Ihrer Schreibtischfläche, sondern aus allen Elementen, die Sie von Ihrem Stuhl aus erreichen können. Auch hier sollten nur Dinge gelagert sein, die Sie täglich benötigen.
- Alle Dinge, die Sie nicht mehrmals am Tag benötigen, gehören in leicht erreichbare Schubladen oder auf Ablageflächen hinter und neben Ihnen.
- Installieren Sie – mit Assistenz und Mitarbeitern – ein schlüssiges **Wiedervorlage-System**: Es sichert Ihnen Zuverlässigkeit und Umsetzungsstärke.
- Entwickeln Sie eigene **Checklisten**, um Ihren Arbeitsplatz »schlank« zu halten.

Routinearbeiten

- Fragen Sie sich stets: Was muss ich selbst erledigen? – Was sollte ich erledigen lassen? Was muss sofort erledigt werden? – Was hat Zeit, was braucht Zeit, um später erledigt zu werden?
- **Delegieren** Sie alle Arbeiten, die Sie nicht unbedingt selbst erledigen müssen.
- Nehmen Sie nötigenfalls **Profidienste** wie Kuriere oder Schreibservice in Anspruch.
- Nichts ist unproduktiver als ein Hin und Her zwischen verschiedenen Aufgaben. **Bearbeiten Sie ein Schriftstück so, dass Sie es nur einmal zur Hand nehmen müssen.**
- Erstellen Sie Schriftstücke am Stück: Zuerst die Skizze, dann der Text, die Korrektur (nur bei Wichtigem empfiehlt es sich, darüber zu schlafen) und der Versand.

Beziehungspflege

- Neben Ihren beruflichen Erfahrungen zählen vor allem Ihre Beziehungen. Nicht nur im Sinne von »Vitamin B«, sondern auch als stützendes Netzwerk für Ihre Arbeit.
- Dabei können Sie unterscheiden zwischen eher lockeren, durch Beruf und Stellung bedingten Kontakten, die sich etwa bei Kongressen und Seminaren ergeben, und engen, freundschaftlichen Kontakten, die Sie als Netzwerk pflegen.
- Unabdingbar dabei: Sie müssen Ihre Beziehungen pflegen, nur so können sie sich entfalten.
- Bleiben Sie wach für neue Erfahrungen und Anregungen, bauen Sie ständig neue Kontakte auf und halten Sie diejenigen am Leben, die Sie fördern und fordern.

ExpressoTipp

Nehmen Sie sich Zeit zum Experimentieren mit einer neuen Technik in Sachen Arbeitsmethodik.
Prüfen Sie immer wieder neue Ideen, und behalten Sie, was funktioniert. Tauschen Sie sich regelmäßig mit Freunden und Kollegen über Fragen zur Arbeitsmethodik aus!

ExpressoFokus

Zur Beziehungspflege können Sie zum Beispiel eine Datenbank mit Kunden oder Gesprächspartnern anlegen mit Angaben zu Kompetenzen, Funktionen, Werdegang, Geburtstag, aber auch Hobbys und anderen Interessen.

ExpressoBalance

Erkennen Sie den Unterschied zwischen Haben und Sein.

Keine Angst vor Smalltalk

Als Führungskraft haben Sie Botschafterfunktion. Sie müssen souverän auftreten, nicht nur bei Reden oder Verhandlungen, sondern bei allen möglichen offiziellen und inoffiziellen Gelegenheiten. Die hohe Zeit für Konversation oder Smalltalk. Es geht um Eisbrechen, darum, einen guten ersten Eindruck zu machen und Kontakte zu knüpfen und zu festigen. Das ist sicher nicht jedermanns Sache und doch Pflicht jeder Führungskraft. Aber findet man einen geistreichen Einstieg in ein Gespräch? Worüber soll man reden, worüber nicht?

Die Zutaten und zwei Ebenen

- Diese Eigenschaften machen emotionale und soziale Kompetenz aus, die entscheidend für Smalltalk sind: **Selbstbewusstsein**, **Humor**, **Engagement**, **Belastungsfähigkeit**, **Empathie**, **Kontaktfreudigkeit** und **Kommunikationsfähigkeit**. Und gerade beim Smalltalk gilt: Menschen mit Kanten und Ecken sind in der Regel sympathischer als aalglatte Perfektionisten.
- Kommunikation hat immer zwei Aspekte: den Inhalt und die Beziehung.
- Beim Smalltalk kommt dem Beziehungsaspekt größte Bedeutung zu: Wer ist mein Gegenüber? Welche Erfahrungen habe ich mit ihm oder ähnlichen Menschen gemacht? Ist er mir wohl gesonnen? Was will er? Was erwartet er? Wie muss ich mich verhalten, was wird von mir erwartet? Was bin ich bereit zu zeigen?
- Diese Fragen machen unsicher oder verhindern oft ein lockeres Gespräch.

Warum Gespräche stocken

Es gibt viele Gründe, warum kein Gespräch in Gang kommt, obwohl beide Seiten ein Interesse daran haben:

- die Sorge, keinen originellen Einstiegssatz parat zu haben
- Schüchternheit
- Angst, sich unter Wert zu verkaufen
- Angst, zu dick aufzutragen
- Angst vor Fettnäpfchen und Angst vor Zurückweisung
- jedermanns Liebling sein wollen
- Vorurteile
- selbst aufgebauter Druck, etwas unbedingt erreichen zu müssen
- Druck, fremden Erwartungen gerecht werden zu müssen

Für Ihre Zeitplanung

- Nehmen Sie sich auf jeder Veranstaltung ein paar Minuten – ohne unhöflich zu wirken – Zeit, um von Smalltalk-Meistern zu lernen.
- Nehmen Sie sich jeden Tag ein wenig Zeit, um sich zu informieren, was in der Welt passiert.

Wissensnetz, Weblinks und Literatur

16. Emotionale Intelligenz – eine Kernkompetenz
21. Events organisieren und nutzen
42. Ein kurzer Knigge fürs Geschäftsleben
83. Schlagfertigkeit kann man lernen
85. Wie Sie spannend schreiben und erzählen

- Jutta Portner: 30 Minuten für perfekten Small Talk. Offenbach

Gute Einstiegsthemen

Erprobte Klassiker sind:

- Wetter, Anreise, Urlaub. Messebesuch
- Aktuelle Situation, etwa »Wie lange sind Sie schon in der Firma?«
- Erlebnisse aus Bereichen, die Ihre Gesprächspartner kennen, etwa gemeinsamer Sport und Hobbys
- Kultur (Buch, Film, Ausstellung, Oper, Theater – jeweils aktuell)
- Situationskomik: Erzählen Sie doch von einer kleinen persönlichen Pleite – das lockert auf und macht sympathisch
- Personen, die mich begeistern

Wichtig: Sprache und Körpersprache

- Der erste Schritt kann eine Bemerkung über etwas sein oder eine Frage.
- Gut sind Anekdoten, positive Bilder, geflügelte Worte, Zitate, Reime, Vergleiche und Humor.
- **Sprechen Sie die Sprache Ihres Gegenübers. Lernen Sie zuzuhören!**
- Nutzen Sie Fragen: offene Fragen, Alternativfragen, Motivierungsfragen.
- Stimme und Tonfall machen über 30 Prozent der Wirkung aus.
- Halten Sie **Blickkontakt**, nehmen Sie eine aufrechte, selbstbewusste Haltung ein.
- Selbstbewusste Gestik strahlt Vertrauen und Stärke aus, halten Sie die Hände oberhalb der Gürtellinie.
- Lächeln Sie – ohne zu übertreiben.

Tabus

- Sich kratzen, zupfen, durch die Haare streichen, zu laut werden, gähnen, husten, niesen, schnauben
- Andere in eine Unterhaltung zwingen
- Nebenbeschäftigungen wie Blättern in Unterlagen, Abrufen von Mails auf dem Bildschirm
- Namen falsch aussprechen oder vergessen (Tipp: Fragen Sie nach dem Namen und wiederholen Sie ihn am Anfang mehrmals, damit er haften bleibt)
- Nicht grüßen oder verabschieden
- Über Probleme, Religion, Politik, Geld, Gehalt, Gesundheit, Krankheit reden
- Klatsch und Gerüchte, Persönlichkeitsbereiche antasten

ExpressoTipp

Beobachten Sie sich selbst, wenn Sie unter Freunden über Ihr Lieblingsthema sprechen: Da sind Sie sicher ein Smalltalker. Übertragen Sie die Techniken auf alle Anlässe. Bleiben Sie sich selbst treu, und verbiegen Sie sich nicht – etwa vom schüchternen Jungen von nebenan zum weltgewandten Lebemann.

ExpressoFokus

Werten Sie nie Ihre eigenen Leistungen ab. Denken Sie positiv, und erzählen Sie von Ihren Erfolgen – ohne zu protzen. Lösen Sie sich vom Anspruch nach Perfektion. Hören Sie auf, sich Gedanken zu machen, was andere von Ihnen denken. Sie wissen es sowieso nicht.

ExpressoBalance

Was wartet in Ihrem Leben darauf, verwirklicht zu werden, während Sie mit anderen Dingen beschäftigt sind?

Der clevere Umgang mit Stress

Die Auslöser für Stress haben ganz unterschiedliche Gesichter. Stress wird zum Beispiel verursacht durch: zu hohes Arbeitspensum, Zeitdruck, Überforderung, Ärger mit Partner oder Mitarbeitern oder mangelnde Unterstützung. Aber auch durch erheblich Unpersönlicheres wie Lärm, hektischen Verkehr, Warteschlangen oder fiepende Handys. Anderseits gibt es den positiven Stress, der uns antreibt. Und das Allerwichtigste: der richtige Umgang mit beiden Stressarten.

Die guten Seiten: Glückshormone

Viele Menschen brauchen die Aufregung und auch die Möglichkeit, sich pausenlos und engagiert für ein Projekt einzusetzen. Sie sind begierig auf die »Glückshormone«, die der Körper dabei freisetzt. Es ist wie ein Rausch. Man fühlt, dass man die Dinge in Bewegung bringt und dass das, was man tut, voller Bedeutung ist. Gerade das macht ja auch den Reiz einer Führungsposition aus.

Erhält so viel Engagement aber kein körperliches Ventil, sondern wird nur mental genutzt, kommt es in Ihrem Körper zu einem Energiestau. Und das kann zu totaler körperlicher und mentaler Erschöpfung führen. Irgendwann haben wir dann das gefürchtete Burnout-Syndrom. Schließlich sind die ausgeschütteten Hormone evolutionsbedingt für Flucht und Angriff konzipiert, also zwei Zustände, in denen körperliche Kraft und Schnelligkeit gefragt sind. Die meisten Menschen haben Mühe, diese freigewordenen Energien zu kanalisieren.

Schlechten Stress vermeiden

- Legen Sie stets für sich fest, wann Sie etwas fertig haben möchten.
- Bauen Sie in Ihre Timings einen ordentlichen Puffer ein, und arbeiten Sie immer so, als müssten Sie – bei größeren Projekten etwa – ein, zwei Tage vorher fertig sein.
- Seien Sie zumindest eine Zeit lang bei jedem wichtigen Termin mindestens eine Viertelstunde vorher bereit und anwesend.
- Vielleicht nehmen Sie sich auch einfach immer zu viel auf einmal vor. Setzen Sie sich lieber realistische Ziele. Sortieren Sie diese nach Wichtigkeit. Legen Sie für jedes Ziel einen Zeitplan fest.
- Fragen Sie sich immer, ob das, was Sie gerade tun, Sie zu Ihren Zielen führt.
- Denken Sie an das Pareto-Prinzip (mit 20 Prozent Einsatz erzielen Sie bereits 80 Prozent des Erfolges), und gehen Sie der Perfektionitis konsequent aus dem Weg!

Für Ihre Zeitplanung

- Erarbeiten Sie sich ein stimmiges Ziel- und Zeitmanagement, in dem jederzeit genügend **Puffer** und **Regenerationsphasen** eingeplant sind. Halten Sie sich daran!
- Genauso sollten Sie mindestens einmal pro Woche **kleine Fluchten** fest einplanen: etwa die Golfrunde oder das individuelle Training mit einem Personal Fitness Trainer.

Wissensnetz, Weblinks und Literatur

18. Drei Minuten zum Entspannen
25. Überfordert? Unterfordert? – Zurück in den Flow-Kanal!
28. Wie Sie eigenen Frust bewältigen
65. Drei Minuten zum Munterbleiben und -werden
88. Die ExpressoAnleitung zum Selbstcoaching
89. Sich selbst managen

- www.eichborn.de/buero-fitness: Übungsanleitungen zum Ausdrucken

Fangen Sie an zu führen!

- Haben Sie ein **Mannschaftskapitän-Syndrom**? Der Kapitän glaubt, ohne ihn laufe gar nichts und überhaupt könne er alles besser. Aber das ist nicht nur ein Trugschluss, sondern obendrein ein Eigentor. Über kurz oder lang macht man das meiste alleine, ohne den Ball an seine Kollegen abzugeben. So ist man nicht nur schnell erschöpft, man steht auch im Abseits und einsam auf weiter Flur.
- Geben Sie möglichst viel Arbeit ab. Jeder einzelne Ihrer Mitarbeiter hat Fähigkeiten, und es ist doch schade, diese Ressourcen nicht zu nutzen. Als Führungskraft ist es nicht Ihre Aufgabe, Sachfragen zu klären, sondern **jedes einzelne Mitglied Ihres Teams optimal ins Spiel zu bringen.**

Den roten Faden fest in der Hand

Immer wieder kommt es vor, dass Sie durch ein Telefonat aus Ihrer Konzentration herausgerissen werden. Versuchen Sie zum Beispiel, für geschäftliche und private Gespräche eine jeweils eigene Körperhaltung einzunehmen. Konkret: Dienstliche Gespräche erledigen Sie im Sitzen, für Privates stehen Sie auf oder drehen sich vom Schreibtisch weg. Durch diesen Trick fällt es Ihnen leichter, nach einem Telefonanruf – also einer Ablenkung – wieder zurück zur Arbeit zu finden.

Seien Sie gut organisiert. Ein unordentliches und unorganisiertes Leben führt oft zu Stress. Verlassen Sie die nur scheinbar bequeme »Ich bin ein Opfer der Umstände«-Rolle. **Bestimmen Sie so oft wie möglich selbst, was Sie tun und wann Sie es tun.**

Rituale einführen

- Was denken Sie, wie gut das tut, wenn Sie ausschließlich am Ende Ihres Arbeitstages, sozusagen als letzte Amtshandlung, E-Mails beantworten. Und nicht immer, sobald es »Pling« im Mailkasten macht.
- Oder Sie gehen an ungeraden Tagen in der Mittagspause spazieren. Oder Sie führen Donnerstag um 16 Uhr eine Fortbildungs- und Kontaktstunde ein: Hier lesen Sie Fachartikel und rufen Personen an, mit denen Sie zurzeit kein Projekt bearbeiten.
- Am besten Sie benutzen für bestimmte Tätigkeiten auch bestimmte Orte, beispielsweise für Arbeiten, bei denen Sie sich konzentrieren müssen. Dort machen Sie nichts anderes, und schon gar nichts, was ablenkt.

ExpressoTipp

Ernähren Sie sich ausgewogen, und machen Sie regelmäßig Sport, möglichst oft an der frischen Luft.

Schlafen Sie ausreichend, damit Sie genügend Erholung bekommen. Erlernen Sie eine Entspannungstechnik, um sich fast überall und schnell entspannen zu können.

ExpressoFokus

Setzen Sie die Dinge in die richtige Perspektive: Erkennen Sie, was wirklich wichtig und was eher unwichtig ist. Und vor allem: Lachen Sie über sich selbst und nehmen Sie sich nicht zu ernst.

ExpressoBalance

Schaffen Sie sich ein starkes soziales Netz. Verbringen Sie Zeit mit Ihrer Familie und mit Freunden, die Ihnen gut tun. Finden Sie Menschen für Ihr Leben, die Ihnen zuhören, die Sie gern haben – und mit denen Sie gemeinsam über die kleinen Ärgernisse des Lebens lachen können.

Teams bilden

Ein gutes Team, in das jedes Mitglied seine Stärke einbringt, ist ein Gewinn für jede Organisation. Mit einer effektiven Teamorganisation werden wichtige Informationen schneller weitergegeben, die Kommunikation erfolgt direkter, Entscheidungswege werden verkürzt und das eigenverantwortliche Handeln vergrößert sich. Auf dem Weg zur Teamarbeit liegen aber in der Praxis häufig so manche Stolpersteine. Viele Arbeitsgruppen sind sehr heterogen besetzt. Oft fehlt die Ausrichtung auf ein gemeinsames Ziel. Die Führungskraft ist bei dem Prozess der Teambildung besonders gefordert.

Ausgangssituation: Aufgabenebene

Am Anfang eines Teambuilding-Prozesses ist es wichtig, die Ausgangssituation zu klären.
Folgende Fragen können Ihnen dabei helfen:

- Was erwarte ich von meinem Team? Sind die Ziele und Aufgaben des Teams für jeden geklärt?
- Ist die richtige Aufbau- und Ablaufsituation gewählt? Welche finanziellen Mittel stehen zur Verfügung?
- Welche Kundenanforderungen (interne/externe) bestehen? Welche Qualitätsstandards werden daraus entwickelt?
- Welche fachlichen Qualifikationen haben die Mitarbeiter? Wie sind die Arbeitsweise und der Grad der Selbstorganisation der Mitarbeiter? Welchen Weiterbildungsbedarf haben die Mitarbeiter?
- Werden neue Hilfsmittel benötigt? Was ist bereits vorhanden? Was muss noch beschafft werden?

Ausgangssituation: Beziehungsebene

Sie werden die Themen, die die Aufgabenebene betreffen, nur konstruktiv bearbeiten können, wenn Sie die Beziehungsebene berücksichtigen.

- Wie kommunizieren die Mitarbeiter untereinander? (Teamfähigkeit)? Verhalten sie sich kooperativ? (Soziale Kompetenz)?
- Wer steht mit wem in Beziehung? Haben Mitarbeiter schon vorher erfolgreich zusammengearbeitet? Wo gibt es Beziehungsstörungen?
- Gibt es »Altlasten« wie zum Beispiel schwelende Konflikte oder negative Erfahrungen?
- Wie funktioniert der Informationsfluss?
- Gibt es einen heimlichen Leiter? Wer hat bisher welche Rolle im Team?
- Gibt es Resonanz auf Ihr eigenes Führungsverhalten?

Für Ihre Zeitplanung

- Ein Team zu bilden braucht Zeit und Geduld.
- Planen Sie für sich und Ihr Team regelmäßig Zeiten ein, in denen Sie über Ihre Teamsituation reflektieren.

Wissensnetz, Weblinks und Literatur

51. Umgang mit Krisen – von Mitarbeitern und im Team
56. Leitbilder als Ausdruck der Identität
60. Mitarbeiter auswählen
87. Schwierigkeiten im Team offensiv begegnen
93. Teams führen
98. Mit Vision und Mission führen

- Stephanie Kreuzhage (Herausgeberin): Praxishandbuch Sozialmanagement. Bonn

Wichtige Punkte einer Teamentwicklung

- **Klarheit der Ziele:** Ziele sollten erst festgelegt werden, wenn allen die Aufgabe klar ist. Alle müssen sich in der Definition des verfolgten Ziels einig sein. Langfristige Ziele brauchen eine Vision.
- **Einheitliches Verständnis:** Durch das Nachdenken über Fragen wie »Wer sind wir? Wer wollen wir sein? Was ist unsere Aufgabe?« entsteht eine größere Identifizierung mit dem Team und den Zielen.
- **Arbeitsmethoden:** Vermitteln Sie Ihren Mitarbeitern fehlende notwendige Arbeitstechniken und -methoden wie Problemlösungs- und Entscheidungstechniken, Besprechungs-, Moderations- und Präsentationstechniken.
- **Beziehungsebene klären:** Beleuchten Sie die Beziehungen in Ihrem Team und machen Sie die Kommunikation in Ihrem Team regelmäßig zum Thema. Wenn die Beziehungsebene gestört ist, ist das Arbeiten auf der Sachebene äußerst schwierig.
- **Führungsverhalten reflektieren:** Wenn Sie es ernst mit der Teamentwicklung meinen, stellen Sie Ihr Führungsverhalten zur Diskussion. Behandeln Sie negative Rückmeldungen als wichtige Hinweise.
- **Teamentwicklungsworkshop:** Es ist sinnvoll, sich regelmäßig mit den Anforderungen zu beschäftigen. Hier ist Zeit, sich mit Kommunikationshindernissen und Beziehungsfragen zu beschäftigen.

Hilfreiche Grundsätze für Teamleiter

- Andere haben auch gute Gedanken und viele Kompetenzen.
- Wer fragt, führt.
- Das Wir-Gefühl hat einen großen Stellenwert.
- Teammitglieder da »abholen«, wo sie im Moment stehen.
- Störungen ansprechen.
- Unklare Botschaften nicht stehen lassen.
- Geduld für Konsensentscheidungen aufbringen.
- Erst Team-Ressourcen prüfen, dann selbst aktiv werden.

ExpressoTipp

Als Teamleiter haben Sie die Aufgabe, die einzelnen Phasen moderierend zu begleiten. Berücksichtigen Sie, dass jedes Teammitglied eine andere Perspektive auf das Team hat. **Wenn Sie etwas verändern wollen, vergessen Sie dabei nicht das Bisherige zu respektieren und zu würdigen.**

ExpressoFokus

Es sollte ein Gleichgewicht zwischen Aufgabe, Team und Einzelperson bestehen. Die meisten Teams neigen dazu, sich auf die Aufgabe zu konzentrieren und das Wir und den Einzelnen zu vernachlässigen.
Erarbeiten Sie gemeinsam mit dem Team einige Spielregeln.

ExpressoBalance

»Üben« leitet sich im Chinesischen ab vom Wort »Weg«. Üben heißt also eins werden mit dem Weg. Oder in unserer Sprache ausgedrückt: Akzeptieren Sie Höhen und Tiefen. Das gilt für das Erlernen einer Sportart, für Ihre persönliche Entwicklung oder für Ihre Karriere.

Teams führen

Die Führung von Teams erfordert von Führungskräften besondere Kenntnisse. Teams als komplexe Systeme können eine effiziente Zusammenarbeit und damit wertvolle Synergien nur dann wirkungsvoll entfalten, wenn entsprechende Rahmenbedingungen gegeben sind. Die Balance zwischen Individualität und Gruppe sowie Freiraum und Struktur muss kompetent gesteuert werden. Von Führungskräften verlangt Teamarbeit daher die gezielte und moderierende Regulierung und Entwicklung der Teamprozesse, Analyse und Entscheidungsfähigkeit, eine differenzierte Selbstwahrnehmung und hohe Flexibilität im Verhalten.

Entwicklungsphasen eines Teams

Bevor eine Gruppe zum Team wird, durchläuft sie vier deutlich voneinander abgrenzbare Phasen. Jede dieser Entwicklungsphasen hat ihre eigene Gesetzmäßigkeit.
Das Wissen um diese Phasen hilft Ihnen, die jeweilige Situation richtig einzuschätzen und adäquat darauf zu reagieren. Ein situationsgerechtes Verhalten ist die Voraussetzung für die Bildung eines erfolgreichen Teams.
Die vier Phasen:

- Die **Orientierungsphase (Forming)**
- Die **Konfrontations- und Konfliktphase (Storming)**
- Die **Kooperations- und Organisierungsphase (Norming)**
- Die **Integrationsphase (Performing)**

Die Phasen genauer betrachtet

Phase	Aufgabenebene
Orientierung	Sammeln von Informationen, Ziele verstehen, Definition der Aufgaben
Konfrontation und Konflikt	Entweder-oder- Diskussion, Abgrenzung von Zuständigkeiten, Spielregeln werden erarbeitet
Kooperation/ Organisation	Suche nach Alternativen, Kooperation
Integration	Suche nach mehr Effizienz, Verfeinerung der Arbeitsteilung

Phase	Beziehungsebene
Orientierung	Suche nach der eigenen Rolle, welches Verhalten wird akzeptiert? Gefühle werden kaum gezeigt
Konfrontation und Konflikt	Polarisierung, Politik, Cliquenbildung, Profilierungsversuche
Kooperation/ Organisation	Entspannung, Zugehörigkeitsgefühl, offene, authentische Kommunikation
Integration	Wir-Gefühl, Feedback, Reflexion über die Zusammenarbeit

Für Ihre Zeitplanung

- Lassen Sie Ihren Mitarbeitern die nötige Zeit, die einzelnen Phasen zu durchleben.
- Planen Sie Zeit ein, um gemeinsam mit Ihrem Team die Phasen zu reflektieren.

Wissensnetz, Weblinks und Literatur

5. Besprechungen moderieren
26. Führen durch Fragen
51. Umgang mit Krisen – von Mitarbeitern und im Team
87. Schwierigkeiten im Team offensiv begegnen
92. Teams bilden
110. Durch aktives Zuhören mehr verstehen

- Klaus Lumma: Die Team-Fibel. Hamburg
- Stephanie Kreuzhage (Herausgeberin): Praxishandbuch Sozialmanagement. Bonn

Mögliche Stolpersteine

In jedem Teamentwicklungsprozess gibt es kritische Situationen wie zum Beispiel die Anfangssituation oder die Übergänge in die jeweils nächste Entwicklungsphase. In jeder Entwicklungsphase gibt es bestimmte Bedürfnisse, die befriedigt werden wollen. Bleiben diese Bedürfnisse unbefriedigt, gerät die Entwicklung ins Stocken. Die Grundregel zur Bewältigung aller Situationen lautet: Betreiben Sie aktiv die Entwicklung, um den Entwicklungsprozess in Gang zu halten!
In der **Orientierungsphase** haben Führungskräfte eine besondere Aufgabe, da die Teammitglieder darauf angewiesen sind, Orientierung über die neue Situation zu erhalten (strategische Aufgaben, Ziele, Rollen).

Weitere Stolpersteine

Die **Konfrontations- und Konfliktphase** ist die einzige Phase, die immer von allein kommt. Versuchen Sie nicht, dieser Phase auszuweichen, und akzeptieren Sie diese Phase als einen natürlichen Vorgang. Klären Sie auch alle Detailfragen, geben Sie Diskussionen Raum. Bei der **Kooperations- und Organisationsphase** besteht die Gefahr, dass Sie sich zu früh mit dem Erreichten zufrieden geben und dabei versäumen, weitere wichtige Entwicklungsschritte zu tun.
In der **Integrationsphase** kommt Ihnen die wichtige Aufgabe zu, sich nicht von dem langsam um sich greifenden Hochgefühl der Gruppe vereinnahmen zulassen. Bewahren Sie einen klaren Blick für noch ungelöste Probleme und Konflikte.

Hilfreiche (Grund-)Sätze

- Fördern Sie Partnerschaften innerhalb des Teams.
- **Teamerfolge sollten Sie anerkennen, bekannt geben und feiern.**
- Lehnen Sie niemals eine Idee oder einen Vorschlag ohne Begründung ab.
- Fördern Sie den Informationsfluss unter den Kollegen.
- Sorgen Sie dafür, dass das ganze Team an Problemlösungen lernt.
- Reden Sie schlechte Nachrichten nie klein.
- Denken Sie daran, dass Beziehungen sich verändern.
- Fördern Sie Konfliktlösungsverhalten.

ExpressoTipp

Machen Sie sich bewusst, dass jedes Team diese vier Phasen durchläuft. Es lohnt sich, zweimal jährlich in einen eintägigen Teamentwicklungsworkshop zu investieren.

ExpressoFokus

Jede größere Veränderung im Team bewirkt, dass wieder bei der Orientierungsphase begonnen werden muss.

ExpressoBalance

Geistige Gelassenheit: ruhige Gedanken denken, sich ruhige Bilder ausmalen, sich an ruhige Klänge erinnern.

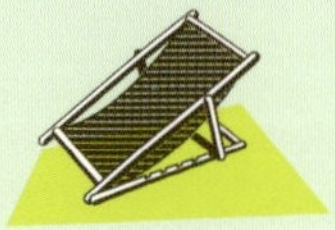

Telefonieren gehört zu den häufigsten Tätigkeiten im Büroalltag. Meistens machen wir uns gar keine großen Gedanken mehr und greifen einfach zum Hörer. Aber wirksam zu telefonieren bedeutet, sich auf jedes Gespräch vorzubereiten. So erreichen Sie mit einem Anruf möglichst viel in möglichst kurzer Zeit, was eine Zeitersparnis für beide Gesprächspartner bedeutet. Beim Telefonieren geht es aber nicht nur um Informationsaustausch – genauso wichtig ist die Beziehungsebene. Ähnlich wie bei einem persönlichen Gespräch haben wir die Möglichkeit, über Stimme und Tonfall ein direktes Feedback zu hören.

Die passende Kommunikation

Forscher schätzen, dass nur **sieben Prozent** einer Information mit **Worten** übertragen werden, **38 Prozent** dagegen durch den **Tonfall** und die restlichen **55 Prozent** durch die **Körpersprache**.
Was bedeutet das für die Auswahl des passenden Kommunikationsweges?

- **Brief/Fax/Mail:** Da es hier nur Worte allein gibt, sind diese Kommunikationswege hauptsächlich sinnvoll für Mitteilungen und langfristige Inhalte.
- **Telefongespräch:** Hier bestimmen Worte und Tonfall die Botschaft. Das macht das Telefongespräch zum Mittel der Wahl, wenn es um schnelle Kommunikation geht und um Gespräche, die ein Hin und Her erfordern.
- **Persönliches Gespräch:** Worte, Tonfall und Körpersprache stehen zur Verfügung. Somit können hiermit komplexe Sachverhalte geklärt und Verhandlungen geführt werden.

Was muss ich vorbereiten?

- Was möchte ich mit meinem Anruf erreichen?
- Wie schaffe ich eine gute Beziehung?
- **Welche Botschaft möchte ich transportieren?**
- Was können mögliche Einwände sein?
- Wie kann ich diesen begegnen?
- Sorgen Sie für eine möglichst ungestörte Umgebung.
- Halten Sie Ihre früheren Gesprächsnotizen und andere wichtige Unterlagen bereit.
- Sitzen Sie in korrekter Haltung am Schreibtisch. Ihr Gesprächspartner kann Ihre Haltung »hören«!
- Stehen Sie bei ganz wichtigen Telefonaten auf – Sie wirken so überzeugender!

Für Ihre Zeitplanung

- Wann erreiche ich meinen Gesprächspartner am besten?
- Wann ist meine beste Telefonzeit?

Wissensnetz, Weblinks und Literatur

83. Schlagfertigkeit kann man lernen
105. »Dringend« vs. »wichtig«: sinnvolles Zeitmanagement
110. Durch aktives Zuhören mehr verstehen

- www.mum-management-solution.de/uebersicht/m_telefonieren.html: Checkliste
- Andreas Raupach: Erfolgreich telefonieren. Berlin
- Holger Backwinkel, Peter Sturtz: Telefonieren. Freiburg

Drei Gesprächstypen

Im Prinzip können Sie drei Typen von Gesprächspartnern unterscheiden:

- **Visueller Typ:** Betrachtet Dinge hauptsächlich mit den Augen.
- **Auditiver Typ:** Reagiert auf alles, was mit Hören zu tun hat.
- **Kienästhetischer Typ:** Fühlt eher. Hier ist wichtig, wie jemand etwas sagt.

Entsprechend haben Menschen unterschiedliche Sichtweisen von der Bedeutung eines bestimmten Begriffes. Je abstrakter das Wort wird, je weiter gehen diese Bilder auseinander. Benutzen Sie konkrete, möglichst »fühlbare« Begriffe oder beschreiben Sie, was Sie meinen. Sprechen Sie zum Beispiel statt von einer Brücke von einem knarrenden, morschen Holzsteg für Fußgänger.

Hören – Hinhören – (aktiv) Zuhören

- **Hören:** Hören ohne Hinhören bedeutet mit sich selber beschäftigt zu sein, nur sporadisch aufzumerken und einem Gespräch nur so lange zu folgen, bis selbst geredet werden kann.
- **Hinhören:** Aufnehmen, was die andere Person sagt, ohne sich zu bemühen herauszufinden, was der andere meint oder sagen will.
- **Zuhören:** Zuhören heißt, sich in den Partner hineinzuversetzen, ihm volle Aufmerksamkeit zu schenken und dabei nicht nur auf den Inhalt, sondern auch auf Zwischentöne zu achten.
- … und **Nachfragen:** Fragen Sie nach, wenn Sie das Gefühl haben, etwas nicht voll und ganz verstanden zu haben.

Merkmale wirksamer Telefonate

- Beide Seiten hatten einen respektvollen Umgang miteinander.
- Sie fassen – insbesondere bei längeren Gesprächen – das Ergebnis und eventuelle Maßnahmen (wer macht was bis wann?) am Ende kurz zusammen.
- Sie haben sich möglichst kurz gefasst und das Gespräch beendet, sobald Ihr Gesprächsziel erreicht ist.
- **Das Gespräch fand im Wechsel zwischen Hören, Zuhören und Nachfragen statt.**
- Sie halten Ergebnisse, Daten und Termine fest, solange die Infos noch frisch sind.
- Beide Gesprächspartner legen den Hörer mit einem zufriedenen Gefühl auf und vertrauen darauf, dass es wie besprochen ausgeführt wird.

ExpressoTipp

Nehmen Sie mehrere Telefonate in einem Block zusammen.

ExpressoFokus

Gönnen Sie sich eine störungsfreie Zeit absolut ohne Telefon, in der Sie an wichtigen Dingen arbeiten. Zum Beispiel jeden Tag von 8.30 bis 10 Uhr.

ExpressoBalance

Wenn Sie das Gefühl haben, dass nichts mehr geht, setzen Sie sich hin und tun nichts, oder machen Sie einen Spaziergang! Lassen Sie Ihre Gedanken wandern und gewinnen Sie Abstand. Sie werden staunen, wie sich nach einer halben Stunde die Welt für Sie beruhigt hat.

Als Führungskraft unternehmerisch denken

Die Grundidee des Taylorismus, eine Organisation als eine von oben nach unten gestaltete Maschine zu begreifen, ist in manchen Köpfen noch immer präsent. Die Praxis zeigt, dass in allen Arten von Organisationen, seien es Industrie- oder Dienstleistungunternehmen, soziale Einrichtungen, Verbände, Institute oder Stiftungen, die unternehmerische Haltung möglichst aller Mitarbeiter einen wesentlichen Beitrag zum Erfolg ausmacht. Nur wer einen Mehrwert gegenüber dem Kunden erzeugen kann, hat eine Existenzberechtigung.

Die eigene Haltung

Unternehmer sein bedeutet einer Tätigkeit nachgehen, die auf die Erzielung von Einnahmen ausgerichtet ist. **Die unternehmerische Haltung** – zum Beispiel einer Führungskraft – **ist zuallererst eine Sache der Einstellung: Es geht darum, eine Perspektive einzunehmen, als wäre das Unternehmen, für das man arbeitet, das eigene.**
Dazu gehört das Bewusstsein, dass der Output größer sein muss als der Input. Der Aufwand an Ressourcen von Zeit, Geld etc. muss für Kunden einen Mehrwert bedeuten, für den sie bereit sind, entsprechend zu bezahlen.
Manchmal ergibt sich auch ein Konflikt zwischen meiner eigenen »Ich-AG« und den Interessen des Unternehmens, für welches ich arbeite. Hier gilt es ein partnerschaftliches Geben und Nehmen zu vereinbaren.

»Unternehmertum« fördern

- Die Kundenbedürfnisse (auch der internen Kunden) stehen im Vordergrund. Alle Produkte und Dienstleistungen werden danach ausgerichtet.
- Ressourcen, vor allem Geld und Zeit, werden so bewusst und effektiv eingesetzt, als wäre es mein eigenes Unternehmen.
- Alle arbeiten ständig an Verbesserungen der Prozesse und Abläufe. Optimierungsmöglichkeiten werden ernsthaft geprüft und mehrheitlich umgesetzt, unabhängig davon, wer die Idee hatte.
- Jeder fühlt sich verantwortlich in seinem Bereich, handelt aber auch verantwortlich bezogen auf die Organisation insgesamt.
- **Ideen werden gefördert und belohnt, ebenso Initiative, Engagement und Einsatz.**
- Es gibt eine offene und transparente Informationspolitik, die unternehmerische Punkte berücksichtigt.

Für Ihre Zeitplanung

- Nehmen Sie das Thema »Förderung der unternehmerischen Haltung« jedes Quartal auf die Agenda für eine offene Diskussion mit Ihren Mitarbeitern.

Wissensnetz, Weblinks und Literatur

17. Entscheidungen klug treffen
41. Das effektive Arbeiten mit Kennzahlen
58. Der souveräne Umgang mit Managementmethoden
98. Mit Vision und Mission führen
107. Ziele und Strategien für das Unternehmen entwickeln

- www.unternehmer-checklisten.de: praktische Hilfen für Unternehmer in Klein- und Mittelbetrieben

Der unternehmerische Blickwinkel

- **80 Prozent des Umsatzes werden meist mit rund 20 Prozent der Kunden erwirtschaftet.** Verbessern Sie die Abläufe mit diesen Kunden, und sparen Sie Kosten.
- Suchen Sie, wer Ihr Problem bereits erfolgreich gelöst hat, und überlegen Sie, wie weit Sie diese Lösung nicht kostengünstiger übernehmen können. Meiden Sie es, »das Rad selbst neu zu erfinden«.
- Überprüfen Sie, wie weit eine auf den Kunden zugeschnittene Produktvielfalt sinnvoll ist? Variantenverdoppelungen bewirken oft eine Kostensteigerung von 30 Prozent.
- Definieren Sie die Qualität Ihrer Produkte nach den Anforderungen der Kunden. Gute Qualität erzeugt meist wenig Kosten, fehlerhafte Qualität oft immense Kosten.

Die unternehmerische Kultur pflegen

- Die unternehmerische Ist-Situation wird regelmäßig und in einfacher Sprache an alle betroffenen Mitarbeiter kommuniziert.
- Unternehmerisches Denken und Handeln hat einen festen Platz im Leitbild, den Zielen und der Mitarbeiterbeurteilung.
- Beobachtungen, Hinweise und Informationen von Verkäufern, Projektleitern, Telefonzentrale etc. über Kundenbedürfnisse werden vom Management geglaubt und ernst genommen.
- Alle Managementebenen verbringen regelmäßig Zeit mit unterschiedlichen Kunden.
- **Wer unternehmerisch handelt, wird belohnt.**

Fragen für eine Verbesserung nutzen

- Überlegen Sie, wie Sie die unternehmerische Haltung in Ihrem Bereich bewerten? Benutzen Sie eine Skala von 1 (kaum vorhanden) bis 10 (außerordentlich ausgeprägt).
- Was könnten Sie tun, damit sich die Skala um zwei Punkte nach oben bewegt?
- Wo stehen Sie im Vergleich zu Ihren wichtigsten Mitbewerbern? Was können Sie von den Besten lernen?
- Wie sehen Ihre Mitarbeiter Ihre unternehmerische Haltung? Fragen Sie nach, ob Ihr Bild richtig ist. Woran machen die Mitarbeiter ihre Bewertung fest? Welche Empfehlungen bekommen Sie von den Mitarbeitern, um den Wert um zwei Punkte zu verbessern?

ExpressoTipp

Unternehmerische Haltung ist keine Frage der Hierarchie oder des Wissens, sondern eine Sache der Einstellung. Achten Sie bei jeder Personaleinstellung darauf, dass Sie Menschen mit ausgeprägtem unternehmerischen Denken und Handeln auswählen.

ExpressoFokus

Sorgen Sie dafür, dass die Interessen des Unternehmens und des Einzelnen nahe zusammenlaufen. Achtung wenn diese Interessen entgegengesetzt verlaufen – hier ist es besser, diese Punkte für beide Seiten offen zu legen. Idealerweise sind die Mitarbeiter am Unternehmenserfolg beteiligt.

ExpressoBalance

Achte auf deine Gedanken, denn sie werden Worte. Achte auf deine Worte, denn sie werden Handlungen. Achte auf deine Handlungen, denn sie werden Gewohnheiten. Achte auf deine Gewohnheiten, denn sie werden dein Charakter.
Achte auf deinen Charakter, denn er wird dein Schicksal. (aus dem Talmud)

Erfolgreich Veränderungsprozesse gestalten

Die ökonomischen, technologischen, sozialen und ökologischen Umweltsphären der Unternehmen und Organisationen sind im ständigen Wandel. Als Folge davon kann ein Unternehmen oder eine Organisation nur überleben, wenn es oder sie sich laufend anpasst. Dieser Prozess steht häufig im Widerspruch zu den Bedürfnissen der Menschen, die im Unternehmen arbeiten. Die meisten Menschen bevorzugen das Bekannte und stehen Veränderungen ängstlich, unsicher und/oder ablehnend gegenüber. Change Management bietet hier ein integriertes Vorgehen.

Ein Prozess in drei Schritten

1. **Ende einer Phase:** Sie erkennen den Veränderungsbedarf. Das kann Sorgen, Ängste und Konfusion auslösen.
2. **Übergangsphase:** Etwas Neues bildet sich. Diese Phase ist geprägt von geringer Stabilität, Unsicherheit und hohem emotionalen Stress. Es braucht viel Energie. Konflikte können entstehen.
3. **Neuer Anfang:** Das Neue wird vorsichtig beobachtet und ausprobiert. Erfolge spornen an, und langsam wird es zum gewohnten Denken und Handeln. Schließlich ist das Neue integriert und akzeptiert.

Drei Aspekte sollten Sie beachten:

- Man muss loslassen können, um das Neue zu bekommen.
- Überlegen Sie, wann der optimale Zeitpunkt für die Veränderung ist.
- In welcher Zeit wollen Sie die Veränderung bewirken?

Bedarf vs. Bereitschaft vs. Fähigkeit

Bedarf	Maßnahme	Bereitschaft
hoch	Sanierung, Krise, Reengineering	gering
mittel	Organisationsentwicklung	mittel
gering	Lernende Organisation	hoch

Grundfragen des Change Management: Veränderungsfähigkeit: Ist genügend geeignetes Wissen und Können der Beteiligten da? Wie erzeugen Sie Vertrauen in die Veränderungsfähigkeit von Unternehmen und Mitarbeitern? Wie können Sie so viel Sicherheit erzeugen, dass die Beteiligten auf einem Gebiet auch Unsicherheit ertragen können? **Wie erzeugen Sie für alle Beteiligten oder für möglichst viele einen Nutzen?**

Für Ihre Zeitplanung

- Eine realistische Zeitplanung ist wichtig, die auch Unvorhergesehenem (das immer bei Veränderungen entsteht) Raum lässt, aber auch bald erste Erfolge aufzeigt.
- Planen Sie zeitliche und personelle Ressourcen ein, um die Mitarbeiter über den Stand der Dinge zu informieren.

Wissensnetz, Weblinks und Literatur

38. Mitarbeiter zielgerichtet und angemessen informieren
80. Geschäftsprozesse radikal umgestalten: Reengineering
98. Mit Vision und Mission führen

- Klaus Doppler, Christoph Lautenburg: Change Management. Den Unternehmenswandel gestalten. Frankfurt/Main
- Reiner Czichos: Change Management. München

Phasen im Veränderungsprozess

- Die Organisationsdiagnose wird erstellt und Hypothesen über Stärken, Schwächen, fördernde und hemmende Faktoren werden gebildet.
- Die Zielrichtung (Vision, Strategie) wird festgelegt: Wo wollen wir hin? Was soll strukturell, kulturell etc. geändert werden? Welche Ergebnisse sollen entstehen?
- Was sind die Rahmenbedingungen? Was ist die Einschätzungen, ob und wie sich diese verändern?
- Erstellen eines Masterplans.
- Maßnahmen werden realisiert, Ergebnisse stabilisiert. Währenddessen gilt es, den Prozess genau zu beobachten und eventuell Korrekturen vorzunehmen. Reviews und Lessons learned erstellen.

Negative Reaktionen nutzen

- **Konfusion**: Nehmen Sie sich Zeit für Fragen und erklären Sie auch Details. Setzen Sie sich mit den Schwierigkeiten, die die Mitarbeiter sehen, auseinander. Setzen Sie die Ziele in einen großen Rahmen.
- **Angst**: Führen Sie Bewährtes fort und integrieren Sie Neues. Fragen Sie, wie man Geschätztes im Neuen wiederfinden kann.
- **Ärger und Widerstand:** Widerstand zeigt mögliche Probleme auf. Geben Sie bei Ärger die Möglichkeit, »Dampf abzulassen«. Versuchen Sie, diese Energie für das Neue zu gewinnen.
- **Rückzug**: Eher eine Selbstverteidigungshaltung um sich zu schützen. Machen Sie den ersten Schritt und konfrontieren Sie behutsam. Fragen Sie und hören Sie genau hin.

Erfolgsfaktoren bei Veränderungen

- **Kommunikation:** Informieren, erklären und konkretisieren Sie auf unterschiedlichen Kanälen (Mitarbeiterzeitung, Aushänge, Mailrundschreiben, Meetings etc).
- **Zukunftsbilder erzeugen:** Wie können Sie schon früh Zukunftsbilder erzeugen, die verstanden werden?
- **Quick Wins:** Wie können Sie schnelle Erfolge sichtbar machen? Feiern Sie auch Zwischenerfolge.
- **Beteiligen und Mitgestalten:** Lassen Sie möglichst viele Mitarbeiter mitgestalten.
- **Kritische »Masse«:** Sie benötigen 30 bis 40 Prozent zustimmende Meinungen, um eine Veränderung erfolgreich umzusetzen.
- **Auf Bewährtes achten:** Wer versucht, alles zu verändern, erreicht nichts!

ExpressoTipp

Überlegen Sie sich ein sorgfältiges Design des Veränderungsprozesses, und integrieren Sie die Erfolgsfaktoren in Ihr Design. **Sie als Führungskraft müssen sichtbar und ansprechbar sein.** Geben Sie den Mitarbeitern möglichst viele Gelegenheiten, Sie zu sprechen und zu befragen.

ExpressoFokus

Nutzen Sie das Know-how von Change Agents (speziell auf Veränderung geschulte Personen). Berücksichtigen Sie, dass ein wesentliches Element in Veränderungsprozessen der offene Informations- und Meinungsaustausch sowohl in Sachfragen als auch in Verhaltens- und Wertfragen ist.

ExpressoBalance

Hören Sie Ihre Lieblingsmusik. Nicht nebenbei während der Arbeit, sondern mit voller Konzentration. Am besten über Kopfhörer und mit geschlossenen Augen.

Eckpfeiler der Verhandlungstechnik

Wetten, dass auch Sie täglich verhandeln. Sie verhandeln mit Ihren Mitarbeitern, Kollegen, mit Ihrem Vorgesetzten, Ihrem Partner, Ihren Kindern und so weiter.
Verhandlungen finden immer dann statt, wenn zwei oder mehrere Personen oder Parteien im Gespräch über unterschiedliche Interessen sind. Jede Verhandlung birgt auch das Risiko von Konflikten in sich. Im Folgenden lesen Sie die wichtigsten Grundlagen, um richtig und erfolgreich zu verhandeln, angelehnt unter anderem an das Harvard-Verhandlungskonzept.

Drei wichtige Gesichtspunkte

- **Menschen:** Menschen wollen wertgeschätzt werden. Sie haben Gefühle – ob sie sie zeigen oder nicht. Menschen sehen die Wirklichkeit mit ihrer eigenen Brille.
- **Interessen:** Hinter jedem Standpunkt verbergen sich Bedürfnisse, Wünsche, Erwartungen und Interessen. Nur mit Fragen und genauem Zuhören können Sie herausfinden, wo diese Interessen liegen.
- **Alternativen:** Verhandeln bedeutet kreativ sein, die Interessen herausfinden und dann neue Lösungen suchen, die für beide Seiten interessant sind.

Die Kunst im Verhandeln besteht darin, dass beide Seiten in einer wertschätzenden Haltung und Kommunikation ihre Standpunkte und Interessen darlegen und gemeinsam kreative Lösungen suchen, die möglichst viele der Einzelinteressen abdecken.

Die vier Eckpfeiler der Verhandlung

1. **Beziehung und Sachproblem trennen:** Unterscheiden Sie den Verhandlungsgegenstand von der Beziehung zwischen den Parteien. Beobachten Sie sorgfältig und berücksichtigen Sie Ihre Wahrnehmungen.
2. **Parteien haben Interessen:** Finden Sie heraus, was die Interessen sind und welche Bedürfnisse hinter diesen Interessen stecken.
3. **Entwickeln Sie Optionen:** Finden Sie Lösungsmöglichkeiten, die Vorteile für beide Seiten enthalten. Bringen Sie auch ungewöhnliche Möglichkeiten ins Spiel. Das fördert die Kreativität auf beiden Seiten.
4. **Machen Sie jeden Streitfall zu einer gemeinsamen Sache:** Suchen Sie zusammen mit Ihrem Gegenüber objektive Kriterien für eine Lösung. Überlegen Sie also, nach welchen Kriterien eine mögliche Lösung auch wirklich gut ist. Klären Sie, welche Kriterien wichtiger sind als andere.

Für Ihre Zeitplanung

- Zeitdruck schadet Ihrer Verhandlungsposition.
- Komplexe Themen benötigen manchmal mehrere Verhandlungsrunden.

Wissensnetz, Weblinks und Literatur

35. Ideen »verkaufen«
43. Die Körpersprache im Auge behalten
73. Zwei Persönlichkeitstypologien: DISG und Insights
110. Durch aktives Zuhören mehr verstehen

- Peter Knapp, Andreas Novak: Effizientes Verhandeln. Frankfurt/Main
- Matthias Schranner: Verhandeln im Grenzbereich. Berlin

Was behindert gute Verhandlungen?

- Die Erstarrung im gewohnten Muster des »Druckmachens«.
- Das Festklammern am Sieger-Verlierer-Muster.
- Extremer Erfolgsdruck, der zu verzerrter Wahrnehmung führt.
- Den anderen beleidigen oder beschuldigen oder in die Irre führen.
- **Das meist trügerische Vorurteil, klüger oder schlauer zu sein als das Gegenüber.**
- Die Illusion, sich mit Manipulation Vorteile verschaffen zu können.
- Die mangelnde Fähigkeit, sich gedanklich in Ihren Partner zu versetzen und auf sich selbst zu schauen.

Wie werde ich ein guter »Verhandler«?

- Üben Sie zu verhandeln. Absolvieren Sie ein Verhandlungstraining.
- Wann immer möglich, lassen Sie sich Feedback geben.
- **Beobachten und begleiten Sie erfahrene und erfolgreiche Verhandler, und lernen Sie von Ihnen.**
- Bereiten Sie sich systematisch vor, und konzentrieren Sie sich während des Verhandelns auf den Prozess.
- Bleiben Sie stets flexibel, aber behalten Sie das Ziel im Auge.
- Sichern Sie Zwischenergebnisse, und halten Sie Ergebnisse fest.
- Reflektieren Sie nach jeder Verhandlung: Was ist gut gelaufen? Was kann ich optimieren?

Was fördert ein gutes Resultat?

- Einstellung beider Parteien, dass nur ein Win-win-Resultat ein gutes Resultat ist.
- Vertrauen in die hehren Absichten des Gesprächspartners.
- Deutlicher Wille zum Konsens.
- Machen Sie Angebote und begründen Sie diese mit einem nachvollziehbaren Grund.
- Heben Sie übereinstimmende Punkte hervor.
- Nehmen Sie sich eine Auszeit, wenn Sie über einen Vorschlag erst nachdenken wollen.
- **Legen Sie Ihre Interessen und Hintergründe möglichst offen dar.**
- Sollten Sie in eine Sackgasse geraten, stellen Sie das Thema zurück und besprechen es später.

ExpressoTipp

Gehen Sie zu zweit in die Verhandlung, so können sich Beobachter und Verhandler abwechseln.

ExpressoFokus

Verhandeln heißt auch immer **Geben** und **Nehmen**. Nur wenn das ausgeglichen ist, kommt es zu einem guten Resultat. Verknüpfen Sie Zugeständnisse möglichst mit einem Entgegenkommen der anderen Seite. Setzen Sie sich Limits, und lassen Sie die andere Seite spüren, dass es Ausstiegskriterien gibt.

ExpressoBalance

Betrachten Sie auch einfache Dinge aufmerksam und unvoreingenommen: ein Glas Wasser, am Himmel ziehende Wolken, einen grünen Apfel.

Mit Vision und Mission führen

Vision, Mission, Leitbild, Strategie, Charter, Ziele etc. werden herangezogen, um die Marschrichtung eines Unternehmens zu bestimmen. Hier möchten wir die Begriffe abgrenzen und einige wichtige Einblicke geben. Wobei die Begriffe nicht immer eindeutig verwendet werden und die Bedeutungen manchmal ineinander fließen.

Eine der großen Herausforderungen für ein Unternehmen besteht darin, seine Mitarbeiter mit einer Vision oder Mission zu faszinieren und emotional zu berühren. Erst dann werden maximale Energien frei.

Unterschied von Vision und Mission

- Eine **Vision** bezieht sich auf die Zukunft. Sie entwirft ein Bild einer attraktiven und dabei realistischen und glaubhaften Zukunft einer Organisation. Sie ist das Bild eines Zustandes, der in grundlegenden Belangen besser ist als der gegenwärtige Zustand. Wurde eine Vision verwirklicht, muss eine neue entwickelt werden. Vision wird eher mit dem Ziel assoziiert. Beispiel: Wir wollen die führende Organisation im Bereich Wissensmanagement in Deutschland sein.
- Eine **Mission** bezieht sich auf die Gegenwart und auf die Art, wie eine Organisation oder ein Unternehmen heute geleitet wird. Sie kann über lange Zeit dieselbe bleiben. Eine Mission wird eher mit einer Verhaltensweise in Verbindung gebracht. Beispiel: Wir möchten zum Erfolg unserer Kunden beitragen.

Verschiedene Begriffsbeschreibungen

- **Leitbild:** Der Begriff wurde häufig in den 80er und 90er Jahren verwendet. Er drückt aus, was die Organisation für das Umfeld leisten will. Es ist die Grundlage für die Bildung der Unternehmensziele. Der Leitbildbegriff kommt dem Mission Statement sehr nahe.
- **Strategie:** Der Begriff stammt aus dem Griechischen und bedeutet Heerführung. Eine gewählte Strategie meint so viel wie ein zielorientiertes Vorgehen, einen langfristigen Plan, im Gegensatz zur kurzfristigen Taktik als Teil einer Strategie.
- **Charter:** Die Schlüsselpersonen eines Unternehmens entwickeln eine Reihe von Aussagen, Meinungen, Werten über die Erwartungen von Kunden, Mitarbeitern, Lieferanten, Umwelt etc. an das Unternehmen.
- **Ziele:** Konkrete, messbare Beschreibungen von gewünschten Ergebnissen.

Für Ihre Zeitplanung

- Eine passende Mission und Vision zu erarbeiten ist ein anspruchsvoller und längerer Prozess.

Wissensnetz, Weblinks und Literatur

56. Leitbilder als Ausdruck der Identität
95. Als Führungskraft unternehmerisch denken
107. Ziele und Strategien für das Unternehmen entwickeln

- Anrew Campell, Marion Devine, David Young: Vision, Mission, Strategie. New York

»Alle Dinge beginnen mit einer Vision. Sie haben ihren Ursprung in einer Vision, müssen dann auch noch ins Werk umgesetzt werden.«

Indianische Weisheit

Nutzen von Visionen

- Sie geben Orientierung und sind Grundlage von Entscheidungen.
- Sie geben Halt in schwierigen Situationen.
- Sie sind identitätsstiftend und verkörpern Glaubwürdigkeit.
- Sie transportieren eine gemeinsame Werthaltung.
- **Sie setzen Energien frei und fördern Motivation und Begeisterung.**
- Sie schaffen einen Zugang zur Kreativität des Unbewussten.
- Sie schaffen eine Verbindung zwischen Mitarbeitern sowie zwischen Kunden und Mitarbeitern, da sie tiefere gemeinsame Werte berühren.

Das Ashridge-Modell der Mission

Zweck: Warum existiert das Unternehmen? Zu wessen Nutzen werden die Anstrengungen unternommen?
Strategie: In welcher Branche will das Unternehmen tätig sein? Welchen Wettbewerbsvorteil und welche charakteristischen Kompetenzen zeichnen das Unternehmen aus?
Verhaltensnormen: Welche Praktiken und Verhaltensmuster gelten, die die charakteristische Kompetenz und das Wertesystem unterstützen?
Wertvorstellungen: Woran glaubt das Unternehmen? Welches sind die Überzeugungen und die ethischen Grundsätze hinter der Unternehmenskultur?

Wie es zusammenhängt

Vision • Mission • Strategische Planung • Unternehmensziele • Maßnahmen • Umsetzung → ERFOLG.
Die Vision als Idealbild einer wünschbaren Zukunft bildet die Basis für die Mission. Diese beinhaltet den Zweck und die Strategie verbunden mit Verhalten und Werten. Daraus werden die Unternehmensziele abgeleitet. Die strategische Planung ist ein genauer, langfristiger Plan des Vorgehens für die verschiedenen Organisationseinheiten, um die Unternehmensziele zu erreichen. Daraus werden Maßnahmen entwickelt und diese werden von Bereichen, Abteilungen etc. umgesetzt. Schlussendlich entscheidet die Qualität der Umsetzung über den Erfolg.

ExpressoTipp

Die Mission muss auch die Geschichte des Unternehmens und dessen Umfeld (Wettbewerb, Technologie, Märkte etc) berücksichtigen. Aus McDonald's ein Gourmetunternehmen zu machen, wäre vermutlich möglich, aber nicht unbedingt sinnvoll.

ExpressoFokus

Nur wenn Ihre Mitarbeiter Ihre Vision und Mission verstehen und im Großen und Ganzen damit einig sind, entsteht die dynamische Energie und Begeisterung, die ein Unternehmen benötigt, um erfolgreich zu sein.

ExpressoBalance

Vermeiden Sie Sätze mit »Ich muss«. Die bessere Lösung »Ich kann« oder »Ich will«. Damit setzen Sie Energien für die bevorstehende Arbeit frei.

Das kleine Einmaleins des Visualisierens

Visualisierung meint nicht nur einfach »Bildchen malen«, sondern das Gestalten von Informationen, sei es durch Bilder, Zeichen oder Symbole – für mehr Verständlichkeit und eine höhere Merkfähigkeit. Generell dient jede grafische Gestaltung dem Inhalt und soll ihn anschaulich machen. Sie führt kein Eigenleben und darf nicht ablenken.

Dies gilt für alle Elemente. Viele Inhalte lassen sicher besser mit Bildern, Grafiken oder Diagrammen »erzählen«. Am besten, Sie entwickeln dabei einen eigenen Stil – natürlich auf Basis Ihrer Unternehmens-CI.

Allgemeine Kriterien und Regeln

- **Vermeiden Sie Klischees** (Frau bei Hausarbeit)!
- Halten Sie alle Grafiken möglichst schlicht.
- Allgemein gilt: Weniger ist mehr! Denken Sie an »KISS«: keep it short and simple.
- Halten Sie stets Vorgaben der Corporate Identity (CI) ein.
- Um den Zuhörern eine gute Orientierung zu bieten, sollten **gleichartige Inhalte in derselben Farbe dargestellt werden, verschiedenartige Inhalte entsprechend in unterschiedlichen Farben.**
- Trennen Sie illustrierende Figuren deutlich vom Grafik-Hintergrund. Durch Hell-dunkel- oder Scharf-unscharf-Kontraste grenzen Sie die verschiedenen Elemente voneinander ab.
- Versuchen Sie möglichst hauseigenes Material wie Fotos und Illustrationen zu verwenden. Fragen Sie im Zweifelsfall in der Marketing- oder Presseabteilung nach.

Eine Frage der Orientierung

- Wir lesen von links nach rechts und von oben nach unten. Wenn Sie bei der Visualisierung links oben anfangen und rechts unten aufhören, gestalten Sie sie nach unseren Seh- und Lesegewohnheiten.
- Weitere Abläufe oder Reihenfolgen sind:
  von unten nach oben
  im Uhrzeigersinn oder
  gegen den Uhrzeigersinn.
- Wichtig ist, dass Sie Ihre gewählte Richtung konsequent nicht nur auf der einzusehenden Abbildung, sondern auch auf allen weiteren entsprechenden Abbildungen durchhalten.
- Zur besseren Orientierung Ihres Publikums hilft es auch, alle Gestaltungselemente wie Schrift, Diagramme, Farben etc. einheitlich zu halten.

Für Ihre Zeitplanung

- Nehmen Sie sich ausreichend Zeit für das Suchen bzw. Erstellen passender Visualisierungen.

Wissensnetz, Weblinks und Literatur

11. Corporate Culture für die eigene Kommunikation nutzen
59. Mit Mind Mapping strukturieren
77. Zielgerichtet und erfolgreich präsentieren

- www.simplify.de: »Tikis Zeichenkurs« und »Comiczeichnen«
- Gene Zelazny: Das Präsentationsbuch. Campus. Frankfurt/New York
- Vera F. Birkenbihl: Stroh im Kopf? Landsberg/München

Zahlen übersichtlich gestalten

- Stellen Sie Zahlen möglichst immer in Form von zweidimensionalen Diagrammen dar.
- Beschriften Sie die Achsen der Diagramme – mit Werten und Dimensionen.
- Verwenden Sie **nicht mehr als vier Farben**, inklusive der Hintergrundfarbe.
- Den wichtigsten Bereich sollten Sie durch eine Signalfarbe oder einen Kreis hervorheben.
- Vergessen Sie nicht den Diagrammtitel und die Diagrammlegende.
- Je weniger Daten Sie in eine Grafik packen, desto besser wird sie verstanden.
- Tabellen sind meist schwer zu erfassen. Sie sollten nur gewählt werden, wenn die einzelnen Zahlen wichtig sind.

Fotos, Illustrationen und Symbole

- Auch Fotos müssen im Stil einheitlich sein, also alle in Schwarzweiß oder alle in Farbe, und zwar im selben Stil und – am besten – in derselben Perspektive fotografiert.
- Benutzen Sie **nie Fotos mit »negativer« Aussage**, außer Sie bieten direkt dazu eine »Problemlösung«.
- Auch für Illustrationen gilt: Sie müssen vor allem einheitlich sein.
- Wenn Sie eigene Symbole zur Illustration oder als roten Faden verwenden, sollten Sie darauf achten, dass alle allgemein verständlich und einheitlich sind.
- Lassen Sie abgebildete Menschen in die Grafik hineinschauen. So lenken Sie die Blicke auf Ihre Inhalte und sorgen für eine optisch »geschlossene« Wirkung.

Illustrationen selbst erstellen

Hier ist kein Platz für einen Zeichenkurs. Besonders die Anleitungen von Werner Tiki Küstenmacher zeigen Ihnen, wie einfach es sein kann. Ein paar Ideen daraus:

- Konzentrieren Sie sich auf das, womit Sie die meiste Wirkung erzielen: das Gesicht einer Figur. Augen und Mund entscheiden über deren Stimmung.
- Augen und Augenbrauen legen die Emotion fest. Neigen sich die Brauen nach innen, bedeutet das Zorn, Boshaftigkeit, Stärke. Neigen sie sich nach außen, steht das für Melancholie, Trauer, Schwäche.
- Dazu kommt dann entweder ein lachender oder ein (nach unten gezogener) mies gelaunter Mund.

ExpressoTipp

Die Gestaltung sollte immer der Funktion untergeordnet sein. Wenn ein Element keine Funktion für die eigentliche Bildaussage hat, sollten Sie es weglassen.

ExpressoFokus

Bauen Sie sich ein Archiv mit Fotos und Illustrationen auf, die Sie immer wieder benutzen können. So groß muss es meist gar nicht sein, da niemand etwa bei Vorträgen und Präsentationen unüberschaubar viele Themen abdecken muss.

ExpressoBalance

Unterscheiden Sie zwischen Tat und Tätigkeiten: Eine Tat führt zu einem Ziel, eine Tätigkeit bleibt ohne Folgen.

Neuer Vorgesetzter: den Stabwechsel mitgestalten

Die Organisation verändert sich: Sie bekommen einen neuen Chef. Unsicherheit macht sich breit oder gar Frustration, wenn der Wechsel mehrmals kurz hintereinander ist oder Sie selbst gar Ambitionen auf den Chefsessel hatten. Vielleicht ist auch Erleichterung im Spiel, wenn Sie das Gefühl haben, es kann nur noch aufwärts gehen.

Es gilt, einen guten ersten Eindruck zu machen und herauszufinden, welche Werte und Einstellungen der neue Vorgesetzte mitbringt.

Der erste Eindruck

- In den ersten Sekunden ordnen wir Menschen, denen wir begegnen, sofort in ein grobes Raster ein: bekannt/unbekannt, männlich/weiblich, alt/jung. Wir werten noch nicht.
- Nach etwa einer halben Minute machen wir eine erste, grobe Bewertung, und zwar auf Basis der äußeren Erscheinung, der Körpersprache und auch der Stimme: sympathisch, unsympathisch, unklar, widersprüchlich.
- Innerhalb von vier Minuten vertiefen wir unseren Eindruck. Wir beginnen ein Gespräch oder beobachten die Person aus einiger Distanz. Dabei achten wir nicht so sehr auf Argumente, sondern auf das Wie: Ist das Gegenüber locker oder verkrampft? Tolerant oder rechthaberisch?
- Das Verblüffende: **Nach diesen vier Minuten glauben wir, einen bislang Fremden verlässlich beurteilen zu können.** Tests haben ergeben, dass dieser Eindruck ziemlich zuverlässig ist.

Einen guten ersten Eindruck machen

- **Offene Körpersprache:** Aufrechte Körperhaltung und aus dem Bauch atmen. Halten Sie Blickkontakt und gebrauchen Sie die Hände für Gestik. Scheuen Sie sich nicht, Mimik zu zeigen – am besten ein sympathisches Lächeln.
- **Im Gespräch sein:** Sprechen Sie Ihren Gesprächspartner mit Namen an. Stellen Sie Fragen. Antworten Sie ungezwungen in klaren, kurzen Sätzen. Lange Monologe sind tabu! Vermeiden Sie Streitgespräche. Halten Sie dagegen mit: »Eine interessante Ansicht. Glauben Sie wirklich, dass …«
- **Gefühle statt Ansichten:** Äußern Sie Gefühle wie: »Das finde ich interessant, erfreulich …« Das wirkt sympathisch und verhindert Konflikte schon am Anfang, weil es sich um persönliche Meinungen und nicht um Ansichten handelt.

Für Ihre Zeitplanung

- Suchen Sie am Anfang den regelmäßigen Kontakt. Wenn Sie sich dann besser kennen, kann dieser wieder reduziert werden.
- Informieren Sie viel, im Zweifel eher zu viel. Das baut das Vertrauen auf.

Wissensnetz, Weblinks und Literatur

27. Wer bin ich? – Fremdbild und Selbstbild
73. Zwei Persönlichkeitstypologien: DISG und Insights
110. Durch aktives Zuhören mehr verstehen

»Wenn man einen Menschen richtig beurteilen will, so frage man sich immer: ›Möchtest du den zum Vorgesetzten haben?‹«

Kurt Tucholsky

100

Typ und Arbeitsstil

Finden Sie heraus, welcher Arbeitsstil Ihrem Vorgesetzten eigen ist. Was ist ihm wichtig? Wie möchte er die Kommunikation haben? Visuelle Typen schätzen Skizzen, Tabellen, Bilder und Text in schriftlicher Form. Auditive Typen bevorzugen es, über die Dinge zu sprechen, um auf Nebentöne zu hören. Wenn schon Schriftstücke, dann nur knappe.
Ist er eher sach- oder beziehungsorientiert? Denkt er eher analytisch (offerieren Sie Details, kommunizieren Sie präzise?) oder gesamtheitlich (geben Sie einen schnellen Überblick ohne Einzelheiten)? Ist er eher risikofreudig (verhalten Sie sich mutig?) oder sicherheitsorientiert (stimmen Sie sich zuerst ab)?

Wie etablieren Sie sich?

Sorgen Sie von Anfang an dafür, dass Sie beim neuen Vorgesetzten als zielorientiert, konstruktiv und verantwortungsbewusst auftreten.
Bereiten Sie sich darauf vor, dass der »Neue« mit Ihnen ein Informationsgespräch führt, etwa mit folgenden Themen: Mit welchen Themen sind Sie aktuell beschäftig? Wie ist die Zielsetzung? Was läuft gut? Wo sind Schwachstellen (diese immer mit konstruktiven Lösungsmöglichkeiten darstellen) und Engpässe? Wie ist die Zusammenarbeit? Wie läuft die Kommunikation? Welche wichtigen Regeln und Rituale gibt es?
Sichern Sie Ihre Unterstützung zu. Vereinbaren Sie, wie Sie Ihre Kommunikation in Gang halten.

Perspektivenwechsel

Setzen Sie sich gedanklich auf den Stuhl Ihres neuen Vorgesetzten. Was würden Sie sich von Ihren Mitarbeitern wünschen? Wie sollte die Kommunikation sein? Welche Unterstützung und Einführung würden Sie gerne haben? Was würde Ihre Sicherheit erhöhen oder reduzieren?
Was würde Ihnen helfen, das Vertrauen in den Mitarbeiter aufzubauen? Welche Beziehungsangebote wären Ihnen angenehm?
Und: Behandeln Sie Ihren neuen Vorgesetzten so, wie Sie in dieser Funktion auch gerne behandelt würden.
Versuchen Sie in der ersten Zeit zu erkunden, in welcher Rolle Ihr Vorgesetzter sich versteht und was er von Ihrer Rolle erwartet.

ExpressoTipp

Bereiten Sie sich bei einem Vorgesetztenwechsel vor. Es ist eine neue Bewährungsprobe. Der gelungene Anfang ist besonders wichtig.

ExpressoFokus

Bauen Sie Vertrauen auf, indem Sie Konflikte offen ansprechen und versuchen, einen Konsens zu finden.

ExpressoBalance

Seien Sie absolut offen und ehrlich gegenüber sich selbst. Belügen Sie sich wegen anderer Menschen oder geschäftlicher Interessen nicht selbst.

Weiterbildung als Schlüssel zu dauerhaftem Erfolg

Unser Wissen verdoppelt sich in immer kürzeren Zeitabständen. Das führt dazu, dass das Wissen in Unternehmen auf zunehmend mehr Experten verteilt ist und die Fähigkeit zur Zusammenarbeit einen noch höheren Stellenwert bekommt. Weiterbildung ist die Fortführung des Lernens nach der Bildungsphase in der Jugend. Lebenslanges Lernen heißt das Schlüsselwort für anhaltenden Erfolg und Freude im Beruf sowie für zunehmende Eigenverantwortung. Es eröffnet allen Menschen die Chance, sich den eigenen Begabungen entsprechend beruflich und persönlich zu entwickeln.

Was ist der Nutzen?

Stellen Sie sich vor, ein Mensch würde nach Ausbildung oder Studium kein weiteres Wissen oder Können erwerben. Sie werden gleich sagen: »Den kann ich aber in meinem Unternehmen (in meiner Organisation) nicht gebrauchen!« – Wie sorgen Sie nun dafür, dass Ihre Mitarbeiter ihr Wissen und Können ständig so erweitern, wie es die Unternehmensbedürfnisse erfordern? Immer geht es um drei Faktoren:

- **Produktivität:** Motivation und Leistungsbereitschaft aufrechterhalten. Langfristig Gesundheit und Leistungsfähigkeit erhalten.
- **Flexibilität:** Qualifikation erhöhen und lebenslange Kompetenzentwicklung fördern.
- **Wissen:** Wissens- und Erfahrungstransfer mit altersgemischten Teams sichern.

Auch für die Erwachsenenbildung ist ein bedürfnisgerechtes Angebot wichtig. Überlegen Sie, welche Bedürfnisse Ihre Mitarbeiter haben. Nutzen Sie die Erfahrung und Beratungsmöglichkeiten der Personaler.

Formell vs. informell

Laut Bundesministerium für Bildung und Forschung ist die Beteiligung an **formellen Weiterbildungen** (Lehrgänge und Kurse) der 19- bis 49-Jährigen beinahe doppelt so hoch wie die der 45- bis 64-Jährigen. Auch wenn die formale Weiterbildung in den vergangenen Jahren insgesamt rückläufig ist, wird deutlich, dass die **Kompetenzentwicklung der über 45-Jährigen zunehmende Aufmerksamkeit benötigt.**

Informelle Lernformen (am Arbeitsplatz, Selbstlernen in der Freizeit, Coaching etc.) haben eine höhere Reichweite als klassische Weiterbildungsseminare. Diese höhere Reichweite gilt besonders für in Weiterbildung sonst unterrepräsentierte Personengruppen wie Ältere und niedrig Qualifizierte. Bei beiden Lernformen geht es um Verstehen, Vertiefen und Verwenden. **Sorgen Sie unabhängig von der Lernform dafür, dass die Lernschritte Vertiefen und Verwenden wirklich stattfinden.** Denn nur dann hat Ihre Investition auch wirklich einen Nutzen.

Für Ihre Zeitplanung

- Setzen Sie das Thema Weiterbildung auf die Agenda für das Mitarbeitergespräch.
- Geben Sie Ihren Mitarbeitern Zeit und Freiraum, Weiterbildungen zu besuchen. Vereinbaren Sie vorab die damit verbundenen Ziele, und prüfen Sie im Nachgang deren Umsetzung.
- Nehmen Sie sich selbst Zeit für regelmäßige Entwicklungsmaßnahmen in eigener Sache.

Wissensnetz, Weblinks und Literatur

46. Eigene Kompetenzen, Talente und Fähigkeiten fördern
72. Kleiner Workshop zu Ihrer persönlichen Entwicklung
75. Potenziale erkennen – Mitarbeitern fördern und befördern

- www.bildungsserver.de: Beratung
- www.bmbf.de: das Bundesministerium
- Jürgen Wittpoth: Einführung in die Erwachsenenbildung. Wiesbaden

Formeller Kompetenzerwerb

Fachliche Weiterbildung: Welches Wissen benötigt der Mitarbeiter aus Ihrer Sicht? Wie können Sie diese Zielmarke beschreiben? Wo sind aus Sicht des Mitarbeiters noch Lücken? Was möchte der Mitarbeiter tun, um diese zu schließen? Welche fachlichen Kompetenzen benötigt der Mitarbeiter in der Zukunft? Je nach Funktion und Erfahrung sind dafür rund ein bis drei Wochen pro Jahr einzusetzen.
Soziale und methodische Kompetenzen: Über welche Stärken verfügt der Mitarbeiter? Was wird außerdem in der jetzigen oder zukünftigen Funktion gefordert? Wo ist der Mitarbeiter willens, an seinen persönlichen Themen zu arbeiten? Welche methodischen Kenntnisse würden ihn voranbringen?

Informeller Kompetenzerwerb

- **Erlernen durch Erleben:** Erweiterte Aufgaben/Projekte übergeben – ein typisches Training on the job.
- **Lernplattformen, E-Learning:** Orts- und zeitunabhängige interne und externe Angebote ermöglichen, Wissen zu den Themen abzurufen, die man gerade benötigt.
- **Arbeitsteams mit verschiedenen Erfahrungsstufen**, verschiedenen Professionen und unterschiedlichen Funktionen bilden und voneinander lernen lassen: Themen in kleinen Gruppen bearbeiten.
- **Patensystem:** Erfahrene Mitarbeiter betreuen neue Kollegen.
- **Ungenutzte Kompetenzen:** Fragen Sie Mitarbeiter, wo Sie diese auch noch einsetzen könnten?

Ein lernförderliches Klima gestalten

Schaffen Sie ein entwicklungsförderliches Umfeld, worin Entwicklung belohnt und unterstützt wird. Dazu gehören insbesondere:
- Konstruktive Konfliktbewältigung und fehlertolerantes Klima
- Selbstkritik und Bereitschaft zur Infragestellung
- Initiatives Handeln und innovatives Denken belohnen
- Einbeziehung der Kunden und Mitarbeiter in die Geschäftsprozesse
- Offenheit gegenüber Veränderungen
- Ältere Mitarbeiter gilt es, lernmotiviert zu halten

ExpressoTipp

Warum lernen Sie überhaupt? Schreiben Sie auf, was Sie durch das Lernen erreichen wollen. Machen Sie einen »Vertrag« mit sich selbst beziehungsweise mit Ihren Mitarbeitern.

ExpressoFokus

Pflegen Sie die Lernbereitschaft und die Lernfähigkeit Ihrer Mitarbeiter – und Ihre eigene. Sehen Sie Weiterbildung als Selbstverständlichkeit, und unterhalten Sie sich nur noch über das »Was und wie viel«. Geben Sie finanzielle und zeitliche Unterstützung auch bei externen Weiterbildungswünschen.

ExpressoBalance

Gerade wenn Sie viel zu tun haben, halten Sie für ein paar Minuten inne. Achten Sie dabei bewusst auf Ihren Atem: Wie er kommt und geht ohne dass Sie etwas dafür tun müssen. Der Atem wird Ihnen geschenkt.

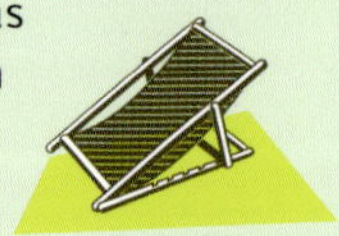

Die Ressource Wissen managen

Binnen fünf Jahren müssen Studien zufolge Unternehmen und Organisationen rund dreißigmal so viele Daten verwalten wie noch 1999. Nahezu jede Organisation – unabhängig von Größe und Art – sucht heute nach besseren, effizienteren Wegen, um Informationen sowohl intern als auch extern teamübergreifend mit Lieferanten, Partnern und Kunden via Internettechnologie gemeinsam zu nutzen.
Es geht darum, aus bloßen Informationen nutzbares Wissen zu schöpfen – auf dem Weg zur Wissensgesellschaft.

Daten vs. Wissen

Ziel des Wissensmanagements ist es, aus bloßen Informationen (Daten) nutzbares Wissen zu machen:

Daten	Wissen
unstrukturiert, isoliert und kontext-unabhängig	strukturiert, verankert und kontext-abhängig

Verbreitert sich die Wissensbasis, führt dies logischerweise zu fundierteren Entscheidungen.
Zudem gilt: Jeder Mitarbeiter besitzt Know-how. Es nutzt im besten Fall einem Team und dem ganzen Unternehmen oder der ganzen Organisation, im schlimmsten Fall niemandem. Informationen dürfen folglich nicht nur in den Köpfen der Mitarbeiter gespeichert sein – vor allem auch dann, wenn sie das Unternehmen verlassen.

Was Wissensmanagement kann

- Ganz gleich, wie umfassend man das Thema Wissensmanagement angeht, immer lassen sich **sechs Bausteine** identifizieren: **Wissen identifizieren, erwerben, entwickeln, (ver)teilen, nutzen und bewahren**.
- Wissensmanagement generiert Inhalte aus Dokumenten, Daten sowie aus internem und externem Wissen. Diese Inhalte werden gepflegt und in der Regel im Firmennetzwerk zugänglich gemacht.
- Für Mitarbeiter bedeutet dies, dass sie zu jedem Zeitpunkt über das gesamte Wissen des Unternehmens verfügen. Jeder kennt das Problem der isolierten Informationsinseln, die sich über die Zeit bilden. Wissensmanagement führt diese Daten zusammen.

Wissensmanagement ist nur so gut, wie die Konsequenz, mit der Wissen tatsächlich auch von den Mitarbeitern gepflegt wird.
Die benötigt eine **offene, transparente Vertrauenskultur**.

Für Ihre Zeitplanung

- Wenn Sie noch über kein Wissensmanagement verfügen, sollten Sie es umgehend auf Ihre Agenda setzen: Vergleichen Sie die Angebote, nicht immer muss es die kostenintensive Alleskönner-Lösung sein.
- Wissen ist dynamisch: Aktualisieren Sie ständig Ihre Datenbestände, und passen Sie auch Ihr Wissensmanagement kontinuierlich neuen Anforderungen an.

Wissensnetz, Weblinks und Literatur

37. Die Informationsflut managen
89. Sich selbst managen
101. Weiterbildung als Schlüssel zu dauerhaftem Erfolg

- www.expressocoach.de: Links zu Wissens-Angeboten
- Gilbert Probst, Steffen Raub, Kai Romhardt: Wissen managen. Wiesbaden

Checkliste: Wissen

- Was sind Ihre Wissensziele? Was ist für Ihren Erfolg entscheidend? Auch morgen?
- Werden Sie als Planungsziele genutzt? Wie können Wissensziele gemessen werden?
- In welchen Bausteinen des Wissens sehen Sie Ihre Probleme?
- Wo sind Sie in Sachen Wissensmanagement besonders stark?
- Netzwerke erleichtern Identifikation von Wissen.
- Haben Sie **»Wissens-Verantwortliche«** in Ihrem Team für jeweilige Fachbereiche? Kennt diese jeder?
- Wer kann womit und wie bei Wissensthemen helfen? Wer ist für Dokumentation zuständig?

Konkret: Wissen ablegen

- Bewährt haben sich Hängeregistraturen, da sie sehr flexibel zu erweitern sind und zudem die unterschiedlichsten Formate aufnehmen können.
- Oft quellen Ordnungssysteme über, weil die Kategorien zu weitläufig angelegt wurden. Richten Sie zum Beispiel statt einer Mappe für »Coaching« jeweils eine Mappe zu »Coaching allgemein«, »Mein Coaching« und für jeden Ihrer Mitarbeiter, den Sie coachen, wiederum eine eigene Mappe ein.
- Das papierlose Kleinbüro: Sie scannen jedes Stück Papier, das bei Ihnen eingeht, und speichern es digital auf der Festplatte Ihres PCs. Dazu kann oft auf teure Speziallösungen verzichtet werden

Vorteile eines Intranets

Wissensmanagement im Firmennetzwerk (Intranet) erschließt Informationen aus Daten heterogener Quellen und verdichtet sie zu relevantem Wissen.
Ein Beispiel: Verkaufszahlen werden für eine Budget-Entscheidung benötigt, Zahlenreihen müssen in aussagekräftige Diagramme umgewandelt werden, die Informationen liegen aber in unterschiedlichen Datenbanken.
Ein Intranet bildet auch eine Barriere gegen die vielen Fehler, die beim Austausch von Dokumenten entstehen können: Plötzlich existieren unterschiedliche Versionen eines Dokuments, wichtige Nachrichten sind nicht aufzufinden, E-Mails von Kunden landen erst nach Tagen auf dem richtigen Schreibtisch.

ExpressoTipp

Eliminieren Sie »wilde« Abstellflächen wie die Fläche auf dem Scanner, den Platz hinter der Tür, neben dem Schrank oder den Besuchertisch. Genauso sollte es keine namenlose Mappen oder Kisten geben: Beschriften Sie jeden Ordner, jede Mappe usw., sobald Sie dort etwas abgelegt haben.

ExpressoFokus

Statt alles selber wissen zu wollen, pflegen Sie gute Beziehungen zu Experten für bestimmte Themen, die Sie dann befragen können. Und tauschen Sie sich mit Freunden in Ihren Netzwerken aus.
Und verlieren Sie nie aus den Augen, dass Wissensmanagement vom Management gelebt werden muss!

ExpressoBalance

»Es mag sein, dass wir durch das Wissen anderer gelehrter werden. Weiser werden wir nur durch uns selbst.« (Michel de Montaigne)

Work-Life-Balance: alle Lebensbereiche in Einklang bringen

Wir träumen von einem zufriedenen und erfüllten Leben. Die Realität ist aber, dass wir in einer zunehmend komplexeren Welt leben – im Beruf, im privaten und im öffentlichen Leben. Insbesondere im Job steigen die Anforderungen an Fähigkeiten, Flexibilität und Belastbarkeit. Der angespannte Arbeitsmarkt erhöht zusätzlich den Druck.

Es fällt zunehmend schwerer, eine gute Balance zwischen den vier Polen unseres Lebens zu finden: Gesundheit, Arbeit, Privatleben und Sinngebung.

Balance zwischen vier Polen

- **Gesundheit und Erholung:** Wie ernähre ich mich richtig? Wie sorge ich für Entspannung? Was brauche ich, um mich gesund und fit zu halten?

- **Leistung und Arbeit:** Was sind meine Karrierevorstellungen? Wie viel Geld benötige ich zum Leben? Wie sorge ich für das Alter vor?

- **Familie und Kontakt:** Wie wichtig ist mir Familie? Wie viel Zeit möchte ich mit Freunden verbringen? Wo bekomme ich Zuwendung, Liebe und Anteilnahme? Welche Anerkennung benötige ich für meine Zufriedenheit?

- **Sinn und Werte:** Woran glaube ich? Welches sind meine höchsten Werte? Was bedeutet für mich Lebenssinn? Wie will ich Religion in mein Leben integrieren? Wie kann ich ein erfülltes Leben leben?

Die Merkmale der Balance

- Sie arbeiten in einem interessanten, herausfordernden Beruf, indem Sie sich entfalten können und der Ihnen Spaß macht.
- **Sie verfügen über Zeit für sich selbst: für Ruhe, Entspannung und Reflexion.**
- Sie leben in einer tragfähigen Partnerschaft und/oder in einem liebevollen Kontakt mit Ihrer Familie.
- Sie haben einen Freundes- und Bekanntenkreis, mit dem Sie im lebendigen Austausch stehen.
- Sie kümmern sich aktiv um eine stabile und gute Gesundheit, Sie achten auf eine gesunde Ernährung und genügend Bewegung.
- Ihre wirtschaftliche Situation ist gesichert und große Risiken sind abgesichert.
- Sie bewegen sich in einem privaten und beruflichen Umfeld, welches mehrheitlich im Einklang mit Ihren eigenen Werten ist.

Für Ihre Zeitplanung

- Balance findet jeden Tag statt – beschleunigen und entschleunigen, anspannen und entspannen. Finden Sie »Energietankstellen« im Alltag.
- Hören Sie auf die Signale Ihres Körpers! Sonst setzen Sie sich einem sehr hohen Krankheitsrisiko aus.
- Gönnen Sie sich eine Sabatical-Woche oder einen Sabatical-Monat.

Wissensnetz, Weblinks und Literatur

2. Arbeitszeiten individuell und sinnvoll gestalten

22. Beruf, Familie & Co. – Interessenkonflikte austarieren

72. Kleiner Workshop zu Ihrer persönlichen Entwicklung

- Marco von Münchhausen: So zähmen Sie Ihren inneren Schweinehund. München
- Sabine Allwinn: Entdecken, was guttut. München

Anzeichen für ein Ungleichgewicht

- Sie haben nie Zeit und hetzen ständig Ihren Terminen hinterher.
- In der Familie entsteht Sprachlosigkeit. Freunde ziehen sich zurück.
- Sie haben Schlafprobleme. Sie fühlen eine innere Unruhe und sind oft unkonzentriert.
- Sie fragen sich häufig: Was soll das Ganze? Sie haben zu gar nichts Lust.
- Die Wertvorstellungen in Ihrem Umfeld unterscheiden sich von Ihren eigenen.
- Sie denken: «Das mach ich, wenn ich mehr Geld habe, wenn ich älter bin, wenn ich pensioniert bin ....«
- Sie sind häufig krank oder sehen keinen Sinn in Arbeit, Leben, Beziehung.

Treffen mehr als vier dieser Punkte auf Sie zu? Dann ist es Zeit, etwas zu verändern!

Ideen für mehr Balance

Überlegen Sie einmal, welche wichtigen Rollen (Mutter, Ingenieurin, Mitglied im Tennisclub etc.) Sie in Ihrem Berufs- und Privatleben einnehmen. Schreiben Sie diese (maximal zehn) auf ein Blatt Papier.
Bewerten Sie nun die Wichtigkeit Ihrer Rollen. Welche Rollen machen Ihnen am meisten Freude? Welche Rollen am meisten Ärger?
Was würde geschehen, wenn Sie alle Rollen, die mit hohem Ärger verbunden sind, aufgeben würden?
Wie würde es idealerweise aussehen? Was könnten Sie ändern, um diesem Ideal sehr nahe zu kommen? Was wären die Voraussetzungen, um dies auch wirklich zu tun?

Mit Rollen entspannter umgehen

Im Alltag sind wir ständig konfrontiert mit Erwartungen, Konflikten und Unsicherheiten. Wird uns dies bewusst, ist ein entspannterer Umgang mit eigenen Rollen möglich.
Erfragen Sie Rollenerwartungen: Was erwartet man von mir? Was erwarte ich von mir?
Rollenkonflikte offen legen: Welche Rollen sind im Konflikt miteinander? Oft ist es ein innerer Konflikt. Machen Sie ihn sichtbar durch Aussprechen. Sie werden staunen, welche kreativen Lösungen entstehen.
Klären Sie Rollenunsicherheit: Was weiß ich über die Rolle? Was ist der Umfang der Verantwortung? Wer kann mir helfen, mehr über diese Rolle herauszufinden? Welche Kompetenzen sollte ich dafür entwickeln?

ExpressoTipp

Gönnen Sie sich jede Woche einen Termin mit sich. Bitte fix im Terminkalender einplanen. Nutzen Sie die Zeit zum Entspannen und Reflektieren. Belegen Sie einen Zeitmanagement Kurs. Geben Sie dem Pol in Ihrem Leben mehr Raum, den Sie zurzeit vernachlässigen.

ExpressoFokus

Überlegen Sie, welches Ihre drei Hauptenergiefresser sind? Sammeln Sie 64 Ideen dazu, wie diese zu verändern sind. Wählen Sie die beste aus, und setzen Sie diese um. Suchen Sie sich, falls gewünscht, einen Coach, der Sie bei den Veränderungen unterstützt.

ExpressoBalance

Planen Sie regelmäßig einen »Entsorgungstag« ein: Was benötigen Sie nicht mehr? Durchforsten Sie ihren Schreibtisch und Ihre Ablage, prüfen Sie kritisch alle regelmäßig stattfindenden geschäftlichen Treffen und die festen Termine.

Aus Zahlen Erkenntnisse ziehen

Information ist nicht gleichbedeutend mit Wissen. Diese Erkenntnis setzt sich angesichts der steigenden Datenflut immer mehr durch. Für Unternehmen und Organisationen gilt es, ihre umfassenden Datensammlungen als Basis für fundierte Entscheidungen zu nutzen. Im Mittelpunkt steht dabei immer wieder das Zahlenmaterial. Diese Daten zu sammeln und zu verdichten, sie zu analysieren und zu interpretieren, Maßnahmen zu beschließen und umzusetzen gehört in Ihren Führungsalltag. Wie können Sie nun aus Zahlen Informationen sammeln und daraus nützliche Erkenntnisse oder gar Wissen gewinnen?

Soll-Ist, Ampelfarben und Trends

Bei der Erstellung von Soll-Ist-Vergleichen werden die Informationen, die bei der Ist-Erhebung gesammelt wurden, übersichtlich dargestellt, sodass Abweichungen zwischen ursprünglichem Plan und aktuellem Stand einfach zu erkennen sind. Um solche Abweichungen besser zu erkennen, können sie mit **Ampelfarben** hinterlegt werden:

Grün: geringe Abweichung, keine Aktion notwendig

Gelb: mittlere Abweichung, weitere Abklärung notwendig

Rot: große Abweichung, unbedingt abklären, Aktionen vermutlich notwendig

Ergänzen Sie Ihre Analyse mit einem Trend für die zukünftige Entwicklung. Dies ist eine rein subjektive Schätzung. Daraus ergeben sich nochmals wichtige Hinweise auf mögliche Defizite oder Unsicherheiten. Frühzeitig erkannt, stehen mehr Handlungsoptionen offen.

»Zahlensalat« überblicken

Das Visualisieren von Zahlen hat eine weit eindrücklichere Qualität.

- Nutzen Sie diese Möglichkeiten, wenn Sie Ihrem Publikum bzw. Ihren Lesern etwas besonders bewusst machen wollen.
- Typische Beispiele dafür sind: Verkaufsstatistiken, Projektstrukturplan, Qualitätsplan (qualitativer Leistungsvergleich), Balkenplan (Vergleich von Terminplanungsmethoden), Auslastungsdiagramme (Ressourcenvergleich), Kostentabellen oder -grafiken (Kostenvergleich), spezifische Kennzahlen (Vergleich zu anderen Projekten), Fertigstellungsgrade (Projektfortschrittskontrolle), Projektstatustabelle etc.
- Nutzen Sie die verschiedenen Darstellungsmöglichkeiten von Säulen-, Balken-, Kreisdiagrammen etc.
- **Setzen Sie Farben ein.**

Für Ihre Zeitplanung

- Sorgen Sie für ein zeitnahes Controlling der wichtigen Zahlen.

Wissensnetz, Weblinks und Literatur

41. Das effektive Arbeiten mit Kennzahlen
70. Mehr Effizienz mit dem Pareto-Prinzip
95. Als Führungskraft unternehmerisch denken
102. Die Ressource Wissen managen
107. Ziele und Strategien für das Unternehmen entwickeln

Zusammenhänge erkennen

Es gilt, aus den bestehenden Daten und Informationen die Zusammenhänge zu erkennen, Hypothesen zu bilden, diese zu prüfen und daraus unternehmerische Rückschlüsse zu ziehen.
Verwenden Sie die **Pareto-Regel**: Mit 20 Prozent Aufwand 80 Prozent des Erfolges erzielen.
Was bedeutet das für Ihre Zahlen? Wo trifft dieses Prinzip zu? Bei welchen Themen bin ich weit weg davon? Was lässt sich optimieren? Wie müsste es aussehen, wenn dies ein perfekt geführtes Unternehmen wäre? Besonders wirkungsvoll sind Diskussionen mit anderen, um gemeinsam die Analyse zu besprechen und Ideen zu sammeln.

Ins Verhältnis setzen

- **Vorjahresvergleich:**
  Vergleichen Sie Ihre Zahlen mit den Zahlen aus den Vorjahren. Wo gibt es Unterschiede? Wie lassen sich diese erklären? Was ist gleich geblieben? Welche Schlüsse können Sie daraus ziehen? Wo finden Sie große Hebelwirkungen?
- **Benchmarking:**
  Vergleichen Sie Ihre Zahlen mit anderen Abteilungen, Unternehmen oder Organisationen. Ideal sind Vergleichszahlen mit ähnlich gelagerten Organisationseinheiten oder sogar Wettbewerbern oder Marktführern.

Qualität von Zahlen

Nur mit zuverlässigen Zahlen lässt sich ein Unternehmen sicher führen. Dies sollten Sie beachten:

- Wo wurden die Zahlen erfasst? Sind die Zahlen an der Quelle erfasst worden?
- Wann wurden die Zahlen erfasst? Wie aktuell sind die Zahlen?
- Wer hat die Zahlen erfasst? Wie zuverlässig ist die Erfassung? Gibt es bei der Erfassung persönliche Interessen?
- Wie wurde gemessen? Wie sind die Zahlen entstanden? Welche sind Plan- und welche Ist-Zahlen?
- Wie kann die Zuverlässigkeit von Zahlen vergrößert werden? Was hätte das für einen Nutzen und welche Kostenfolgen?

ExpressoTipp

Erst die regelmäßige Auseinandersetzung mit den Zahlen ermöglicht es Ihnen, ein gutes Gefühl für deren Dimensionen zu entwickeln. Überlassen Sie diese Aufgabe nicht allein Ihren Controllern. Erstellen Sie Frühwarnindikatoren.

ExpressoFokus

Verteilen Sie Ihre Aufmerksamkeit mehr auf Menschen als auf Zahlen. Schlussendlich sind es die Menschen, die die Zahlen erstellen!

ExpressoBalance

Suchen Sie als Lebensziel etwas, was wichtiger ist als Sie selbst.

»Dringend« vs. »wichtig«: sinnvolles Zeitmanagement

Dem Begriff Zeitmanagement liegt das physikalische Weltbild von Isaac Newton zugrunde. Es geht davon aus, dass die Natur nach klaren Gesetzen abläuft. Daraus folgt der heimliche Traum, eines Tages alle Abläufe und Verpflichtungen genau planen zu können und alles im Griff zu haben.

Seit den Erkenntnissen der modernen Chaosforschung wissen wir, dass dies tatsächlich nur ein Traum bleiben kann. Dennoch gibt es Hilfsmittel, die dazu beitragen, die immer wertvoller werdende Ressource Zeit sinnvoll zu gestalten.

Zeitmanagement – warum?

Durch ein gezieltes Zeitmanagement gewinnen Sie mehr Zeit, die Sie frei nutzen können. **So kommen Sie aus dem Gefühl, nur noch reagieren zu können, wieder zu dem erwünschten Zustand des aktiven Handelns.** Dies ermöglicht Ihnen, mehr Zufriedenheit im beruflichen Alltag zu finden, und vermeidet das bekannte Burnout-Syndrom.
Sinnvolles Zeitmanagement unterstützt Sie nicht nur dabei, Zeit zu gewinnen, sondern auch dabei, die wirklich wesentlichen Aufgaben zu erledigen. Die konsequente Ausrichtung auf das Wesentliche hilft Ihnen, die wichtigen Dinge im Blick zu behalten.
So können Sie in Ihrem Führungsalltag bereits im Vorfeld notwendige Veränderungen, Probleme oder Krisenherde erkennen. Rechtzeitiges Handeln erspart Ihnen hier wiederum viel Zeit und hilft, die Ressourcen konstruktiv zu nutzen.

Die vier Quadranten

	Dringend	**Nicht dringend**
Wichtig	1. Konflikte, Krisen Projekte mit Terminierung → **Managen, Erledigen**	2. Lesen, Beziehungen pflegen, Erholung Planung, Möglichkeiten erkennen → **Fokussieren**
Unwichtig	3. Unterbrechungen, einige Meetings, E-Mails → **Minimieren**	4. Einige Anrufe, Triviales, manche Post, Fluchtaktivitäten, Zeitverschwender → **Vermeiden**

Überprüfen Sie, in welchem Quadranten Sie sich vorwiegend aufhalten.

Für Ihre Zeitplanung

- Planen Sie regelmäßig (etwa täglich, wöchentlich, monatlich und jährlich) und in kleinen Schritten. Gönnen Sie sich regelmäßig Pausen.
- **Achten Sie darauf, sich jeden Tag auch mit einer Tätigkeit aus dem Quadranten 2 zu beschäftigen.**

Wissensnetz, Weblinks und Literatur

12. Delegieren – aber richtig!
70. Mehr Effizienz mit dem Pareto-Prinzip
89. Sich selbst managen

- www.zeitzuleben.de: viele Tipps
- Stephen R. Covey: Die sieben Wege zur Effektivität. Frankfurt/Main
- Friedrich Cramer: Der Zeitbaum. München
- Detlef Koenig, Susanne Roth, Lothar Seiwert: 30 Minuten für optimale Selbstorganisation. Offenbach

Was bedeutet dringend und wichtig?

- Halten wir uns zu sehr mit Tätigkeiten (Krisen und Problemen) aus Quadrant 1 auf, so haben wir das Gefühl, nur noch Krisenmanager zu sein und von einem Problem zum nächsten zu hetzen.
- Es gibt Führungskräfte, die viel Zeit in Quadrant 3 (dringend, aber nicht wichtig) verbringen und meinen, sie seien in Quadrant 1. Oft beruht hier die Dringlichkeit auf Prioritäten und Erwartungen anderer.
- **Effektive Führungskräfte** verwenden wenig Energie für Aktivitäten aus Quadrant 3 und 4 und minimieren die Aktivitäten aus Quadrant 1. Sie **bewegen sich in Quadrant 2 (Beziehungen, Netzwerke, Planung), denken in Chancen und nicht in Problemen und handeln vorausschauend.**

Hin zu mehr Quadrant-2-Tätigkeiten

- **Planen Sie für eine Woche und nicht für jeden Tag:** Um Termine für Ihre Prioritäten festsetzen zu können, eignet sich am besten die Wochenplanung.
- **Setzen Sie Prioritäten:** Unterteilen Sie Ihren Wochenplan in folgende Spalten: Prioritäten der Woche, Prioritäten für den einzelnen Tag, Verabredungen/Verpflichtungen. Planen Sie jede Woche Zeit für Ihre physischen (Bewegung, Stressmanagement), mentalen (lesen, planen, schreiben), spirituellen (lernen, Meditation) und sozialen (Mitgefühl, dienen) Bedürfnisse ein.
- **Delegieren Sie Aufgaben:** Erstellen Sie eine Liste der Aufgaben, die Sie delegieren möchten, und eine Liste der Mitarbeiter, die dafür verantwortlich sein könnten.

Was noch hilfreich ist

- **Meiden Sie Perfektionismus:** Er bremst, macht unzufrieden und kostet Zeit. Denken Sie an das Pareto-Prinzip (80:20-Regel).
- **Verplanen Sie nicht die ganze Woche:** Da immer mit Unvorhergesehenem zu rechnen ist, verplanen Sie nur 40 bis 50 Prozent Ihrer Zeit. So haben Sie Zeitpuffer.
- **Realistische Einschätzung von Zeitbedarfen und Zeitlimits:** Stress lässt sich häufig vermeiden, indem der Zeitbedarf für Aktivitäten und Aufgaben realistisch eingeschätzt wird.
- **Ziele setzen:** So verlieren Sie sich nicht in Einzelheiten.
- **Gute Planung und Vorbereitung:** Schlecht geplante Meetings und Sitzungen sind oft richtige Zeitfresser.

ExpressoTipp

Denken Sie an die Chaosforschung, und bleiben Sie trotz gezielten Zeitmanagements flexibel. Konzentrieren Sie Ihre Kräfte und Energien auf lohnenswerte Ziele, vernachlässigen Sie Nebensächliches. Wer seine Pläne schriftlich festhält, hat einen besseren Überblick und steigert die Selbstmotivation.

ExpressoFokus

Hinweis auf die eigenen Energien sind: Zu welcher Tageszeit sind Sie am kreativsten und am energievollsten? Wann haben Sie zu welchen Aufgaben die größte Lust? Eine Sache wird meist dann am besten, wenn wir sie mit Freude in Angriff nehmen.

ExpressoBalance

Glauben Sie daran, dass noch unentdeckte Fähigkeiten in Ihnen schlummern. Welche könnten das sein? Gehen Sie auf Entdeckungsreise.

Zeugnisse schreiben und beurteilen

Bei Beendigung eines Arbeitsverhältnisses hat jeder Mitarbeiter Anspruch auf ein Zeugnis. Bereits nach erfolgter Kündigung kann er dieses verlangen. Der Arbeitgeber ist gehalten, das Zeugnis mit Wohlwollen abzufassen. Es muss der Wahrheit entsprechen und soll dem Arbeitnehmer das berufliche Fortkommen nicht ungerechtfertigt erschweren. Zwischenzeugnisse können dann verlangt werden, wenn ein berechtigtes Interesse des Mitarbeiters vorliegt. Dies ist der Fall bei einer Versetzung, Vorgesetztenwechsel, bei angekündigter Kündigung etc. Es gelten die gleichen Grundsätze wie für das Zeugnis.

Der Zeugnisaufbau

Ein korrektes qualifiziertes Zeugnis besteht aus: Einleitung, Werdegang, Stellenbeschreibung, Leistungs- und Verhaltensteil und Beendigungsformel. Die Abschnitte Werdegang und Stellenbeschreibung müssen sachlich und vor allem wertungsfrei gehalten sein.
Im Leistungsteil bewertet der Zeugnisaussteller nacheinander Arbeitsbereitschaft, Arbeitsbefähigung und Fachwissen. Danach folgen Angaben zur praktischen Umsetzung, das heißt zur Arbeitsweise und zum Arbeitserfolg. Der Leistungsteil endet mit der Leistungszusammenfassung.
Ein Beispiel: Note 1: Er führte alle Aufgaben stets zu unserer vollsten Zufriedenheit aus. Note 2: Er führte alle Aufgaben stets zu unserer vollen Zufriedenheit aus. Note 3: Er führte alle Aufgaben zu unserer vollen Zufriedenheit aus. Note 4: Er führte alle Aufgaben zu unserer Zufriedenheit aus.
Erst anschließend folgt die Bewertung des Verhaltens.

Häufige Zeugnismängel

- **Fehlende Angaben:** Entweder hat der Autor einen Teil vergessen oder er wurde absichtlich weggelassen, weil die Bewertung negativ ist.
- **Gefälligkeitszeugnis:** Vorsicht ist bei einem Bewerber geboten, dessen letzter Arbeitgeber ihn wegen Insolvenz und betriebsbedingt gekündigt hat. Bei übertriebenem Lob kann es sich um ein Gefälligkeitszeugnis handeln.
- **Formfehler:** Obige Grundstruktur wird nicht eingehalten. Dies kann ein Hinweis auf ein selbst erstelltes Gefälligkeitszeugnis sein.
- **Stil- und Rechtschreibfehler:** Beides weist auf einen nachlässigen Zeugnisinhaber hin. Er hätte die Fehler bemerken und beheben lassen müssen.

Für Ihre Zeitplanung

- Machen Sie ein Arbeitszeugnis sorgfältig. Wenn es zu einem Arbeitsgerichtsprozess kommt, kostet es sehr viel Zeit und Geld.

Wissensnetz, Weblinks und Literatur

55. Leistung und Verhalten eines Mitarbeiters beurteilen
60. Mitarbeiter auswählen
62. Ein Mitarbeiter geht

- www.arbeitszeugnis.de: Test, Ghostwriting, Rat rund ums Thema
- Prof. Dr. Arnulf Weuster, Brigitte Scheer: Arbeitszeugnisse in Textbausteinen. Stuttgart

Verschlüsselungstechniken

- **Negieren:** Während normalerweise die doppelte Verneinung eine Aussage verstärkt (nicht unerheblich = wichtig), steht sie in der Zeugnissprache für eine Abwertung. Gab das Verhalten zum Beispiel »keinen Anlass zu Beanstandungen«, war es auch nicht lobenswert.
- **Ins Passive setzen:** Beurteilungen wie »Aufgaben, die ihr übertragen wurden, führte sie zielstrebig aus« deuten auf mangelnde Eigeninitiative hin.
- **Ausweichen:** Selbstverständliches und sogar Unwichtiges wird gegenüber wirklich wichtigen Kriterien hervorgehoben, beispielsweise die vorbildliche Pünktlichkeit einer Führungskraft.

Geheimcodes in Zeugnissen

Die viel zitierten Geheimcodes sind nach geltendem Recht unzulässig. Dem Arbeitgeber ist es untersagt, die Zeugnisse mit Merkmalen zu versehen, welche den Zweck haben, den Arbeiter in einer aus dem Wortlaut nicht ersichtlichen Weise zu kennzeichnen.
Trotzdem gibt es eine spezielle Zeugnissprache, die sich unter Umständen nicht gerade auf den ersten Blick erklärt. Beispiele: Er machte sich mit großem Eifer an die ihm übertragenen Aufgaben (= trotz Fleiß hatte er keinen Erfolg). Sie verstand es, alle Aufgaben mit Erfolg zu delegieren (= sie drückte sich vor der Arbeit). Er war seinen Mitarbeitern jederzeit ein verständnisvoller Vorgesetzter (= er besaß keine Durchsetzungsstärke und wurde nicht respektiert).

Arbeitszeugnisse interpretieren

Gehen Sie zuerst einmal davon aus, dass das Arbeitszeugnis korrekt ist. Achten Sie insbesondere auf die Aufgabenbeschreibung. Diese gibt Auskunft darüber, welchen Erfahrungshintergrund der Bewerber hat. Beachten Sie den Leistungs- und Verhaltensteil und nehmen Sie die Schlussformulierung wichtig. Achten Sie darauf, ob der Bewerber eine persönliche Entwicklung gemacht hat.
Sehen Sie das Zeugnis im Zusammenhang mit dem persönlichen Eindruck. Bei Ungereimtheiten fragen Sie, wer das Zeugnis geschrieben hat. Hinterfragen Sie kritische Punkte genau. Holen Sie sich dazu auch Referenzauskünfte ein. Diese sind häufig genauer als das Zeugnis.

ExpressoTipp

Prüfen Sie Ihr Arbeitszeugnis genau. Umfragen ergaben, dass über 60 Prozent der Zeugnisempfänger negative Aussagen in ihrem Zeugnis gar nicht bemerken. Auch ungeschickte Formulierungen können sich negativ auswirken.

ExpressoFokus

Zeugnisse zu schreiben ist Sache von Experten, aber achten Sie darauf, dass es wahrheitsgemäß ist und inhaltlich mit den bisherigen Leistungsbeurteilungen zusammenpasst.

ExpressoBalance

Führen Sie folgenden Satz weiter:
»Wenn es mir völlig egal wäre, was die anderen denken, würde ich…«

Ziele und Strategien für das Unternehmen entwickeln

Was für einen Golfer selbstverständlich ist – sich zu orientieren und zu schauen, wo die Fahne sich befindet und welche Hindernisse dazwischen liegen, – all das gilt auch für jede Führungskraft.
Je nach Führungsebene gilt es, Unternehmensziele, Bereichs-, Abteilungs- oder Teamziele zu setzen. Dieser Zielsetzungsprozess verläuft idealerweise sowohl von unten nach oben wie von oben nach unten. Die Unternehmensleitung gibt die grobe Marschrichtung an und die Mitarbeiter wissen, was realistisch auf dem Markt, in der Produktion etc. machbar ist. Doch Ziele allein genügen nicht, ohne Strategie geht gar nichts.

Den Ansatzpunkt finden

Strategie steht für planvolles Vorgehen und die Grundprinzipien, nach denen wir täglich taktische Entscheidungen fällen. Meist entscheidet sich der Erfolg einer Strategie nicht an der Durchschlagskraft, sondern am Ansatzpunkt. Bestimmen Sie den strategisch wirkungsvollsten Punkt und packen Sie genau dort zu.
Wie finde ich den wirkungsvollsten Ansatzpunkt?

- **Engpassorientiert:** Denken Sie über Engpässe nach.
- **Kernprobleme:** Das sind Probleme, deren Lösung andere Probleme mitlöst. Der gezielte Versuch, mehrere Probleme gleichzeitig wegzuschaffen, ist ein lohnender Ansatzpunkt für Konzentration. Eine Kette reißt immer am schwächsten Glied. Darauf müssen wir uns konzentrieren.
- **Pareto-Prinzip:** Wo kann ich mit wenig Aufwand viel Wirkung erzielen?

Typische Kategorien von Zielen

Aus Ihrer Strategie leiten Sie dann Ihre Ziele ab. Für ein ganzes Unternehmen können das beispielsweise sein:

- **Leistungswirtschaftliche Ziele** wie beispielsweise Marktanteile, daraus entwickelt sich der Absatz- (Menge) und Umsatzplan (Menge x Preis),
- **Soziale Ziele** wie die Schaffung von Arbeitsplätzen oder die Einrichtung von Kindertagesstätten
- **Ökologische Ziele** wie Umweltschutzmaßnahmen
- **Güterwirtschaftliche Ziele** wie hohes Qualitätsniveau. Das entspricht dem Produktionsplan.
- **Führungsbezogene Ziele** wie gute Mitarbeiterführung
- **Finanzwirtschaftliche Ziele** wie Rentabilität, Liquidität, Sicherheit, Unabhängigkeit von Geldgebern. Daraus ergeben sich die Investitions-, Kosten- und Finanzpläne.

Für Ihre Zeitplanung

- Die Zielsetzungen erfolgen normalerweise jährlich.
- Überprüfen Sie diese regelmäßig, je nach Schnelllebigkeit Ihrer Branche, ein- bis zweimal pro Jahr oder gar monatlich.

Wissensnetz, Weblinks und Literatur

41. Das effektive Arbeiten mit Kennzahlen
95 Als Führungskraft unternehmerisch denken
98. Mit Vision und Mission führen
104. Aus Zahlen Erkenntnisse ziehen

- www.methode.de: Informationen zu diversen Denk- und Strategiemethoden etc.
- www.strategie.net: Unterstützung bei der Umsetzung von Strategien
- Reiner Czichos: Change Management. Basel

»Viele sind hartnäckig in Bezug auf den einmal eingeschlagenen Weg, wenige in Bezug auf das Ziel.«

Friedrich Nietzsche

Planung und Zielsetzung

- Die Leitung gibt ein Zukunftsszenario mit groben Zielsetzungen vor.
- Die Mitarbeiter bereiten ihre Vorschläge für Ziele und Programme vor.
- Im Management-Team-Meeting werden die Vorschläge präsentiert, diskutiert, und es wird entschieden.
- Die Leitung verhandelt mit dem oberen Management diese Resultate.
- Möglicherweise müssen die Schritte 2 bis 4 wiederholt werden.
- Im Management-Team werden die abgestimmten Ziele, Budgets und Pläne nochmals besprochen und stehen dann für das Jahr als fixe Vorgaben fest.
- Die Ziele für die Mitarbeiter werden aufgrund der übergeordneten Ziele definiert.

Umsetzung und Kontrolle

Im festgelegten Zeitraum (meist vierteljährlich) findet eine Überprüfung (Forecast) statt. Korrekturen der Prognosen werden dabei festgehalten.
Abweichungen können nur zwei Ursachen haben:

- falsche Planung,
- falsche Umsetzung der Pläne.

Sorgen Sie dafür, dass die Mitarbeiter frühzeitig in die Planung miteinbezogen werden.
Manche Themen wie Investitionen, Vertriebsnetz, Produktionsmittel etc. benötigen einen längerfristig angelegten Planungshorizont. Häufig wird dies mit der Fünf-Jahres-Planung gemacht.
Alle zwei Jahre wird der Fünfjahresplan überarbeitet und ergänzt.

Szenario-Technik mit 3 Szenarien

Ein relevantes Zukunftsthema wird vorgegeben. Zum Beispiel: Welche Produkte und Dienstleistungen wollen wir in Zukunft anbieten?

- **Best Case:** Es wird ein bestmögliches Zukunftsszenario entwickelt, welches einen bestmöglichen Zustand in der Zukunft beschreibt, dessen Realisierung unwahrscheinlich, aber doch möglich wäre.
- **Worst Case:** Ein schlechtestmögliches Zukunftsbild wird entworfen. Dieses ist unwahrscheinlich, aber muss immerhin möglich sein.
- **Trend:** Die heutige Situation wird weiter fortgeschrieben nach dem Motto: So weiter wie bisher. Die Zukunft wird als verlängerte Gegenwart weiterentwickelt.

ExpressoTipp

Mit welchen Problemen beschäftigen Sie sich? Sind das die richtigen Themen? Was ist nicht Ihr Problem? Pflanzen Sie nicht mehr Tomatenpflanzen, als Sie bewässern können! Konzentrieren Sie sich auf fünf bis acht Hauptziele.

ExpressoFokus

Beschleuniger: Welche Maßnahmen helfen das Ziel zu erreichen?
Bremsfaktoren: Wie kann ich Bremsfaktoren ausschalten?

ExpressoBalance

Antworten Sie spontan: Wie alt ist Ihr Geist? Wie alt sind Sie, nicht von Ihrem Körper oder von Ihrem Pass her, sondern in Ihrem Kopf?

Mitarbeiter mit Zielen führen

In Ihrem Führungsalltag geht es täglich um Ziele, die erreicht werden müssen. Ob im Rahmen eines Beurteilungsgesprächs, bei der Delegation von Aufgaben, am Anfang und Ende eines Kritikgesprächs oder einfach zum Abschluss einer Teambesprechung. Ziele sind Soll-Größen, mit denen ein Ist-Zustand verglichen wird. **Ziele informieren, motivieren, sie ermöglichen Erfolgserlebnisse.** Sind die Ziele einer Tätigkeit bekannt, so weiß der einzelne Mitarbeiter, woran er gemessen wird und worauf er sich einzustellen hat. Gerade bei vielschichtigen Aufgaben mit konkurrierenden Zielen ist dies besonders wichtig.

Die Grundlagen

Das Zielvereinbarungsgespräch sollte in einer entspannten und störungsfreien Atmosphäre geführt werden. Starten Sie mit einem positiven Einstieg in das Gespräch. Erläutern Sie im Gespräch als Erstes die Ziele Ihrer Organisation oder Ihres Unternehmens, und beschreiben Sie die Ziele, die Ihnen durch Ihren Vorgesetzten vorgegeben sind. Das erleichtert dem Mitarbeiter, den Gesamtzusammenhang zu verstehen, und verdeutlicht ihm, dass sein Arbeitseinsatz nötig ist, um die festgelegten Ziele zu erreichen und somit zum Erfolg Ihrer Organisation oder Ihres Unternehmens beizutragen.

Vereinbaren Sie mit jedem Mitarbeiter individuell angemessene Ziele. Legen Sie die Messlatte nicht zu hoch, aber auch nicht zu niedrig an: Nur herausfordernde, aber realistische Ziele wirken motivierend. Halten Sie die vereinbarten Ziele gemeinsam schriftlich fest. Das schafft mehr Verbindlichkeit. Vereinbaren Sie immer einen Zeitplan.

Ziele in Einklang bringen

Das Arbeiten mit Zielen erfordert all Ihre Kommunikationsfähigkeiten. Denn es gilt – bisweilen abstrakte – Ziele von Unternehmen, Organisation oder Abteilung allen Mitarbeitern zu kommunizieren. Dabei geht es nicht nur darum, dass alle die Ziele kennen, sondern auch darum, dass jeder Mitarbeiter in der Lage ist, die vorgegebenen Ziele mit seinen persönlichen Zielen abzustimmen. Wichtig hierfür ist:

- Die Unternehmensziele und die Ziele der Abteilung sollten allen Mitarbeitern im gleichen Maße und vorab zur Verfügung stehen.
- Zudem ist es gut, wenn die **Schwerpunkte der Abteilung für alle klar** sind. Dann können sich die Mitarbeiter sinngemäß ihre persönlichen Ziele überlegen.
- Zudem soll der Mitarbeiter in das Zielvereinbarungsgespräch mit eigenen Vorschlägen kommen.

Für Ihre Zeitplanung

- Eine gute Zielvereinbarung trägt dazu bei, in angemessener Zeit da anzukommen, wo Sie hinwollen.
- Jedes Ziel braucht eine zeitliche Fixierung und Terminierung.

Wissensnetz, Weblinks und Literatur

25. Überfordert? Unterfordert? – Zurück in den Flow-Kanal!
55. Leistung und Verhalten eines Mitarbeiters beurteilen
27. Wer bin ich? – Fremdbild und Selbstbild
63. Das Mitarbeitergespräch als Chance verstehen
110. Durch aktives Zuhören mehr verstehen

- Stephanie Kreuzhage (Herausgeberin): Praxishandbuch Sozialmanagement. Bonn

So sollten Sie Ziele formulieren

- **Ziele sollten genau und konkret formuliert sein:** Je eindeutiger Ihre Zielvorgabe ist, desto mehr Orientierungs- und Handlungssicherheit geben Sie Mitarbeitern.
- **Ziele müssen messbar sein:** Die Messbarkeit bei Leistungszielen ist einfach. Bei qualitativen Zielen wird es schwieriger. Diese machen Sie messbar, indem Sie Kriterien formulieren, die erfüllt sein müssen, damit das Ziel als erreicht gilt. Wenn Sie beispielsweise die interessantere Gestaltung der Internetseiten vereinbart haben, kann eine Steigerung der Zugriffszahlen auf Ihre Homepage um eine bestimmte Prozentzahl ein Kriterium sein. Oder Sie umschreiben den Endzustand bezüglich Quantität, Qualität und Zeit.
- **Ziele dürfen nicht miteinander kollidieren:** Jedes neue Ziel, das Sie mit Ihren Mitarbeiter vereinbaren, benötigt eine gewisse Zeitkapazität. Mit neuen Zielen können Kollisionen mit bereits bestehenden Zielen entstehen. Erarbeiten Sie mit Ihrem Mitarbeiter eine Gewichtung der Ziele und entwickeln Sie Hierarchien.
- **Ziele sollen anspruchsvoll, aber erreichbar sein:** Passen Sie das Schwierigkeitsniveau der Ziele dem einzelnen Mitarbeiter an und formulieren Sie die Ziele dann anspruchsvoll und herausfordernd.
- **Ziele sollten aus eigener Kraft erreichbar sein:** Vereinbaren Sie nur Ziele, die der Mitarbeiter aufgrund seiner eigenen Fähigkeiten und Befugnisse erreichen kann.

Worauf Sie achten sollten

- **Formulieren Sie in der Ich-Form:** Formulieren Sie die Ziele immer aus der Perspektive desjenigen, der sie erreichen soll. Durch die Ich-Form wird klar und deutlich ausgedrückt, dass Ihr Mitarbeiter für die Zielerreichung verantwortlich ist.
- **Formulieren Sie positiv:** Vermeiden Sie in den Zielvereinbarungen alle negativen Formulierungen. Statt: »Ich komme nicht mehr zu spät«, formulieren Sie: »Ich komme ab morgen pünktlich.«
- **Formulieren Sie in der Gegenwart:** Durch die Formulierung im Präsens bekommt das Ziel einen anderen Zugang zur Motivation. Es rückt nicht mehr in weite Ferne. Der Nutzen, der durch das Ziel bewirkt wird, liegt greifbar nahe.

ExpressoTipp

Handeln Sie bei der Zielvereinbarung mitarbeiterbezogen: Eine im Kern durchaus vergleichbare Aussage kann bei einem Mitarbeiter als hilfreich empfunden werden, für einen anderen Mitarbeiter destruktiv und demotivierend wirken.

ExpressoFokus

Die besten Ziele sind positiv formuliert und in einer Sprache, als wären sie schon erreicht. Und sie sind anspruchsvoll, motivierend und herausfordernd – denn nur dann ist ein Arbeiten im Flow-Kanal möglich.

ExpressoBalance

Führen Sie den folgenden Satz weiter: »In einem Land, in dem alles erlaubt wäre, würde ich...«

Zielgruppen identifizieren und beschreiben

Alles Führen ist letztlich Kommunikation. Wer sein Gegenüber erreichen will, muss möglichst viel über es in Erfahrung bringen. Dazu helfen zum einen persönliches Kennen (was nicht immer möglich ist), Typologien (siehe 73. Zwei Persönlichkeitstypologien: DISG und Insights) und die Kenntnis von Zielgruppen. Oft will man ja mehrere Menschen auf einmal ansprechen.
Ein wichtiges Hilfsmittel bei der Bestimmung von Zielgruppen ist die Orientierung an Lebensstilen. Sie dienen dazu, Zielgruppen zu bestimmen, die in ihrem Verhalten möglichst homogen sind.

Lebensstile

- In Form von Lebensstilen fasst man typische Verhaltens- und Einstellungsmuster von Konsumenten zusammen. Lebensstile werden nach außen beispielsweise sichtbar durch Automarken, Getränke, Kleidung, Kosmetik, Urlaubsgewohnheiten und Wohnungsdesign.
- Sie sind gleichermaßen **Indikatoren für das alltägliche Leben** wie für grundlegende Anschauungen und deren Wandel **(Wertewandel)**.
- Als Kriterien für den Wertewandel werden zum Beispiel soziale Bedürfnisse wie das Streben nach Zugehörigkeit zu einer Gemeinschaft, der Drang nach Selbstverwirklichung oder das Bedürfnis nach Sicherheit herangezogen.
- Dabei gilt: Als Führungskraft kann Ihnen jeder Stil-Typ begegnen.
- Aufschluss können auch die Untersuchungen der Trendforscher geben (siehe Literatur und Weblinks).

Beispiel Sinus-Milieus

Die Zielgruppenbestimmung der Firma Sinus Sociovision fasst in ihren Milieus jeweils Menschen zusammen, die sich in ihrer Lebensauffassung und Lebensweise ähneln. Grundlegende Wertorientierungen gehen dabei genauso in die Analyse ein wie Alltagseinstellungen zu Arbeit, Familie, Freizeit, Geld und Konsum. Den Forschern geht es darum, den Menschen und sein gesamtes Bezugssystem ganzheitlich zu betrachten. Beispiele sind:

- **Gesellschaftliche Leitmilieus:** Etablierte, Postmaterielle, moderne Performer
- **Traditionelle Milieus:** Konservative, Traditionsverwurzelte DDR- Nostalgische
- **Mainstream-Milieus:** bürgerliche Mitte, Konsum-Materialisten
- **Hedonistische Milieus:** Experimentalisten, Hedonisten

Für Ihre Zeitplanung

- Nehmen Sie sich genug Zeit, Ihre Zielgruppe kennen zu lernen: Denn nur wer seine Zielgruppe kennt, kann sie erreichen!

Wissensnetz, Weblinks und Literatur

53. Durch Kundenbindung Multiplikatoren schaffen
73. Zwei Persönlichkeitstypologien: DISG und Insights

- www.sinus-milieus.de: Ergebnisse zur soziokulturellen Forschung
- http://vdzsynopse.comsulting.de/cgi-bin/synopse.pl: »Zielgruppenfinder«
- www.trendbuero.de und www.zukunftsinstitut.de: Informationen zur Trendforschung

Beispiel Euro-Style

Die »Euro-Styles« der Lebensstilforschung der Gesellschaft für Konsumforschung (GfK) klassifiziert sechzehn Typen, um sich auch auf internationaler Ebene anhand klarer Lebensstile und der zugehörigen Einstellungen und Verhaltensmuster orientieren zu können. Die Tabelle listet alle 16 Typen mit einem Schlagwort zur Charakterisierung und dem zugehörigen Lebensmotto auf:

Style	Charakter	Motto
Dandy	Angeber, Vergnügungssüchtiger	immer auf der schönen Seite
Business	Karriere-Macher	immer auf der Leiter
Vigilante	Misstrauischer	frustriert, vorsichtig, konservativ
Defense	Heimchen, der Defensive	Bedacht auf Sicherung des Eigentums
Prudent	Vorsichtiger, Resignierter	Sicherheit kommt zuerst
Moralist	Gutbürgerlicher	religiös, prinzipientreu, auch tolerant
Gentry	Nobler	Gesetz, Ordnung, Tradition
Scout	Wohltäter, Generöser	helfen wir den anderen
Rocky	Rocker, junger Außenseiter	Augen zu und durch
Squadra	Aktiver	Freizeit und Freunde sind alles
Protest	Protestler	allein gegen das System
Pioneers	Idealist, die Alternativen	verändern wir die Welt
Citizens	der gute Nachbar	dient der Öffentlichkeit
Strict	Puritaner	führt ein untadeliges Leben
Romantic	Träumer	Harmonie, Heim und Familie kommen zuerst
Olvidados	Abgekoppelter	vergessen und neidisch

ExpressoTipp

Lebensstile decken ganze Gruppen ab. Sie können sich also fragen: Welche Typen sehen Sie beispielsweise als ideale Zielgruppen für Ihr neues Produkt? Überlegen Sie genau, welche Bedürfnisse Ihre Zielgruppe hat und welchen Nutzen Sie ihr bieten können.

ExpressoFokus

Aber auch Individuen sind damit zu identifizieren und gemäß ihrem Motto anzusprechen. Wenn Ihr Vorgesetzter beispielsweise zum Euro-Style »Prudent« gehört, sollten Sie eher sicherheitsbetont argumentieren, wenn Sie ein neues Konzept durchsetzen möchten.

ExpressoBalance

Betrachten Sie Verspannungen nicht als Feind, sondern als Freund, der gekommen ist, um Sie auf etwas aufmerksam zu machen.

Durch aktives Zuhören mehr verstehen

Das aktive Zuhören ist ein Basishandwerkszeug für viele beraterische Tätigkeiten. Da es auch zu Ihrer Aufgabe gehört, Mitarbeiter beratend in ihrem beruflichen Kontext zu unterstützen, ist es sinnvoll, sich mit dieser Art von Kommunikationshilfe näher zu beschäftigen. Aktives Zuhören kann dazu beitragen, einen persönlicheren Kontakt herzustellen, die Gesprächsatmosphäre zu entspannen, dem Mitarbeiter Mut zu machen, den eigenen Stärken und Schwächen zu begegnen oder bei verhärteten Standpunkten leichter eine emotionale Übereinstimmung zu erzielen.

Was ist aktives Zuhören?

Grundlage für das aktive Zuhören ist die Annahme, dass jeder Mensch für die Lösung seiner meisten Probleme das Potenzial in sich selbst trägt. Um zu einer konstruktiven Lösung zu kommen, braucht er ein Gegenüber, das ihm geduldig, interessiert und konzentriert zuhört. Diese Person sollte sich auf den Gesprächspartner einlassen, versuchen, sich in die Gefühle des Gesprächspartners einzufühlen, dessen Sicht der Dinge erfragen und vorerst die eigenen Gedanken, Meinungen und Absichten heraushalten.

Die grundlegende **»Spiegel«-Technik** ist folgende: Sie wiederholen in eigenen Worten und zusammenfassend, was Ihr Gesprächspartner gesagt hat, und vielleicht auch gemeint haben könnte.

Ziel ist hierbei, dass Ihr Gegenüber nicht nur das Gefühl hat, gehört, sondern auch verstanden worden zu sein.

Aktives Zuhören regt an weiterzusprechen und führt zu einer Selbstklärung und Vertiefung.

Die Voraussetzungen

- **Volle Aufmerksamkeit:** Wachheit, Konzentration, »alle Sinne anknipsen«, Verbales und Nonverbales aufnehmen.
- **Guter Kontakt:** Blickkontakt, Verständnisfragen stellen, ausreden lassen, Pausen aushalten, emotionale Bedeutung widerspiegeln, dem anderen seine Realität lassen.
- **Inneres Erfassen:** Eigene, innere Reaktionen bewusst machen (Gedanken, Bewertungen, Hypothesen).
- **Kritisches Überprüfen:** Eigene Wirklichkeit mitteilen, nachfragen, abgleichen, zusammenfassen.
- **Neue Perspektiven eröffnen:** Nach neuen Erkenntnissen fragen, verschiedene Lösungsansätze entwickeln, Lösungsauswahl auf Umsetzbarkeit überprüfen.
- **Zeit:** Innere Gelassenheit und die nötige Zeit für ein Gespräch.

Für Ihre Zeitplanung

- Aktives Zuhören eignet sich besonders in der Anfangsphase eines Gesprächs und zur Selbstklärung des Gesprächspartners.
- Geben Sie Ihrem Gesprächspartner innerhalb des Gesprächs Zeit für Pausen, in denen er dem Gesagten »nachhängen« kann.

Wissensnetz, Weblinks und Literatur

26. Führen durch Fragen
43. Die Körpersprache im Auge behalten
44. Grundlegende Kommunikationsregeln für Teams

- Christoph Thomann: Klärungshilfe im Beruf. Reinbek

Techniken des aktiven Zuhörens

Es gilt der Grundsatz: Verstehen heißt nicht immer auch damit einverstanden sein.

- **Paraphrasieren:** Die Aussage wird mit eigenen Worten wiederholt.
- **Verbalisieren**: Die Gefühle des Gegenübers werden gespiegelt, zum Beispiel: »Sie fühlen sich zur Zeit vom Team ungerecht behandelt.«
- **Nachfragen:** Zum Beispiel: »Als Sie Frau Groß dies mitgeteilt hatten, bekamen Sie keine Antwort?«
- **Zusammenfassen:** Das Gehörte wird in gebündelter Form mit wenigen Worten zusammengefasst, so wie in einem Zeitungsartikel unter dem Titel der Inhalt in geraffter Form gedruckt wird. »Nochmals zum Verständnis, ...«
- **Klären:** Unklares klären, zum Beispiel: »Sie haben beschrieben, dass es Streitereien gegeben hat. Wer hat mit wem gestritten?«
- **Weiterführen:** Zum Beispiel: »Sie fühlen sich in die Enge getrieben, das bedeutet für Sie.....«
- **Abwägen:** Zum Beispiel: »Fällt es Ihnen leichter, aktiv zu werden, als sich die Sache erst einmal in Ruhe zu überlegen?«
- **Nach den Einstellungen und Haltungen dahinter fragen.** Wirkliches Interesse an der Landkarte des anderen haben. Bedeutung, die etwas Bestimmtes für den anderen hat, erfassen. »Wie meinen Sie das genau?« »Welche Bedeutung hat das für Sie?«

Dont´s

Es gibt drei Merkmale, die Ihnen deutlich machen, dass Sie den Bereich des aktiven Zuhörens verlassen.

- **Aber:** Das Wort »Aber« gibt Ihnen das Signal, dass Sie die »Einfühlung« verlassen haben. Es ist ein Spaltwort und führt eher zur Konfrontation.
- **Ich:** Das Wort »Ich« können Sie im Zusammenhang mit »Ich verstehe«, »Ich sehe« verwenden. Darüber hinaus ist das Wort »Ich« ein Zeichen dafür, dass Sie innerlich eher bei sich, Ihrer Meinung, Absicht, Bewertung als bei Ihrem Gegenüber sind.
- **Appelle:** Sprechen Sie einen Appell aus, dann befinden Sie sich wieder auf der Seite des Führens und nicht auf der Seite des Begleitens. (»Da müsste man doch...«)

ExpressoTipp

Prüfen Sie, ob Sie in der betreffenden Situation wirklich hinter der Haltung des echten Interesses für Ihr Gegenüber stehen.

ExpressoFokus

Aktives Zuhören ist eher eine Haltung als eine Methode. Versuchen Sie, vom Hören über das Hinhören zum aktiven Zuhören zu kommen.

ExpressoBalance

Augen auf! Augen mehrmals abwechselnd weit aufreißen und kräftig zusammenkneifen. Augen mindestens 30 Sekunden geschlossen halten. Das entspannt.

Das Zusammenarbeiten von Internen und Externen

Die Leistungsfähigkeit von Unternehmen und Organisationen wird in starkem Maße davon bestimmt, wie die Mitarbeiter untereinander kommunizieren und wie erfolgreich die Außenkontakte mit Kunden, Klienten, Beratern, Lieferanten und Partnern funktionieren. Um diese erfolgreich zu gestalten, ist es wichtig, ein klares Bild davon zu haben, mit welchen Personen und Instanzen Sie in welcher Art von Beziehungen stehen. Zudem sollten Sie wissen, wie Ihr Unternehmen, Ihre Organisation und Ihre Mitarbeiter in der Außenwelt gesehen werden. Nur so können Sie die Kommunikation aktiv gestalten.

Es geht um Qualität

Für die Zusammenarbeit mit Externen, sei es ein Kunde, ein Berater oder ein Lieferant, gilt:

- Meist wirkt es sich positiv aus, wenn Sie Wert auf einen fairen und vertrauensvollen Umgang legen und der Versuchung widerstehen, durch einseitige Vorteilnahme schnelle Erfolge zu erreichen. Ein angemessener Preis, eine gute Qualität von Produkt oder Dienstleistung sichern langfristige Erfolge.
- Klären Sie in Ihrem Unternehmen oder Ihrer Organisation, welche Regeln Sie im Umgang mit Außenkontakten pflegen wollen und wer befugt ist, was zu sagen.
- **Erstellen Sie Standards, die eine Berechenbarkeit und Transparenz ermöglichen.**
- Fakten zählen, nicht Meinungen oder Vermutungen.
- Finden Sie individuelle Lösungen, die eine Nutzenorientierung für den jeweiligen Ansprechpartner sichern.

Zusammenarbeit mit Kunden

Die Kunden- und Klientenbeziehung ist das Herzstück jedes Unternehmens und jeder Organisation. Lassen Sie sich deshalb von wichtigen Kunden regelmäßig Feedback geben (siehe dazu auch 53. Durch Kundenbindung Multiplikatoren schaffen).

- Sie können Ihnen wichtige Hinweise auf Entwicklungspotenziale geben, die Sie wiederum in die Produkt- oder Dienstleistungsentwicklung mit einfließen lassen können. Gehen Sie mit Reklamationen wertschätzend um und nutzen Sie die darin enthaltenen Hinweise.
- **Setzen Sie auf Kundenorientierung bei Ihren Mitarbeitern:** Geben Sie Ihren Mitarbeitern dazu ausreichend Verantwortung und Freiräume.
- Erkunden Sie sich regelmäßig über die Kundenzufriedenheit.

Für Ihre Zeitplanung

- Die Pflege der Beziehung zu Außenkontakten kostet Zeit, ist aber eine lohnende Investition.

Wissensnetz, Weblinks und Literatur

38. Mitarbeiter zielgerichtet und angemessen informieren
53. Durch Kundenbindung Multiplikatoren schaffen
76. Die Basis aller Projekte: Projektauftrag und Briefing
97. Eckpfeiler der Verhandlungstechnik

- Manfred Schwarz, Jürgen Wulfestieg: Die Sehnsucht nach dem Meer wecken. Marketing-Basics für Praktiker. Frankfurt/Main

Zusammenarbeit mit Lieferanten

Legen Sie viel Wert auf die Abklärung von folgenden Punkten:

- Welche Bedingungen sind für Ihr Unternehmen unerlässlich?
- Wie holen Sie Angebote ein?
- Welche Verhandlungsspanne haben Sie?
- Passen die Angebote zu Ihren kurzfristigen, aber auch langfristigen Zielen?
- Klären Sie regelmäßig die Interessen beider Parteien. Jährliche Feedbackgespräche über die Zusammenarbeit haben sich bewährt. Kritikpunkte wie Verbesserungsmöglichkeiten und zukünftige Entwicklungen können abgestimmt und umgesetzt werden.

Die Zusammenarbeit mit Partnern

- Wie stellen Sie und Ihr Partner sich die Zusammenarbeit konkret vor? Welche Interessen verfolgen beide Seiten?
- Welche Informationen wollen Sie jeweils preisgeben?
- Welche vertraglichen Voraussetzungen sind notwendig? Sollte ein Anwalt zu Rate gezogen werden?
- Entsteht bei der Zusammenarbeit eine Situation, bei der beide den gleichen Gewinn haben (materiell sowie immateriell)?
- Wie wird vorgegangen, wenn es Schwierigkeiten gibt? **Wie weit decken sich die Wertesysteme? Achtung bei großen Unterschieden – hier sind Konflikte vorprogrammiert.**

Zusammenarbeit mit Beratern

In der Zusammenarbeit mit externen Beratern sollten Sie folgende Fragen berücksichtigen:

- Passt die Vorgehensweise des Beraters zu Ihrer Strategie?
- Ist der Berater bereit, aktiv mit Ihnen zusammenzuarbeiten?
- Werden Leistungsmaßstäbe und Rückkopplungsschleifen entwickelt?
- Kann der Berater an Ihre Strategie/ Visionen ankoppeln?
- Spricht er die gleiche Sprache?
- Kann der Berater die Perspektiven und die Möglichkeiten erweitern?

ExpressoTipp

Achten Sie auf ein partnerschaftliches Verhältnis mit Lieferanten: Es geht nicht ums »Befehlen«, sondern darum, sich gegenseitig von seinen Auffassungen zu überzeugen. Genauso lassen alle Beteiligten Argumente der anderen Seite gelten und respektieren einander.

ExpressoFokus

Wann immer Sie mit jemand zusammenarbeiten, müssen Sie Ihre Ziele klar definieren und transparent machen. Erst dann können Sie die Ergebnisse danach beurteilen, ob sie die vorgegebenen Ziele erfüllen.

ExpressoBalance

Den Dingen nachspüren: Zuhören – Hinhören –Hineinhören – Mithören – Erhören – Horchen – Lauschen.

Zur schnellen Orientierung: elf Themenfelder

Mit dem ExpressoCoach arbeiten

Mitarbeiter führen

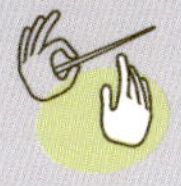

Miteinander arbeiten

Sicher und überzeugend auftreten

Mit Ideen und Innovation gewinnen

Sich selbst führen

Zur schnellen Orientierung: elf Themenfelder

Unternehmen und Organisationen führen

Krisen und Probleme meistern

Effizient arbeiten

Zielgerichtet kommunizieren

Von Coaching profitieren

Im Folgenden finden Sie alle auf den Karten aufgeführten Bücher – und dazu einige Titel, die uns über Einzelfragen hinaus begleitet, beeindruckt und inspiriert haben.

- Brigitte Adriani, Ulrich Schwalb, Rainer Wetz: Hurra, ein Problem! Kreative Lösungen im Team. Wiesbaden 1995 (2. Auflage)
- Caroline Alexander: Die Endurance. Berlin 1998
- Sabine Allwinn: Entdecken, was guttut, München 1996
- Asfa-Wossen Asserate: Manieren. Frankfurt/Main 2003
- Marc Aurel: Selbstbetrachtungen. Frankfurt/Main 1995
- Holger Backwinkel, Peter Sturtz: Telefonieren. Freiburg 2003
- Mike Barowski: Das professionelle 1 x 1: Textgestaltung. Berlin 1997
- Petra Begemann: Der kleine Business-Knigge. Frankfurt/Main 2005
- Vera F. Birkenbihl: Stroh im Kopf? Landsberg/München 2000 (36. Auflage)
- Kenneth Blanchard, Spencer Johnson: Der Minutenmanager. Reinbek 1998
- Michael Braun, Andreas Feige, Tom Sommerlatte: Business Innovation. Wiesbaden 2001
- Jos an der Brug, Kees Locher: Unternehmen Lebenslauf. Stuttgart 1997
- Marcus Buckingham und Curt Coffmann: Erfolgreiche Führung gegen alle Regeln. Frankfurt 2001
- Marcus Buckingham, Donald O. Clifton: Entdecken Sie Ihre Stärken jetzt! Frankfurt/Main 2002
- Hansjörg Bullinger, Gerhard.H. Schlick: Wissenspool Innovation. Frankfurt/Main 2002
- Tony Buzan: Das kleine Mind-Map-Buch. München 2004
- Anrew Campell, Marion Devine, David Young: Vision, Mission, Strategie. New York 1992
- Alexander Christiani, Frank M. Scheelen: Stärken stärken. München 2002
- Claudia Cornelsen: Das 1 x 1 der PR. So haben Sie mit Public Relations die Nase vorn. Freiburg 2002 (4. Auflage)
- Stephen R. Covey: Die sieben Wege zur Effektivität. Frankfurt/Main 1992 (11. Auflage)
- Friedrich Cramer: Der Zeitbaum. München 1996
- Mihaly Csikszentmihalyi: Flow. Das Geheimnis des Glücks. Stuttgart 1992
- Reiner Czichos: Change Management. Basel 1997
- Ulrich Dehner: Die alltäglichen Spielchen im Büro. Frankfurt/Main 2001
- Campus Management. Frankfurt/Main 2003
- Klaus Doppler, Christoph Lautenburg: Change Management. Den Unternehmenswandel gestalten. Frankfurt/Main 2002
- Duden Band 8, Das Synonymwörterbuch. Mannheim 2004 (auch auf CD-ROM)
- Duden Band 5, Das Fremdwörterbuch. Mannheim 2005 (auch auf CD-ROM)
- Gisela Fichtl: Der Zitate-Guide. Planegg 2001 (mit CD-ROM)
- Peter Fischer: Neu auf dem Chefsessel. Landsberg/Lech 1998 (4. Auflage)
- Maren Fischer-Epe: Coaching: Miteinander Ziele erreichen. Reinbek 2003 (3. Auflage)
- Anja Förster, Peter Kreuz: Different Thinking! Frankfurt/Main 2005 (1. Auflage)
- Hans-Peter Förster: Neue Briefkultur mit Corporate Wording. Frankfurt/Main 1999

- Uta Friedrich, Norbert Schuster: 30 Minuten von Mind Mapping zu Business Mapping. Offenbach 2004
- Hannelore Fritz: Besser leben mit Work Life Balance. Frankfurt/Main 2003
- Friedbert Gay: Das DISG-Persönlichkeits-Profil. Offenbach 2004
- Jürgen W. Goldfuss: Erfolg durch professionelles Delegieren. Frankfurt/Main 2003
- Jürgen W. Goldfuss: Trouble-Shooting für den ersten Führungsjob. Frankfurt/Main 2002
- Daniel Goleman: Emotionale Intelligenz. München/Wien 1996
- Markus Gressmann, Reinold Imdahl, Stefan Jehn: Präsentieren mit elektronischen Medien. Künzell 1999
- Siegfried Gsell: Selbstbild – Fremdbild. Regensburg 2002
- Romano Guardini: Die Lebensalter. Mainz 2001
- Elisabeth Haberleitner, Elisabeth Deistler, Robert Ungvari: Führen, Fördern, Coachen. München 2004 (3.Auflage)
- Udo Haeske: Beschwerden und Reklamationen managen. Weinheim/Basel/Berlin 2001
- Harenberg Anekdotenlexikon. Dortmund 2000
- John Heider: Tao der Führung. Basel 1988
- Stefanie Heizmann: Outplacement. Bern 2003
- Robert Heller und Tom Hindle: Erfolgreiches Management. Stuttgart/München 2000
- Dieter Herbst: Das professionelle 1 x 1: Interne Kommunikation. Berlin 1999
- Jürgen Hesse, Hans Christian Schrader: Marketing in eigener Sache. Ihr Erfolgsweg zum neuen Job. Frankfurt/Main 2002
- Tim Hindle: Die 100 wichtigsten Management-Konzepte. Berlin 2001
- Peter Höher, Frederike Höher: Konfliktmanagement. Bergisch Gladbach 2004
- Annegret Hugo-Becker, Henning Becker: Psychologisches Konfliktmanagement. München 2004 (4. Auflage)
- Roland Jäger: Praxisbuch Coaching. Offenbach 2001
- Ros Jay: Entscheiden. Top-Tools für Führungskräfte. München 2001
- Hans Jellouschek: Die Kunst, als Paar zu leben. Stuttgart 2002
- Hedwig Kellner: Konflikte verstehen, verhindern, lösen. München 2000
- Peter Kenzelmann: Kundenbindung. Berlin 2003
- Stefan Klein: Die Glücksformel. Reinbek 2002
- Peter Knapp, Andreas Novak: Effizientes Verhandeln. Frankfurt/Main 2003
- Detlef Koenig, Susanne Roth, Lothar Seiwert: 30 Minuten für optimale Selbstorganisation. Offenbach 2001
- Tania Konnerth: Montag ist erst übermorgen. Freiburg 2001
- Hans-Jürgen Kratz: Delegieren, aber wie? Offenbach 1999
- Hans-Jürgen Kratz: Kontrollieren, aber wie? Offenbach 2000
- Stephanie Kreuzhage (Hrsg.): Praxishandbuch Sozialmanagement. Bonn 2001
- Werner Tiki Küstenmacher (mit Lothar W. Seiwert): Simplify your life. Frankfurt/Main 2002 (5. Auflage)
- I. Langer, Schulz v. Thun, W. & Tausch, R.. Verständlichkeit in Schule, Verwaltung, Politik und Wissenschaft. München 1974
- Wolfgang Lessel: Projektmanagement. Berlin 2002
- Thomas Lorenz, Stefan Oppitz: 30 Minuten für Profilierung durch Persönlichkeit. Offenbach 2004
- Klaus Lumma: Die Team-Fibel. Hamburg 1994
- Fredmund Malik: Führen – Leisten – Leben. München 2004 (9. Auflage)
- Ursula Mattheus, Hellena-Maria Gabriel: Entscheiden mit Engeln. Saarbrücken 2000
- Wolfgang Mentzel, Svenja Grotzfeld, Christine Haub: Mitarbeitergespräche. Freiburg 2004

- Samy Molcho: Körpersprache. München 2003
- Michel de Montaigne: Essais. Frankfurt/Main 1998
- Margot Morrell, Stephanie Capparell: Shackletons Führungskunst. Reinbek 2003
- Gabriele Müller: Systemisches Coaching im Management. Weinheim 2003
- Marcon von Münchhausen: So zähmen Sie Ihren inneren Schweinehund. München 2004
- Gehrhard Nagel: Chefsache Unternehmensnachfolge. München 2004
- Michèle Neuland: Neuland-Moderation. Bonn 2003 (5. Auflage)
- Matthias Nöllke: Anekdoten, Geschichten, Metaphern für Führungskräfte. Planegg 2002 (mit CD-ROM)
- Ernst Ott: Optimales Lesen. Reinbek 2002
- Claudia Piras, Bernhard Roetzel: 365 Tipps, Der gute Stil, Damen. Köln 2002
- Matthias Pöhm: Das NonPlusUltra der Schlagfertigkeit. Landsberg/München 2002
- Jutta Portner: 30 Minuten für perfekten Small Talk. Offenbach 2000
- Manfred Prior: MiniMax-Interventionen. Heidelberg 2004
- Gilbert Probst, Steffen Raub, Kai Romhardt: Wissen managen. Wiesbaden 1999 (3. Auflage)
- Hans-Jürgen Probst: Kennzahlen leicht gemacht. Frankfurt/Main 2004
- Sonja Radatz: Beratung ohne Ratschlag. Wien 2003
- Christopher Rauen (Hrsg.): Coaching-Tools. Bonn 2005 (2. Auflage)
- Andreas Raupach: Erfolgreich telefonieren. Berlin 2003
- Klaus Rischar: Kritik als Chance für Vorgesetzte und Mitarbeiter. Renningen 2002
- Imai-Alexandra Roehreke: Reden schreiben. Konstanz 2002
- Bernhard Roetzel: Der Gentleman. Handbuch der klassischen Herrenmode. Köln 1999
- Markus M. Ronner: Der treffende Geistesblitz. Thun 1990
- Thomas R. Roosevelt: Management of Diversity. Wiesbaden 2001
- Thomas Rusche: Kleiner SØR-Brevier der Kleidungskultur. Münster/Hamburg/London ohne Jahreszahl (3. Auflage)
- Edgar H. Schein: Karriereanker. Frankfurt 1992
- Dr. Bernd Schmid: Systemisches Coaching. Bergisch Gladbach 2004
- Bernd Schmid: Systemische Professionalität und Transaktionsanalyse. Bergisch Gladbach 2003
- Wolf Schneider: Deutsch für Profis. München 1984
- Matthias Schranner: Verhandeln im Grenzbereich. Berlin 2001
- Friedemann Schult von Thun: Miteinander reden. 1. Störungen und Klärungen und 2. Stile, Werte und Persönlichkeitsentwicklung. Reinbek 1998
- Friedemann Schult von Thun: Miteinander reden. 3. Das „Innere Team“ und situationsgerechte Kommunikation. Reinbek 1998
- Friedemann Schulz von Thun, Johannes Ruppel, Roswitha Stratmann: Miteinander reden: Kommunikation für Führungskräfte. Reinbek 2001 (2.Auflage)
- Manfred Schwarz, Christiane Wettig: Büro-Fitness für Sportmuffel. Frankfurt/Main 2005
- Manfred Schwarz, Jürgen Wulfestieg: Die Sehnsucht nach dem Meer wecken. Marketing-Basics für Praktiker. Frankfurt/Main 2003
- Manfred Schwarz, Jürgen Wulfestieg: Drive – Die Golf-Strategie für Manager. Frankfurt/Main 2004
- Josef W. Seifert: Besprechungsmoderation. Offenbach 1994
- Josef W. Seifert: Visualisieren, Präsentieren, Moderieren. Offenbach 2004
- Lothar J. Seiwert: Life-Leadership. Frankfurt/Main/New York 2001
- Lothar J. Seiwert, Friedbert Gay: Das neue 1x1 der Persönlichkeit. München 2004
- Walter Simon: Moderne Managementkonzepte von A- Z. Offenbach 2002

- Michael T. Sobik: ArbeitGeberRechte Betriebsrat. Bonn 2004
- Mary Spillane: Image Guide für die Frau. Erfolgreich in Beruf und Öffentlichkeit. München 1999
- Reinhard K. Sprenger: Die Entscheidung liegt bei dir! 1998 (3. Auflage)
- Reinhard K. Sprenger: Mythos Motivation. Frankfurt/Main 1997 (12. Auflage)
- Astrid Szebel-Habig: Mitarbeiterbindung: Auslaufmodell Loyalität? Weinheim 2004
- Christoph Thomann: Klärungshilfe: Konflikte im Beruf. Reinbek 1998
- Thilo von Trotha: Reden professionell vorbereiten. Regensburg/Düsseldorf 1998
- Carmen Vilsmeier: Feedback geben, mit Sprache handeln. Regensburg 2000
- Heinz-Kurt E. Wahren: Gruppen- und Teamarbeit im Unternehmen. Berlin 1994
- Prof. Dr. Arnulf Weuster, Brigitte Scheer: Arbeitszeugnisse in Textbausteinen. Stuttgart 2004
- Paul Wilson: Das kleine Buch der Ruhe. München 1998 (2. Auflage)
- Harald Winkler: Mut zum Branchenwechsel. Frankfurt 2004
- Jürgen Wittpoth: Einführung in die Erwachsenenbildung. Wiesbaden 2003
- Gene Zelazny: Das Präsentationsbuch. Frankfurt/New York 2001
- Uwe Zöllner: Das Praxishandbuch Projektmanagement. Bonn 2004

Impressum

Wichtiger Hinweis

Alle Angaben, Daten, Ergebnisse etc. in diesem Werk wurden von den Autoren nach bestem Wissen und Gewissen erstellt und mit größtmöglicher Sorgfalt überprüft. Gleichwohl sind inhaltliche Fehler nicht vollständig auszuschließen. Daher erfolgen die Angaben etc. ohne jegliche Verpflichtung oder Garantie des Verlages oder der Autoren. Beide schließen jegliche Verantwortung und Haftung für etwaige inhaltliche Unrichtigkeiten aus.

Alle Übungen wurden sorgfältig recherchiert und in der Praxis erprobt. Dennoch sollten Sie selbst entscheiden, ob und inwieweit Sie die Vorschläge umsetzen. Weder Autoren noch Verlag können für eventuelle Nachteile oder Schäden, die aus den im Buch gegebenen praktischen Hinweisen resultieren, eine Haftung übernehmen.

Für Internetseiten Dritter tragen die jeweiligen Anbieter die Verantwortung. Wir übernehmen insoweit hierfür keine Haftung.

Marken oder Warenzeichen stehen dem jeweiligen Inhaber zu. Sie wurden ausschließlich redaktionell verwendet.

Verpackungsgestaltung: Christina Hucke
Illustrationen: Ela Strickert
Layout: Susanne Reeh
Satz: Greiner & Reichel, Köln
Herstellung: Imago Publishing
ISBN-10: 3-8218-5885-0
ISBN-13: 978-3-8218-5885-2

Verlagsverzeichnis schickt gern:
Eichborn Verlag, Kaiserstraße 66, D-60329 Frankfurt am Main
www.eichborn.de

Henry Ford I.

*»Wenn es ein Geheimnis für den Erfolg gibt, so ist es dies:
Den Standpunkt des anderen verstehen und
die Dinge mit seinen Augen ansehen.«*

Ralph Waldo Emerson

»Mach das Beste aus dir, etwas Besseres kannst du nicht tun.«

ExpressoMarker

Drei nützliche Webadressen

www.expressocoach.de

www.berufsstrategie.de

www.eichborn.de